작지만 큰 한국사, 소금

세상의 모든 어머니들께 이 책을 바칩니다.

작지만
큰
한국사,
소금

세계를 움직인 물건들

유승훈 지음

푸른역사

머리말

소금이 내게 어떤 존재이냐고 묻는다면 나는 모성母性이라 답한다. 소금은 내게 어머니이고 외할머니였다. 나는 외할머니가 선사해 준 짭짤하면서 따뜻한 맛을 잊지 못해 지금도 절임 생선을 좋아한다. 굴비의 고장에서 태어나 '영광댁'이라 불리는 외할머니는 항상 우리집에 굴비와 박대 등의 건어물을 가지고 오셨다. 방금 구운 그 따뜻한 영광 굴비를 게걸스럽게 해치우면서 어느새 나는 밥도둑이 되었다. 이제, 굴비 속에 고르게 녹아든 그 오묘한 소금 맛은 십여 년 전 돌아가신 외할머니에 대한 그리움이 되어버렸다.

또한 소금은 어머니의 애틋한 사랑이었다. 부친이 돌아가시고, 집안이 풍비박산이 났을 때 어머니는 자식들을 키우기 위해 별별 일을 다하셨다. 그중 하나가 젓갈장사이다. 소금과 젓갈로 유명한 곰소가 고향이셨으므로 곰소에서 젓갈을 떼어다가 지인들에게 팔았다. 그 무거운 액젓 용기를 들고 다니시다가 늦은 저녁 집으로 돌아오신 어머니, 그의 몸에서는 정말 짠 내가 풍겼다. 남들은 그 젓갈의 소금 냄새에 고개를 돌릴지 모르지만 나는 그 짠 내야말로 어서 보듬고 싶은 어머니의 사랑이라 생각했다. 이렇게 내게 소금은 모계가 준 그리움이고 사랑이었다.

그리고 소금은 인연이었나? 나는 소금박사가 되었다. 2004년 가족들 때문에 서울에서 내려와 김해에서 살게 되었다. 근처에는 조선 후기 가장 유명한 염전인 낙동강 하구의 명지·녹산 염전이 있었다. 나는 이 지역의 소금과 제염업을 현지 조사하고 연구하여 박사학위를 받았다. 내가 근무하고 있는 직장 바로 근처에도 부산 최고의 분개염전이 있었다. 아파트 숲으로 변해버린 그곳을 지나 칠 때마다 소금과 나는 떼어낼 수 없는 질긴 인연의 끈으로 묶여 있구나 생각했다. 그런 인연 속에서 소금에 대한 수많은 논문을 쓰고, 학술서를 썼지만 누구 말처럼 여전히 소금에 대해서 배고팠다. 사람들의 기억 속에 잊혀진 소금의 역사, 소금의 문화가 너무 많아서일까? 이를 올곧이 복원하여 세상에 내놓아야 내 임무가 끝날 것 같았다. 그렇게 이 책은 쓰였다.

우리는 소금이 과잉될 뿐만 아니라 만병의 원인으로 천대받는 세상에 살고 있다. 그래서인지 소금이 주었던 그 짭짤한 역사문화의 진미까지 잊어버렸다. 하지만 고대로 거슬러 올라가면 국가를 지탱했던 경제 원동력은 소금과 철이 아니던가. 고대의 제염업은 현대의 IT산업보다도 훨씬 유망한 업종이었다. 소금은 절대자의 권위와 힘까지 상징하였다. 소금 염鹽 자를 풀어헤치면, 신하[臣]가 소금 결정[鹵]을 소금그릇[皿]에 두고 지키는 뜻이라 한다. 서양도 동양과 다르지 않다. 잘 알려졌듯이 샐러리salary의 어원은 소금salt이며, 로마 병사는 월급으로 소금을 받았다. 중세 이후에도 소금 그릇은 금으로 칠하였고, 근대의 사람들도 소금을 구하지 못해 아우성을 쳤다.

돌이켜보면 지난 10년간은 소금의 역사문화와 거의 동고동락했던 세월이었다. 자다가도 소금 이야기라면 잠을 깨고, TV에서 제염업 현장을 보여주면 눈이 번쩍 뜨였다. 소금 문화를 화두로 무수히 많은 고민을 하였다. 사람들이 귀신을 쫓기 위하여 소금을 뿌리는 이유에 대해서, 설화 속 소금장수가 흉측한 정력가로 묘사되는 배경에 대해서, 짠맛의 변천에 대해서 고민하고 또 생각했다. 제염업의 역사도 그랬다. 고려 말 충선왕이 처음으로 소금 전매법을 반포한 배경에 대해서, 임진왜란이 일어나자 명재상 류성룡이 염철사제도를 주장한 사연에 대해서, 역적 이완용이 인천의 천일염전 시험장을 찾은 까닭에 대해서 묻고 또 질문했다.

이 책은 그런 고통스런 과정을 거쳐 얻어낸 '우리나라 소금의 문화사'라고 할 수 있겠다. 나의 부족한 능력으로 수천 년간 소금이 결정시킨 엄청난 역사문화를 담아내는 작업은 애당초 불가능한 것이다. 나름 소금의 시선으로 짭짤한 테마를 선별하여 우리나라 역사문화에 간을 치려 했는데 소기의 성과를 거두었는지의 여부를 판단하는 일은 독자의 몫으로 돌린다. 다만 이 책을 통해 사라지고 잊혔던 염부들이 흘린 피땀의 역사를 조금이라도 독자들이 이해할 수 있다면 내게는 그것 이상의 기쁨이 없다.

마지막으로 소금의 문화사에 대하여 관심을 갖고 이렇게 멋진 책으로 출판해 주신 푸른역사의 박혜숙 사장님 이하 여러 직원분들께 감사의 말씀을 드린다. 짠맛의 그리움과 사랑을 느끼게 해 주시는 이 세상의 모든 어머니들께도 진정 고마움을 표하고 싶다. 세월이 흘러 귀밑머리가 새어간들 외할머니가 주신 굴비의 그 짭짤한 소금 맛을 어떻게 잊을거나.

2012년 7월
김해 장유의 불모산 아래에서
유승훈

2부 간을 친 문화

1부 짜게 본 역사

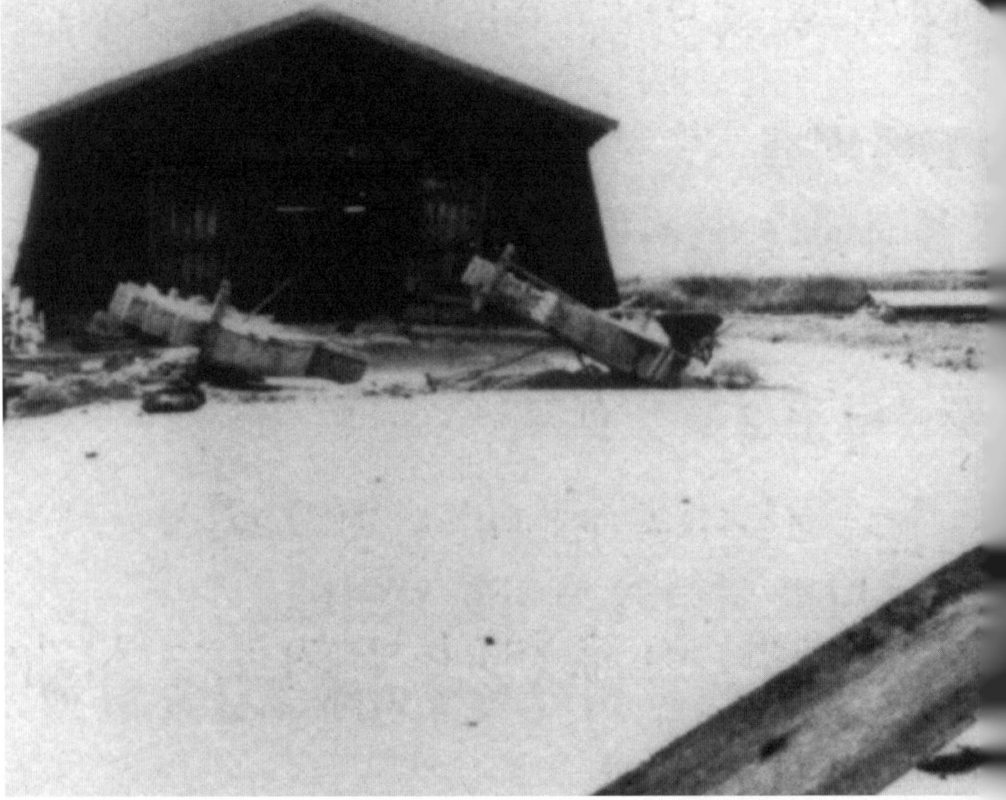

1부에서는 '짜게 본 역사'를 살펴보고자 한다. 역사를 짜게 본다는 것은 무엇일까? 간단히 말하면, 소금을 둘러싼 역사를 살펴보고, 소금의 눈으로 세상을 바라보는 것이다. 국가의 입장에서 소금은 세수를 늘리고 재원을 확보할 수 있는 상품이었다. 그리하여 국가는 항상 소금을 두고 '짜게' 대응한 것이다. 시대별로 수위는 달랐지만 국가는 언제나 소금세를 통해서 재정을 확보하려고 했고, 이에 따라 염민鹽民에 대한 착취가 동반되었다. 염업사를 보건대, 백성이야말로 국가의 '짜디짠 소금정책'으로 고통을 받는 존재였다.

1부에서는 우리나라의 소금사를 통시대적으로 살펴보면서 중요하게 결정된 역사의 테마를 고무래로 거두어보았다. 원나라의 지배를 받던 고려 말, 우리나라에서 처음으로 '소금 전매제'가 실시되었다. 고려의 유풍이 강했던 조선 전기에는 '도로 소금 전매제'라는 비판을 감수하면서도 소금을 전매하고자 하는 움직임이 적지 않았다. 세종 시기에 의창을 돕는다는 명분으로 탄생한, '의염색'이란 특별 관청이 들어선 것도 이런 맥락이다. 조선 사회에서 성리학의 이념이 강화되었고, 백성과 '소금의 이익'을 두고 싸우는 국가의 '짠 행태'에 대해서 비판적인 시각이 주류를 이루면서 소금 전매는 사라졌다. 하지만 임진왜란이 발발하자 염민들이 생산한 소금으로 군량과 군비를 확보하려는 염철사 제도가 유성룡에 의하여 건의되었다.

조선 정부의 소금 정책은 중앙과 지방의 갈등 사이에서, 권세가와 아전들의 침탈 속에서 언제나 본질이 흐려졌다. 이에, 다산 정약용은 백성을 위한 염법, 즉 평미레 개혁안과 '소금세를 줄여서 소금세'를 늘이는 역발상을 내놓았다. 그러나 그의 혜안은 조선 후기 내내 실현되지 못했고, 열강의 힘에 의한 개항과 일제의 침략을 맞게 되었다. 영악한 일제는 천일염을 화두로 식민지 조선의 염업을 재편하였고, 전통적인 소금인 자염은 쇠멸의 운명을 맞이하였다. 일제강점기 북한지역에 천일염전을 많이 건설한 탓에 해방 이후의 남한은 혹독한 '소금 빈곤'을 감내해야 했다. '민족 분단' 만큼이나 고통스러웠던(?) '염전과 소금의 분단'을 타개하기 위하여 한국정부는 대대적인 천일염전의 증설에 나섰다. 하지만 곧 '소금 과잉'이라는 후폭풍을 맞게 되었고, 이제는 늘렸던 염전을 대규모로 줄여야 하는 모순적 상황이 되었다. 이처럼 우연과 필연이 버무려진 '짠 역사'의 파고에 적절히 대응하기란 쉬운 일이 아니었다. 각설하고, 그럼 지금부터 소금배를 타고 짠 역사의 장강長江으로 소금 여행을 떠나보자.

프롤로그

강은 최고의 소금 교통로였다

◆ 서양인의 푸른 눈에 비친 한강

영국의 여행가이자 지리학자인 비숍Isabella Bird Bishop은 우리에게 너무도 잘 알려진 인물이다. 그녀가 1894년부터 네 차례 조선을 방문하여 기록한 저서《한국과 그 이웃나라들》(1898)을 언급하는 것은 이미 식상한 일이 되었다. 그러나 비숍의 책을 자세히 읽어보면 아직까지 모래 속의 진주와 같이 빛나고 있는 사실들을 캐 낼 수 있다.

비숍의 여행기 속에서 오리엔탈리즘의 시선이 발견되는 것은 분명하지만 그녀의 용감한 도전과 꼼꼼한 기록 정신만큼은 높이 평가받아 마땅할 것 같다. 특히 서양인 여성으로서 한 달 반 동안을 거룻배에서 생활하면서 한강을 왕복했던 사실은 전무후무한 일이었다. 당시 그녀는 65세였는데 조선의 예로서는 안방물림하고 죽음을 기다리는 나이였다. 그러나 여행가인 그녀에게 미지의 한강은 거칠고 위험하지만,

꼭 가보고 싶은 신비스러운 여행지였다.

그녀가 한강 답사를 열망한 것은 한강이 수도를 통과하는 주요한 물길이자 한반도의 중앙 지역을 이어주는 대동맥이기 때문이었다. 한강을 왕래하면서 지리와 자연을 조사하고, 한강 유역에 있는 마을과 사람들을 만나고 싶은 생각에서였다. 지리학자인 그녀에게 한강 만큼 조선의 막대한 지리 정보를 손쉽게 알 수 있는 곳이 없었던 것이다. 그녀는 한강을 이렇게 소개하고 있다.

한강은 강원도와 경기도, 충청도 북동부의 많은 곳을 연결하는 큰 간선 수로이다. 한강을 따라 이 넓은 지역의 모든 잉여 생산물들이 서울로 흘러 들어간다. 또한 소금을 비롯한 거의 모든 상품과 외국 물품들이 한강을 타고 항구로부터 올라와 보부상이나 행상인의 손을 거쳐 각 지점들에 닿으며 그곳을 통하여 내륙 지방의 장터들에 이르게 된다.[1]

1894년. 비숍의 푸른 눈에 비친 한강은 수많은 배들이 물건을 수송하는 교역로였다. 흐르는 강보다는 그 위의 대형 다리가 두드러져 보이는 지금 한강의 모습과는 대조적이다. 한강을 따라서 생산물이 서울로 들어가며, 상류로 올라가는 것은 보부상과 행상인의 손을 거쳐 지방의 장터에까지 이른다. 그리하여 비숍은 한강을 강원도, 경기도, 충청도를 연결하는 간선 수로라고 한 것이다.

비숍은 해안가에서 한강을 타고 내륙으로 올라가는 상품 중에 대표적인 것으로 '소금'을 들었다. 한강은 내륙 간을 이어주는 내수內水의 교통로 일뿐만 아니라 해양과 내륙 간을 연결시켜주는 내외수內外水의 교역로였다. 한강은 육지에서 흘러가다가 서해로 합류하기에 바다

14

의 항구와 강가의 포구를 이어주었다. 이러한 한강을 타고 해양과 내륙 간 유통되는 상품이 바로 '소금'이었다.

비숍은 돛배를 타고 남한강을 거슬러 올라가면서 수많은 나루터를 보았다. 이 나루터에서 소금을 내리는 모습들을 확인할 수 있었다. 즉 그녀는 현 양평읍 양근리에 도착했을 때 많은 배들이 소금 화물을 하역하고 있는 것을 보았다.[2] 이뿐만 아니라 비숍은 여주를 거쳐 남한강 상류로 소강溯江하면서 여러 포구에서 소금이 거래되는 풍경을 보았다. 비숍은 이 내륙의 포구에서 일정한 상품 간 교역 시스템이 있는 것을 알게 되었다.

이 부드럽게 굽이치는 평야에 많은 마을과 도시가 있는데, 그중 큰 것들이 원주, 충주, 단양 등이다. 이들 모두가 강가에 있거나 강을 끼고 있어 이 강을 통해 콩, 담배, 쌀 등이 주종인 그들의 잉여 생산물 대부분이 수출되고, 소금이나 외국 물건들이 수입된다. 물이 얕아지는 계절에도 교통에는 별 지장이 없다.[3]

내륙의 한강변에는 수많은 마을과 고을이 들어서 있다. 원주, 충주, 단양 등은 한강을 통하여 성장한 도시들이다. 이 포구 도시들이 강가나 강을 끼고 있는 것은 한강의 이점을 바로 빨아들이기 위함이다. 포구에서는 지역의 토산품들이 즉석에서 거래되었는데, 이것은 한강변에 자리 잡은 큰 장점이었다. 남한강의 상류 유역에서는 쌀, 콩, 담배와 같은 농산물이 생산되었다. 이 농산물들이 한강을 통하여 하류로 흘러 나갔고, 대신 소금과 해산물이 한강을 통하여 들어왔다. 비숍이 남한강 상류 포구에서 확인한 유통 관습은 내륙의 농산물과 해안의 소금·해산물이 상호 교역되는, 오래된 강운江運 풍속이었다.

■ 소금과 곡물의 교환 시스템

세계 역사에서 가장 장대한 교역로는 소금길이었다. 소금은 인간이
살아가는 데 없어서는 안 될 필수적인 생필품이다. 소금의 불모지인
평야와 사막의 사람들은 목숨을 걸다시피 하여 수백킬로미터 이상의
소금길을 만들었다. 이 길은 인류사상 가장 빛나는 교역로 역할을 하
였다. 이때 교역의 주요상품은 '곡물'과 '소금'이었다. 이에 비한다
면, 삼면이 바다로 둘러싸인 좁은 반도에서 생활하는 우리나라 사람
들이 소금 구하기는 어려운 편이 아니었다. 다만, 교통이 불편했던 전
근대 시기에 중부 내륙의 산악 지역에서는 소금 유통이 원활할 수 없
었다. 그럼에도 불구하고 우리나라의 자연지형에서는 아무리 깊은 산
이라도 물길이 닿지 않은 곳이 없었으므로 강물을 통하여 사람이 움
직이고, 생산품도 전달되었던 것이다.

　강운江運의 물물 교환은 이미 고대 사회부터 형성되었으리라 짐작
된다. 창녕의 비봉리 유적에서 8천 년 전 신석기시대의 통나무 배가
발굴되었으므로 선운의 역사는 신석기시대까지도 바라볼 수 있다. 그
런데 강의 수로가 크게 발달한 것은 고려시대로 추정된다. 고려가 세
곡稅穀을 선박에 싣고 수도까지 운반하는 조운漕運체제를 정비하면서
강의 곳곳에 포浦와 조창漕倉을 설치하였다. 마소에 짐을 싣고 거친 산
을 넘어야 하는 육로는 한계가 있었기 때문이다. 강과 바다를 이용한
고려의 조운제도는 이후 조선으로 계승되었고, 백성들도 조운으로 발
달한 수로와 포구들을 상업 활동의 거점지로 활용하였다.

조선 초인 태종 7년(1407), 왜인의 장삿배 수십 척이 경상도 일대에 출현하여 난동을 벌였다. 여말선초麗末鮮初 왜구의 노략질이 극에 달할 때였다. 이들이 군침을 흘리던 먹잇감은 세곡을 가득 실은 조운선이었다. 이 외에도 왜구들은 간혹 무역을 하자면서 조선의 민가에 침입해 억지로 물자를 강매하고 난동을 부렸다. 의정부가 고민하여 내놓은 대안은 해안가의 창고에서 왜구들과 무역을 하는 것이다.

금후로는 정한 곳에 와서 정박한 왜선에겐 연해의 각 고을 창고에서 묵은 쌀·콩으로 시가時價에 따라 무역하여, 그 왜선으로 하여금 즉시 본도本島에 돌아가게 한 뒤에, 무역한 어염魚鹽을 관선官船에 싣고 낙동강을 거쳐 상도上道에 정박하여, 각 고을의 자원하는 인민에게 쌀과 베를 가리지 말고 화매和賣하여 창고에 넣도록 하소서.[4]

왜구들에게 쌀·콩을 건네주고 받은 상품은 소금과 어류였다. 의정부는 이 어염을 배에 싣고 낙동강을 타고 위쪽 지방까지 올라가서 백성들의 쌀·베 등의 물자와 교환하자는 것이다. 태종은 의정부의 견해에 순순히 따라주었다. 의정부의 의견대로 된다면 꿩 먹고 알 먹기 식이었기 때문이다. 이 방법은 왜구의 노략질을 무역으로 잠재우는 것이며, 내륙 지역의 백성들에게 소금과 해산물을 공급하는 것이다. 게다가 상호 교환을 통하여 남는 이득까지 얻을 수 있었기 때문이다.

의정부가 내놓은 대안은 새로운 것이기보다는 고려 정부의 유속流俗일 가능성이 크다. 조선 초 이전부터 낙동강에서는 경상도 해안가의 소금·어물과 내륙의 곡물이 서로 물물 교환되는 시스템이 있었다. 전근대 사회에서는 지역 간 가격 차이를 이용한 '양도이윤'을 획득하는 방식이 판을 쳤다. 이처럼 가격차로 획득한 '양도이윤'은 사실 매매 차익을 노리는 것으로 미발달된 사회의 이윤 획득 방식이다. 해안 지역에서 소금 가격은 싸지만 내륙에서는 비싼 반면, 내륙에서 곡물 가격은 낮지만 해안 지역에서는 높은 법이다. 이때, 내륙의 곡식과 해안의 어염을 서로 교환하여 팔면 상당한 양도이윤을 얻을 수 있다.

낙동강에서의 소금 대 곡물의 교환 시스템은 조선시대를 거쳐 한국전쟁 후까지도 계속되었다. 2005년 10월경 나는 이런 교환 시스템을 몸소 경험했던 상인을 찾기 위해 낙동강 하구의 여러 곳을 헤매고 있었다. 낙동강 하구의 최대 소금 생산지였던 명지동 일대를 조사하다가 우연히 소금 장사를 했다는 김소만 씨를 만나게 되었다. 1921년생인 그는 팔십 중반의 나이임에도 매우 쾌활하고 재치있는 인물이었다. 평생 명지동에서 살아 왔다는 그는 꽹과리를 잘 치고, 민요 한 가락도 잘 뽑는 등 끼가 넘쳐났다. 내가 소금배에 대하여 묻자 그는 다짜고짜 '소금장수 설화'에 대하여 이야기해 주었다. 무당 흉내를 내며 여인네의 성기에 소금과 고춧가루를 넣었던 음흉한 소금장수의 질펀한 민담이 흘러나왔다.

◆ 낙동강 소금배로 배가 남는 장사를

그는 명지도의 소금을 싣고 낙동강을 거슬러 올라가 각 포구에 도착하여 팔았다. 직접 자신이 팔 수 있는 것은 아니었다. 수산도방, 남지도방 등 각 포구에는 도방이 있고, 이곳의 객주가 물건을 중매해주었다고 한다. 1950년대까지도 객주라는 존재가 공고했으므로, 객주가 중개하는 도방에 가서 소금을 풀지 않으면 안 되었다. 그는 소금을 팔아서 받은 돈으로 다시 도방에서 쌀, 보리, 콩, 채소, 과일 등 낙동강 유역에서 재배되는 여러 가지 곡물과 상품을 사서 내려왔다.

김소만 씨는 소금 장사를 '배 장사'라고 하였다. 배 장사는 '배船를 타고 하는 장사'가 아니라 '이윤이 배倍가 남는 장사'라는 뜻이다. 소금배에 의한 장사는 상당한 이윤을 보장해 주는 상업이었던 것이다. 상행 시의 소금뿐만 아니라 하행 시의 곡물을 싣고 와서 판매를 해도 큰 이익을 보았다. 일례로, 한국전쟁 시기에 그는 경남 창녕군의 남지 南旨에서 팥, 깨, 콩 등을 20만 원어치를 사서 낙동강 하구에서 팔았더니 40만 원을 벌었다고 하였다. 이처럼 소금배 장사가 많은 이익을 보장해 주었기 때문에 1950년대까지도 낙동강의 소금배가 멈추지 않았던 것이다.

그런데 왜 배를 타고 물자를 운반하는 것일까? 국토의 대부분이 산세로 뒤덮이고 강줄기가 곳곳에 뻗어 있는 우리나라의 지형을 생각해 보면 불필요한 질문일 것 같다. 그럼에도 불구하고 이런 질문을 던져 보는 것은 전근대 시기 교통수단의 수송력을 한 번쯤 생각해 보자는 뜻에서이다. 기차와 자동차가 등장하기 전인 과거사회에서 가장 보편적인 교통수단은 '사람과 우마牛馬'였다. 동물의 힘을 이용하던 것에서 약간 자동화된 교통수단이 '수레, 선박'이었다. 사람, 마소, 수레, 선박의 수송력을 비율로 한 번 따져 보면, 1 대 2 대 15 대 100이라고 한다.[5] 쉽게 말하면, 사람이 등짐으로 1킬로그램의 물자를 지어서 나르는 반면, 선박은 거의 100킬로그램을 운반할 수 있다는 것이다. 과거의 전통사회에서 모든 교통이 강으로 집중되었던 것은 이러한 선박이 갖고 있는 수송력 때문이었다.

조선시대에는 바다를 항해하는 해선海船과 강에서 운항하는 강선江

船이 서로 달랐다. 강은 수심이 얕기 때문에 여기서 다니는 강배는 바닥이 평평하고, 배의 수직 길이인 흘수吃水가 낮았다. 조선시대의 강선 중 대선大船은 250~300석 정도의 화물을 실을 수 있는 크기였다. 구한말에 낙동강의 소금배는 보통 대선을 사용하였다. 이 소금배는 일반 화물선보다 커서 최소 150석, 최대 230석을 실을 수 있었다. 하지만 수심이 얕은 지류에 가게 되면 이러한 큰 배는 움직일 수 없으므로 작은 배에 소금을 나눠 실어야 했다. 그런데 낙동강 소금배가 소금만 거래한 것은 아니다. 소금배의 운송 품목을 구체적으로 들어 보면, 올라갈 때에는 소금 및 건어물, 젓갈 등을 적재하였고, 내려올 때에는 쌀, 보리, 밀, 팥, 깨와 같은 곡류가 주류를 이뤘다.[6]

해방 후의 낙동강 소금배는 여전히 돛을 펼치고 노를 저어서 움직이는 범선帆船이었다. 낙동강에서는 배 아래가 평평하고 넓다고 하여 소금배를 '광배, 광선배'라고 불렀다. 김소만 씨는 해방 후에 소금값이 급등하는 것을 보고, 명지 소금을 배에 싣고 소금 장사를 했다고 한다. 그의 집안에서는 2척의 소금배를 소유하고 있었는데 남동생과 함께 이 소금배를 몰았다. 소금배가 올라갈 때는 먼저 고사부터 지내야 했다. 쌀을 강물에 흩뿌리면서 "우짜든지 무사히 통과하게 해 주소"라고 하면서 용왕님에게 빌었다.

소금배 장사는 짭짤한 소득을 주었지만 배를 몰고 가는 여정은 매우 위험하고 고통스러웠다. 소금배는 말이 범선이지 거의 사람의 힘으로 끌다시피 하였다. 밀양을 지나면 수심이 낮은 곳이 많았다. 이러한 곳에서는 갈대를 엮어 만든 고딧줄을 짐대에 묶은 뒤에 "어기여차, 어기여차" 구령을 맞추면서 끌고 갔다. 땀 흘리고 힘들어도 무사히 갈 수 있다면 다행이었다. 급한 여울이나 암초를 만나면 배가 파손되고,

사람이 다치는 일도 적지 않았다. 소금은 운반이 무거울 뿐만 아니라 까다로운 물품이었다. 잘못해서 배가 전복되면 소금은 바로 녹아 버려 팔 수 없었다. 출항을 앞두고 먼저 용왕님에게 간절히 기도하는 것도 바로 소금배의 이런 저런 특성 때문이다.

고되고 힘든 노동 후에는 그래도 보람이 있었다. 각 포구에 도착하면 주민들이 누구보다도 소금배를 반갑게 맞아 주었기 때문이다. 고 故 전성천 교수의 고향은 경북 예천과 의성 사이로 낙동강이 흐르는 상락마을이었다. 그의 수필인 〈낙동강 소금배〉를 보면 상류 지역의 주민들이 소금배를 보는 정겨운 회상이 잘 기록되어 있다. 그에게 낙동강은 "내가 어릴 때 멱 감고 놀던 정든 강"으로서 그는 "낙동강이란 이름만 들어도 애정을 느끼고 어린 시절을 회상하게 된다"라고 하였다. 그 애정을 느끼는 시절의 회상이란 바로 소금배가 떠다니는 낙동강의 아름다운 풍경이었다.

이 고장 사람들에게 유일한 교통수단으로는 이 소금배가 있었을 따름이었다. 200리 저 밖에 있는 동해의 울진에서 당나귀 등을 이용해서 운반되는 미역, 다시마, 청어, 고등어 등 해산물 외에 대부분의 새 문물이 이 소금배로 운반되었으니 소금배는 다시 없이 반갑고 귀한 것이었다. 우리 동네 앞을 드나드는 소금배는 왜관에서 안동까지 왕래하는 것이 보통인데 작은 배에는 두세 사람 정도, 큰 배는 육칠 명의 기운 센 젊은이들이 밧줄을 어깨에 메고 유달리 거센 우리 동네 앞의 낙동강 물을 거슬러 안동으로 향해 배를 끌어 올리는 것이었다. 이 배들은 안동에서 왜관으로 내려갈 때에는 소금 대신 벼를 비롯한 이 고장의 온갖 농산물을 가득히 싣고 콧노래를 불러가며 몸 가볍게 흘러 내려간다. 돛대를 달고 내려가는 그

속력이며 풍경은 어린 내 눈에 언젠가는 저 배 한 번 타 보았으면 하는 호기심도 들게 했다.[7]

상락마을은 대구 도회지에서 거의 300리나 떨어진 촌동네였다. 상락마을 주민들은 대부분 바다를 한 번도 보지 못한 채 일생을 마쳤다. 해산물이라 해 봐야 울진에서 당나귀로 운반하는 미역, 다시마 등이 고작이었던 상락마을. 이러한 산골짜기에서 소금배는 정말 반갑고 귀한 것이었다. 상락마을을 흐르는 낙동강의 수심이 얕고 물살이 거세기 때문에 뱃사람들이 소금배를 어깨에 밧줄로 메고 끌고 올라왔다.

소금배가 다시 농산물을 가득 싣고 내려갈 때는 콧노래를 부르며 가볍게 흘러 내려간다. 소금을 무사히 팔고, 농산물을 가득 실었으니 소금상인들이 콧노래가 저절로 흘러나올 법하다. 그런데 전성천 교수는 상락마을에 드나드는 소금배는 왜관에서 안동까지 왕래하는 것이 보통이라 하였다. 그렇다면 낙동강의 소금배는 정해진 운항 구간이 있었던 것일까? 과연 소금배의 출발지와 종착지는 어디였을까?

■ 뱃길에도 고속버스와 시외버스가 있다?

1895년 음력 정월 27일 낙동강의 선상船商이었던 최 씨는 소금배를 타기 위하여 하단下端(현 부산시 사하구 하단동) 포구에 도착하였다.[8] 낙동강 상류의 강가에는 아직도 얼음이 풀리지 않았건만 장을 담는 기간이 다가왔으므로 최씨는 출발을 늦출 수 없었다. 낙동강의 소금배는 아무 때나 오르는 게 아니다. 장을 담는 철인 음력 2~3월, 김장철인 음력 10월~11월에 소금을 가지고 가야 비싼 가격에 팔 수 있는 것이다. 보통 낙동강 상류 지역까지 가려면 한 달 이상을 항해해야 하므로 해빙이 시작되는 즉시 소금배를 타야 한다.

최씨는 하단에서 소금배에 일본 소금 1,320가마니[俵]를 실었다. 개항 이후 부산으로 일본 소금이 많이 수입되었기 때문에 최씨와 같이 일본 소금을 다루는 상인들이 많아졌다. 하단은 낙동강 최남단의 포구로 소금배가 출발하는 곳이다. 영남의 최대 소금 생산지인 명지동이 바로 눈앞에 있으므로 명지 소금이 하단에 집산되었다. 낙동강 유역에서 생산한 농산물이 모이는 곳도 하단이었다. 하단으로 흘러들어온 쌀, 콩, 잡곡 등은 다시 큰 배에 실려 부산으로 갔다. 개항 이후 하단은 곡식을 찧는 도정업도 크게 발달하였다. 하단은 낙동강과 부산항을 이어주는 가교 역할을 하면서 낙동강 하구의 최대 상업항으로 크게 번성하였던 것이다.

그가 하단에서 출발하여 낙동강의 중류 지역인 선산善山의 비산飛山 포구에 도착한 것은 거의 한 달이 지난 2월 24일이었다. 중간에 거센 비바람을 만났고, 억지로 땔감까지 강매당하면서 도착 시간이 훨씬 지연되었다. 그렇지만 낙동강의 소금배가 상류로 오르기 위해서는 늘 부딪치는 장벽이었으므로 선상船商들은 이를 당연한 것으로 여겼다. 소금상인 최 씨가 비산에 머문 이유는 이곳의 수심이 얕아서 큰 배로는 더 이상 갈 수가 없었기 때문이다. 최씨는 작은 배 두 척을 빌려서 소금을 나눠 선적한 후에 27일 간신히 목적지인 낙동에 도착할 수 있었다.

낙동은 현 경상북도 상주에 있는 낙동진洛東津이다. 일반적으로 하단의 소금배가 도착하는 종점이 바로 상주의 낙동진이다. 이중환李重煥의 《택리지擇里志》에서도 "낙동강이 바다로 흘러가는 목인 김해 칠

성포七星浦에서 북쪽으로 상주尙州까지 거슬러 올라갈 수 있다"고 하였다.[9] 상주는 임진왜란 직후까지 경상감영이 있던 행정의 중심지였으며, 육상과 수상 교통이 만나는 요충지였다. 상주는 한마디로 사통팔달의 대읍으로서 영남대로嶺南大路와 낙동강이 처음으로 가로 지르는 곳이었다. 조선시대에 상주의 낙동에 소금창고[鹽倉]를 설치한 것은 이러한 인문적, 지리적 특성 때문이었다.[10]

물론 하단에서 출발한 소금배가 낙동 이상으로 올라갈 수 없었던 것은 아니다. 실제로 소금배를 타고 안동까지 올라간 예도 적지 않았다. 상류로 갈수록 소금값은 더욱 비싸지기 때문에 상행을 피할 이유도 없었다. 하지만 소금의 수요가 높아지는 성수기는 대부분 물이 잘흐르지 않는 갈수기渴水期였다. 강에 물이 없다는 것은 교통과 수송에 치명적인 결과가 되었다. 최 씨가 낙동에서 소금배를 멈춘 것도, 조선시대 낙동강의 강운이 낙동을 종점으로 삼은 것도 모두 낙동강의 수량 탓이었다.

그러나 하단에서 출발한 소금배가 낙동에서 멈춘다 하더라도 위쪽지방으로 소금의 운송이 중단되는 것은 아니다. 상락마을에 왜관에서 안동까지 운항하는 소금배가 들리듯이 상류와 지류 사이에서도 구간별 소금 운송 시스템이 있기 때문이다. 쉽게 말하면 부산(하단)−상주(낙동진)가 고속버스 구간이라면 또 여기서 소읍으로 운행되는 시외버스 구간이 있다는 것이다. 그렇기 때문에 낙동강 하구의 부산에서 안동까지 500여 킬로그램의 대장정을 거쳐 운반될 수 있었다.

남한 지역에서 낙동강과 비견되는 강은 한강이다. 두 강은 백중지세인데 길이를 따지면 낙동강이 형님뻘이다. 낙동강의 본류 길이가 525킬로미터이며, 한강은 514킬로미터이다. 강을 교통로로 볼 때, 더욱 중요한 것은 선박의 운항이 가능한 가항可航 수로이다. 낙동강의 가항 수로는 344킬로미터, 한강은 337킬로미터이다. 그런데 한강은 북한강과 남한강이 양평의 양수리兩水里에서 갈라져 거의 독자적인 유역을 구축하고 있다. 반면, 낙동강은 경상도 지역을 혼자서 구불구불하게 돌면서 본류와 지류를 합쳐 영남의 4분의 3에 걸쳐 있다. 두 개의 강으로 나눠지는 한강의 본류를 따진다면 남한강이다. 남한강의 길이는 390킬로미터에 이른다. 비숍이 먼저 남한강을 타고 간 것도 남한강이 수로와 교역의 면에서 북한강보다 우월하기 때문이었다.

◆ 포구에는 갯벌장이 열렸다

낙동강에 '하단'이 있다면 한강에는 '마포'가 있다. 서울을 배후로 하는 한강에는 서강, 마포, 용산, 망원, 두모포, 뚝섬 등 여러 포구가 있었지만 소금과 젓갈의 집산지는 단연 마포였다. 서해안에서 생산되는 소금과 새우젓은 마포까지 운반된 이후에 절반이 서울로 유통되었고, 나머지가 남한강, 북한강 등을 통해 경기, 충청, 강원도 등지로 퍼져 나갔다. 마포의 소금과 어물을 주도적으로 유통시킨 장본인은 객주客主였다. 객주는 정부의 공인 하에 특정한 상품을 중개하고 유통시키는 독점적인 권한, 즉 주인권主人勸을 갖는다. 서해안에서 생산되는 소금을 서울로 판매하고 싶다면 반드시 마포의 소금 객주를 거쳐야 하는 법이다.

서울의 뚝섬에서 양화나루까지의 한강을 '경강京江'이라 했다. 이 경강도 아랫강과 윗강으로 나뉘는데 마포, 용산, 서강 등의 아랫강 객주들은 소금과 새우젓을 중개하면서 성장하였다. 특히 마포의 소금 객주들은 서울로 소금을 유통시킬 뿐만 아니라 남한강의 여러 포구로 소금을 운반하는 중심 역할을 하였다.[11] 마포를 떠난 소금배는 유유히 흘러 이포, 여주, 충주, 단양까지 올라간다. 이 배는 강원도 영월까지도 올라갈 수 있으나 대체로 충북 단양군의 영춘永春까지 소강하였다. 비숍 일행도 뱃사공이 몇 번을 시도하였으나 험한 급류 때문에 성공하지 못하고 영춘에 머물렀다고 하였다.[12]

남한강에는 큰 포구를 비롯하여 50여 개에 이르는 작은 기항지寄港地가 있었다.[13] 포구나 작은 기항지는 모두 배가 출입하는 항구로서 남한강의 소금배가 도착하는 곳이다. 소금배가 소금과 어물을 싣고 포구로 들어가면 장터가 형성이 된다. 이처럼 배가 포구에 들어왔을 때 부정기적으로 열리는 장을 '갯벌장'이라고 한다. 갯벌장은 날짜에 맞춰서 열리는 오일장처럼 정기시장은 아니었지만 소금과 곡물, 각종 상품이 거래되는 중요한 포구 시장이었다.

낙동강에서도 포구를 중심으로 소금이 유통되었다. 낙동강의 주요 나루터로는 밀양의 삼랑진, 의령의 박진, 초계의 율지栗旨, 현풍의 세암洗巖, 고령의 개포開浦, 성주의 명덕진, 대구의 사문진, 인동의 왜관, 선산의 비산, 상주의 낙동 등 수없이 많았다. 구한말 낙동강 연안에는 거의 12리마다 주요 포구들이 있었고, 이러한 포구에는 어김없이 객주가 있어 상품 중개를 도맡아 했다.[14] 이곳에서 열리는 갯벌장은 포구와 인근의 주민들에게 물자와 정보가 유통되는 최고의 시장이었다. 배가 언제 들어오는 지 확실히 알 수 없었지만 일단 소금배나 화물선이 들어오면 짧으면 3일, 길면 5~7일 동안 시장이 섰고, 물자가 거래되었다.[15]

남한강 상류에서 소금이 가장 많이 거래되었던 물류의 중심지는 목계였다. 목계牧溪는 충청북도 충주시에 속해 있으며, 한강에서는 마포 다음으로 큰 포구였다. 충주의 목계는 경상도, 강원도, 충청도의 상인들이 중원으로 모이게 하는 원동력이었다. 《택리지》에서 이중환은 이 목계를 "생선배와 소금배가 정박하고 외상 거래도 하는 곳이다. 동해의 생선과 영남 산골의 화물이 모두 여기에 집산되므로 주민은 모두 사고 팔고 하는 일에 종사하여 부유하다"고 하였다.[16] 1920년대 충북선이 부설되면서 목계는 급격히 쇠락하였고, 1948년 이후에는 소금배의 운항도 중단되었다. 그럼에도 불구하고 '목계' 라는 지명이 우리에게 강렬히 남아 있는 것은 신경림의 〈목계장터〉라는 시 때문일 것이다.

"하늘은 날더러 구름이 되라 하고 땅은 날더러 바람이 되라 하네"라는 시 구절로 시작되는 〈목계장터〉는 민중적 정서와 서정적 가락이 완벽하게 조화를 이룬 시이다. 신경림 시인이 숙명처럼 이 시를 쓰게된 것은 그의 고향이 다름 아닌 충주이기 때문이다. 1930년대 목계에서 이십 여 리 떨어진 충주시 노은면에서 태어나고 자란 시인은 초등학교 때 이곳으로 소풍을 다녀오곤 했다.[17] 그가 서글픈 장돌뱅이의 눈으로 목계를 노래할 수 있었던 것은 목계장터의 정서를 직접 체험하였기 때문이다. 신경림 시인은 이 시를 지은 사정을 다음과 같이 밝히고 있다.

시골에는 닷새장인 향시 말고도 갯벌장이 있었는데, 이 목계장이 바로 갯벌장이었다. 갯벌장은 닷새 만에 서는 것이 아니라 소금배나 짐배가 들어오면 아무 때나 서는 부정기장으로서, 뱃길이 끊기면 한 달 내내 서지 않기도 했다. 그러나 한 번 섰다 하면 큰 고을장에 못지 않게 흥청대어 들놀음, 윷놀이, 줄타기 등 손님을 모으기 위한 온갖 놀이가 벌어지고, 들병장수들이 활개를 쳤다. 그래도 난전이 아니었던 것은 일정한 교역 장소인 도가를 두어 소금이나 해산물이나 그밖의 산물이 꼭 그곳을 통해 팔려나가도록 규제했고, 곡식바리를 감동하는 말강구를 두어 곡식의 부정거래를 막았기 때문이다. 목계장터에 특별히 여각과 색주가가 발달했던 것은 원주·횡성에서, 단양·풍기·영주에서, 문경·상주에서 우마에 곡식을 싣고 재를 넘어 온 장사꾼들이 며칠이고, 소금배며 짐배가 오기를 기다리며 묵어야 했기 때문이다. 나는 사람이 사는 일을 이 목계장터의 이미지에 얹어 한 편의 시 속에 담으려고 시도해 본 일 있는데 그것이 〈목계장터〉이다.[18]

그가 본 것도 목계의 갯벌장이었다. 목계에는 서울에서 소금배로 운반된 소금과 충주·제천·원주·영월·문경에서 소 달구지에 실려 온 쌀·콩·담배 등이 서로 교환되는 큰 갯벌장이 섰다. 갯벌장은 하루에 끝나는 것이 아니라 길게는 열흘씩 갈 때도 있기 때문에 상거래하는 여각뿐만 아니라 색주가까지 넘쳐났다. 그뿐만 아니다. 목계장터는 온갖 민속문화의 집산지로서 남사당패 놀이, 줄다리기, 씨름판 등 수 많은 민속놀이가 벌어졌다. 목계별신제와 같은 큰 굿도 열렸다. 목계 별신제는 장별신굿의 하나로서 뱃길의 무사안녕과 목계장터의 번영 을 기원하는 의례이다. 이 모든 민속은 강의 뱃길로 번영했던 충주, 소금과 곡물의 교환으로 흥청거렸던 목계의 갯벌장이 탄생시켰던 문 화였다.

■ 강은 철도와 도로에게 길을 넘겨주고

민속학자인 고故 김택규 선생은 우리나라의 민속문화를 농경의례를 기초로 하여 추석권, 단오권, 추석·단오 복합권 등 3대 문화권으로 설정한 바 있다. 김택규 선생의 문화권역의 구분을 보면서 나는 엉뚱하게 낙동강 문화권, 남한강 문화권, 압록강 문화권 등 강 문화권을 떠올렸었다. 전근대 시기 강은 물류 수송을 위한 교통로 이상의 의미를 담고 흘렀기 때문이다.

강과 포구는 사람과 물산이 모이고 흩어지면서 다양한 관습들을 창출하였다. 문화를 생산하고 유통시키는 '문화의 소통로' 역할을 강이 한 것이다. 오광대 놀이가 합천의 밤마리에서 시작해서 영남으로 전파된 것은 낙동강 때문이 아니던가. 합천의 밤마리는 잘 알려졌듯이 해안의 소금과 내륙의 곡물·삼베가 서로 교역되는 낙동강의 포구였다. 낙동강은 일정한 유역을 흐르면서 오광대놀이라는 문화를 생산하고 전파하였으니 오광대놀이는 낙동강 문화권역의 흔적을 보여 주는 셈이다. 이렇게 강은 '문화의 강'으로 흐르다가 독자적 문화를 형성하였고, 다른 강과 차별되는 문화권역을 낳게 되었다는 것이 다듬어지지 않은 나의 가설이었다.

그런데 아쉽게도 강 문화권은 우리나라의 근대화·산업화보다 훨씬 빠른 속도로 사라졌다. 강에 대하여 도전장을 내민 것은 일제강점기의 철도와 도로였다. 일제는 조선의 침탈을 위하여 먼저 철도부터 부설하였다. 대단위 물류의 운송이 보장되는 철도가 없이는 식민지의 자원을 일본으로 빼돌리기가 요원한 일이었다. 일본과 조선, 만주로 이어지는 철도는 동아시아의 물류·교통체계를 재편하고, 일제의 권력을 확실히 다지는 기반시설이었다. 1910년대 식민지 조선에서도 이미 주요 도시들에는 철도가 통과하게 되었다. 엄청난 속도와 힘을 가진 기차가 종래 배에 의한 강운을 잠식하는 것은 불가피한 문제였다.

그러나 일제강점기 기차와 자동차가 곳곳을 누볐다 하더라도 소금 배의 운항이 끊겼던 것은 아니다. 오히려 이 시기에는 철로와 수로가 경합·보완관계를 가지고, 적절히 경쟁하면서 소금이 운송되었다. 기존 강에 의한 소금 운반이 힘들고 비용이 많이 들었던 곳에는 철도를 이용함으로서 경쟁력을 높였다. 낙동강과 경부선의 구간에서는 왜관, 삼랑진, 구포 등과 같이 원래 포구가 존재하면서도 기차역이 설치된 곳들이 크게 발전하였다. 배편으로 먼저 이곳으로 소금을 운송한 뒤에 철도편으로 움직이거나, 기차로 수송한 뒤에 다시 배로 보내졌다. 이처럼 철도와 수로가 서로 연계되면서 교통체계가 재편되었고, 낙동강 포구의 흥망성쇠도 이어졌다.

소금배의 운항을 결정적으로 중단시킨 것은 인정사정없는 '댐'이었다. 댐 건설로 인한 뱃길이 막혀버리려는 순간 소금배의 운명도 끝장나게 되었다. 일찍부터 한강에는 수십미터 높이의 댐이 건설되어, 황포돛배가 멈추고 말았다. 수도권 지역의 수력 발전과 용수 공급, 홍수 조절 등의 목적으로 다른 지역에 비하여 한강 유역의 댐 건설이 더욱 필요했던 것이다. 청평댐, 화천댐이 일제 말기에 세워졌고, 1960년대 이후 팔당댐, 의암댐, 춘천댐 등이 본격적으로 건설되었다. 상대적으로 낙동강은 수계의 특성상 댐건설이 늦었고, 뱃길이 끊기지 않았으므로 소금배를 1960년대까지도 볼 수 있었다. 강서구 신호동에 사는 김소종 씨는 20대 초반에도 이웃주민들과 소금과 갈치 등을 광선배에 싣고 삼랑진, 수산, 남지, 박진, 밤마리 등의 포구로 날랐다고 하였다.

근래 들어 한강 연안에 있는 지방자치단체들이 황포돛배와 뗏목을 시연하고, 나루터를 복원하려는 움직임이 분주하다. 그러나 흐르지 않는 것은 강이 아니듯, 통하지 않는 뱃길은 길이 아니다. 한강에서는 각종 시설로 인하여 중간에 멈추고 배가 가지 못하는 구간이 한두 가지가 아니다. 그러므로 한강에서 황포돛배의 등장은 전시성 이벤트에 불과한 것이다. 정녕 소금배의 뱃길을 복원하고 싶다면 먼저 강의 문화와 흔적을 조사하는 기록화 사업이 우선 시행되어야 할 것이다.

고려 말의 각염법은
원나라의 소금 제도를 받아들인 것일까?

◆ 원나라의 사위가 된 충렬왕

원종 13년(1272) 세자 심諶이 원나라에서 돌아왔다. 근 8개월 만에 다시 고려로 돌아온 것이다. 원 정부의 의심을 받지 않기 위해서 일본 정벌 사업을 구실로 삼았다. 세자는 원나라에 자주 입조하였다. 원 황제에게 고려 조정의 일들을 보고하기 위해서였다. 때로는 고려의 정세를 의심한 원나라에 의하여 볼모로 잡혀가는 경우도 있었다. 그런데 이것이 웬일인가! 반가운 마음으로 그를 맞이하러 간 백성들은 서글픈 눈물을 흘려야 했다. 《고려사》에서는 당시의 모습을 이렇게 말하고 있다. "나라 사람들이 세자가 머리를 땋고 몽골 옷을 입은 것을 보고 모두 탄식하며 우는 사람까지 있었다."[1] 변발과 호복을 한 세자의 모습은 당당한 고려인이 아닌 낯선 몽골인이었다. 이후 몽골인의 차림으로 다니던 충렬왕은 신하들에게 변발을 하지 않았다고 꾸짖기도 하였다. 오랜 시간을 원나라에서 생활한 세자는 자의반 타의반 원나라의 문화에 완전히 동화되고 있었다.

13세기 말 원나라의 간섭은 도를 넘고 있었다. 고려의 자주적 대외정책은 거의 사라졌다. 왕권이 바닥으로 추락한 상황이었다. 1269년에는 무신 임연林衍(?~1270)에 의하여 원종이 폐위되는 일까지 벌어졌다. 이때 원종은 원나라의 입김에 기대어 정권을 보위하려 하였다. 즉위 시부터 원나라의 세조 쿠빌라이와 친분이 두터웠던 원종은 어렵사리 복위될 수 있었다. 하지만 고려의 원 예속은 더욱 심화되었다. 이후에도 권신들의 왕권 침탈이 끊임없이 계속되었다. 쿠데타와 배신으로 얼룩진 고려 조정을 안정화할 수 있는 방법은 없는 것일까?

이때 원종은 원나라와의 통혼通婚 전략으로 승부수를 띄웠다. 고려 왕조는 2인자로서 호가호위할 수 있는 길이었다. 당시 원나라의 지배정책도 원종의 생각과 맞아 떨어졌다. 세자가 원의 사위가 되고 고려가 부마국이 된다면 원은 고려를 지배하에 둘 수 있었고, 고려는 원의 패권에 기댈 수 있었다. 이러한 역사적 격변기에 원종의 장남이었던 세자 심은 비운의 인물이었다. 아버지 원종의 폐립을 몽골에서 통곡하며 지켜봐야 했던 세자로서는 다른 선택이 있을 수 없었다. 쿠빌라이의 사위가 된다면 고려 왕좌에 무사히 올라갈 수 있을 뿐더러 쇠약해진 고려 왕조의 불씨를 다시 일으킬 수 있으리라. 두 차례의 청혼끝에 1274년 드디어 세자는 쿠빌라이의 딸 제국대장 공주와 결혼하게 되었다. 그해 원종이 사망하여 세자가 왕위에 오르니 바로 그이가 충렬왕이었다.

충렬왕은 우리나라 역사상 처음으로 소금을 전매한 왕이었다. 《고려사》충렬왕 14년(1288) 3월에 "무신일에 사신을 각 도에 파견하여 소금을 전매하게 하였다戊申遣使諸道権鹽"라는 기록이 있다. 이 기록의 "각염権鹽"은 정부가 소금을 독점하여 제조하고 판매하는 일을 뜻한 다. 충렬왕은 18년(1292)에 경상, 전라, 충청 3도에 염세별감鹽稅別監을 각각 파견하였으며, 21년(1295)에도 경상도와 전라도에 염세별감을 파견하였다.[2] 전라도, 충청도, 경상도는 고려에서 소금이 가장 많이 생산되는 지역이었다. 충렬왕은 이곳에 염세별감을 파견해서 소금세 를 걷는 일을 시켰던 것 같다. 그러나 충렬왕 대에 소금의 전매가 구 체적으로 어떤 방식으로 이루어졌는지는 알 수 없다. 충렬왕 대의 소 금 전매는 완전한 전매법이 아니라는 시각도 있다.[3] 소금의 생산과 유 통을 국가가 장악한 것이 아닌 과렴科斂(등급을 매겨 세를 징수) 체제를 유지했다는 것이다.

그런데 충렬왕의 염법은 원나라의 제도를 배웠을 가능성이 높다. 원나라는 송나라에서 시행하던 염법鹽法을 이어 받은 터였다. 수시로 원나라에 드나들며 생활했던 충렬왕이 원의 정책을 보고 배우는 일은 당연하였다. 하지만 이를 알 수 있는 충렬왕의 구체적 행적은 기록에 남아 있지 않다. 충렬왕이 제국대장 공주와 결혼에 성공한 1274년 즈 음에 원나라에 입성한 또 한 명의 이방인이 있었다. 그는 이탈리아 베 네치아 상인인 '마르코 폴로'였다. 마르코 폴로의 《동방견문록》을 통 하여 타자의 눈에 비친 원나라의 소금을 알아보자.

■ 마르코 폴로가 본 원나라의 소금

마르코 폴로는 하북성河北省 창주滄州 부근인 장로진長蘆鎭에 도착하였다. 그는 여기서 엄청난 양으로 생산되는 소금을 볼 수 있었다. 이 소금은 바닷물을 끓여서 만드는 자연煮鹽의 일종이었다. 《동방견문록》에서는 그 소금에 대해서 다음과 같이 설명하고 있다.

> 그들은 소금기가 많이 밴 흙을 퍼서 거대한 흙무더기를 만들고는 그 무더기 위에 물을 잔뜩 뿌린다. 그리고는 그 물을 받아 커다란 항아리와 쇠로 된 솥에 넣고 오랫동안 끓인다. 그러면 거기서 소금이 만들어지는데 희고 고우며 질도 아주 좋다.[4]

장로는 원나라가 연경으로 수도를 천도하면서 주요한 소금 생산지로 대두된 곳이다. 화북은 발해만과 접하고 있는 곳이다. 중국의 고대부터 발해만은 가장 중요한 소금 생산지였다. 이곳에서는 바닷물을 도기와 철판에 담아 끓이는 방식으로 소금을 생산했다.[5] 바닷물을 바로 끓이면 연료가 많이 들기 때문에 사전에 염도를 높이는 작업이 필요하였다. 소금기가 밴 흙무더기에 다시 바닷물을 붓는 것은 아래에서 염도가 높아진 짠물을 받기 위함이다.

마르코 폴로는 원나라에서 소금을 교역하는 장면도 보았다. 그는 소금의 생산보다는 소금의 유통에 많은 흥미를 가졌던 것 같다. 마르코 폴로는 양자강 하류에 위치한 신주(현 강소성江蘇省 의징현儀徵縣)라는 도시에 가 보았다. 여기서 그는 입이 딱 벌어졌다. 1만 5천의 선박이 강 위를 일시에 항해하고 있는 것이 아닌가! 이 선박들의 주요 유통 물품은 소금이었다. 마르코 폴로는 다음과 같이 증언하고 있다.[6]

이 강의 본류로 흘러드는 지류들에 위치한 도시와 지역들에도 역시 많은 선박이 있다. 이 같은 선박이 모두 상품을 싣고 이 신주라는 도시를 왕래하는데, 이 강을 통해 운반되는 주된 상품은 소금이다. 상인들은 이 도시에서 그것을 선적한 뒤 강을 따라 어떤 지역으로든 운반해 가는데, 내륙인 경우에도 강의 본류를 떠나 그리로 들어오는 지류를 거슬러 항해함으로써 그런 지류들 주변의 모든 지역으로 갈 수 있다. 이런 까닭에 소금은 해안 근처의 각지로부터 전술한 신주시로 운반되어 오고, 거기서 그것을 배에 실어 앞서 말한 지역들로 가져 가는 것이다.

이처럼 엄청난 양의 소금을 유통하게 되면 막대한 세금을 거두게된다. 마르코 폴로에 따르면 소금세는 원나라의 가장 중요한 세금이었다. 쿠빌라이는 킨사이[杭州]에서만 매년 평균 80토만(tuman은 만萬을 뜻함)의 세금을 거두어 들였다고 한다. 물론, 킨사이는 해안가이므로 많은 소금이 생산된 곳이다. 게다가 주변의 제후국들이 이곳에서 생산되는 소금을 사용하고 있었다. 소금으로 인한 이득이 다른 곳보다 많을 수밖에 없었다.[7]

원나라는 송의 제도를 따라 다양한 상품을 전매하고 있었다. 소금외에도 차, 술, 철, 동銅 등이 주요 전매 상품이었다. 이중 가장 중요한 전매품은 소금이었다. 원나라의 소금 전매법은 크게 두 가지였다. 첫째는 정부가 직접 소금을 운반해 배급하는 것이다. 인구가 적거나 상인의 활동이 없는 지역에서는 정부가 직접 소금 판매에 나설 수밖에 없었다. 이것을 '식염법食鹽法'이라 하였다. 다음은 상인에게 위탁판매를 하는 것으로 '염인법鹽引法'이라 한다. 정부는 상인에게 염인을팔고, 상인은 정부에게서 염인을 산다. 염인을 산 상인은 소금 생산지로 가서 소금을 지급받고 정해진 장소에서 소금을 팔 수 있었다. 이 염인은 소금을 판매할 수 있는 일종의 허가증인 것이다. 원나라에서는 상인이 염인을 받아 소금을 파는 염인법이 주요한 소금 전매 방식이었다.[8]

세조 이후로 원나라의 재정은 매우 불안정한 상황이었다. 충렬왕의 즉위년인 1274년과 1281년 두 차례에 걸쳐 여몽연합군은 일본 원정에 나섰다. 결과는 여몽연합군의 참패였다. 모두 갑자기 몰아닥친 태풍으로 인해 수십만 명의 몽골군과 고려군이 떼죽음을 당했다. 두 차례의 정벌로 인한 막대한 군비는 고스란히 재정적 부담이 되었다. 재정적 부담이 커질수록 소금 전매는 더욱 필요했다. 그런데 원나라는 제왕과 공주, 환관, 후궁들에게 염인을 사여賜與(국가에서 금품을 내려줌)하는 일들이 많았다. 이것은 전대의 왕조에서는 없었던 원나라 소금 정치의 특징이었다. 사여가 많아질수록 황실과 신하들의 배가 부를 뿐 국가의 재정은 궁핍해진다. 게다가 원대에는 염도鹽徒까지 출현하였다. 염도는 소금 밀매업자이다. 이들은 강남에서 진량신陳良臣의 주도 하에 반란까지 일으켰다.[9] 밀매가 횡행하여 염세가 줄어들고, 국가적 반란까지 일어났으니 원나라의 소금 전매는 내리막길을 걷게 된 꼴이다.

마르코 폴로는 17년 동안 원나라에서 생활한 것으로 추정된다. 그가 본 소금의 생산과 유통의 뒷면에는 어두운 정치가 있었다. 상인이었던 마르코 폴로에게 원나라의 소금은 엄청난 부富로 비춰졌을 것이다. 그는 소금의 교역을 통해서 남는 이득이 궁금했을 것이다. 그러나 한 나라의 왕인 충렬왕에게 소금은 경제이자 정치였다. 원과 마찬가지로 고려에서도 권세가들이 소금가마를 탈점하여 국가의 염세 수입은 감소하고 있었다. 하지만 왕권이 약화된 상황에서 권세가들의 경제적 토대를 일방적으로 무너뜨릴 수 없는 형편이었다. 충렬왕이 머릿속에 그리던 소금의 정치학은 매우 복잡한 지형으로 전개되었다.

■ 관중, 중국 최초의 소금 전매론자

중국의 소금 전매는 언제부터 시작되었을까? 원나라의 소금 정치를 알기 위해서는 그 뿌리를 살펴보지 않을 수 없다. 원의 소금 전매는 앞선 왕조들의 재정학에 연원을 두고 있다. 소금 전매의 출발선에는 역시 국가 재정을 확충하는 문제가 있었다. 그 출발선은 춘추시대로 거슬러 올라간다.

200여 개의 제후국들이 할거하던 춘추시대는 중기를 지나면서 점차 몇 개의 패자들에 의하여 통합되어 갔다. 이렇게 탄생한 강국들은 넓은 영토와 많은 백성들을 거느리게 되었다. 거대한 국가의 운영을 위해서는 재정 확보가 피할 수 없는 과제였다. 제자백가의 시대에 국가의 정책은 치열한 이데올로기의 논쟁 속에서 형성되었다. 재정의 근원은 세금인데, 이는 백성들의 곳간을 손대는 일이기 때문이다. 전매정책 역시 통치철학이 뒷받침되어야 했다. 이러한 경제철학을 제공해 주는 자들이 바로 제후들을 보좌해 주던 재상宰相들이었다.

제나라의 재상인 '관중管仲'은 제나라가 춘추오패春秋五覇의 반열에 오르는 데 크게 기여한 인물이다. 잘 알려졌듯이 '관포지교管鮑之交'의 주인공이 바로 관중이다. 관중이 명재상으로 이름을 떨치게 된 것은 포숙鮑叔의 후원이 컸다. 관중은 "나를 낳아 준 이는 부모이지만 나를 알아 준 이는 포숙이다"라고 말할 정도였다. 그러나 관중과 포숙이 항상 동지적 관계는 아니었다. 제나라의 부도덕한 군주인 양공襄公

이 살해당하자 제나라는 왕위를 두고 일대 혼란에 빠졌다. 그때 관중은 공자 규糾의 편에서, 포숙은 공자 소백小白의 편에서 왕위 쟁탈전을 벌였다. 결과는 소백과 포숙의 승리로 끝났다. 권력 투쟁에서 실패한 규는 살해당했으며, 관중은 옥에 갇혔다. 하지만 관중의 운명은 여기서 끝나지 않았다. 포숙은 왕위에 오른 환공(소백)에게 관중을 등용시킬 것을 강력히 천거하였고, 환공은 넓은 마음으로 이를 받아들였다. 《사기》의 〈관안열전管晏列傳〉에서는 재상이 된 관중을 이렇게 평가하였다.

관중은 제나라 재상이 되어 정치를 맡자, 보잘것없는 제나라가 바닷가에 있는 이점을 살려, 다른 나라와의 교역을 통해 재물을 쌓아 나라를 부유하게 하고 군대를 튼튼하게 만들었으며, 백성들과 더불어 좋고 나쁜 것을 나누었다.

관중은 상인 출신의 정치가였다. 포숙이 관중을 무한히 신뢰하게 된 것도 어렸을 때부터 더불어 장사를 하면서 무던히 시행착오를 겪었기 때문이다. 제나라는 산둥반도에 위치한 나라로서 소금과 물고기가 풍부하였다. 외국과 문물을 교류하는 통로였기에 무역으로 생기는 이득도 많았다. 관중이 가진 경제적 혜안을 충분히 살릴 수 있던 지역이었다. 관중은 환공에게 가축, 나무, 사람 등에게 세금을 부과할 것이 아니라 바다와 산림자원을 장악할 것을 요청하였다. 환공은 이에 관한 좋은 방도가 궁금해졌다. 그는 어떻게 하면 산과 바다의 자원을 잘 관리하는 것이냐고 물었다. 관중은 대답하였다. "바다의 자원을 통하여 왕업을 이루려는 나라는 염업세를 징수하는 방법을 시행합니다." 관중은 사람 수대로 인두세를 거두는 것은 백성들의 반발만 키운다고 생각하였다. 대신 염업세를 거두면 백성들의 반발을 최소화하면서 더욱 많은 재원을 확보할 수 있다고 주장하였다.[10]

하지만 관중의 재정관은 염업세를 거두는 데서 멈추지 않았다. 그는 자연자원의 쓰임을 연구하고, 생산물을 통제해야 한다고 주장했다. 또한 물가를 조절해야 나라를 부강할 수 있다고 설파하였다. 주나라 무왕이 거교巨橋의 창고에 곡식을 비축한 뒤에 곡식 가격을 올렸던 예를 들었다.[11] 무왕은 이렇게 재정을 확보한 뒤에 군역을 면제시켜 줄 뿐만 아니라 백성의 세금을 평생 없애 주었다. 이 이야기를 듣고 솔깃해진 환공은 제나라에서도 주나라 무왕처럼 할 수 있는지를 관중에게 물었다. 관중은 자신 있게 답변하였다. "할 수 있습니다. 초나라는 여수와 한수의 황금이 있고, 제나라는 거전渠展의 소금이 있고, 연나라는 요동遼東의 소금이 있습니다. 이 세 가지 수입은 또한 무왕께서 쓰신 정책에 당할 수 있습니다."

제나라의 소금은 무왕이 쓴 거교의 창교에 버금가는 것. 관중은 제나라 해안가의 소금이야말로 최고의 재원으로 생각했다. 나아가 그는 북쪽 바닷가의 백성들로 하여금 소금을 굽지 못하게 하면 소금값이 40배가 오를 것이라 장담하였다. 이렇게 천정부지로 소금값이 올랐을 때 황하黃河와 제수濟水를 따라 다른 나라에 소금을 팔자고 제안하였다.[12] 관중의 뜻은 백성들의 자유로운 소금 생산을 금지하고, 국가가 제염업을 독점하는 '소금 전매'에 있었던 것이다. 관중의 부국강병책은 결국 소금 전매정책으로 실현되었으며, 제나라는 최초로 소금을 전매한 국가가 되었다.

◆ 한나라의 상홍양과 염철회의

이후 관중의 경제사상은 제국의 경제를 책임지는 관료들에게 이어졌다. 한나라의 상홍양桑弘羊이 대표적인 인물이다. 낙양洛陽 출신의 상홍양은 중국 전한 시기 무제武帝와 소제昭帝의 치하에서 맹위를 떨친 재무 관료였다. 《한서漢書》에서는 상홍양이 낙양 상인의 아들로서 암산에 능하여 13세에 시중侍中이 되었다고 전한다. 상홍양 외에도 제염업자였던 동곽함양東郭咸陽, 제철업자였던 공근孔僅은 한 무제 때 상인 출신의 관료였다. 이들 세 명은 한나라가 소금과 철을 전매하도록 입안했던 인물이다.

한나라는 장성長城 이북에 있던 흉노 때문에 골치를 썩고 있었다. 한 고조高祖가 흉노를 정벌하러 나갔지만 오히려 역습당하여 굴욕적인 화친을 맺었다. 그 뒤에도 한나라는 흉노의 위협을 이기지 못하고 미인과 세폐歲幣(강대국에 바치는 공물)를 바쳐야 했다. 한나라 7대 황제였던 무제는 즉위 이후 흉노 정벌에 대대적으로 나섰다. 흉노와의 계속되는 전쟁으로 한나라의 국가 재정은 매우 어려워졌다. 이때 상홍양을 위시한 상인 출신의 경제 관료들은 소금과 철을 국가의 통제 하에 두고자 하였다. 각 지역의 산지에 염관鹽官과 철관鐵官을 두어 생산과 판매 과정을 장악하였다.

이러한 경제 관료들이 추진하는 전매정책에 대해서 유학자들과 백성들은 달가워하지 않았다. 그리하여 한 무제의 아들인 한 소제昭帝는 시원始元 6년(기원전 81)에 지방장관으로부터 인재들을 추천받아서 '염철회의鹽鐵會議'를 열게 하였다. 이 회의는 전매제도로 인한 백성들의 고생과 아픔을 듣고, 이 제도의 혁파에 대해서 심도 깊게 논의하는 자리였다. 이 회의의 내용을 후대의 '환관桓寬'이란 유자儒者가 정리한 것이 그 유명한《염철론鹽鐵論》이다. 이 책의 내용은 경제 관료와 유학자들의 전매정책에 대한 치열한 논의를 담고 있다. 그뿐이 아니다. 법가法家로 대변되는 상홍양과 유가儒家로 대변되는 '현량賢良·문학文學' 간의 사상투쟁까지 엿볼 수 있다. 염철회의는 고대사회가 나아갈 국가의 향방과 통치철학을 다듬는 자리였다.[13]

이 자리에 소집되어 올라온 문학은 상홍양에게 직설적으로 말하였다. "바라옵건대, 소금·철·술의 전매제도와 균수법均輸法을 폐지함으로써, 본업本業(농업)을 진작시키고 말업末業(상공업)을 물리치게 하여 농업을 크게 이롭게 하는 것이 마땅하리라 생각됩니다." 균수법은 국가가 지방의 산물을 조세로 징수한 뒤에, 다른 지방에 판매하여 이익을 남기는 것이다. 물가안정책이란 명분을 내세웠지만 실제로는 부족한 국가 재정을 충당하기 위함이었다. 문학은 인의仁義를 중시해야 할 군주가 이익을 탐함으로써 세상의 풍조가 타락한다고 여겼다. 국가가 백성들과 상대하여 이익을 다투고 상공업의 이득에 집착하는 실태가 마땅치 않았다.

하지만 상홍양은 생각이 달랐다. 흉노족의 침입을 막기 위해 세워둔 변경 지역의 요새와 군대에 들어가는 군비는 어떻게 충당하라는 말인가. 유가들이 반대하는 균수법도 물가를 안정시키고 먼 곳까지 물자를 수송할 수 있는 훌륭한 정책이 아니던가. 상홍양은 즉각 대답하였다. "지금 토론하는 이들은 이러한 제도를 폐지하고자 주장하는데 그렇게 되면 안으로는 국고가 텅 비게 될 것이고 밖으로는 변경 방비에 필요한 비용이 부족하게 됩니다. 요새를 지키느라 성루에 올라가서 고생하는 병사로 하여금 변경에서 굶주림과 추위에 시달리게 할 것인데, 장차 이를 무슨 비용으로 충당하겠습니까?"[14]

60여 명의 현량·문학과 상홍양은 치열한 논쟁을 벌인 끝에 1차 회의를 종결하였다. 상홍양은 1차 회의가 끝나자 안색을 바꾸고 아무말도 하지 않았다. 전매정책에 대한 유가의 계속되는 비판으로 인하여 기분이 크게 상했던 것이다. 그러나 염철회의를 지시한 황제의 뜻이 있는 만큼 이들의 주장을 전부 배제할 수 없었다. 상홍양은 황제를 찾아가 아뢰었다. "현량과 문학은 조정의 일에 밝지 않으면서 외람되이 염철 전매가 불편하다고 합니다. 청컨대, 군국郡國의 술 전매와 관내關內의 철관鐵管을 철폐하소서."[15] 황제는 허락하였다. 술과 철의 전매정책 일부가 변경되었지만 소금 전매의 큰 틀은 여전히 유지되었다. 전매정책의 변경이 큰 효과가 없었던 것 같다. 《염철론》을 지은 환관은 이 책의 후기에서 "그들(현량과 문학)의 주장은 구름과 안개에 가려져 폐기되었기 때문에 끝내 실행되지는 못하였으니, 안타까운 일이다"라고 평가하였다.

후한 이후로 소금 전매정책은 중지되었다가 당나라에서 부활하였다. 당나라 때는 '안녹산安祿山의 난'으로 인해 재정이 극히 궁핍해지자 재상 '유안劉晏'이 나섰다. 유안은 전운사轉運使, 염철사鹽鐵使를 겸임하여 직접 소금과 곡물 운송을 감독하였다. 유안은 백성들에게 폐를 끼치지 않으면서 국가 경비를 풍부하게 한 재정가였다. 다산 정약용은 유안을 일컬어 "오직 유안만은 위로는 국가 재정에 이익을 주었고, 아래로는 민원이 없게 하였으니 재정에 능한 사람"이라고 하였다. 유안은 관원이 많으면 백성들에게 번폐스럽다고 하여 소금이 생산되는 지방에만 염관을 두었다. 소금 생산지에서 거리가 먼 곳으로 소금을 운반하여 저장해 두었다. 상인의 발이 끊겨 소금이 귀하게 되었

을 때 값을 감하여 팔았으니 관가는 수익을 보고, 백성은 소금이 결핍되지 않았다고 한다.[16]

송나라의 채경蔡京도 소금을 전매하여 크게 이익을 남긴 재상이다. 송나라 이후부터 중국에서 염인법鹽引法이 실행되었다. 염인은 소금을 받아서 판매할 수 있는 일종의 어음 또는 허가증을 말한다. 소금 상인들은 납세의 대가로 염인을 관청에서 받았다. 송나라에서 실시한 소금 전매제도를 간략히 "관독상판官督商辦"이라 부른다. 관료는 지침을 정하여 감독하고 상인은 소금을 공급해 이윤을 남기는 것이다. 국가가 완전히 생산과 유통을 통제하는 것이 아니므로 '간접적 전매'라 할 수 있다.[17] 이러한 송의 소금 제도가 원나라로 이어졌던 것이다.

◆ 원나라의 외손, 충선왕의 각염법

다시 고려로 돌아가 보자. 충렬왕이 왕위에 오르던 해인 1275년, 제국대장 공주 사이에서 낳은 맏아들이 충선왕이다. 충선왕의 몽골 이름은 "이지리부카益知禮普花"였다. 그는 고려와 몽골의 피가 섞인 혼혈인이었다. 충렬왕에게 원나라는 장인의 나라였지만, 충선왕에게 원나라는 어머니의 나라였다. 원나라의 입장에서 보면 충렬왕은 사위였지만, 충선왕은 외손이었다. 원나라와 혈육으로 맺은 충선왕은 태생부터 충렬왕보다 더욱 강한 권력을 행사할 수 있었다.

충선왕은 세자 시절부터 충렬왕과 마찰이 많았다. 오죽했으면《고려사절요》에서 "부자간에 사이가 좋지 않았으며, 실로 부끄러운 일이 많았다"라고 평했을까![18] 충선왕은 특히 부왕이 매사냥에 빠져서 정사를 돌보지 않는 것을 무척 싫어했다. 아홉 살 된 충선왕은 "지금 백성들의 생활이 곤궁한 데다가 농사철이 닥쳐왔는데 아버지는 어찌하여 멀리 사냥을 떠나시려 하는가"라고 하면서 유모 앞에서 눈물을 흘리는 일도 있었다.[19]

충선왕과 충렬왕은 급기야 왕위를 놓고 싸움까지 벌였다. 아버지와 맏아들이 왕좌를 놓고 대결하는 사상 초유의 사건이었다. 1298년 원의 지원을 받은 충선왕이 왕위에 올랐지만 다시 8개월 만에 강제 퇴위당하고 말았다. 그러나 충선왕이 지원하는 무종武宗이 황제의 자리에 오르면서 1308년 그는 다시 복위하였다. 충선왕은 즉위와 복위를 반복하면서 충렬왕과 그의 세력을 제거하는 데 성공했다. 그는 매우 총명하면서 황실 정치가 몸에 밴 인물이었다. 그는 세자 시절 대부분을 원에서 보냈으며, 왕위에 올라서도 몇 년을 원에서 지냈다. 이때 충선왕은 원 황실의 외척으로서 권력투쟁에 깊게 관여하고 있어 충렬왕의 정치적 노하우는 그에 비길 바가 못 되었다.

그러나 충선왕의 앞길은 녹녹치 않았다. 원 간섭으로 인하여 고려의 왕권이 추락한 상황이며, 원에 줄을 대고 있는 권세가들의 힘도 만만치 않았다. 그는 개혁정치를 통하여 정국의 판을 바꾸지 않으면 안 되었다. 먼저 재정개혁이 선행되어야 했다. 충선왕의 염법개혁도 이러한 와중에 이루어졌다. 드디어 충선왕은 복위 원년(1309) 2월에 소금 전매법인 각염법을 시행하라는 명령을 내렸다.

옛날에 나라에서만 소금을 생산하고 판매하게끔 법을 낸 것은 국용 지출에 쓰려고 함이었다. 우리나라에서는 여러 궁원, 사사寺社 및 권세 있는 가문에서 사사로이 소금가마를 두어 거기서 나는 이익을 독차지하고 있으니 국용은 무엇으로 충족시킬 수 있겠는가! 지금 내고內庫, 상적창常積倉, 도

尚全羅道 二十二年六月中贊洪子藩上

書曰鹽之有稅已有定額今於州縣強行科

斂誠宜禁之 二十四年正月忠宣王即位

教曰鹽稅自古天下公用今諸宮院寺社與

勢要之家皆爭據執不納其稅國用不足有

司窮推除罷 忠宣王元年二月傳肯曰古

者權鹽之法所以備國用也本國諸宮院寺

社及權勢之家私置鹽盆以專其利國用何

由可贍今將內庫常積倉都鹽院安國社及

염원都鹽院, 안국사安國社 및 궁원들, 중앙과 지방의 사사寺社들에서 가지고 있는 소금가마는 모조리 국가에 들여놓게 하라.[20]

충선왕은 복위 원년(1309) 2월에 소금 전매법인 각염법을 시행하라는 명령을 내렸다. 부친인 충렬왕과 권력투쟁을 하여 왕좌에 오른 충선왕은 개혁정치를 성공시켜야 했다. 소금 전매제인 각염법도 재정개혁의 일환이었다. ≪

충선왕은 "옛날에는 나라에서만 소금을 생산해 내고 판매하게끔 법을 낸 것"이란 말로 서두를 꺼냈다. 매우 의미심장한 말이 아닐 수 없다. 충선왕 때에 각염법이 시행된 것으로 알려졌다. 하지만 충선왕의 각염법이 근거로 삼을 만한 전대의 소금 전매법이 있었을 가능성이 있다. 태조가 고려를 개국할 당시에 소금으로 생긴 이득은 경제적 기반이 되었다. 고려 말 문신인 조준趙浚은 "각도의 풍부한 어로, 제염, 목축은 나라에 불가결한 것입니다. 우리 태조[王建]는 신라와 백제를 징발하기 전에 먼저 해군을 편성하여 친히 누선樓船을 타고 금성錦城에 내려가서 그곳을 점령하였습니다. 섬들의 산물이 모두 다 우리 왕조에 속하게 되고 그 부를 이용하여 드디어 삼한三韓을 통일하였습니다"라고 하였다.[21]

조준은 태조가 금성을 점령하여 그곳에서 나오는 산물과 부를 이용하여 삼한을 통일하였다고 말했다. 금성은 현재의 전남 나주 지역을 일컫는다. 나주의 해안가는 많은 섬들과 갯벌이 펼쳐져 있어 예로부터 어염魚鹽이 풍부하였다. 903년 후고구려와 후백제의 금성을 둘러싼 해전海戰은 잘 알려진 바 있다. 왕건이 이끄는 수군은 황해로 내려가 금성을 공략해 주변의 10여 군현을 점령하였다. 이 결과 왕건은 소금의 최대 생산지인 전남에서 나오는 막대한 이득을 재정으로 확보할 수 있었다. 충선왕과 조준의 말을 귀담아 경청해 보면 고려 초부터 이

지역의 소금을 전매하였을 가능성이 있다.[22] 또한 고려 왕조가 설치하였던 도염원都鹽院의 존재에서도 소금 전매 가능성의 일단을 점칠 수 있다.[23]

고려 말에 이르러서는 염법이 크게 문란해졌다. 귀족과 사원이 소금가마를 차지하면서 국가의 염세는 점차 줄어들었다. 고려 정부도 원나라와 마찬가지로 소금가마를 왕족과 비빈들, 사원, 권세가들에게 분배해 주는 일들이 많았다. 실제로 소금가마를 주는 것이 아니라 소금가마에서 나오는 소금세를 걷도록 해 준 것이다. 소금가마의 사점私占이 늘수록 국가의 곳간은 비게 된다. 충선왕은 궁원, 권세가, 사원 등에 분배해 준 소금가마를 다시 국고로 환수하고자 각염법을 실시한 것이다.

고려 말 정부의 재정 상태는 극히 악화되었다. 30여 년간 몽골과의 전쟁으로 국토는 거의 황폐화되었다. 땅을 잃고 떠도는 유랑민들도 사상 최고로 많아졌다. 몽골의 압력으로 인하여 일본 정벌에 나섰다가 수만 명의 군사가 목숨을 잃고 막대한 군비가 손실되었다. 게다가 수시로 몽골이 강요하는 조공으로 인해 고려의 재정은 최악의 상황으로 치닫고 있었다. 충선왕의 아들인 충숙왕은 5년(1318) 5월에 "태위왕太尉王(충선왕)이 원나라와의 외교에 쓸 비용이 공급되지 못하는 것을 깊이 염려하시어 여러 도들에 있는 소금가마를 모두 민부에 소속시키고 값을 조절하여 소금을 공급하도록 하셨다"라고 말하였다. 충선왕이 각염법을 시행한 배경은 원나라의 조공 탓이라는 것이다. 이러한 극한 상황에서 각염법이란 재정 개혁을 단행하지 않을 수 없었다.

◆ 10년 동안 소금을 못 받은 백성들

충선왕이 시행한 각염법의 특징은 모든 소금가마를 국고로 귀속시킨 점이다. 소금 생산 체제를 국가에서 관리하겠다는 의지를 엿볼 수 있다. 충선왕이 거두어들인 소금가마는 양광도 126개, 경상도 174개, 전라도 126개, 평양도 98개, 강릉도 43개, 서해도 49개로서 총 616개이다. 현재의 한반도 이남에 집중적으로 분포되어 있다. 비교적 기온이 높은 지역에 소금가마가 많았던 것이다. 그런데 이러한 소금가마는 어떻게 운영하였을까? 국가가 직접 경영을 했을까? 아니면 백성에게 맡겨 경영하였을까? 당시 고려 정부의 소금 생산 체제는 국가가 직접 운영하는 직영 형태가 아니고 '염호鹽戶'에 의한 민영 체제였다.[24] 염호는 지방의 군현에 명령을 내려 백성들 중에서 뽑게 하였다. 염호는 전문적으로 소금을 생산하고 있는 염민 가운데 차출하였을 것이다. 이들은 매년 염세, 즉 생산량의 일부를 공염貢鹽으로 국가에 바쳐야 했다.

이렇게 염호들이 바친 소금은 국가의 소금창고에 입수된다. 해안가에 설치된 소금창고는 소금을 보관하고 판매하는 역할을 하였다. 다시 충선왕의 각염법 포고령을 들어보자

> 소금값은 은銀 한근에 66석, 은 한 냥兩에 4석, 포布 한 필에 2석으로 하여 이것을 규례로 삼아라. 소금을 쓰려는 자는 모두 의염창義鹽倉에 가서 화매和買하게 하고 군현의 사람들은 모두 자기가 그 관할 하에 있는 관청에다 베布를 바치고 소금을 받도록 할 것이다. 만일 사사로이 소금가마를 설치하거나 서로 교역하는 자가 있으면 엄격히 죄를 다스릴 것이다.[25]

충선왕은 소금의 공식 가격을 은 한 냥에 4석, 포 한 필에 소금 2석으로 정해 두었다. 당시 은과 포는 주요한 화폐였다. 특히 민간에서는 포가 많이 사용되었다. 그래서 소금을 받으려는 백성들은 먼저 관청에 포를 바치는 것이다. 화매는 국가 물자를 쌍방의 합의 하에 사고 파는 것이다. 말이 합의이지 국가가 독점하여 정한 상품과 가격을 그대로 따르는 것이다. 그런데 각염법은 시행 당초부터 백성들에게 고통을 안겨 주었다. 염호로 징발된 백성은 이를 매우 고통스럽게 여겼다. 소금의 소비자인 일반 백성들도 마찬가지였다. 이 제도의 문제점은 백성이 소금을 받기 전에 국가에 먼저 베를 바쳐야 하는 데 있었다. 국가가 베를 먼저 받아 놓고 소금을 제때에 주지 않는 폐단이 발생한 것이다.

각염법이 시행된 지 9년 차에 충숙왕은 "지금 염장관이 소금값으로 베는 먼저 받았으나 소금은 백성들에게 돌아가지 못하는 것이 10이면 8~9나 되니 아직도 소금을 받지 못한 자들을 조사하여 모두 주도록 할 것이다"라고 하교하였다. 국가가 관할하는 소금 유통망이 제대로 작동하지 않았던 것이다. 개성에서 소금을 파는 염포鹽鋪도 폐해가 적지 않았다. 권세가나 염포 관계자들에게만 소금이 배급되고, 신분이 천한 자들은 소금을 받을 수 없었다. 이러한 폐단이 날로 심각해지더니 공민왕 때에는 극에 달하였다. 공민왕 19년(1370) 12월 고려의 최고 행정기관인 문하부門下府에서 아뢰었다.

국가에서 소금을 생산하고 판매하는 법제가 실시된 유래는 오랜 것입니다. 그기에 선대 임금께서 해변 고을들에 소금창고를 설치하고 육지의 깊숙한 곳에 사는 백성들로 하여금 세를 바치고 소금을 팔도록 하여 이로써 상하간에 이익이 있도록 하였습니다. 그런데 근래에 와서 법이 오래 실시됨에 따라 폐해가 생겨서 세를 바치고도 10년간이나 소금을 못 받은 자가 있으니 백성들은 의지할 곳이 없고 소금의 사사 매매가 성행하였습니다. 이는 선대 임금이 소금법을 제정한 본의가 아닙니다. 청컨대 지금부터는 염호로 하여금 그 직업에 편안히 종사하도록 하고 또 수령들로 하여금 백성들이 바친 것을 보상해 주도록 하며 이와 동시에 사사 매매를 금지하도록 합시다. [26]

10년 동안 소금을 못 받았다니 구제불능의 사태이다. 이쯤 되었으면 각염법은 막을 내릴 때가 된 것이다. 염분을 반드시 섭취해야 하는 인간이 10년 동안 소금을 안 먹고 살 수는 없다. 문하부가 '소금의 사사 매매가 성행하였다'고 하였으니 소금을 몰래 생산하여 파는 밀염密鹽이 널리 퍼졌던 것이다. 이처럼 최악의 소금 빈곤 상황에서는 사염을 찾는 백성들을 탓할 수는 없는 일. 고려 조정은 백성들이 못 받고 있는 소금을 빨리 지급해 그 원한의 목소리부터 해결하자는 결론을 낼 수밖에 없었다.

각염법을 시행한 충선왕은 세자 시절을 대부분 원나라에서 보냈다. 원의 문물을 보고 자랐던 충선왕이 원 황실의 재정에 대해서 유심히 살펴본 것은 당연하다. 당시 원나라는 소금의 전매수입이 총세입의 3분의 2를 차지하고 있었다. 이처럼 원나라의 염세 수익은 천문학적 수량으로서 대제국을 떠받치는 디딤돌이었다. 이를 곁에서 본 충선왕은 소금 전매제의 필요성을 강하게 인식하게 되었다. 충선왕이 복위하던 그해에 바로 각염법을 시행한 것을 보면 이런 추측이 무리가 아니다.

그런데 충선왕이 원나라의 소금 전매제를 그대로 수용한 것은 아니다. 송·원·명 시기의 중국은 국가가 직접 소금을 판매하는 관매법官賣法과 상인에게 소금의 판매를 맡기는 통상법通商法이 병행되고 있었다.[27] 앞서 말한 원나라의 '식염법'이 관매법이고, '염인법'이 통상법이다. 충선왕의 각염법은 중국의 관매법에 가깝다. 국가가 염호를 징발하여 생산을 맡기고, 의염창을 통해서 소금의 유통이 이뤄지는 제도, 즉 관이 주도하는 소금 전매법이다. 반면, 충선왕은 상인의 대행 체제인 통상법은 도입하지 않았다. 왜 그랬을까? 통상법은 소금 생산지가 여러 곳에 띄엄띄엄 분포되어 있고, 상인에 의한 교역 체계가 발달한 곳에 맞다. 광활한 영토를 가진 중국에서는 국가가 소금 공급을 모두 책임지는 것보다는 염상鹽商을 지정하여 소금 유통을 맡기는 것이 훨씬 효율적이다. 이런 통상법을 상업 발달이 미약하고, 좁은 국토의 고려에서 꼭 시행해야 할 이유는 없는 것이다.

재정 확충을 갈망했던 충선왕에게 각염법이 큰 수확이 되었음은 분명하다. 소금 전매를 시행한 덕에 한 해에 포 4만 필, 소금으로 따지면 8만 석이 국고로 들어왔다. 그러나 백성들의 입장에서 각염업은? 각염법 하에서 염호들은 유리걸식의 도망자 신세를 선택했다. 그리하여 염호는 크게 줄어들었지만 세액은 그대로 남아 있었다. 남아 있는 염호들에게 염세를 들씌워 징수하였으므로 생산자의 고통은 말할 수 없었다. 각염법의 폐단을 보다 못한 충숙왕은 "만일 도망간 자가 있으면 해당 지방 관청들에서 조사하여 본래의 부담만을 담당하도록 하고 돌려보내게 할 것이요, 도망간 자의 종적을 아직 조사하여 내지 못한 자와 이미 죽었으면 자손이 없는 자에 대해서는 공액 전부를 없애도록 할 것이다"라고 명하였다.[28]

그럼에도 불구하고 각염법의 폐단은 계속되었다. 아전들의 협잡으로 인하여 백성들은 여전히 베만 바치고 소금은 얻지 못하였다. 의지할 데 없는 환과고독鰥寡孤獨이 소금을 사지 못하는 일도 빈번하였다. 소금을 얻지 못하는 고려 백성들의 원성이 밤하늘로 퍼져 갔다. 그럴수록 고려 말 이성계가 주도하는 역성혁명의 새벽도 밝아져 갔다.

검단선사가 소금 제조법을 가르쳐 준
전북 곰소만

물고기와 소금을 취하는 곳

전라북도 부안군의 변산반도는 서해안에서 절경으로 소문난 곳이다. 변산반도는 흔히 내변산과 외변산으로 나눠진다. 내륙쪽의 내변산도 경치가 뛰어나지만 해안가 쪽의 외변산은 아름다운 암석해안과 붉게 물드는 낙조로 특히 유명하다. 고사포에서 격포의 해안가를 따라 보는 광경도 일품이다. 비포장도로 일색이었던 1980년까지는 이곳으로 접근하기 어려워 관광지로 잘 알려지지 못하였다. 변산에 시민들의 발걸음이 잦아진 것은 1990년대 이후이다.

조선시대 변산의 백성들은 소금을 굽거나 고기잡이로 생계를 유지하였다. 이중환의 《택리지》에서는 변산 지역을 다음과 같이 설명하였다.

노령산맥 한 줄기가 북쪽으로 부안扶安에 와서 서해 가운데로 쑥 들어갔다. 서쪽·남쪽·북쪽 모두 큰 바다이고, 산 안에는 많은 봉우리와 구렁이 있는데 이것이 변산邊山이다. 높은 봉우리와 깎아지른 듯한 산꼭대기, 평평한 땅이나 비스듬한 벼랑을 막론하고, 모두 큰 소나무가 하늘에 솟아 나서 해를 가렸다. 골 바깥은 모두 소금 굽고 고기 잡는 사람의 집이고, 산에서 내려오면 고기잡이와 소금 굽는 것을 업으로 하여, 땔나무와 조개 따위는 값을 주고 사지 않아도 풍족하다.[1]

이중환의 언급처럼 부안군은 서해 가운데로 쑥 들어간 만의 지형이다. 이 만을 오래전에는 '줄포만', 지금은 '곰소만'이라 부르고 있다. 곰소만은 전라북도 부안군과 고창군 사이를 좁고 깊게 들어간 형세이다. 한반도가 삼면이 바다인 것처럼, 부안군은 북서쪽이 서해와 마주하고 있고 남쪽은 깊이 만입된 해안가와 접하고 있어 삼면이 바다와 접경해 있다. 그래서 흔히들 부안군을 '반도 중의 반도'라고 한다.

《택리지》에서는 하늘로 솟아 해를 가리는 무성한 소나무를 이 지역의 특징으로 들었다. 골 바깥의 사람들은 모두 소금을 굽고 고기를 잡는 일을 한다고 하였다. 소나무로 무성한 변산 아래에는 바로 갯벌이 넓게 형성되었다. 갯벌이 지천이니 조개 따위는 값을 치르지 않고도 어디서나 구하였다. 조선시대에 무성한 수림을 배경으로, 넓은 갯벌을 끼고 사는 변산 사람들은 소금을 구우면서 삶을 영위하였다. 《세종실록》〈지리지〉에 따르면 "부안현에는 어량소魚梁所 2곳, 염소鹽所가 1곳, 현의 서쪽에 염창鹽倉"이 있으며 "공사 염간公私鹽干이 모두 113명인데, 봄·가을에 바치는 소금이 1천 1백 27석 남짓하다"라고 하였다.

곰소젓갈이 있기까지는

변산 아래의 만을 '곰소만'이라 지명을 붙인 것은 곰소항 때문이다. 곰소항은 지방 어항으로서 부안군 진서면 진서리에 위치하고 있다. 요새 곰소항은 배가 드나드는 항구보다는 젓갈산지로 더 유명하다. 해안가의 일주도로를 따라 수도권에서 관광을 온 사람들이 꼭 들리는 곳이 곰소젓갈집이다. 곰소항을 통과하는 주도로를 따라서 젓갈 가게와 공장들이 꽉 차 있다. 그런데 젓갈업체가 곰소항으로 이전해 온 것은 1980년대부터였다. 그전에는 가정에서 소규모로 젓갈을 담아 곰소항에서 조금씩 팔 뿐이었다.

일제강점기까지 곰소만은 '줄포만'이라고 불렀다. 줄포만에서 곰소만으로 이름이 바뀌게 된 배경에는 곰소만 포구들의 흥망성쇠가 깔려 있다. 조선 후기까지 곰소만에서 가장 소금과 생선 유통이 활발했던 포구는 사포沙浦였다. 사포는 곰소만의 가장 내륙쪽에 위치한 포구이다. 그런데 곰소만은 안쪽에서 자꾸 갯벌이 퇴적되는 문제점을 안고 있었다. 뻘이 쌓이면 선박의 운항이 불가능해지므로 포구로서 생명력은 없어진다. 사포가 항구의 기능을 못하자 다음으로 발전한 것이 줄포茁浦였다. 줄포는 1875년경 개항이 되었으며, 1900년대에는 제물포, 군산, 목포와 함께 서해의 4대항으로 크게 번창하였다.[2]

줄포에서 수산물 유통이 번성하자 덩달아 젓갈의 제조와 판매도 부흥하였다. 수산물을 담당한 객주들이 젓갈 유통을 겸했을 것으로 생각된다. 1930년경에는 줄포에서 젓갈을 직접 담아서 판매를 하는 집이 20~30가구가 있었다고 한다. 1999년 나는 젓갈 조사를 위해 줄포에 갔었다. 일제강점기부터 줄포에서 쭉 살아 왔다는 김승내 씨를 만났다. 그는 줄포의 서빈동과 남빈동 사잇길을 '젓거리'라고 말했다. 그는 일제강점기에 이 거리를 따라서 초등학교에 통학을 하였는데 젓 냄새가 진동하여 다닐 수 없을 정도라고 하였다. 고깃배가 하천을 따라서 이 젓거리 근처의 수문까지 와서 수산물을 내려 놓으면 바로 어물전魚物廛으로 옮겨 큰 독에서 젓갈을 담았다고 한다.

1960년대까지도 줄포의 젓갈 판매업은 크게 성행해, 젓갈거리에는 약 40여 개의 점포가 있었다. 줄포의 젓갈은 전주, 정읍, 익산 등 전북 지역 뿐만 아니라 멀리 서울의 동대문 시장까지 유통되었다.[3] 그러나 1970년대에는 줄포의 젓갈은 사양길을 내리 걸었다. 조선 후기의 사포와 똑같이 뻘이 쌓여 항구로서 기능을 상실하는 운명을 맞이하였다. 선박의 입출입이 거의 불가능하게 되자 어물전들이 점차 곰소항으로 이전하였다. 품질이 좋은 젓갈을 생산하기 위해서는 신선한 수산물을 바로 받아서 젓갈로 제조해야 하기 때문에 곰소항이 제격이었던 것이다.

그러나 1980년대의 곰소젓갈은 1960년대의 줄포젓갈만큼 성장하지 못하였다. 젓갈 생산량과 판매의 권역을 따져 보면 오히려 줄어들었다. 게다가 당시까지 줄포에서 젓갈업이 계속되었다. 이처럼 줄포와 곰소의 젓갈업이 공존하고 있으므로 줄포젓갈, 곰소젓갈을 합하여 '부안젓갈'이라는 명칭도 생겨났다. 1980년대 말부터 변산반도가 국립공원으로 지정되고 이 지역의 교통사정이 나아지면서 곰소항으로 관광객들이 몰렸다. 이때부터 곰소의 젓갈업은 큰 전환점을 맞이하였다. 젓갈 상점들은 고유 브랜드를 등록해 대대적으로 홍보하였으며,

제조공장을 별도로 두어 생산체계를 확대하였다. 1990년대 '곰소의 젓갈'은 이렇게 탄생했던 것이다.

곰소항의 젓갈집에 들어가 곰소젓갈이 왜 좋은지를 물어보면 반드시 소금에 대해서 한마디씩 한다. 곰소염전에서 생산하는 천일염으로 젓갈을 담기 때문에 맛과 품질이 뛰어나다는 것이다. 젓갈 제조에서 신선한 수산물만큼 중요한 게 소금 아니던가. 곰소염전과 곰소젓갈은 서로 상부상조하는 사이였다. 곰소염전은 곰소항으로 들어오는 길목에 위치해 있다. 곰소염전은 해방 직후부터 본격적으로 소금을 생산했던 것으로 보인다. 1940년대 일제는 곰소항을 만들기 위해 연동에서 곰소, 곰소에서 작도를 잇는 제방을 쌓았다. 섬이었던 곰소는 곰소항으로 변모하였고 연동에서 곰소 사이의 넓은 간척지는 염전으로 바뀌었다. 일제가 패망하여 물러간 뒤 1946년 5월에 남선염업주식회사가 창립되어 소금을 생산하였다.

곰소염전에서 염부가 부지런히 소금을 모으고 있다. 곰소염전은 곰소항으로 들어오는 길목에 위치해 있다. 곰소항의 유명한 곰소젓갈과 곰소염전은 서로 상부상조하는 사이였다. 《

가을 햇살이 따뜻하게 내리쬐는 2010년 9월 나는 이 곰소염전을 다시 찾았다. 10여 년 전 곰소염전을 조사하러 왔을 때보다 활력이 넘쳐났다. 천일염에 관심이 많아진 탓인지 체험 관광객들이 많이 모여들었다. 햇살을 가득 받은 염전에는 결정된 소금이 떠다니고, 염부는 부지런히 대파를 이용해서 소금을 한쪽으로 모았다. 소금창고 앞에서는 곰소염전의 유기준 생산부장이 관광객들에게 천일염의 생산과정에 대해서 설명해 주었다. 그는 대학에서 화공과를 졸업하고 화학회사에서 간부로 일을 하다가 20여 년 전부터 이곳에 정착하였다고 한다. 천일염에 대한 풍부한 지식을 갖고 있는 그는 곰소염전과 천일염 생산에 대해서는 설명을 잘 해 주었다. 하지만 이곳의 육염(자염)에 대해서는 모른다고 하였다.

현재의 천일염은 조선시대 곰소만의 육염에 비할 바가 아니었다. 나는 아쉬운 마음을 돌리면서 갯벌 넘어 있는 고창군 쪽을 바라보았다. 곰소만의 갯벌을 사이에 두고 부안군과 고창군이 서로 마주하고 있었다. 멀리 아스라이 보이는 고창군을 보면서 나는 그곳에서 자염 제조법을 처음으로 전수해 준 검단선사를 생각했다.

도둑에게 제염법을 가르친 검단선사

검단선사黔丹禪師는 백제의 고승으로서 577년(백제 위덕왕 24) 고창의 선운사禪雲寺를 창건한 인물이다. 고창군 심원면 월산리의 검당마을에서는 검단선사가 소금을 굽는 방법을 전해 주었다는 설화가 전해진다. 그런데 검단선사가 소금 제조법을 가르쳐 준 사람들은 다름 아닌 도둑들이었다. 구전으로 전해지는 설화의 줄거리를 정리해 보면 다음과 같다.

검단선사가 도둑떼들을 모아서 검당마을에 정착하였다. 검단선사는 가막바위 근처에서 소금물이 나오는 우물을 발견하고 도둑떼들에게 이 소금물을 받아서 소금을 굽도록 하였다. 또한 조개껍질을 태워 회를 만들고 이로서 토가마를 만들게 하였다. 그런데 힘센 사람들이 미약한 사람들을 괴롭히자 검단선사는 소금물이 나오는 구덩이를 없애 버렸다.[4]

검단선사는 도둑들에게 소금 제조법을 가르쳐 줘서 바른 생활을 하게 하였지만 힘 센 자들의 괴롭힘을 보고 소금우물을 없앴다는 이야기다. 이처럼 곰소만에는 도둑들 이야기가 많이 전해진다. '변산 도둑이 쳐들어간다는 소문만으로 임금이 보따리를 싸게 만든다'는 말이 있을 정도로 변산 도둑은 험악한 도둑으로 알려졌다. 그런데 검단선사는 왜 양민良民이 아닌 도둑들에게 소금 제조법을 가르쳐 주었을까?

한번은 강의 차 전주에 간 적이 있다. 전주대학교의 송화섭 교수를 만나서 점심식사를 하던 중에 변산 일대의 도둑들을 문화콘텐츠로 발굴해야 한다는 이야기를 듣고 크게 웃었다, 그런데 가만히 살펴보면 웃고 넘길 이야기만은 아니었다. 연암 박지원의《허생전》에서도 허생이 수만 냥의 돈을 벌어서 무인도에 데리고 간 사람들이 바로 변산의 도둑들이 아니던가. 다른 차원의 이야기이지만 1950년대에는 빨치산의 일부가 끝까지 저항한 장소도 이 변산이었다. 승리자의 역사에서는 반국가 저항 세력들을 '도둑'과 '산적'으로 묘사하는 경우가 있다.

역사 속의 도둑은 선량한 백성의 재산을 강탈하는 도둑놈도 있겠지만 집을 잃고 떠돌다가 도둑으로 전락하거나 국가에 반기를 들다 도둑으로 몰리는 사례도 있는 것이다.

변산 지역이 저항 세력들의 아지트가 된 것은 지리적 이유 때문이다. 이 지역은 산세가 험하면서도 산과 들, 갯벌에서 얻는 물자들이 풍부한 곳이다. 소금도 그 물자 중의 하나이다. 숨기도 쉽고, 먹을 것도 많으니 도둑들에게 안식처가 될 수 있다. 검단선사가 이런 도둑들을 정착시키고 일반 백성들처럼 살게 하기 위해 고안한 아이디어가 제염업의 전수였다. 넓은 갯벌과 풍부한 땔감이 있는 곰소만에서 소금 제조법은 살아가는 데 큰 도움이 되는 생업이었다.

그런데 위 설화에서는 한 가지 주목할 만한 시사점이 있다. 검당마을 근처에 있는 '소금물이 나오는 구덩이'가 바로 그것. 이와 비슷한 기록을 《신증동국여지승람新增東國輿地勝覽》에서 찾아 볼 수 있다. 이 책의 전라도 무장현茂長縣 편에서는 현縣에서 북쪽으로 35리 떨어진 곳에 검당포黔堂浦가 있으며, 이곳의 바다에는 염정이 있다고 하였다. 아래의 설명을 들어보자.

염정臨井 : 검당포에 있는데 바다로 2리 남짓 들어갔다. 그 물이 희고 짜서 토착민들이 조수가 물러가기를 기다려서 다투어서 두레박을 써서 길어다가 소금을 만든다. 볕에 말리기에 힘들지 않고 많은 이익을 거두는 데는 오직 검당포뿐이다.[5]

구전설화의 특징상 검단선사 설화는 여러 개로 가지치기를 하여 내용상 약간씩 차이가 있다. 어떤 검단선사 설화는 검단선사가 소금 만

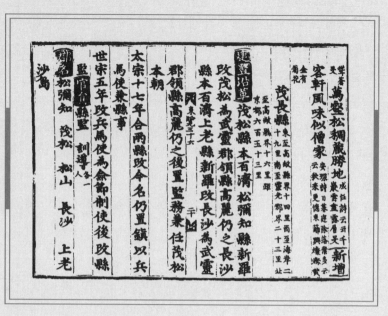

드는 법을 가르쳐 주었음에도 불구하고 도둑들이 세금을 납부하지 않아서 염정을 이용한 제염법을 철폐시키고 염전법으로 바꾸어 참회하게 하였다는 내용도 있다.[6] 염정을 이용하면 소금물을 바로 끓여서 손쉽게 소금을 생산할 수 있는 반면, 염전법은 갯벌을 갈아엎어야 하므로 힘든 제염법이었다. 검단선사는 정신을 못 차리는 도둑들에게 손쉬운 염정법을 없애는 대신 힘든 노동이 필요한 염전법을 준 것이다.

《신증동국여지승람》의 기록에서도 "힘들지 않고 많은 이익을 주는 것"이 검당포의 염정이라 하였다. 그러므로 검단선사 설화에서 나타나는 소금우물과 《신증동국여지승람》의 검당포 염정은 유사성이 높다고 본다. 설화에서는 검단선사가 염정법을 없앴다고 하지만 조선시대까지도 검단선사가 발굴한 염정은 그대로 전래된 것 같다. 그리

《신증동국여지승람》〈무장현〉 편에
서는 북쪽으로 35리 떨어진 곳에 검
당포가 있으며, 이곳의 바다에 염정
이 있다고 하였다. 이 염정은 검당
포 염민들에게 '힘들지 않고 많은
이익을 주는' 소중한 곳이었다. 《

하여 이 지역의 염민들은 소금우물을 통
해서 수월하게 소금을 생산할 뿐만 아니
라 많은 이득을 남길 수 있지 않았을까.
그런데 이 염정이란 무엇이며, 염정에서
제조한 소금은 어떤 것일까.

사등마을의 섯구덩이 제염법

검당포 염정의 궁금증을 풀고자 나는 고창군 심원면 월산리의 사등마
을로 향했다. 2009년 사등마을에는 섯구덩이 소금 생산방식을 재현한
검단소금전시관이 세워졌다는 소문을 들었다. 또한 이곳에서는 매년
9월이면 예전의 풍습대로 선운사에 보은염報恩鹽을 바치는 행사를 벌
였다.[7] 사등마을은 모래가 많아서 붙여진 지명으로 '모랫등, 모릿등'
이라고도 일컫는다. 사등마을은 '검당, 죽림, 사등'의 세 개 자연마을
로 이뤄졌다. 이 가운데 검당마을은 검단선사의 이름으로부터 유래한
것으로 추정된다. 검당마을은 1898년 무진년戊辰年 대해일로 큰 피해
를 입은 후에 지금의 사등마을로 이전하였다고 한다. 검당마을의 후
손들은 해방 전까지 검단선사의 은덕을 기리기 위해서 매년 봄 가을
이면 소금 두 가마씩을 선운사에 바쳤다고 하는데, 이를 보은염이라
고 하였다.

검단소금전시관은 바로 바닷가와 접하고 있었다. 검단소금전시관
에 가면 가장 먼저 눈에 들어오는 것이 벌막이다. 이 재현된 벌막은
전시관 앞에 우뚝 솟아 있다. 벌막은 가마를 설치하고 소금을 굽는 시
설로서 만수 때도 바닷물이 닿지 않는 곳에 원뿔형으로 높게 짓는다.

서까래용 소나무를 베어다가 네 귀퉁이의 땅에 박고 주위에 회를 넣어 다져서 골격을 만든 후에 그 둘레를 짚으로 돌려서 벌막을 만든다. 벌막 위에는 연기가 통할 수 있도록 지름 1미터 정도의 구멍을 뚫어두었다. 이 벌막에서는 '벌막고사'라는 제사를 지냈다. 섣달 그믐이나 소금가마에 처음 불을 지필 때 소금이 많이 생산되고, 1년 무사히 제염작업을 기원하는 제를 모신다. 제물로는 메밀범벅, 돼지머리, 과일, 나물 등을 올리며, 제물을 장만하고 제사를 치루는 제주는 벌막주인이다.

벌막을 본 이후에 소금전시관으로 들어간 나는 사등마을의 섯구덩이 제염 방식을 재현한 전시 디오라마을 보았다. 한 눈에 들어오게 만들어진 축소모형을 보면서 이 섯구덩이 방식은《신증동국여지승람》의 염정에서 전승된 후손이겠다는 생각이 들었다. 사등마을의 섯구덩

검단소금전시관 앞에는 재현한 벌막이 설치되어 있다. 벌막은 가마를 설치하고 소금을 굽는 시설로서 바닷물이 닿지 않는 곳에 원뿔형으로 높게 짓는다. 《

이 제염업은 "염전 갯벌갈이 → 섯구덩이 파기 → 우물샘 파기 → 나무짚 넣기 → 함토 모으기 → 함수 모으기와 옮기기 → 소금 굽기와 소금 얻기"의 과정으로 전개되었다. 조수가 빠지는 때에 소와 써레를 이용하여 갯벌을 가는 염전갈이와 함수를 모아서 운반하고 소금을 굽는 과정은 다른 서해안과 동일하다. 《신증동국여지승람》에서 본 대로 특별한 기록으로 남겨질 만한 과정은 역시 섯구덩이를 만드는 것과 여기에서 함수를 채취하는 과정이었다.

사등마을의 섯구덩이 방식은 서산·태안 지역의 통조금 방식처럼 아래로 파들어 간 형태이다. 갯벌을 지름 10미터, 깊이 60센티미터로 판 것이 '섯구덩이'이며, 이 옆에는 섯구덩이에서 흘러나온 함수를 받을 수 있도록 폭 1미터, 길이 70~80센티미터의 샘을 파둔다. 이 샘을 우물[鹽井]이라 불렀다. 이 우물이 내가 그토록 궁금했던 《신증동국여지승람》의 염정이 아닐까. 이 우물 벽은 판자로 마감을 하며, 바닥에 구멍을 뚫어서 섯구덩이와 연결시켰다. 섯구덩이에는 소나무를 넣고, 잡목과 짚으로 엮은 마람을 얹었다. 다음에는 갯벌을 갈아서 만든 함토를 섯구덩이 안에 채워 놓고, 이후에 바닷물이 들어오면 섯구덩이를 통과해 우물로 함수가 모여졌다.

사등마을에서는 끓여서 만드는 자염을 '육염陸鹽'이라 부른다. 검단소금전시관에서는 자염이라는 용어를 주로 사용했지만 육염이 이곳에서 본디 통용되던 단어일 가능성이 높다. 육염은 개흙을 파서 섯구덩이를 만들고, 섯구덩이의 옆 우물에서 소금물을 구한다는 뜻을 담고 있다. 자염이 바닷물을 끓인다는 의미가 강조되었다면 육염은 개흙에서 생산한다는 뜻이 강조된 것이다. 검단선사가 가르쳐 준 육염 생산의 전통은 1500년간 이어지다가 한국전쟁 후에 고창군에서 천일염이 본격적으로 생산되면서 중단되고 말았다.

1936년 삼양사에서 고전리高田里와 만돌리萬突里 일대에 대규모의 간척사업을 벌였다. 그리하여 700정보의 간척지가 조성되었다. 곰소염전이 85정보이므로 삼양염전은 엄청난 크기였다. 삼양염전에서는 1985년까지 500명의 염부들이 일을 하였으며, 연간 2만 톤에 가까운 천일염이 생산되었다. 이렇게 천일염이 활황을 하자 육염은 주민들의 기억 속에서 사라졌다. 육염이 쇠퇴하자 사등마을도 쇠락해졌고, 주민들은 고창군의 브랜드 상품인 복분자 재배로 생활하였다. 하지만 사등문화역사마을가꾸기 사업의 일환으로 검단소금전시관이 세워지면서 사라진 육염이 다시 빛을 보게 되었으니 반가운 일이다.

곰소만의 천일염으로 구운 개암사의 죽염

변산반도의 여행에서 빠질 수 없는 곳이 개암사開巖寺이다. 개암사는 부안군 상서면上西面 감교리甘橋里에 있는 사찰로서 선운사의 말사이다. 이 절은 634년(우왕 35) 백제의 묘련妙漣이 창건했다고 전해진다. 개암사 경내에 들어

죽염으로 유명한 변산의 개암사이다. 개암사의 효산 스님은 변산 죽염 제조의 전통을 이어받아 개암사 죽염을 창출시켰다. 개암사 뒤 능가산 정상에 보이는 바위가 울금바위이다. 》》

가 높은 계단을 올라가면 대웅전 뒤로 우뚝 솟은 울금바위의 진풍경을 볼 수 있다. 이 능가산楞伽山의 울금바위는 백제부흥운동의 슬픈 역사를 떨쳐버리고 당장 하늘로 치솟고 싶은 형국이다. 백제의 유민들

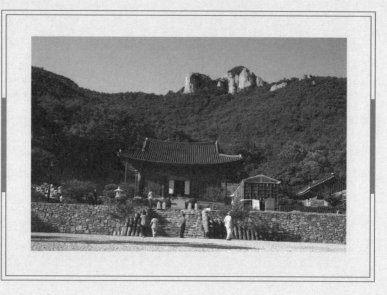

은 이곳을 근거로 수년간 백제부흥운동을 벌였지만 결국 실패하고 말
았다.

　내가 개암사를 찾은 것은 개암사 죽염을 만든 '효산 스님'을 만나고
싶어서였다. 죽염은 대나무 속에 소금을 넣고 황토로 입구를 막은 뒤
소나무 장작불로 아홉 번을 구워 만든다. 요즈음 우리나라보다 일본
에서 이 죽염을 더 찾는다고 한다. 효산스님은 변산 죽염 제조의 전통
기법을 이어받아 개암사 죽염으로 창출시켰으며, 이에 1999년 전라북
도 무형문화재 제23호로 지정되었다. 약효가 높은 개암사 죽염이 귀
중한 문화재로까지 인정된 것이다. 개암사 죽염은 곰소젓갈과 마찬가
지로 곰소만에서 생산되는 천일염을 주원료로 한다. 아홉 번을 굽는
과정에서 곰소만 천일염이 대나무의 유황성분, 황토와 결합하여 훌륭
한 개암사 죽염으로 탄생한다.

그러나 아쉽게도 개암사 스님에게 물어보니 효산 스님은 오래전에 다른 곳에 가셨다고 하였다. '미리 알아봤어야지.' 함께 따라간 아내는 바로 핀잔을 주었다. 무안해진 나는 면박을 피해 얼른 개암사 죽염 전래관으로 들어갔다. 이 전래관에는 개암사 죽염의 효능과 죽염 제조 과정을 알려 주고, 다양한 죽염 상품도 판매하였다. 죽염을 팔던 점원은 내게 죽염 알갱이 몇 개를 건네 주면서 말하였다. "보통 소금을 먹으면 목이 마르지만 죽염은 맑은 침이 고이고 물이 안 당기지요." 검붉은 색이 나는 죽염을 입에 넣고 가만히 느껴보니 정말 그랬다. 신기하게도 맑은 침이 내 혀에 감돌았다. 내 몸으로 은은히 퍼지는 이 기운은 육염에서 천일염으로 다시 죽염으로 진화하는 곰소만 소금의 미래였다.

1년도 안된 의염색義鹽色을
혁파한 세종

■ 어린 세종의 고백

"이토록 가무니 정사하기 어렵다" 세종 2년(1419) 6월 3일 세종이 가뭄을 탄식하면서 내뱉은 말이었다. 스물두 살의 어린 세종이었다. 정권을 물려받은 때가 지난해 8월 11일이었으니 세종이 임금으로서 정사를 본 지가 1년이 되지 않았다. 대신들 앞에서 '정치' 하기 어렵다는 세종의 고백은 아직 한 나라의 왕으로서 미숙함을 드러내는 일이다. 하지만 절대왕정의 군주에게 계속되는 가뭄만큼 고통스러운 일이 있을까! 봉건사회에서 일어난 가뭄, 홍수, 한파 등의 자연재해는 왕의 부덕함을 하늘이 꾸짖는 현상으로 받아들여졌다. 세종은 노심초사하였다. 즉위 후부터 몰아닥친 가뭄, 혹시 하늘이 그가 물려받은 왕권을 인정하지 않는 것은 아닐까?

세종은 보위를 물려 준 태종이 상왕으로서 영향력을 행사하고 있는 탓에 재임 초기의 기반을 무사히 다질 수 있었다. 하지만 세종의 앞길이 결코 순탄한 것은 아니었다. 태종이 세종에게 왕위를 물려준 1418년은 조선이 건국된 지 26년밖에 안 된 시기였다. 세종에게는 한참 왕권을 강화해야 하면서 동시에 국정 시스템과 각종 제도를 만들어 가야 할 무거운 책무가 부여되었다. 게다가 세종은 즉위 후부터 극심한 가뭄을 7년간이나 겪어야 했으며, 홍수·태풍·지진 등 자연재해의 피해도 계속되었다. 갑작스런 인구의 증가와 함께 재임 후기에는 소빙기의 재난까지 겹쳤으니 세종은 그야말로 가시밭길을 걸어야 했다.[1]

농업 국가인 조선에 닥쳐 온 자연재해는 바로 흉년으로 이어졌다. 흉년은 기근을 일상화시키면서 백성들을 도탄에 빠지게 하다 결국은 나라 전체를 혼란에 빠뜨리는 장본인이었다. 조선의 왕들에게 부과한 임무는 무엇보다 백성들을 배부르게 하고, 만성적인 기근에서 벗어나는 일이었다. 그리하여 연이은 흉년을 걱정한 세종은 "백성은 나라의 근본이요, 백성은 먹는 것을 하늘과 같이 우러러보는 것이다"라고 말하면서 "만약 한 백성이라도 굶어 죽은 자가 있다면 감사나 수령이 모두 교서를 위반한 것으로 죄를 논할 것이라"라고 강하게 밝힌 것이다.[2] 이처럼 세종이 흉년의 대책을 위한 강력한 방침을 내렸다지만 대기근이 도래한 농업사회에서 감사나 수령의 위민정책은 한계가 있는 법이다. 세종 1년(1419) 5월에 굶주림에서 허덕이는 기민의 숫자를 조사한 적이 있다. 충청도만 12만여 명이었고, 충청도·함길도·경기도 등 몇 개의 도를 합쳐보니 거의 20만 명에 달하였다.

이러한 대기근의 시대를 벗어나는 해결책은 없는 것일까? 굶주림에서 벗어나기 위해서는 근본적으로 농업의 생산력을 높이고, 보를 설치해 치수를 하는 방안 등의 농업정책의 개선이 필요하다. 한편, 식량을 적절히 배급하고 조절하는 사회적 복지정책도 중요하다. 특히 곡물은 일정한 생장 기간을 거친 뒤 한 번에 수확하기 때문에 '보관과 유통의 원활한 시스템'을 갖춰야 한다. 잘 알려졌듯이, 우리나라의 역사에서 물가를 조절하는 '상평창常平倉'과 함께 '의창義倉'은 복지 행정의 대표적 쌍두마차였다. 의창은 크게 두 가지 업무 즉, '진제賑濟'와 '환상還上'을 집행하는 복지기관이다. '진제'는 흉년이 들었을 때 굶주린 백성들에게 곡식을 나눠주는 것이며, '환상'은 춘궁기에 곡식을 꾸어 주고 가을에 이자를 붙여 갚는 것이다. 이 의창제도는 중국에서 기원하였으며, 그 역사는 멀리 고구려 고국천왕시대까지 거슬러갈 정도로 오래되었다. 고려시대에는 태조가 이것을 '흑창黑倉'이라 하였다. 고려의 의창은 폐지와 설치를 번복하면서 고려 말까지 지속되었다. 조선 개국과 함께 태조 이성계도 고려의 의창제도를 이어받아 운영하였다.[3]

그런데 계속적인 흉년으로 인하여 진제와 환상이 계속되면 의창이 보관하는 곡식이 크게 감소할 수밖에 없었다. 조선 정부는 부족분을 충당하기 위한 고육지책을 짜 내야 했다. 세종 5년(1423) 호조에서 의창제도의 견실한 운영책을 세종에게 건의한 것도 이와 같은 맥락이다. "근년 이후로 여러 번 흉년이 들어, 모든 백성의 생활이 오로지 진제와 환상만 바라고 있으니, 이로 인하여 의창이 넉넉지 못하므로, 부득이 국고로 지급 구휼하게 되매, 군수軍需가 점차로 거의 없어지게 되니 진실로 염려할 만한 일입니다."[4] 세종은 호조의 의견을 수용하여 앞으로 흉년 시에는 의창의 곡식으로서만 백성들을 구휼하고, 국고에서는 지급하지 못하도록 하였다. 지금도 마찬가지이지만 우리는 호조의 고민에서 복지정책의 성패는 결국 재정에 있다는 점을 깨달을 수 있다.

그런데 조선시대에는 복지정책을 위한 재원을 어떻게 확보하였을까? 자원이 부족하고 산업이 발달하지 못한 전근대 사회에서 주목되는 상품은 다름 아닌 '소금'이었다. 이 소금을 생산한 뒤에 곡물 혹은 면포와 바꿔서 재원을 확보하였다. 세종 22년(1440) 당시 의정부 좌참찬이었던 하연河演은 백성들을 구제할 진휼정책을 조목조목 아뢰었다. 이때 그는 "의창이 사들이는 자본을 백성에게 거두지 아니하고 폐해 없이 보첨할 방법을 밤낮으로 깊이 생각하였습니다"[5]라고 하였다. 이후 하연은 의창의 운영은 재원 확보가 관건이라는 점을 간파하고, 16가지 진휼책을 밝혔는데 그 가운데 두 가지 조목이 소금에 대한 것이다. 그의 주장은 첫째, 전라도에 염장관鹽場官(소금을 굽는 일을 맡아 하는 관리)을 파견하여 소금을 굽게 하고 이를 곡식과 바꾼 뒤에 의창에 주고, 둘째, 소금창고에서 포목과 바꾸는 소금의 가격을 넉넉히 하며, 정수를 채우고도 남은 소금은 의창에 주자는 것이다. 하연의 주장은 국가가 주도하여 소금을 팔아서 이득을 남기고 이를 복지의 재원으로 활용하자는 것이다. 세종은 하연이 상언한 진휼책을 호조에게 검토하라고 내려 주었다.

■ 조선 태조의 소금 정치학

태조가 고려를 멸망시키고 처음으로 국정 운영의 방침을 천명한 것이 1392년의 즉위 교서이다. 태조는 이 교서에서 "나라 이름은 그전대로 고려라 하고, 의장과 법제는 한결같이 고려의 고사故事에 의거하게 한다"라고 대소 신료와 백성들에게 밝혔다. 이것은 통치의 급격한 변화가 가져 올 백성들의 혼란을 먼저 피하면서 변화와 안정을 동시에 추구하겠다는 것이다. 태조의 소금 정치 역시 궤를 같이 한다. 태조는 고려 왕조가 소금을 전매했던 각염법을 폐지하였지만 그 유풍을 완전히 없애지는 않았다. 그래서인지 태조의 즉위 교서에서는 얼핏 모순되어 보이는 소금정책이 상존한다. 국가가 소금을 전매하지 않겠다고 공헌하면서 한편으로는 국가가 염장관을 파견하고 소금 생산 이익을 국고로 환수하는 관영체제를 유지하고 있다. 태조의 즉위 교서를 살펴보자.

1. ……그 생선과 소금에서 나는 이익은 그들이 스스로 취하도록 허용하고 관부에서 전매하지 못하도록 할 것이다.
1. ……각도에서 구운 소금은 안렴사安廉使에게 부탁하여 염장관에게 명령을 내려 백성들과 무역하여 국가의 비용에 충당하게 할 것이다.[6]

고려시대의 소금 전매법은 정부가 소금의 이익을 독점하는 것으로서 제염업에 종사하는 수많은 백성들의 원망을 받아 왔다. 소금의 유통도 원활하지 않아서 소금을 사용하는 백성들의 고통이 이만저만이 아니었다. 이러한 분위기에서 소금의 이익을 백성들이 스스로 취하도록 허용하고, 관청에서 전매하지 못하도록 한 태조의 교서는 엄청난 반향을 일으켰다. 《고려사》와 《세종실록》의 〈지리지〉를 토대로 고려 후기와 조선 전기의 소금가마 숫자를 비교해 보면 거의 두 배 이상 증가하였다. 백성들이 스스로 제염업에 참여하고, 사염私鹽 생산의 길을 열어 둠으로써 일어난 통계의 변화 수치이다.

걸음마 단계인 조선은 백성들의 여론에 귀를 기울여야 했지만 개국

과정에서 필요한 재원을 놓칠 수가 없었다. 즉위 교서에서 밝힌 '각도에서 구운 소금을 백성들과 무역하여 국가의 비용에 충당한다'는 조목은 국가의 관염官鹽체제를 유지하겠다는 것이다. 조선 정부는 사적인 소금 생산을 인정하면서 응당 그것에 대한 소금세를 걷었다. 바닷가의 여러 마을에 조관朝官을 파견하여 공적·사적으로 생산되는 소금을 일일이 묻고 조사하였다. 이를 관청의 장부에 기록하여 해마다 세금을 거두었다. 이러한 조선 정부의 움직임에 겁을 먹은 백성들은 정착했던 해변가의 마을을 벗어나 다시 떠돌이 생활을 하였다. 태조 7년(1398) 이를 보다 못한 경상도관찰사는 "나라에 이롭게 하려다가 도리어 이익이 없을까 생각합니다"라고 말하면서 어염魚鹽(물고기와 소금) 실태 조사를 수년 뒤로 미룰 것을 간곡히 부탁하였다.[7] 최고의 행정기관인 도당都堂(의정부)은 경상도관찰사의 말을 일정 부분 수용해 올해에는 예전의 액수대로 세를 거두고 후년에 다시 소출을 조사하여 세를 결정하자는 의견을 피력하였다.

태조 즉위 후 염업제도의 개혁에 대해서는 정도전鄭道傳의 《조선경국전朝鮮經國典》에 잘 기록되어 있다. 이 책은 조선의 통치 원리를 담은 것으로 조선의 기본 법전인 《경국대전》의 바탕이 된 저서이다. 조선 정부의 설계자였던 정도전의 소금 정치학에 대한 생각을 들어보자.

소금은 바다에서 나는 것으로 백성들이 이를 사용하니, 없어서는 안 될 물건이다. 전조에서는 충선왕 때부터 염법을 마련하여 백성들로 하여금 베를 바치고 소금을 받아가게 하여, 그 베를 국가 재정에 보탰던 것이다. 그러나 염법이 문란해지면서 베만 관에 흡수될 뿐, 소금은 백성들에게 돌아가지 않아서 백성들은 큰 곤란을 당하였다. 전하는 즉위하자 맨 먼저 윤음을 내려 전조의 문란한 염법을 크게 개혁하였다. 연해의 주군마다 염장鹽場을 설치하고, 관에서 소금을 굽고 백성들로 하여금 베든 쌀이든, 또 그것이 질이 좋은 것이거나 나쁜 것을 묻지 않고 자기가 갖고 있는 쌀과 베를 가지고 염장에 가서, 먼저 시가의 고하에 따라 값을 계산하고 소금을 받은 다음에 쌀과 베를 소금값으로 내게 하였다. 이는 국가가 백성과 함께 이익을 나누고자 하는 것이지, 사적으로 굽는 것을 금지하여 국가가 이익을 독점하려는 것은 아니다. 염장의 소재와 그 소출량을 자세히 적어서 회계에 참고가 되게 한다.[8]

간략한 글이지만 조선 정부가 시행한 소금 제도의 개혁에 대해서 잘 요약되어 있다. 정도전은 고려 말의 염법이 크게 문란해졌으며, 백성들에게 소금이 공급되지 않았다는 점을 지적하고 있다. 조선 정부가 시행한 소금 개혁의 필요성을 내세우기 위해서이다. 조선 정부가 염장을 설치해 소금을 구운 것은 부족한 소금의 물량을 높이기 위한 것이다. 쌀과 베의 질을 묻지 않고 소금과 바꿔 준 것은 생필품의 공급을 해결하여 새 정부의 지지도를 높이기 위한 조치였다.

고려 염법과의 큰 차이점은 백성들에게 먼저 소금부터 나눠 준 일이었다. 고려 정부에서는 소금값을 먼저 지불하고도 소금을 받지 못하는 사례가 허다하였지만 조선 정부는 소금을 먼저 공급하고 그 대가로서 쌀과 베를 받았다. 이것은 소금 제도 개혁의 온도차가 피부로 느껴질 만한 조치였다. 정도전은 관에서 소금을 굽는 관염官鹽제도의 운영이 사염을 제재하려는 것은 아니며, 소금에서 나는 이익은 백성들과 함께하는 것이라 하여 여론을 환기시키고 있다. 그러나 소금의 소출량을 자세히 기록한다는 것은 소금 생산과 판매에 따른 이익에는 세금을 부과하겠다는 뜻이다.

새 왕조의 소금 정치학은 두 마리 토끼를 모두 잡겠다는 '일거양득의 정치학'이다. 태조의 즉위 교서와 같이 정도전의 글에서도 마찬가지로 사적 소금 생산을 금했던 고려조의 전매제도와는 거리를 두고 있다. 하지만 생산 결과에 따른 세금 부과는 명백히 하여 국고를 증진시키겠다는 의지를 품고 있었다.

◆ 조선 최고의 소금 논쟁 : 신개 대 이계전

세종 집권 기간 동안 우리나라 역사상 최고의 소금논쟁이 벌어졌다. 좌의정 신개申槩(1374~1446)와 집현전 직제학인 이계전李季甸(1404~1459)의 논쟁이 그것이다. 공조참판 공맹손權孟孫(1390~1456)이 신개를 거들고 나섰으며, 집현전에서 함께 근무하는 김문金汶(?~1448)까지 이계전을 지원하면서 조선시대 염법논쟁은 격랑 속에 휘말렸다. 이 소금 논쟁 속에는 염법, 전매, 백성들을 바라보는 통치철학이 아우러져 있었다. 세종은 그 누구의 입장을 지지할 수 없는 난처한 지경에 이르렀다. 조선 최고의 성군이었던 그도 신속하고 정확한 판단을 내리기 어려운 이슈였던 것이다.

세종 19년(1437) 신개는 소금을 관에서 주관하며 사염私鹽을 금지하자고 주장하였다. 그는 관에서 굽는 소금을 백성들에게 널리 보급하기 위해서는 사사로이 굽는 사염을 금지시켜야 한다고 생각했다. 또한 선군船軍과 공천公賤으로 하여금 소금 굽는 일을 돕자고 하였다. 하지만 세종은 이들의 주장을 받아들일 수 없었다. 세종은 관에서 소금을 생산하는 일은 마땅하나 사염을 금지시키는 방안은 바람직하지 않다고 보았다. 그래서 그는 "논의하기를 이미 오래하였는데 그 요령을 알지 못하기 때문에 나도 이 법을 행하기 어렵다고 여기노라"라고 한 것이다.[9] 그 요령을 알지 못하다는 것은 신개가 주장하는 염법을 심사 숙고하였지만 납득이 가지 않는다는 말이다. 그럼에도 불구하고 세종이 이들의 주장을 완전히 거부한 것이 아니었다. 이로부터 열흘 후에 호조의 말을 듣고 경차관을 각 지역에 보내서 어염魚鹽을 조사하게 하였으니 신개와 같은 소금 전매론자의 손을 반쯤은 들어 준 것이다.

그런데 실제적인 논쟁은 8년 뒤인 세종 27년(1445) 세자에 의하여 촉발되었다. 세종이 어염(물고기와 소금)에 대한 방안을 세자에게 맡겼던 터였다. 세자는 적극적으로 소금 전매제도를 검토해 보기 시작하였다. 1445년 7월 세자는 이계전을 불러 사창社倉의 창립과 어염세 방안을 강구할 것과 도승지인 유의손柳義孫을 만나서 어염의 이익을 얻는 방책을 찾아 볼 것을 지시하였다. 신 염법鹽法의 분위기가 달아오르자 좌의정 신개가 소금을 전매할 것을 여러 번 청하였다. 이를 거부하기 어려워진 세종은 승정원에 뜻을 밝힌다. "좌의정 신개가 소금을 전매하기를 청하는데 우선 시험하여 보는 것이 어떠한가." 승정원은 임금의 말을 따라 경기·충청도에 소금가마를 두어 시험하고, 이를 감독하는 관리를 따로 두자고 아뢰었다. 헌데 좌부승지인 박이창朴以昌만이 가뭄으로 인하여 백성들의 여론이 좋지 않으므로 새로운 염법은 후년을 기다려 실시하자는 신중론을 폈다. 세종은 박이창의 신중론을 인정하면서도 염업을 시험할 만한 관리를 찾아보라고 지시하였다.

같은 해 8월 25일에는 세자가 권맹손을 불러 소금에 대한 법을 의논하는 와중에 의염색義鹽色이라는 관청을 설치하게 된다. 권맹손이 의염을 전담할 부서가 필요함을 세자에게 역설하였기 때문이다. 신개와

정도전의 《조선경국전》에서는 태조 즉위 후 염업제도의 개혁에 대해서 잘 기록
되어 있다. 그는 고려 말 염법의 문제점을 지적하면서 조선 정부가 시행한 소금
개혁의 필요성을 주장하였다.

《경국대전》은 조선시대 통치의 기준이 된 최고 법전이다. 이 책의 호전戶典 어염魚鹽 조에서는 각 도의 소금가마에 대해서 대장을 만들어 보관하고, 소금가마와 멀리 떨어진 곳에서는 소금창고를 세우는 등의 법규를 명시하였다.

권맹손의 주장이 드디어 세자의 마음을 움직인 것이다. 신개는 태조 2 년(1393) 식년 문과에 병과로 급제한 뒤로 관찰사에서 좌의정까지 요 직을 두루 거쳤고, 조선 전기의 조정에서 큰 힘을 발휘한 인물이다. 신개보다 열 여섯 살 어린 권맹손은 1408년 식년 문과에 을과로 급제 한 이후에 신개와 마찬가지로 검열檢閱로서 벼슬살이를 시작하였다. 권맹손은 1422년 강원도와 평안도에 기근이 들자 강원도에 파견되어 구휼사업을 벌인 경험을 토대로 의창을 강화시켜야 한다는 입장이었 다. 권맹손이 제시한 의염색의 골자는 국가가 소금으로 이득을 남겨 서 의창의 부족분을 보충하자는 것이다.

이러한 새로운 염법과 의염색의 설치를 주장하는 신개와 권맹손의 주장에 대해서 많은 대신들은 우려를 금할 수 없었다. 조선의 개국 이 후 사염을 허락한 태조의 유지遺旨와 아울러 성리학의 관점에서 소금 으로 거둘 이익을 두고 백성과 다투는 것은 의롭지 못하다고 생각했 기 때문이다. 당시 사관의 기록은 이러한 조정 내 분위기를 잘 전달해 준다.

의염義鹽의 의논을 개槩가 시초하고, 맹손孟孫이 화답하여 백성으로 더불 어 이익을 다투니 이미 잘못인데, 맹손이 다시 재상으로 제조를 삼기를 청 하니, 당시 사람들이 더욱 대체를 잃은 것을 비난하였다. 의염은 본래 나라 를 유족하게 하고, 백성을 편하게 하자는 것이나, 종말에 이르러서는 폐단 이 장차 백성에게 미치어 전매가 되지 않을 것이 희박할 것이다. 하물며 삼 공三公의 소임으로서 아래로 이재理財의 일을 겸하니 불가한 것이 심하다. 아깝다. 신개·맹손이 오직 총애만 굳게 하여 하고 그른 것을 바를 줄을 알 지 못하여 이미 의염을 두기를 청하고, 또 스스로 그 일을 주장하여 백성으

로 더불어 이익을 다투어 임금의 뜻을 맞추었으니, 참으로 이른바 비부鄙夫인 것이다.[10]

사관은 신개와 맹손을 두고 백성과 더불어 이익을 다투는 비부라고 표현할 정도로 의염색 설치를 개탄하고 있다. 그가 진심으로 걱정하는 바는 "백성을 편하게 하자는 것이나, 종말에 이르러서는 폐단이 장차 백성에게 미치어 전매가 되지 않을 것이 희박할 것이다"라는 문장에 담겨 있다. 그는 당초 의염색이 백성을 편하게 하려는 뜻으로 설치되었지만 결국에는 소금 전매로 이어져 고려 말의 염법으로 역행하게 될 것이라 생각한 것이다.

사관과 같은 입장인 집현전 학자 이계전은 이틀 후인 8월 27일에 동궁에게 소금 전매의 폐단을 지적하는 긴 상소를 올린다. 이계전은 지난해(1436)부터 어염에 관한 법이 큰 폐단을 일으킬 것이라고 반대해 왔다. 그는 갑작스럽게 관청을 창립해 어염의 일을 맡기게 된 사실에 대해 분개했다. 이계전은 상소문에서 여덟 가지의 폐단을 밝히고 있다. 몇 가지를 살펴보자. 먼저 우리나라는 3면이 바다라서 염간鹽干(소금 굽는 백성)이 생산한 소금으로도 충분한데 관가까지 나서서 소금을 굽게 되면 산출량이 급격히 늘어나 백성들에게 억지로 소금을 분배하게 될 것이라 주장하였다.

또한, 현재 염간들이 생산한 소금을 일부 국가에 바치고 나머지는 개인적으로 사용할 수 있어 살림이 넉넉한데, 관가에서 소금을 공급하게 되면 염간은 많은 피해를 볼 것이라 주장하였다. 이외에도 소금의 매매를 관에서 맡게 되면 관리들이 점차 개입하여 소금값이 올라갈 것이라 지적하였다. 이계전은 이러한 여러 가지 폐단 때문에 별도로 도감을 창립하는 일은 피하고, 예전처럼 사재감司宰監에서 그 일을 맡아서 하자고 주장하였다. 대신에 염한의 장적을 다시 조사하고, 수령들이 잡되게 소금을 거두는 것을 금해서 국가의 이익을 충실히 하자는 대안을 내놓았다.[11]

이계전의 상소에 놀란 세자가 임금을 찾아 가니 세종은 "이 일은 시험하고자 한 것이다"라면서 더 이상의 확대 해석을 막았다. 이계전은 도감의 설치를 완전히 백지화할 것을 계속 주장하였다. 신개나 공맹손에 비한다면 이계전은 아직 새파란 젊은이였다. 하지만 세종의 무한한 신임을 받는 집현전 학자이기에 제 목소리를 끝까지 고수할 수 있었다. 그는 세종 대의 주요 화폐정책에서 발행된 저화를 사용할 필요가 없다고 말하거나 의금부에 하옥될 것을 각오하면서 언로를 막아서는 안 된다고 주장한 인물이었다. 이 일이 있은 일주일 후에는 같은 집현전 학자인 김문이 세종에게 상소를 올렸다. 그도 새로운 의염법을 창립하는 것을 강력히 반대하였다. 세종은 김문의 상소를 받고 "집현전의 말이 옳다"고 말하면서도 의염색의 철회는 받아들이지 않았다. 세종은 이 자리에서 다음과 같이 말하였다.

내가 여러 대신으로 더불어 상량하고 의논한 것이 이미 10여 년이니 여러 사람에게 묻지 않고 갑자기 행한 것이 아니다. 또 내가 이 일을 옳다고 하여 억지로 행하려는 것이 아니고 우선 편하고 편하지 않은 것을 시험할 뿐이다. 나는 원래 백성과 이익을 다투고 싶은 마음은 없다.[12]

세종은 이후에도 "나는 원래 백성과 이익을 다투고 싶은 마음은 없다子固無與民爭利之心"고 여러 번 강조하였다. "여민쟁리與民爭利하지 않기.” 이 말은 세종의 솔직한 감정 표현이 아니라 조선 왕조에서 지켜야 할 통치철학이었다. 상업적 이익을 두고 다투는 것은 '사농공상士農工商' 가운데 말업末業에 종사하는 상인들이나 하는 행위로 치부되었다. 유교사회에서 군자나 사대부들이 할 일은 아닌 것이다. 더욱이 조선 정부가 백성을 상대로 서로 이익을 가지고 다툰다는 것은 정말 가당찮은 일로 여겨졌다.

세종은 이계전과 김문의 상소를 일부 받아들여 소금 전매와 같은 시책은 유보하면서도 별감을 여러 도에 보내서 소금 굽는 일을 시험할 것을 지시하였다. 하지만 신개나 권맹손은 어렵게 설치한 의염색을 제염업의 시험기관으로서 한정시키는 것에 만족할 수 없었다. 특히 권맹손은 장부에 없는 소금가마와 숨은 염호를 찾아 내고, 의창의 부족분을 채우기 위한 소금 걷기를 계속해서 주장하였다. 그러나 세종은 허락하지 않았다. 세종은 권맹손의 끈질긴 요청에도 불구하고 "이 일은 편하고 편하지 않은 것을 시험하자는 것이지 갑자기 만세의 영구한 계책을 만들려는 것은 아니다"라고 답하였다. 끝내 윤허하지 않았던 것이다.[13] 세종은 새로 염법을 제정하는 일이 소금 전매법으로 전락할 우려가 있으며, 의염색이 이에 앞장서서 전매기관으로서 역할하지 않을까 심히 걱정했던 것이다.

◆ 의염색은 의창을 돕고, 경차관은 시험을 하고

앞서 말한 대로, 의염색은 세종 27년(1445) 8월 25일 세자와 권맹손이 의염법을 논하는 과정에서 설치되었다. 그렇다면 특별관청인 의염색의 목적은 무엇일까? 권맹손은 "의염색이 의창의 부족한 것을 보충하여 흉년에 대비하자는 것"이라 하였으며, 세종은 "공한지空閑地로서 소금 굽기에 마땅한 땅을 찾아 내어, 손이 넉넉한 선군船軍을 시켜 시기에 맞추어 소금을 구어서 의창을 돕자는 것"이라 말하였다.[14] 권맹손과 세종의 공통된 의견에 따르면, 의염색은 의창을 돕기 위해 만들어진 특별기관이다. 문제는 의창의 부족한 곡식을 충당하기 위해서는 어떻게 해서든지 재원이 되는 소금을 확보해야 한다는 데 있었다. 소금 확보를 위해 의염색이 지나칠 정도로 일을 하게 되면 민간의 소금 생산을 위축시킬 가능성이 높았다. 그래서 세종은 의염색의 기능을 선군을 시켜 소금을 굽고 이를 의창의 재원으로 충당하는 일에 한정시키려 한 것이다.

의염색의 제한적 역할에 대한 세종의 인식은 "시험할 뿐이라"라는 말에서 잘 드러난다. 이계전이 소금 전매의 폐단을 아뢰는 상소를 올렸을 때에도 세종은 이계전의 말을 수긍하면서도 별감을 여러 도에 보내서 소금 굽는 일을 시험하게 하였다. 연이은 김문의 상소에도 불구하고 세종은 "편하고 편하지 않은 것을 시험할 뿐이다"라고 하며 소금 굽기 실험을 중지시키지 않았다. 세종은 소금 전매를 우려했지만 관이 앞장서서 소금 굽기를 실험해 생산량을 늘이는 일 자체는 중요한 임무라 생각한 것이다. 이것은 제염업의 역사에서도 매우 의미 있는 사건이었다. 의염색이 경차관을 전국으로 파견시켜 소금을 굽고 생산량을 보고함으로써 조선 전기, 제염업의 일단이 파악되었다.

조선시대 경차관은 왕명에 의해 특수임무를 띠고 각 도에 파견되는 '특명관'이다. 경차관은 군사적 임무에서 경제적 임무까지 매우 다양한 업무를 수행하였다. 의염색이 설치되기 전에도 경차관이 파견되어 소금 굽는 일을 실험한 적이 있었다. 세종 19년(1437)이었으니 소금 논쟁이 벌어지기 8년 전의 일이다. 호조에서 미리 흉년에 대비해 경비를 넉넉히 비축하기 위해 경차관 파견을 요청하였다. 이때 호조는 "어염은 농사일의 다음이라고 하나 농사일은 1년을 마치도록 수고로움이 있고, 거듭 부역에 괴로워하나 어염은 많은 시일과 재력을 허비하지 아니하며, 공력은 적고 이익은 많다"라고 말하였다. 농민들은 농사일 뿐만 아니라 각종 부역에 시달리는 반면, 염민들은 고생은 적고 이익이 많다는 것이다. 호조는 이어서, 잘못된 무리들이 다투어 그 이익을 취하려 하기 때문에 국가가 개입해 이를 방지해야 한다는 논리를 폈다.[15]

당시 호조에서 말하는 소금 경차관은 다음과 같은 일을 수행한다. 첫째는 소금 생산에 적합한 곳을 살피고 실험하는 일이다. 둘째는 소금을 굽는 염소鹽所의 수량, 염소에서 일하는 염한의 숫자, 사용 도구 등을 정확히 파악하는 일이다. 셋째는 대장에 빠져 있는 염호, 공노비, 군호에 빠진 장정들을 추쇄推刷(부역, 병역 따위를 기피한 사람을 잡아내는 일)하여 염소에서 소금 일을 시키는 것이다. 이처럼 경차관은 소금을 굽는 시험관으로서 뿐만 아니라 대장에 누락된 염호들을 잡아내는 강제 집행 임무도 띠고 있었다. 조선 초에 백성들이 사사로이 소금을 구워서 파는 사염의 길이 열렸다 하지만 이러한 경차관의 파견은 백성들에게 심히 부담감을 갖게 하였다. 세종이 이것을 모를 리 없었다. 다만 전쟁이나 흉년에 미리 대비하자는 것과 경차관을 보내서 실험하자는 호조의 뜻에는 동의하기에 파견을 허락한 것이다.

다시 8년 뒤인 1445년, 의염색 설치와 함께 경차관이 파견되었다. 이때의 경차관은 의염색에 의하여 강력한 지원을 받았다. 의염색에 임명된 관리들의 명단을 살펴보자. 의염색의 자문 명예직인 도제조都

提調에는 좌의정 신개와 우의정 하연이 임명되었고, 공조참판 권맹손과 좌참찬 이숙치, 호조판서 정분이 의염색을 총괄하는 제조가 되었다. 신개, 하연, 권맹손 등 의염색 관리의 진용에서 알 수 있듯이 의염색은 모두들 새로운 염법을 강력히 주창한 인물들로 짜여졌다. 이중 신개는 "관에서 소금을 구우면 모름지기 사사로이 굽는 소금을 금해야" 한다고 했으며, 소금 전매를 공공연히 요청할 정도로 과격한 소금 전매론자였다. 이러한 관리들의 주도 하에 파견된 경차관은 어염에 대한 막대한 권한을 지녔다.

예조참의 이선제李先齊가 세종 27년(1445)에 강원도관찰사로 근무할 때였다. 이선제는 의염색제도가 공포됨에 따라서 선군을 시켜 소금을 굽는 일을 시켰다. 그런데 어느날 경차관 정지하鄭之夏가 발령을 받아 이곳에 왔다. 정지하는 근무지에 도착하자마자 공사公私의 소금가마를 모두 거둬 들이고자 하였다. 놀란 이선제는 "이 법이 백성을 이롭게 하기 위함인데 시험하는 시초에 거두어 간다고 명령하면 백성들이 사염을 모두 금하는 줄로 알고 놀라서 도망갈 것이니 어찌하려는가" 하며 정지하를 달랬다. 다행히 정지하가 이선제의 말을 따라 사적 소금을 금지하지 않았다. 그리하여 이선제는 관의 소금가마를 사용해 소금을 생산하였고 이를 쌀과 베로 바꾸는 일에 충실할 수 있었다. 만약 반대로 이선제가 정지하의 말을 좇았다면 의염색 반대론자인 이계전의 상소에서 우려하던 바가 그대로 횡행하였을 것은 당연하다.[16]

■ 두 토끼를 다 잡는 묘책은 없다

1445년 각 도에 파견된 경차관은 그해 가을 동안 소금 굽는 일을 시험하였다. 이것은 조선시대 동안 유례없던, 전국 단위로 수행한 국가적인 염업 조사였다. 세종 28년(1446) 1월에 의염색에서 경차관이 자염煮鹽을 시험한 결과를 아뢰었다. 시험 지역은 강원도 삼척, 경기도 남양, 황해도 옹진, 경상도 동래, 충청도 태안, 전라도 흥양으로서 소금 생산이 많았던 중부 이하 지역은 모두 참가하였다.[17] 이 시험에 동원된 가마는 81개였으며, 선군은 759명이었다. 산출된 소금은 모두 3,493석이었느니 이를 가지고 화매和賣한 베가 700필, 곡식이 300석이었다. 이처럼 성공적인 결과에 고무된 의염색은 의창을 보충할 계책은 이보다 좋은 일이 없다고 하면서 누락된 염호, 관사의 종, 신역身役이 없는 자들을 죄다 찾아서 소금일을 시키자고 제안하였다. 세종은 평소와 달리 순순히 의염색의 말을 따라 주었다. 세종도 이번 의염색의 시험 결과에는 만족했던 것이다.[18]

경차관의 파견과 소금 굽기의 시험이 성공을 거둔 반면, 의염색의 폐단이 점차 윤곽을 드러내고 있었다. 시험 결과를 보고한 한 달 후에 권맹손은 "소금을 구을 때에는 반드시 민폐가 있을 것이니, 폐단이 없는 방법을 강구하게 하소서"라고 하였다. 의염색 설치의 일등공신인 권맹손조차 이 제도의 폐해를 인정함 셈이다. 사실 의염색이 조정에 보고한 경차관의 활동은 긍정적인 것만이었다. 경차관들은 민간의 소금가마를 회수하거나, 염호의 자손까지 찾아 내어 소금 굽는 일을 시켰다. 심지어 백성들의 소금의 사적 판매를 금지하고 관에서 그 이익을 독점하는 경우도 있었다. 이로 인해 예전보다 소금이 귀해졌으며, 백성들은 소금을 구하는 데 점점 어려움을 겪었다.[19]

영의정 황희黃喜의 말대로 "의염義鹽이 변하여 이염利鹽"이 되었다. 백성들을 구휼하기 위해서 재정 확보상 필요한 소금을 '의염' 이라 불렀는데, 어느새 국가의 이익을 남기기 위한 '이염'으로 변한 것이다. 세종이 의염색의 기능을 제한하려거나 소금의 생산성 증가를 위한 실험 차원에서 경차관 파견을 인정했던 것은 바로 이러한 까닭이었다. 세종은 의염색이 소금 전매기관으로 변질되는 것을 막으려 했지만 각 고을에서는 사적 소금 생산이 금지되는 고려 말의 상황이 재연되었던 것이다. 그리하여 세종 27년(1445) 8월에 설치된 의염색은 이듬해 5월에 혁파되었다. 의염색은 결국 1년도 채 운영되지 못했다. 의염색의 혁파를 이끌어 낸 인물은 초기부터 의염색을 극구 반대했던 이계전이었다. 이계전은 다음과 같이 아뢰었다.

의염을 설치한 것은 본래 백성을 이롭게 하고자 함인데, 시험하는 처음을 당하여 그 폐단이 이미 심하여, 지난해 민간에서 쌀 1두斗로 소금 3, 4두를, 혹은 5, 6두까지 바꾸었는데, 지금은 시중에서 쌀 1두로 겨우 1, 2두를 바꾸니, 왕년에 비교하면 거의 반의 반이 감減된 것입니다. ……시험하는 것은 편하고 편치 않은 것을 시험하는 것인데, 시험하여 편치 못하면 끝내 시행하지 못할 것이 분명합니다. 고금古今에 이권利權이 백성에게 있지 않으면 관가에 있고, 관가에 있지 않으면 백성에게 있는 것이온데, 공公과 사私는 양립할 수 없는 것입니다. 지금은 비록 의염이라고 이름하지마는, 말류末流에는 전매專賣에 이르는 것이 또한 금할 수 없는 추세입니다. 엎드려 바라옵건대, 영구히 파罷할 것을 특별히 명하시어 뒷사람으로 하여금 다시는 소금에 대한 의논이 없게 하소서.[20]

이계전은 "고금에 이권이 백성에게 있지 않으면 관가에 있고, 관가에 있지 않으면 백성에게 있는 것이온데, 공과 사는 양립할 수 없는 것"이라고 하였다. 전매론과 사매론의 중간 형태의 의염색은 있을 수 없다는 말이다. 그는 또한 "지금 비록 의염이라고 이름하지마는 말류에는 전매에 이르는 것이 또한 금할 수 없는 추세입니다"라고 하였다. 의염이 명목상 백성을 위한 제도라 해도 국가가 나서서 이익을 거두다 보면 필연 전매의 길을 걷게 된다는 것이다.

이계전의 말을 인정한 세종은 의염색을 혁파하였다. 조선 초기 세종은 '왕권 강화를 위한 재정 확보'와 '새로운 정부의 출현에 따른 민심 수습'이란 두 마리 토끼를 잡아야 할 운명이었다. 그런데 이 와중에 설치한 의염색은 두 마리 토끼를 잡을 수 있는 묘책이 아니었다. 오히려 백성들의 사적인 소금 생산을 금하고 고려 말의 소금 전매를 방불케 하는 부정적 상황이 야기되었다. 이것은 조선 태조의 즉위 교서와도 정면으로 충돌하는 일이다. 세종은 이러한 상황을 미리 예견했을지도 모른다. 무엇보다 백성을 아끼는 세종이 1년도 안 된 의염색을 혁파한 것은 너무도 당연한 일이었다.

임진왜란이 일어나자
류성룡은 염철사를 주장했다

◆ 민심을 최고로 생각한 류성룡

허약해진 조선은 기세가 등등한 왜군을 당해 낼 수 없었다. 임진왜란 발발 15일 만에 왜군은 벌써 충주에 도착했다. 조정에서 그토록 믿었던 신립申砬의 부대가 충주 탄금대彈琴臺 전투에서 대패하고 말았다. 탄금대 전투의 패배 소식이 전해지자 조선의 조정은 크게 흔들렸다. 1592년 4월 30일 선조宣祖는 드디어 한양을 뒤로 하고 몽진蒙塵을 떠났다. 다시 돌아올지 모르는 기약 없는 이별이었다. 어가御駕가 임진강을 건너 동파東坡의 역사驛舍에 도착했을 때 선조는 기진맥진한 상태였다. 그는 울먹이면서 정승들의 이름을 불렀다. "이모李某야 유모柳某야, 일이 이미 이 지경에 이르렀으니 두려워 하지 말고 각각 충심을 다해서 말해라. 내가 어디로 가야겠는가."

이모는 영의정 이산해李山海, 유모는 좌의정 류성룡柳成龍을 말한다.

그러나 정승들뿐만 아니라 모든 신하들은 엎드려서 울고 있을 뿐 감히 대답하지 못하였다. 잘못 대답했다가 나라의 운명을 그르친 역적이 될 수 있기 때문이었다. 도승지였던 이항복李恒福이 용기를 내서 "일단 의주義州에 머물고 있다가 팔로八路가 모두 함락되면 천조天朝에 호소하자"고 대답하였다. 이 말의 본 뜻은 왜군에게 조선이 모두 점령되면 명나라로 망명을 가자는 것이다.

류성룡은 참지 못하고 아뢰었다. "안 됩니다. 대가大駕가 동토東土에서 한 걸음만 벗어나면 조선은 우리 소유가 아닙니다." 왕이 국경을 넘어 명나라로 가는 순간에 사실상 조선의 운명은 끝날 터였다. 그러나 선조는 "내부內附하는 것은 본디 나의 뜻이었다"라고 하면서 이항복을 편들었다. 내부는 한 나라가 다른 나라 안으로 들어가 붙는 것이다. 조선이 명나라의 한 지방자치단체로 전락될지 모르는 일촉즉발의 순간이었다. 그러나 류성룡은 물러서지 않았다. "안 됩니다." 류성룡이 끝까지 이를 거부하자 결국 이항복과 신료들도 그의 뜻을 수긍하게 되었다. 이는 류성룡이 조선을 구한 중요한 사건이었다. 훗날 이항복은 사적인 자리에서 류성룡에게 '황급한 즈음에 실수를 저질렀으니 크게 뉘우친다'고 이 일에 대해 정중히 용서를 구하였다.[1]

류성룡이 백척간두의 지경에서 자신의 주장을 굽히지 않았던 까닭은 무엇일까? 이후에 류성룡은 판서 이성중李誠中에게 자신의 뜻을 이항복에게 전해 달라고 하면서 그 이유를 밝혀 주었다. '어찌하여 나라를 버리자는 논의를 지레 내놓았단 말인가. ……이 말이 한 번 알려지면 사람들이 모두 와해될 것이니, 누가 그 인심을 수습할 수 있겠느냐." 류성룡은 전쟁이 났을 때 무엇보다 중요한 것이 민심이라 생각한 것이다. 이항복은 이 말을 전해 듣고도 바로 그 의미를 깨닫지 못하였다. 그러나 그는 영변寧邊에 이르러서 잘못 전해진 말이 크게 전파되어 인심을 수습하지 못하는 일을 당하게 되었다. 그때서야 류성룡의 선견지명을 깨닫게 되었다고 한다.

류성룡은 조정에서 왕의 망명을 논의한다는 소식이 백성들에게 전해지면 수습 불가능한 혼란이 벌어질 것이라 생각하였다. 즉 왜군이 아닌 백성들에 의하여 조선 왕조가 멸망할 것이라 판단한 것이다. 1592년 6월 평양에 머무르던 선조가 대동강에 도착한 왜군을 피해 다시 성을 떠났을 때의 일이다. 실제로 백성과 아전들이 난을 일으켰다. 그들은 칼을 휘두르며 길을 막고 몰려들었다. 종묘사직의 신주를 길바닥에 내동댕이쳐 부숴 버리기도 하였다.[2] 백성을 버리고 자꾸 북으로 도망가는 선조는 이제 자신들의 왕이 아닌 것이다. 대혼란의 시기에 민심을 수습하지 못하면 적이 아닌 백성으로부터 칼을 맞는 것이다. 류성룡은 전쟁 시 외부 혼란보다 내부 혼란이 무섭다는 사실을 잘 알고 있었다. 왜군에 맞서 조정과 백성들이 단결하지 못하고 혼란에 빠진다면 스스로 무릎을 꿇는 것이 바로 전쟁의 현실이었다.

◆ 식량과 소금 확보에 비상이

류성룡에게 맡겨진 첫 번째 과제는 군량 확보였다. 조선은 왜군이 쳐들오자마자 명군의 파견을 요청하였다. 조선의 운명이 풍전등화의 상황이라 파병 요청은 어쩔 수 없는 선택이었다. 하지만 파병으로 인한 피해는 만만치 않았다. 무엇보다 군량이 문제였다. 1인 1일 3되를 기준으로 계산하면 명군 1만 명의 1일 양식 지급량은 300석이 되었다. 이여송李如松이 이끌고 온 명군은 4만 5천 명이었으니 1년 군량만 해

도 무려 48만 6천 석이 되는 것이다.[3]

류성룡은 명군이 들어오면 천문학적 군량이 소요된다는 사실을 잘 알고 있었다. 명군을 먹이지 못하면 싸우지 않을 테고, 오히려 조선이 큰 부담만 안을 수 있었다. 그러나 평시가 아닌 전시에 식량을 확보하기는 더욱 어려워졌다. 곡식 창고인 충청·전라·경상도는 왜적의 수중으로 넘어간 지역이 많았다. 농민들은 전란으로 뿔뿔이 흩어져 곡식의 생산량은 바닥을 치는 상황이었다. 하지만 류성룡이 하지 않으면 누구도 할 수 없는 일이었다. 치질이 걸려서 걷지도 못했던 류성룡은 군량 확보를 위해 남쪽으로 떠나지 않을 수 없었다.

황해도 봉산鳳山의 소관역所串驛에 도달했을 때의 일이다. 아전들과 군졸들도 모두 떠나고 몇 명 남지 않았다. 관리들이 없는데 군량을 확보하기란 요원한 일이다. 류성룡은 사람을 먼저 모아야 한다고 생각했고, 그 방책을 논공행상論功行賞에 두었다. 그는 공책을 꺼내서 모인 자들의 성명을 기록하면서 말했다. "뒷날 이것으로써 논공행상할 것이니, 여기에 기록되지 않은 자는 일이 안정된 뒤에 모두 벌을 받을 것이다." 이 소문을 들은 자들이 곧 몰려들어 모두들 그 공책에 서명되기를 원했다. 전시에 공로를 명확히 하려는 류성룡의 방책은 성공을 거두었던 것이다. 다른 지역에도 공문을 보내서 같은 방법을 적용시켰다. 사람들이 다투어 나와서 며칠 만에 군량 확보를 위해 필요한 일들을 처리할 수 있었다.[4]

류성룡은 흩어진 백성들을 모으기 위해서 공로를 따지는 일이 효과적임을 알았다. 매질을 하거나 강압적인 방식으로 동원을 하는 것은 오히려 백성들을 꼭꼭 숨게 하는 짓이었다. 심지어 그는 곡식창고를 습격한 백성들에게도 관대해야 한다고 생각했다. 굶주림에 못 이겨 벌인 행동이기 때문이다. 류성룡이 의주에서 올린 계사啓事(임금에게 아뢰는 일)에서는 "무리를 지어 창고를 노략질한 것은 수령들이 구휼에 힘쓰지 않아서 그러하니, 그들을 잘 다스려서 적을 소탕하는 일에 힘쓰게 하고 공적이 있으면 상을 주소서"라고 요청하고 있다.[5] 백성들이 노략질에 나선 것은 모두 수령들이 제대로 구휼을 하지 못한 탓이라는 것이다. 이들을 달래서 왜군과 싸우게 하고, 공적이 있으면 상을 주게 하자는 류성룡의 주장은 참으로 생각하기 어려운 역발상이 아닐 수 없다.

전쟁이 장기화되자 굶어죽는 백성들이 수두룩했다. 군량 못잖게 백성들의 식량 지원도 시급했다. 류성룡이 동파에 머물고 있다는 소식을 듣고 굶주린 백성들이 남부여대男負女戴하여 찾아 왔다. 류성룡이 자신들을 구제해 줄 것이라 생각한 것이다. 때마침 호남에서 수집한 곡식 1천 석을 실은 배가 도착하였다. 이 곡식을 송홧가루와 섞어서 기민饑民들을 구제하니 살아난 백성의 수를 헤아릴 수 없었다고 한다.[6]

류성룡은 조선 팔도 곳곳을 누비며 다녔다. 그는 전쟁터로 직접 달려가서 상황을 지켜본 뒤에 임금에게 장계를 올려 해결책을 전했다. 군사를 모으고 훈련을 시키는 일도 하였다. 군사가 부족한 경우에는 인근의 부대에 지원을 요청하여 전투를 독려하였다. 이렇게 전쟁터 속에서 발로 뛰다보니 류성룡은 백성과 군사들의 비참한 현실을 목격할 수 있었다. 창고의 곡식은 전부 사라졌고, 들에는 굶어 죽은 시체가 즐비하였다. 전투도 중요하지만 백성 구제가 급선무였다. 그는 안주安州(평남의 북서부에 위치)에서도 동파에서도 백성들에게 먼저 농사를 지을 것을 권장하였다. 또한 류성룡은 소금이 절실히 필요함을 깨달았다. 전쟁 중에 초근목피로 연명한다지만 소금에 절이지 않고는 먹을 수 없기 때문이다.

선조 26년(1593) 8월 류성룡은 임금의 지시에 따라 원주를 거쳐 충주에 도착하였다. 충주는 왜군의 경유지로서 그 피해가 말도 못했다. 더욱이 식량창고는 텅 비었고, 소금은 구할 수 없어 백성들은 죽을 날만을 기다렸다. 류성룡은 즉시 선조에게 장계를 올렸다. 소금을 구워서 백성을 구제할 것을 청하는 호소문이었다.

신이 이번 길에 경유한 여러 고을은 한결같이 폐허가 되었으나, 그 가운데 충주는 적이 오래 주둔한 곳이고 또 명군이 왕래할 적에 경유한 곳이므로 피해가 더욱 심하여 혈혈단신으로 남은 백성이 며칠을 살아가지 못할 것이니, 극도로 애통한 일입니다. 도내 여러 고을의 식량창고가 이미 모두 비어서 서로 옮겨 구제할 계책도 없고, 단지 소금 굽는 일만이 시행하여 봄직합니다.

신이 듣건대, 황해도의 풍천·옹진·장연 3읍에 소속된 3, 4개의 섬이 있는데 그 섬에 잡목이 많다고 합니다. 염호鹽戶를 소집하여 소금을 생산하게 한다면 한 달 안으로 수만 석의 소금을 생산할 수 있습니다. 배로 운반하여 양호 지방의 해변에 농사가 조금 잘된 곳에 나눠 주어 곡식과 교환하여 경성의 주린 백성을 구제하고, 또 개성 등에 분배하여 봄과 가을에 종자를 삼으면 그 이로움이 매우 많을 것입니다.

이제 충주 등을 살펴보니, 지방이 바다와 멀어서 소금이 귀하기가 금과 같으니, 궁한 백성들이 초근목피는 채취하였으나 소금이 없어 먹지 못하는 형편입니다. 이런 시기에 천여 석의 소금을 충주에 수송하여 인근의 여러 고을에 나눠 주면 백성들이 이에 힘입어 살아날 자가 그 수를 헤아릴 수 없을 것입니다. 경기도에 소속된 여러 섬에도 의당 별도의 방편을 취하여 그로 하여금 일체 경리經理하게 하소서.[7]

장계의 요지는 이렇다. 먼저 황해도 해안가 섬에서 염호를 소집하여 소금을 생산한다. 이 소금을 농사가 잘된 지역의 곡식과 교환한 뒤에 굶주린 백성을 구제하고 다시 종자로 심게 한다. 다음은 이 소금을 충주와 같이 소금이 극히 부족한 내륙으로 운송하는 것이다. 이렇게 해야 소금이 부족하여 반찬을 못 먹는 내륙의 백성을 구제할 수 있다. 이처럼 류성룡은 전쟁 중에 소금을 생산하고 유통하는 일이 시급함을 주장하였다. 류성룡의 의도대로 일단 귀한 자원인 소금이 확보되면 여러 가지 길이 열릴 수 있었다. 농사가 잘된 지역의 곡물과 바꿀 수 있고, 소금에 굶주린 백성을 살릴 수 있었다.

◆ 토정 이지함의 흥리론

류성룡은 실리를 중시하는 실용주의자다. 물론 덕을 근본으로 생각하는 성리학자의 본분을 잃은 것은 아니다. 덕을 근본으로 하면서 실리로서 보완을 한다는 입장에 서 있다. 이러한 류성룡의 사상은 16세기 사대부들의 인식 변화에 힘입은 것이다. 16세기부터 일부 사대부들은 산천에서 나오는 이익을 국가가 흡수해야 한다는 견해를 갖게 되었다.

조선 전기의 사대부들은 이재利財와 상업 활동에 대해서 경직된 사고를 갖고 있었다. 유교 경전인 《대학》에서는 "덕은 근본이고 재물은 말末이다"라고 하였다. 이 구절을 '근본'을 위해 '말'을 억제해야 한다는 사실로 받아들인 것이다. 소위 '억말론抑末論'이다. 이 억말론의 시각은 중농주의로 이어졌다. 농업을 본本으로, 상업을 말末로 생각하여 상업을 억제하는 국가정책이 옳다고 여겼다. 이러한 억말론에 조금씩 균열이 가해진 것이 16세기 후반이었다. 그 균열은 토정土亭 이지함李之菡에 의하여 이루어졌다.[8]

서경덕徐敬德의 학풍을 이어 받은 토정은 정통 주자학과는 다른 입장이었다. 본과 말이 서로 대립되는 것이 아니라 서로 보완적인 관계로 생각하였다. 그는 덕德이 근본이고 재물은 말末이지만 한 쪽을 버리는 것은 불가하다고 하였다. 서로 보완을 하여 바르게 하였을 때 사람의 도리가 완성되는 것으로 여겼다. 재물을 만드는 산업에서도 마찬가지이다. 농사가 본이요 소금과 철을 만드는 일이 말임을 인정하였다. 하지만 본으로 말을 다스리고 말로써 본을 보충하는 관계가 되어야 100가지 용도가 부족하지 않다고 주장하였다.[9] 농업과 상공업이 서로 보완적인 관계가 될 때 백성들의 생활이 풍족해질 수 있다고 인식하였다.

나아가 그는 백성들의 빈곤한 삶을 개선하기 위해서 국가가 적극적으로 이재利財를 확보해야 한다고 보았다. 산림천택山林川澤(산과 숲과 내와 못), 즉 모든 자연으로부터 생산되는 이득을 국가가 챙겨야 한다고 생각하였다. 대표적인 것이 바다와 갯벌에서 생산되는 '물고기'와 '소금'이었다. 토정의 사상을 따른다면 기존에 말업末業으로 인식되었던 상업과 수공업을 국가가 적극 권장할 수 있었다. 당시로서는 매우 파격적인 사상이었다.

그리하여 토정은 산천의 이재들을 적극 개발하여야 한다고 설파했다. 이것이 국가의 재물을 불러일으켜 이익을 늘리는 '흥리론興利論'이다. 이익을 위하여 은을 캐고, 고기를 잡고, 소금을 굽는 일에 국가가 나서야 한다는 시각이었다.

산야에 헛되이 버려져 있는 은銀을 무엇이 아까워 금지하여 주조하지 못하게 하고, 능곡陵谷에 매장되어 있는 옥玉을 무엇이 아까워 금지하여 채취하지 못하게 하며, 바다 속에 무궁한 고기를 무엇이 아까워 금지하여 잡지 못하게 하며, 염분이 많은 땅의 무진장한 짠물을 무엇이 아까워 소금으로 굽지 못하게 하는가. 사사로이 이익을 도모하는 자를 금지하는 것도 또한 불가하다고 말할 수 있는데, 하물며 현읍縣邑에서 이를 행하는 것은 만백성의 생명을 구하는 일이니 진실로 금할 수 없다.[10]

사사로이 이익을 도모한다는 것은 왕실의 가족들과 관청, 권세가들이 이득을 차지하는 것을 말한다. 이를 흔히 '절수折受'라 한다. 조선 중기에 고기를 잡는 어전漁箭과 소금을 굽는 염분鹽盆 등에 대한 소유권과 수세권收稅權이 궁방宮房(왕실과 왕족의 집)과 관아에 넘어가는 일이 많았다. 이렇게 자연의 이익을 엉뚱한 권세가들이 독점함으로써 국가의 재정은 텅 비고, 백성들은 가난을 면치 못하였다. 이지함은 사사로이 이익을 도모하는 것을 금하지 못할 바에야 차라리 현읍縣邑에서 이를 잘 운용해 백성의 생명을 구하는 편이 낫다고 보았다.

이지함의 이러한 생각은 유학 경전과 이론만을 토대로 얻은 것이 아니었다. 그가 부딪친 세상, 그 고달픈 현실에서 길어 낸 실용론이었다. 토정 이지함은 뛰어난 능력의 소유자임에도 불구하고 매우 불운한 삶을 살았다. 사관史官이었던 친구 안명세安名世가 1545년 일어난 을사사화의 전 과정을 샅샅이 기록하다 참수되었다. 이 사건으로 과거를 준비하던 이지함은 벼슬길을 포기하고 처사處士의 길을 선택했다. 1547년에는 장인 이정랑이 윤원형 일파가 꾸민 양재역 벽서사건에 휘말려 능지처참되었다. 이지함은 풍비박산이 난 처가를 살리기 위해 고기를 잡고 소금을 만들어 팔았다. 박을 심어서 바가지를 만들어 팔기도 하였다. 그는 이렇게 수천 섬의 곡식을 모아서 빈민들을 구제하기도 하였다.[11]

1573년 이지함은 50대 후반의 나이로 포천현감에 임명되었다. 포천은 산이 많아 농사짓기 어려운 지역일 뿐더러 바닷가가 없으므로 수산물도 생산되지 않았다. 한마디로 본업도, 말업도 하기 어려운 척박한 지역이었다. 이러한 포천에 물산이 풍부한 다른 지역을 소속시켜야 한다는 새로운 주장을 펼쳤다.

물고기는 전라도 만경현萬頃縣 양초洋草라는 섬이 이름이 나 있다. 여기는 공公에도 사私에도 소속된 곳이 없다. 만약 이곳을 잠시 포천에 소속시켜 물고기를 잡아서 곡식과 바꾸면 수년 안에 수천 석을 얻을 수 있다. 소금은 황해도 풍천부豊川府 초도椒島라는 염정鹽井이 이름이 나 있다. 이곳은 공에도 사에도 속하지 않았다. 만약 이곳을 잠시 포천에 소속시켜 소금을 구어 곡식과 바꾸면 수년 안에 또한 수천 석을 얻을 수 있다.[12]

이지함은 전라도 만경현의 양초와 황해도 풍천부 초도를 포천에 소속시키자고 주장하고 있다. 이 지역은 물고기가 많이 잡히고 소금이 많이 생산되는 곳이지만 특별히 지방의 군현이나 개인에게 소속되지 않았다. 이 지역의 물산을 이용하면 포천은 수년 안에 수천 석의 곡식을 확보할 수 있다고 본 것이다. 하지만 토정의 혁신적 사상을 실제로 펼치기에 포천현감이란 그릇은 너무 작았다. 그는 이듬해 바로 포천현감 자리에서 물러났다. 1578년에는 다시 아산현감에 부임하였다. 그는 걸인청乞人廳을 만들고, 노인과 기민들의 구호에 나서는 등 구휼 사업에 힘쓰다 삶을 마감하였다.

■ 흥리론을 이어받은 이산해

이지함은 무엇보다 백성들을 살리기 위해서는 국가가 부를 쌓아야 한다고 믿었다. 국가가 경국제민經國濟民을 하기 위해서 재정이 필요한 것은 두말할 필요가 없다. 나라의 재정은 농업으로만 확보되는 것은 아니다. 상업과 수공업, 수산업 등 다양한 산업이 뒷받침되어야 한다. 그러나 생산력이 낮은 조선사회에서 국가가 이재를 얻을 수 있는 산업은 많지 않았다. 이지함이 물고기를 잡고 소금을 굽는 일에 주목한 것은 그 때문이다.

이지함은 제왕의 창고에는 도덕부고道德府庫, 인재부고人材府庫, 백용부고百用府庫 등 세 가지가 있다고 하였다. 백용부고는 일 백 가지로 소용되는 물산을 저장하는 창고이다. 바로 땅과 바다를 일컫는다. 그는 백용부고가 하책에 불과하지만 이것에 바탕하지 않고 국가가 경영되는 경우는 없다고 하였다. 백용부고를 개발한다면 그 이익과 혜택은 백성들에게 돌아갈 수 있었다. 그래서 이지함은 이렇게 주장하였다. "물고기를 잡고 소금을 굽는 일이 소인들이 좋아하고 군자가 즐겨 하는 바는 아니지만 마땅히 취하여 백성의 목숨을 구하는 것이 또한 성인의 권도權道이다."[13]

이지함의 백용부고론이 점차 설득력을 얻을 때가 왔다. 때는 엄청난 경비가 소요되는 임진왜란이었다. 전쟁에서는 군사적 전략과 전술도 중요하지만 이를 뒷받침하는 국가의 경제력이 중요하였다. 전쟁 시에는 군비 확보책을 놓고 군자냐 소인이냐 하는 대의명분은 약화된다. 탁상공론 식의 경제적 이론은 중요한 것이 아니었다. 어떻게 해서든지 군사를 먹이고 백성을 구제하는 실제 정책이 필요하였다. 이지함의 실천적 지식이 필요한 시기가 도래한 것이다.

이지함의 학풍을 이어받은 인물은 아계鵝溪 이산해李山海였다. 이산해는 이지함의 큰형인 이지번李之蕃의 아들이었다. 토정에게 이지번은 아버지 그리고 스승과 같은 존재였다. 부모가 모두 돌아가신 이후에 이지번은 가장으로서 가족을 책임져야 했다. 그는 한참 어린 동생이었던 토정에게 글공부를 가르쳤다. 토정은 부모 이상으로 형 지번의 영향을 크게 받았다. 1539년에 토정의 장남인 산두가 태어났고, 산해 역시 같은 해에 태어났다. 토정은 산두와 산해가 다섯 살이 되던 때부터 글공부를 가르쳤다.[14] 이산해의 어릴 적 스승은 작은아버지인 토정이었던 것이다.

이산해는 신동으로 온 나라에 소문이 나 있었다. 이산해의 글씨를 한 점 얻으려는 사람들이 줄을 섰다고 한다. 훗날 명종明宗이 된 경원대군도 퇴계를 시켜 산해의 글씨를 얻어오라고 할 정도였다. 이산해는 1561년 과거에 급제한 뒤부터 이조좌랑, 대사간 등 요직을 거쳐 1588년에는 우의정에 올랐다. 동인이 남인과 북인으로 갈라진 뒤 이산해는 북인의 영수로서 정치력을 발휘하였다. 임진왜란이 발발하자 이산해는 영의정으로서 선조를 보필하여 피난을 떠났다. 개성에 이르렀을 때 나라를 그르치게 하고, 왜적의 침입을 받게 했다는 죄명으로 탄핵을 받게 되었다. 1595년에 정계에 복귀하였고, 1599년에는 다시 영의정의 자리에 올랐다. 이지함과 이지번이 변변치 않은 벼슬자리에서 생을 마감한 반면, 이산해는 파란만장한 삶 속에서도 탄탄한 벼슬길을 걸었다.

임진왜란 시에 이산해는 시국을 구제할 수 있는 요체로서 소금 굽기를 제안하였다. 특히 그는 《아계유고》에서 소금을 구울 때 필요한 소를 확보하자고 역설하였다. 》》

임진왜란 시에 이산해는 시국을 구제할 수 있는 요체로서 소금 굽기를 제안하였다. 소금을 굽는 일이 공력은 그다지 많이 들이지 않으나 효과는 가장 많이 볼 수 있는 것으로 여겨졌다. 이산해가 보기에 소금 굽기는 둔전屯田(군량 확보를 위해 설치한 토지)보다도 훨씬 효과가 좋은 방안이었다. 그는 "1천 이랑의 둔전이 수백 개의 염조鹽竈(소금가마)만 못합니다"라고 하였다. 소금은 다른 물품에 비해서 판매도 쉽다고 하였다. 이산해는 "소금은 산만큼 쌓여 있더라도 팔지 못할까 걱정할 일이 없습니다"라고 주장하였다.[15]

또한 이산해는 충청도와 황해도 섬 지역 가운데 염분이 많고 땔감이 무성한 곳에서 소금을 굽자고 제안하였다. 이곳에서 생산한 소금을 해안가와 서울의 창고에다 쌓아 둔 뒤에 판매를 하자는 것이다. 경창京倉의 소금은 한강 상류로 거슬러 올라가 판매를 하고, 해안가에 둔 소금은 판매하여 군수용軍需用으로 전용하자고 제안했다. 그런데 이산해는 소금을 구울 때 필요한 소[牛]를 확보하자고 역설하였다.

다만 염전鹽田을 개간하는 문제는 반드시 소가 있어야만 가능합니다. 그러므로 소를 이용하지 않는다면 힘을 쓸 수가 없습니다. 그래서 모집하려 해도 양호兩湖(호남과 호서)가 병화兵火를 입은 나머지 민간에서 기르고 있는 소가 백에 한둘도 없습니다. 지금 급히 마련하기가 가장 어려운 것은 이런 이유 때문입니다.[16]

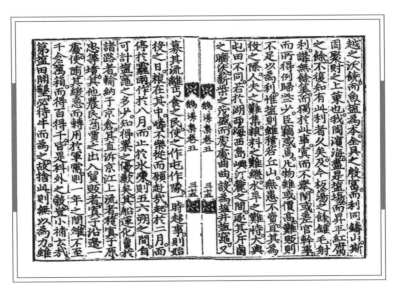

　전쟁으로 인하여 소가 크게 부족해졌으니 염전을 개간하기가 힘들
어졌다는 이야기다. 많은 대신들이 임진왜란 시에 소금을 굽자고 말
했지만 여기에 소용되는 소를 언급한 이는 이산해뿐이었다. 염업의
사정을 잘 꿰뚫고 있다는 반증이다. 염전의 조성은 반드시 소가 필요
하다. 인력으로서는 도저히 할 수 없는, 엄청난 힘의 작업이기 때문이
다. 그래서 소에 쟁기, 나레와 같은 농기구를 걸어서 작업을 해야 했
다. 이산해는 전쟁으로 인하여 민간에서는 소를 찾기가 어려우므로
훈련도감에 소속된 소를 이용하자고 하였다. 이 소와 함께 훈련도감
에 소속된 농기구를 동원하여 소금 굽는 일에 사용한다면 "버려둔 물
건으로 유용한 곳에서 공을 거두게 될 것"이라 주장하였다.

　이산해는 이러한 역사役事를 맡을 적임자에 대해서 실리론을 제기
하였다. 즉 "직명이 있거나 없거나를 따지지 말고 도내에 부지런하고

성실한 사람을 특별히 선발하여 그들과 함께 나누어 운영하게 감독하게 하자"라고 하였다. 벼슬이 중요한 것이 아니라 책임감이 강한 사람을 선발하자는 것이다. 또한 역사의 결과에 대해서도 성과제에 입각하였다. 역사를 마칠 때까지를 기다린 뒤 곡식의 우열을 가려서 승진을 시키거나 상을 주자고 하였다. 이렇게 한다면 국가의 힘을 빌리거나 백성들의 이익을 취하지 않고도 큰 일을 할 수 있다는 주장이었다.

◆ 홍진洪進을 염철사鹽鐵使로 파견했지만

이산해는 북인, 류성룡은 남인의 영수로서 당파는 서로 달랐다. 하지만 이산해와 류성룡 모두 흥리론의 입장에 서 있었다. 류성룡은 무엇보다 국부國富와 안민安民을 중시하였다. 국부와 안민은 동전의 양면과 같았다. 국가가 부강해야 백성들을 먹여 살릴 수 있다. 거꾸로 나라가 안정되려면 백성이 안정되어야 하는 법이다. 백성의 안정은 무엇보다 재물과 식량의 안정적인 공급에 있었다. 그러므로 부국의 방안은 높은 이상이 아니라 백성들에게 공급하는 먹거리에 있는 것이다. 백성들에게 먹거리를 제공하기 위한 류성룡의 계책을 들어보자.

옛말에 "흉년을 구제하는 데는 좋은 계책이 없다" 하는 것은 대개 곡식이 없기 때문에 계책이 없을 뿐입니다. 소금의 용도는 곡식과 같아서 사람의 생활에 하루라도 없어서는 안 됩니다. 예로부터 나라를 넉넉하게 하고 백성을 구제하는 방책은 바닷물을 구워 소금 만드는 것으로 우선을 삼았으니, 진실로 잘 처리한다면 바다에서 소금을 얻는 것이 무궁합니다.[17]

류성룡의 주장은 이지함의 백용부고론과 크게 다르지 않다. 백성을 구제하는 좋은 계책은 다름 아닌 곡식의 마련에 있다. 그런데 곡식과 견줄 수 있으며, 사람의 생활에 하루라도 없어서 안 되는 것이 소금이다. 소금을 이용하면 곡식까지 확보할 수 있다. 다행히 조선 반도는 삼면이 바다였으므로 무궁무진한 소금을 생산할 수 있었다. 이지함이 지적한 바와 같이, 조선의 바다는 백 가지로 소용되는 물산의 창고이며, 무한정의 소금을 생산할 수 있는 원천이었다. 생산된 소금의 이득이 국가의 창고와 배고픈 백성에게 돌아갈 수 있는 데 그냥 놔둔다는 것은 바보 같은 일이다.

류성룡의 이러한 생각을 정교화시킨 것이 곧 염철사鹽鐵使제도였다. 이 제도는 임진왜란이 일어난 다음 해인 선조 26년(1593)에 운영되었다. 류성룡은 염철사정책을 입안하고 주도하였다.[18] 염철사는 국가가 소금 생산지에 파견한, 소금의 생산과 유통에 관한 일을 하는 관리이다. 소금 일을 주관하는 염철사는 조정의 명망 있는 중신重臣이 되었다. 염철사 아래에는 실무일을 담당하는 요속僚屬(아래에 딸린 관리)을 두었다. 요속은 경기·황해·충청·전라도 등 서해안의 주요한 소금 생산지에 파견되었다. 그들은 해변을 순시하여 염호鹽戶를 모으고 소금가마를 설치하여 소금 굽는 일을 추진하였다. 이렇게 생산한 소금의 반은 국가가 가지고, 반은 염호가 차지하는 것이다. 국가에게 바쳐진 소금은 한 곳에 모아두었다가 초봄에 얼음이 풀리면 강을 이용해 운송을 하였다. 이것은 곡식으로 바꿔서 기민들을 구제하는 데 사용하였다.[19]

류성룡은 자신이 저술한 《운암잡록雲巖雜錄》에서 염철사를 파견한 전후 사정을 이렇게 회고하였다.

홍진을 염철사로 삼았다가 조금 뒤에 파면하였다. 그때 나라의 재정이 고 갈되어 국고에는 한 달 먹을 식량도 없었다. 중국 군사들이 나라 안에 가득 하여 황해도·충청도의 쌀을 배로 운반해 오면 도착하기가 무섭게 없어져 서 마치 타고 있는 가마솥에 물을 붓는 것 같았다. 백관들의 급료도 주지 못할 때가 가끔 있을 정도로 사세가 더욱 급박해지는데 어떻게 할 계책이 없었다.

내가 소금과 쇠를 전매하던 옛날의 법을 시행하여 국가의 선박을 이용하 여 한강·임진강 등으로 다니면서 강가에서 판매하면 여러 산촌의 백성들 은 소금을 얻어 기근을 구제할 수 있고 나라에서는 반드시 곡식을 많이 얻 을 수 있어서 국가와 백성들이 모두 편리할 것이라고 아뢰었다.

류성룡의 비유가 재미있다. 수만 명의 명나라 군사들에게 군량을 지급하는 일을 '타고 있는 가마솥에 물을 붓는 것'으로 비유하였다. 명군들이 순식간에 엄청난 식량을 먹어치우므로 '타고 있는 가마솥 에 물을 붓는 격'이 된 것이다. '밑 빠진 독에 물 붓기' 식으로 금방 군량이 사라진다 하더라도 군사들에게 밥을 안 줄 수는 없는 법이다. 이러한 급박한 정세에서 류성룡은 국가와 백성이 모두 편리할 수 있 는 방안으로 홍진을 염철사로 삼아서 염철사제도를 운영하고자 한 것 이다. 하지만 홍진은 용렬하고 조신하지 못한 자로서 염철사의 일을 제대로 수행하지 못하고 파면되었다.

류성룡이 제안한 염철사제도에 대해서 반대가 만만치 않았다. 지방 관들이 국가에서 파견한 소금 관리를 바꾸는 등 염철사제도에 반기 를 들었다. 전쟁의 과정에서 기강이 해이해진 탓도 있으며, 소금에 대한 이득이 국고로 환수되는 것을 못마땅하게 여겼기 때문이다. 비변사는 소금 굽는 일을 방해한 황해도 지방관들을 추고推考(죄를 물음)하자고 아뢰었다.[20] 비변사에서 내려 보낸 윤선민尹先民을 황해도 감사가 다른 사람으로 대신하였으니 그 죄를 물어 폐단을 없애자고 하였다.

윤선민은 류성룡에게 소금 전매에 대한 아이디어를 제공한 인물이었다. 임진왜란이 발발했을 때 윤선민은 군수품을 관장하는 군자감軍資監의 관리로 일하고 있었다. 윤선민은 성실한 인물로서 의병장 우성전禹性傳을 도와 군량을 사들인 적이 있는데 성과가 좋았다. 그는 황해도의 섬에서 소금을 구워서 국가가 반을, 염민들에게 반을 나누면 관민이 다 구제될 것이라고 하였다.[21] 류성룡은 그를 똑똑히 여겨 신임하였다. 그래서 그의 제안을 그대로 임금에게 보고하여 시행할 것을 청하였다. 따라서 윤선민을 황해도에 염관으로 파견한 것은 류성룡과 비변사의 합작품으로 매우 중대한 사안이었다. 이를 황해도 감사가 거부한 것은 비변사의 입장에서는 참을 수 없는 문제였던 것이다.

선조는 비변사의 의견을 존중하여 황해도 감사를 추고하도록 명하였다. 하지만 이후에 염철사 반대파의 주장은 끊이지 않았고, 선조의 뜻도 바뀌었다. 반대파의 주장도 일리가 있었다. 파견된 소금 관리들이 염호의 침탈을 일삼았기 때문이다. 서리들도 마찬가지였다. 염철사제로 인하여 이득을 잃게 된 서리들이 횡포를 부려서 염호의 부담만 늘어났다. 백성을 위한다는 염철사가 백성에 반하는 제도가 되었으니 생명력을 잃은 것이다. 결국 선조 27년(1594) 5월에 염철사는 폐지되었고, 호조에서 그 일을 주관하게 되었다.

◆ 훼방에 꺾이지 않는 이덕형

소금 관리들이 염호를 침탈하는 것을 강력히 비판한 인물은 이덕형李德馨이다. 이덕형은 소금 행정을 담당하는 관리들이 사익 추구를 할 것이 아니라 염호를 도와 주고 생산 도구를 지원해 줘야 한다고 주장하였다.[22] 한마디로 소금 생산 장려책을 실시하라는 것이다. 그런데 이덕형은 국가가 직접 소금을 생산하는 것을 반대하였다. 국가가 효과적으로 이득을 보기 위해서는 생산이 아닌 소금 판매에 관여하는 것이 낫다고 판단하였다. 이것은 류성룡과 다른 입장이다. 류성룡은 국가가 소금 생산에서 유통까지 책임지는 염철사를 제안했었다.

잘 알려졌듯이, 이덕형은 이산해의 사위이다. 이지함의 사상은 이산해를 거쳐 이덕형으로 이어졌다. 이덕형은 상업을 강조하였다. 빈곤을 타개하고 부를 축적하는 데 농공업보다 상업이 더 중요하다고 하였다.[23] 상업은 귀한 물품과 흔한 물자의 상호 소통을 가능하게 한다. 생산물의 이용을 극대화시키고 이득을 발생시켜 빈민을 극복할 수 있는 재원을 마련할 수 있는 것이다. 이덕형이 소금의 유통을 강조한 것도 이러한 상업론에서 나온 것이었다.

나아가 이덕형은 소금 가격의 지역적 차이를 이용하자고 했다. 해안가에서는 소금을 싼 가격으로 살 수 있지만 내륙에서는 비싼 가격을 지불해야 한다. 선박을 동원하여 강으로 소금을 유통시켜 지역적 차이를 활용하자고 하였다. 이렇게 하면 정부는 수십 배의 판매 이익을 얻을 수 있다는 것이다. 이로써 국가는 백성을 구제할 재원을 확보할 수 있다.[24]

이덕형은 북인 영수인 이산해의 사위였지만 남인과 북인의 중간노

선을 지켰다.[25] 류성룡과 이덕형이 서로 통할 수 있었던 것도 이 때문이 아닐까. 류성룡은 율곡 이이와 함께 동인과 서인의 화합에 힘썼다. 이를 지켜본 선조는 류성룡과 이이를 '양현兩賢'이라 불렀다. 붕당朋黨이 가속화되던 선조 때에 화합정치가 무엇보다 필요했다. 류성룡은 이덕형과 함께 정치의 장벽을 허물고 싶었을 것이다. 염철사제도 등 세부 각론에서 입장차가 있더라도 왜란의 극복을 위해 서로 소통해야 한다고 생각했다. 적을 앞에 두고 조정이 단결하지 못한다면 싸움에서 질 것은 불을 보듯 뻔한 일이다. 류성룡이 전쟁 중에 서인과 북인, 남인을 골고루 등용시켜 연합정권을 도모한 것은 단결과 통합을 강력히 원했기 때문이었다.

선조 28년(1595) 류성룡은 선조에게 지병을 이유로 사임을 청했을 때의 일이다.[26] 선조가 평안감사에 적합한 후보를 물어보았다. "평안감사는 누가 대신할 만한가?" 류성룡은 지체없이 말하였다. "이덕형이 대신할 만합니다." 류성룡은 그 이유를 "이덕형은 국사를 처리하는 데에 있어서 훼방에 꺾이지 않고 직절直截하고 용감하게 합니다"라고 설명하였다. '직절'이란 곧바로 헤아려 판단한다는 뜻이다. 주변에서 방해를 놓아도 자신의 뜻을 굽히지 않고 앞으로 나아가는 이덕형의 장점을 부각시킨 것이다.

이 자리에서 류성룡은 다시 염철사제도를 시행할 것을 요청하였다.[27]

옛날 태공太公은 상업을 권장하고 어염의 이利를 발전시켰기 때문에 제齊나라가 부강했습니다. 우리나라는 소금의 이익이 가장 많으니, 소금의 이익을 북돋우려면 먼저 염호의 역役을 완화시켜 주고 배로써 운반하여 무역

하는 것을 상평창의 규정대로 해야 하는데 전에는 종사관들이 잘 다스리지 못하였습니다. 지금의 걱정거리는 오직 군량 한 가지일 뿐인데 거의 떨어졌으니, 급급히 조치해야 합니다.

잘 알려진 대로 이덕형은 이산해의 사위이다. 이덕형은 소금 행정의 관리들이 염호를 도와주고 생산도구를 지원해 줘야 한다고 주장했다. 또한 소금 가격의 지역적 차이를 이용하여 백성을 구제할 재원을 확보하자고 했다. 《

염철사제도가 종사관들이 규정을 지키지 않아서 폐해가 일어났다는 것이다. 류성룡은 염호의 역을 완화시켜 생산의지를 일으키고, 규정을 준수한다면 염철사제도는 제대로 운영될 수 있다고 보았다. 하지만 선조의 대답은 냉정하였다. "우리나라는 무슨 일을 할 수가 없다. 염철 등의 일은 백성들도 달가와하지 않는다고 한다." 이처럼 선조는 염철사의 폐단에 무게를 두었다.

선조가 류성룡의 뜻을 따르지 않았지만 조선의 소금 행정에서 염철사가 완전히 사라진 것은 아니다. 염철사라는 말만 사라졌을 뿐 실제적 내용은 유지되었다. 염철사의 역할은 지방의 수령이 대신하였다. 수령들이 소금의 생산과 판매를 맡아서 수행하였으니 염철사의 골격은 이어진 것이다.[28] 그런데 임진왜란이 끝난 뒤인 40년 만에 다시 염철사가 등장하였다. 이번에는 병자호란이 발발한 것이다. 청나라에 바치는 엄청난 공물을 마련하기 위하여 염철사를 복원하지 않을 수 없었다. 조선의 역사에서 전쟁과 재정 부담, 그리고 염철사는 서로 떼어낼 수 없는, 불행한 관계였다.

나라의 경비를 마련할 수 있는
태안 소금

태안의 자염 축제를 만나다

1999년 나는 전라북도 곰소만 현지조사 중에 섯등에서 소금을 만들었다는 이야기를 처음으로 들었다. 천일염을 소금의 대명사처럼 생각했던 나는 도대체 이것이 어떤 소금인지 의문이 가시지 않았다. 몇 년간 전통적인 자염에 대한 자료를 찾아서 읽어 보았지만 과거의 생산 방법에 대한 정확한 감이 오지 않았다. 그렇게 의문이 첩첩히 쌓여 가던 중에 2002년 5월 경 충청남도 태안에서 과거의 자염 생산을 재현하는 행사를 개최한다는 보도를 접하였다. 화두를 풀게 되었다는 생각에 당장 주관처인 태안문화원에 전화를 걸었지만 이미 행사는 종료된 뒤였다. 하지만 정지수 사무국장의 친절한 설명을 들으면서 개략적인 자염 생산의 실마리를 잡을 수 있다는 생각이 들었다. 가만히 앉아 있을 수만은 없어 행사 장소인 태안읍 군흥면 마금리 낭금 갯벌로 차를 몰고 갔다. 행사가 끝난 지 얼마 지나지 않았으므로 자염 시설과 기구들이 그대로 남아 있었다. 재현된 옛 제염도구를 살펴보니 흥분이 좀처럼 가시지 않았다.

태안문화원의 자염 축제행사는 제염업사의 연구에 신선한 충격을 준 일이었다. 반 세기 동안 사라졌던 전통적 소금 생산방식을 태안의 주민들이 스스로 복원하려는 운동은 당시의 다른 지역에서는 전례가 없던 일이다. 1950년대 이후로 태안 지역에서는 자염 생산이 거의 중단되었다. 예전의 자염 염밭이었던 곳에는 천일염전이 설립되어 과거의 자염문화는 사라졌다. 연로하신 어르신들만이 생산 방법을 알고 있었고, 자염의 맛을 기억할 뿐이었다. 1990년대 중반부터 정낙추 태안문화원 이사를 비롯해 뜻있는 태안 주민들이 자발적으로 전통적 자염 문화에 관심을 가지고, 과거의 자염 생산 과정을 재현하고자 하였다. 1995년 태안군 남면의 신월 생활유물전시관에 자염의 생산 모형을 설치하였다. 몇 년간 자료를 찾고 제보자의 증언을 듣는 작업을 거쳐 드디어 2001년에는 염벗터를 만들어 가마에서 시험 생산을 하였다. 이 시험이 성공한 뒤에 그해 5월부터 역사적인 자염 재현행사가 개최된 것이다.

2003년 10월, 나는 세 번째 자염 축제의 행사일에 맞춰 다시 마금리 낭금 갯벌을 찾았다. 낭금 갯벌에서는 옛 복식을 입은 주민들이 열심히 소를 몰아 써레로 갯벌을 갈고 있었다. 갯벌의 한쪽에서는 염벗을 세워 두었고 이 안의 가마에서는 짠물이 부글부글 끓고 있었다. 조선시대의 염전으로 시간여행을 온 것 같은 환상에 빠질 무렵, 이 행사를 기획한 정낙추 태안문화원 이사의 목소리가 들려왔다. 그는 태안에서

전래되었던 자염 생산방식을 꼼꼼히 설명해 주었다. "태안 지역에서 자염을 제조하는 방식은 두 가지입니다. 하나는 통조금이고 또 하나는 갈개 조금입니다. 여기 갯벌에서 보이는 것이 통조금 방식입니다. 먼저 갯벌을 깔대기 모양으로 둥그렇게 파 냅니다. 이를 통자락이라 하죠."

《호산록》에서 말하는 정염의 비밀

정낙추 이사가 설명하는 통조금 방식은 서해안의 다른 지역에서 보기 힘든 제염 방식이다. 전북 고창군 심원면 월산리 사등마을의 섯구덩 방식만이 이 태안의 통조금 방식과 비슷할 뿐이다. 태안의 제염 방식

2003년 제3회 태안 자염 축제에서 마을의 어르신들이 써레로 갯벌을 가는 과정을 연출하고 있다. 태안 지역의 자염 제조 방식은 통조금과 갈개 조금이 있다. 통조금 방식은 먼저 갯벌을 깔대기 모양으로 둥그렇게 파낸다. 《

은 그 특성으로 인해 조선 정부로부터 크게 주목을 받았다. 1638년(인조 16) 지사知事 한여직韓汝溵이 임금을 모시고 강의를 하면서 서산·태안의 자염에 대해 이렇게 설명하였다.

서산瑞山과 태안泰安의 소금 굽는 방법은 다른 곳에 비할 바가 아니어서 비가 내리거나 겨울이든 여름이든 상관없이 구워 내며 다른 곳은 우경牛耕을 하여 굽는데 서산과 태안은 그렇게 하지 않습니다.[1]

한여직이 언급한 날씨와 계절에 상관없이 소금을 굽는다는 방식은 무엇일까? 서산과 태안은 우경을 하지 않는다는 것은 도대체 가능한 일일까? 소를 몰지 않으면 써레나 나래와 같은 기구를 이용할 수 있을까? 아무튼 한여직의 말대로라면 다른 지역에 비하여 서산·태안에 발전된 제염 방식이 전해지고 있음이 분명하다. 나는 서산·태안에서 '우경을 하여 굽지 않는다'는 것은 모든 자염 방식에서 소를 사용하지 않는다는 것보다는 '우경을 하지 않고도 짠물을 만들 수 있는 방식'이 전래된다는 뜻으로 해석했다.

하지만 여전히 궁금증은 해소되지 않는다. 이것은 어떤 자염 방식을 말하는 것일까? 이 의문은 광해군 11년(1619) 한여현韓汝賢이 편찬한 서산군 읍지인 《호산록湖山錄》을 보면 조금 풀린다. 이 책의 자염煮鹽 조를 살펴보자.

소금은 경염耕鹽과 정염井鹽이 있다. 경염의 가마를 설치한 곳(沒盆處)은 대산곶大山串, 안면곶安眠串, 고파지도古波知島, 웅도熊島, 간월도看月島, 화변禾邊 등이고, 정염의 가마를 설치한 곳[沒盆處]은 안면의 심항深項, 대산大山, 백사장白沙場 등이다. 아! 경염은 비가 와도 굽지 못하고 눈이 와도 굽지 못하지만 정염은 겨울이고 여름은 물론, 날이 개고 비가 오든지 모두 구울 수가 있어 공사公私가 모두 한없이 이익을 보게 되는데, 국가의 일을 논의함에 있어서 정염을 즐겨하지 않으니 무슨 까닭일까? 그 마음을 알 수가 없다. 정염은 그 구어 내는 바가 비가 오던지 눈이 오던지 폐할 시간이 없기 때문에 그 소속된 해조該曹(호조의 관청)에서 달 수와 날 수를 계산하여 하나 하나를 받아들이는 즉, 그 이익이 국가에게만 있고, 자신에게는 있지 않기 때문이다. 경염은 곧 비록 비와 눈이 와서 소금 굽기를 폐한 때에는 어떤 날에는 비가 내리고 어떤 날에는 눈이 내리어 굽지 못하였다고 말하여 그 해당 관청을 속여서 구운 소금을 나누어 썼다. 그런 까닭에 경염은 즐겨하고 정염은 즐겨하지 않는다.[2]

한여현의 《호산록》에 기록된 정염은 한여직이 말했던 서산·태안의 제염 방식과 일치한다. 한여현은 경염은 비가 와도, 눈이 와도 자염을 할 수 없지만 정염은 겨울이고 여름은 물론, 맑든지 비가 오든지 모두 자염을 할 수 있다고 하였다. 경염은 서해안의 일반적인 제염 방식인 반면에, 정염은 기후 변화에도 영향을 받지 않는 서산 태안 지역의 독특한 소금 생산방식인 것 같다. 그런데 염민들은 날씨와 기후에 상관없이 제염작업을 할 수 있는 정염을 좋아하지 않았다. 정염을 생산하는 경우에는 날마다 세금을 내야 하지만 경염은 기후 탓에 굽지 못했다고 속임수를 쓸 수 있기 때문이다. 염세의 수탈로 인해 염민들의 노동의지가 꺾여 제염의 생산력 발전이 저해되었음을 보여 준다.

하지만 전통적인 자염 생산방식은 갯벌이라는 야외공간에서 이루어지기 때문에 전혀 날씨에 영향을 받지 않는 것은 거의 불가능한 일이다. 따라서 정염을 기후 변화에 상관없이 생산하는 소금보다는 생산방식에 있어 경염보다 발달된 형태로 이해하는 편이 낫지 않을까. 이를 테면, 정염의 제조는 힘든 노동과 시간이 많이 투여되는 짠흙을 만드는 과정을 간소화시킨 생산방식으로 말이다. 아니면, 자연스럽게 바닷물이 흘러들어가 염도가 높은 짠물이 되는 구덩이를 만들어 두었다가 비오는 날이나 겨울에도 이 짠물을 염막으로 옮겨서 소금을 만드는 방식의 추론이 가능하다. 허나 이것은 하나의 가설일 뿐. 수수께끼의 힌트를 얻기 위해서는 앞서 말했던 통조금 생산방식으로 다시 돌아가야 할 것 같다.

서산·태안의 통조금 생산방식

서산·태안의 통조금 생산방식은 서해안의 섯등을 이용한 소금 생산방식과 큰 차이가 있다. 서산·태안 지역에서는 조금 때에 먼저 갯벌을 깔대기 모양으로 둥글게 파 내 통자락을 만드는 작업을 한다.[3] 통자락은 갯벌을 깔때기 모양으로 둥글게 파낸 형태를 말한다. 통자락 중앙에는 간통을 설치한다. 간통은 전라도의 섯등, 경상도의 섯과 같은 짠물을 만드는 필터이다. 이것은 소나무 말뚝을 박고 이를 서로 얽어 맨 후 그 둘레를 따라 짚이나 억새를 둘러싸서 제작한다.

통자락이 완성되면 다음은 갯벌 흙을 갈고 말리는 작업을 한다. 통자락에서 파 낸 흙을 써레질하고 덩이판으로 흙덩이를 부수어 짠흙을 만든다. 이렇게 생산한 짠흙을 통자락 주위에 끌어서 덮는 작업을 하

는데 이를 '조금 들인다'라고 한다. 이후 사리 때 밀려 들어온 바닷물은 짠흙을 통과해 염도가 높아진 상태로 간통 안에 흘러 들어온다. 사리가 지나가면 간통의 입구를 열고 짠물을 채취한다. 간통에서 고인 함수의 염도는 대략 13~15도이다. 간쟁이는 이 짠물을 물지게로 염벗(가마에서 소금을 굽는 곳)의 버굿통(간수 구덩이)까지 운반해 가마에 넣고 끓인다. 통자락의 간통 주위에 있었던 흙은 가래를 이용하여 다시 퍼서 염전 바닥에 뿌린다. 이런 방법을 통해서 소금을 생산하는 것을 '통조금'이라 한다.

　함수 짠물의 염도를 측정하고, 염벗으로 나르는 일은 간쟁이가 맡는다. 생산된 소금의 임자인 염한이는 가마에 불을 때는 역할을 한다. 염한이는 함수가 펄펄 끓을 때까지 불을 때고, 거품이 뜨면 후리채로 통자락 가운데에 간통을 설치하고 있다. 간통은 전라도의 섯등, 경상도의 섯과 마찬가지로 짠물을 만드는 필터이다. 이것은 소나무 말뚝을 박고 이를 서로 얽어맨 후에 짚이나 억새를 둘러싸서 제작한다. ≪

건져 낸다. 함수가 증발하면 가마의 밑바닥이 눌어붙지 않도록 덧물을 부어야 한다. 이렇게 몇 번 끓인 다음에 서서히 식히면 소금이 결정된다. 소금은 삼태기에 담아서 간수를 빼두었다가 나중에 섬에 담아서 보관한다. 1,200리터의 함수를 8시간 정도 끓이는데 마른 솔가지 8짐이 소요되며, 여기에서 생산된 소금은 약 4섬(240킬로그램)이다.

서산·태안 지역의 통조금 방식은 독특하다. 서해안 지역은 대부분 바닷물이 잘 닿지 않은 높은 곳에 섯등을 만들고, 이곳에 해수를 붓는다. 염분이 달라붙은 함토(짠흙)를 섯등 위에 넣고 다시 해수를 부으면 아래의 염수통으로 짠물이 내려온다. 이 섯등과 대비되는 것이 통자락이다. 그런데 섯등과 달리 통자락은 사리 때 바닷물에 잠기며, 간통으로 해수가 침투하면서 내부에 자연스럽게 짠물이 모인다. 통자락은 조수의 흐름을 자연스럽게 이용하였으니 섯등에서의 작업보다는 노동력이 절감된다.

이 통조금 생산방식이 한여현이 말하는 정염과 연관된 것이 아닐까?[4] 서해안에서 일반적으로 볼 수 있는 섯등은 갯벌의 흙을 쌓아서 만들었으므로 작은 언덕 모양으로 생겼다. 그러나 통자락은 원뿔을 뒤집은 듯 갯벌을 아래로 판 형태이다. 또한 통자락은 자연스럽게 바닷물에 잠기는 형태로서 조수가 물러난 뒤 짠물이 고여진 간통은 우물을 연상하게 한다. 이러한 생산방식과 형태상의 특징으로 인해 정염의 존재와 연결시킬 수 있다. 그러나 이를 자세히 논증하기 위해서는 더욱 세심한 관찰과 증거가 필요함은 물론이다.

태안 지역에서는 이 통조금 방식 외에도 소가 없고 노동력이 부족할 때 이용하는 갈개 조금이라는 제염 방식도 전래된다. 먼저, 6×6제곱미터 넓이의 갈개 조금판을 경사지게 만든 다음에 대각선 방향의 끝에 함수 웅덩이를 판다. 바닥은 함수가 스며들지 못하도록 단단히 굳히고 모래를 골고루 뿌려둔다. 이 판 위에 채함 과정을 거친 짠흙을 올려 두고 바닷물을 부으면 아래 웅덩이에 짠물이 모이게 된다. 이 짠물을 버굿으로 옮긴 뒤에 가마에 넣고 끓이면 자염이 생산된다.

서산·태안으로 염철사가 파견되다

임진왜란과 병자호란은 조선의 정치경제에 커다란 영향을 미친 사건이다. 전란으로 인해 국가경제가 피폐해짐에 따라 재정의 확보가 긴요해졌고, 종래 염업정책의 변화가 불가피해졌다. 이때 조선 정부는 서산·태안 지역의 소금에 대해서 눈독을 들이기 시작했다. 앞서 살펴본 대로 한여직이 인조에게 서산·태안의 특별한 소금 생산방식을 강조한 것도 이와 무관하지 않다. 한여직은 서산·태안의 소금 이익에 대해서 다음과 같이 말하였다.

> 일찍이 들으니 이지함이 서산과 태안에서 소금을 구워 많은 이익을 취하고 '서산과 태안의 소금에서 나오는 이익이면, 한 나라의 경비를 마련할 수 있다'는 말을 하였다 하는데 신이 지나친 말이라고 여겨 왔으나 지금 말을 듣고 보니 공연한 말이 아닌 듯합니다.[5]

한여직은 이지함의 선견지명을 빌어서 서산·태안의 소금에 대해

이야기하였다. 토정 이지함은 서산과 태안의 소금 이득으로 한 나라의 경비를 마련할 수 있다고 주장하였다. 서산·태안의 소금 이득이 엄청났다는 증거이다. 토정은 충남 보령 출신으로 아산현감을 역임하였다. 서산·태안의 소금 이득으로 한 나라의 경비를 마련할 수 있다는 주장은 그의 경험에 바탕을 두었다. 1547년 처가가 역모사건에 휘말려 집안 전체가 풍비박산이 나자 그는 소금을 만들고 물고기를 잡아서 팔았다. 흥리론에 기초하여 토정은 소금을 굽는 일에 국가가 적극 나서야 한다고 역설한 바 있다.

조선 정부는 임진왜란 중에 군량과 진휼곡을 확보하기 위해 염철사鹽鐵使를 파견하였다. 염철사는 염호를 모아 염분을 설치하고, 소금을 굽게 한 다음에 생산량의 반은 염호가, 나머지 반은 국가가 취하는 일을 하였다. 이 소금을 초봄에 운송하여 판매한 이익을 진휼곡 등으로 사용하였다.[6] 병자호란이 일어난 뒤에 조선은 염철사제도를 다시 꾸렸다. 병자호란 직후인 1638년, 청나라에 바치는 세폐歲幣의 부담 때문에 서산·태안 지역에서 염철사제도를 운영하였다. 나중에는 대상 지역을 나주와 영광으로까지 범위를 확대하였다. 이것은 국가에서 어염 생산에 필요한 물자를 공급하고 일반 백성을 모아 작업하게 하되 신역身役을 감해 주는 조건이었다. 선조대의 염철사제도와 다르게 중앙의 경관京官을 파견하는 것이 아니라 수령과 도사, 감사 등 지방관에게 실질적인 업무를 맡겼다.[7]

이미 인조 즉위 이후부터 조정은 태안 지역의 어염魚鹽을 주시하였다. 인조 2년(1624)에 일어난 '이괄의 난'으로 인하여 조정에서는 긴급히 재정이 필요하였다. 당나라 유안劉晏이 벌인 염정鹽政을 예로 들면서 태안 지역의 어염에 관한 이득을 챙기자는 의견이 대두되었다.[8] 이

때 비변사에서 선전관宣傳官 원숙은 "태안 1읍을 들어 말하면 본군은 어염에 관한 이득이 나라 안에서는 제일입니다"라고 말하였다. 토정 이지함의 주장과 같이 태안 지역의 소금 생산 이득이 전국에서 으뜸 으로 칠 정도로 유명했던 사실을 가리킨다.

병자호란으로 인하여 굴욕적인 강화를 맺은 조선은 청나라에 일정한 세폐를 보내야 했다. 세폐는 화친을 맺은 대가이며, 강대국에 대한 예의로 물자를 바치는 것이다. 전쟁으로 인하여 경제 사정이 악화된 터에 세폐까지 보내야 되는 조선은 재정 마련에 고심하였다. 서산과 태안 지역이 재정 확보의 산지로서 주목되었던 것은 소금과 함께 철이 많이 생산되었기 때문이었다. 소금과 철은 국가 재정의 양대 산맥과 같은 품목이었다. 인조 16년(1638) 한성판윤 민형남閔馨男은 "군량을 조치해 마련하는 데에는 예로부터 대부분 소금과 철에 의지해 왔습니다. 서산과 태안은 바로 소금과 철이 많이 생산되는 곳입니다"라고 말하였다.[9]

1638년 2월 조정에서는 호조가 염철사제도의 일을 주관하되 서산과 태안의 수령들이 실무를 맡아 책임지는 방식을 결정하였다. 호조 판서였던 심열沈悅은 염철사의 호칭만으로도 백성들이 원망하기 때문에 두 읍의 수령을 내세우는 것이 좋다는 의견을 제시하였다.[10] 양란 이후 염철사제도는 국가 재정 확보를 위해 긴요한 정책이었지만 서산·태안의 염민들에게는 부담스러운 노역임이 자명하였다. 같은 해 3월에 제정된 염철사제의 절목에 따르면 염철사제도는 서산·태안의 양 군수가 총괄하고, 생산에 필요한 제반 비용은 관가에서 부담하였다. 생산을 담당하는 염호에게는 모든 잡역을 면제해 주고, 생산된 소금의 3분의 2는 관아가, 3분의 1은 염호가 갖도록 하였다.[11] 인조 대에 실시된 염철사제도는 서산·태안이란 특정한 지역을 선정하여, 이곳에서 산출된 소금과 철을 국가 재정으로 흡수하는 특징을 지닌다. 이런 염업정책은 영조 7년(1731)에 낙동강 하구의 명지도鳴旨島에서 시행된 공염제에도 큰 영향을 미쳤다.

안면도 자연휴양림의 소나무를 보면

조선 전기부터 태안군은 충청도에서 대표적인 자염지였을 것으로 추정된다. 《세종실록》〈지리지〉에서는 태안군에 소금가마가 11개, 염정이 16개가 있다고 기록하였다. 인접한 서산군에서는 소금가마가 3, 염정이 2개가 있었다. 중종 시기에 편찬된 《신증동국여지승람》에서는 소금가마와 염정 등 자염에 대한 기록이 없어 태안군의 자염 현황을 알기 어렵다. 다만 이 사료의 태안군편에서는 신숙주申叔舟의 기문을 인용하여 "태안군 내의 토지가 비옥하여 화마禾麻가 풍부하고, 어염의 이익이 있어 옥구沃區로 일컬어 왔다"와 같은 기사를 적고 있다. 자염지로서 태안의 상징성을 알 수 있다.

태안반도는 한반도의 중부 지역에서 앞으로 돌출된 형태이다. 그런데 태안반도는 단순하고 뭉뚝하게 튀어나온 것이 아니라 해안선이 마치 불가사리 혹은 낙지의 다리처럼 여러 갈래로 찢어진 듯한 형태를 지니고 있다. 이런 해안선의 특징은 가로림만과 천수만과 같이 만입된 지형을 형성한다. 간석지의 조성이 잘 되었으므로 전통적인 어업과 소금 생산이 유리하다. 또한 태안반도의 남서쪽에는 작은 섬들이 발달되어 자염의 연료인 땔감을 구하기가 용이하였다.

태안군 안면읍에서 77번 국도를 타고 남쪽으로 2킬로미터를 내려

오면 무성한 송림을 만난다. 스트레스와 오염된 공기에 찌든 수도권 사람들이 자주 찾는 안면도 자연휴양림이다. 이 자연휴양림에는 우리나라에서 유일한 소나무 천연림이 조성되어 있다. 구불구불한 여느 소나무와 달리 하늘로

안면도에 가면 자연휴양림뿐만 아니라 곳곳에 쭉쭉 뻗은 소나무의 자태를 볼 수 있다. 이 송림을 두고 조선시대에는 금송정책을 유지하려는 조선 정부와 땔감을 확보해야 하는 염민들 사이에 수많은 갈등이 빚어졌다. 》》

쭉쭉 뻗은 소나무의 자태에 탄성이 절로 나온다. 자연휴양림은 이런 멋진 소나무 천연림이 430헥타르에 집단적으로 울창하게 자라고 있고, 건강에 으뜸인 솔향기가 솔솔 퍼져 나오는 곳이다. 그런데 주위를 잘 둘러보면 자연휴양림뿐만 아니라 안면도의 곳곳에 송림이 펼쳐져 있다. 나는 이 적송赤松을 보면 조선 정부와 염민들이 벌인 숨바꼭질이 떠오른다. 현대의 도시인들에게는 건강과 마음의 안식처로서 역할을 하는 이 송림을 두고 조선시대에는 조선 정부와 염민들이 수많은 갈등을 빚었다. 안면도의 소나무 벌채를 금지하는 조선의 금송禁松 정책 때문이다.

조선 정부는 송목이 울창한 도서와 해안 지역, 즉 충청도의 안면, 전라도의 변산, 황해도의 장연 등을 봉산封山으로 정해 선박의 재료로 사용되는 소나무를 키우기 위한 벌목 금지 정책을 시행했다. 안면도의 금송정책을 견지하던 조선 정부도 태안에서 소금을 구워 이득을 봐야 하는 입장이 되었기 때문에 난처한 처지가 되었다. 자염 생산을 위해서는 막대한 연료가 소비되는데 소나무를 비롯한 수목이 많은 안면도는 땔감 확보를 위해 빼놓을 수 없는 지역이었다. 그리하여 금송정책은 자염 생산과 끊임없이 갈등을 일으켰다. 선조 18년(1585)에 충청도 어사 강신姜紳은 권세가들이 집을 짓기 위하여 안면

도의 재목을 마구 베어 문제가 있었는데, 이제는 염업에 종사하는 백성들까지 굴을 파 놓고 밤낮으로 벌목하여 소금을 굽는다고 분개하였다. 강신은 이 염민들을 모두 쫓아 내고, 안면도의 소금가마를 금단하자고 주장하였다.[12] 숙종 8년(1682) 병조판서 김석주金錫胄는 안면도가 서산·태안의 소금가마가 모인 곳인데 배로서 장작을 운반하여 밤낮으로 소금을 구워도 수영水營에서 금지시키지 못한다고 염려하였다.[13] 숙종 21년(1695) 삼남의 순무사巡撫使가 지참하기 위해 작성된 〈응행절목應行節目〉에서는 안면도에서 재목을 도벌하여 전답을 개간하거나 소금을 굽는 백성들이 잠입하고 있으므로 이를 금단하자는 내용이 포함되었다.[14]

하지만 조선 정부의 이러한 금송정책에도 불구하고 소나무의 벌채는 완전히 중단되지 않았다. 자염업은 기본적으로 바닷물을 끓여야 소금을 생산할 수 있으므로 땔감 없이는 가동될 수 없다. 어떤 방식이든지 안면도의 무수한 수목은 연료로 사용되었을 것을 본다. 조선 정부도 안면도의 소나무를 베는 일은 허락할 수 없지만 잡목을 염업에 사용하는 일은 묵인하였다. 인조 16년(1638) 한성판윤 민형남은 서산·태안의 자염업을 위해 안면도의 무성한 잡목을 사용하여 땔나무로 사용하자는 의견을 내놓았다.[15]

태안에도 천일염전이 들어서고

구한말까지 태안 자염의 명성은 자자했다. 1910년에 간행된 《한국수산지》에서는 태안염의 품질을 높게 평가하였다. 즉, 태안염은 결정이 가늘게 만들어지고 가벼우며, 품질도 양호하여 팔러 다니기가 마땅하다고 하였다. 더욱이 우리나라 자염의 최대 산지인 전남 나주염의 품질이 태안염에 비하여 떨어지고, 판로도 축소되고 있다고 하였다. 구한말까지도 태안염은 최고의 품질로 맹위를 떨쳤던 것이다.[16]

　구한말 태안 해안가의 모든 면面에서 자염전이 고르게 있었다. 태안 지역에는 안면도를 비롯하여 안흥면, 원일면, 소근면, 북이면, 이원면 등지에 염전이 있었다. 태안의 제염지는 크게 서해를 접하고 있는 소원, 근흥, 태안, 남면, 안면도 일부와 동쪽에 속한 가로림만·천수만을 접하고 있는 이원, 원북, 안면도 일부의 2개 권역으로 나눌 수 있다.[17] 즉 서해안과 바로 접하는 해안가와 만의 안쪽에 있는 해안가에 염전이 분포되었다. 일제강점기에도 태안 지역에서 자염전은 두루 확인된다. 조선총독부가 대정 8년(1919)에 발행한 태안군 일대의 지형도를 보면 근흥, 소원, 이북, 안면면 등에 제염지가 두루 표시되어 있다.[18]

그렇지만 태안염 역시 제염업의 모진 변화를 피할 수 없었다. 구한 말 이후로 외국에서 밀려오는 수입염과 새롭게 생산되는 천일염으로 인한 여파를 받았다. 1920년대의 《서산군지》를 보면 이러한 태안의 자염업 상황이 잘 드러난다.[19] 태안의 자염업은 천일염의 반입, 중국 염의 수입, 연료의 부족, 고리대금업과 소금값의 하락 등으로 점차 위축되었다고 한다. 일제는 주로 경기 이북 지역에서 천일염전을 관영으로 운영하였다. 일제강점기까지는 서산·태안 지역에 완공된 천일염전이 존재하지 않았다. 일제 말기 서산에 약 530정보町步(1정보는 약 3,000평)의 천일염전을 구축하려다가 완공하지 못하고 해방을 맞이하였다.[20] 대규모의 천일염전이 북한 지역에 있었으므로 해방 후에는 서해안의 여러 지역에서 천일염전이 증설되었다. 이런 배경에서 미군정 시기인 1946년 서산염전을 재착공하여, 우선 제2구 166정보의 천일염전 축조를 서둘렀다.[21]

 태안 지역에 천일염전이 급속히 건설된 때는 민영염전의 구축을 장려한 1952년 이후의 일이다. 한국전쟁을 맞이하여 소금이 크게 부족해진 상황을 타개하기 위하여 정부는 염증산5개년계획(1952~1956)을 수립하여 서해안에 광범위한 천일염전의 건설에 나섰다. 상공부가 발행한 《염백서》(1964)를 보면 서산·태안 지역의 천일염전이 준공된 시기는 1950년대 초중반임을 알 수 있다. 1950년대는 서산·태안 지역에서 80여 개가 넘는 천일염전이 생산 활동을 하였으므로 이제 천일염이 태안 소금의 주류가 되었다. 1960년대부터 태안의 자염은 태안염의 명성을 천일염에 넘겨 주고 완전히 사라졌다.

 2009년 현재 태안 지역에서는 두산염전을 비롯한 천일염전 업체가 53개이며, 연간 생산량은 총 2만 2,232톤이다. 1994년에는 업체 수가

안면도에 있는 두산염전의 광경이다. 태안 지역에는 두산염전을 비롯한 천일염전 업체 50
여개가 생산을 하고 있다. 그런데 태안의 천일염전이 들어선 자리를 옛 지도로 살펴보면
거의 자염전이 있던 곳이다. 태안의 자염이 천일염으로 다시 태어난 것이다.

122개, 생산량은 6만 1,485톤이었으니 1990년대에 비하여 생산규모가 많이 감소되기는 하였으나 여전히 천일염은 태안염으로의 자리를 굳건히 지키고 있다. 지금도 태안의 해안지형을 둘러보다가 후미진 곳에 가 보면 어김없이 천일염전을 볼 수 있다. 자염 축제 행사지인 마금리 낭금 갯벌 뒤에도 안흥염전이 있고, 안면도 자연휴양림에서 남쪽으로 조금 내려가면 중장리에는 넓은 두산염전이 있다. 사실 이 천일염전이 있던 자리를 옛 지도로 살펴보면 거의 자염전이 있던 곳이다. 자염전이나 천일염전이나 모두 바닷물을 1차적으로 막기 수월한 만입된 지형에 들어섰다. 그렇다면 자염은 완전히 사라진 게 아니라 천일염으로 다시 태어난 것이다. 태안의 염밭에서 하얗게 영글어 가는 천일염 속에는 그 유명했던 태안 자염이 숨 쉬고 있다.

다산 정약용,
백성을 위한 염법鹽法을 말하다

◆ 소금은 백성의 생명줄이다

때는 기사년(1809)이다. 정약용이 강진에 유배를 온 지 근 10년의 세월이 흘러갔다. 그해 사상 초유의 가뭄이 전라도를 덮쳐 들에는 푸른 싹이라고는 찾아 볼 수 없었다. 6월 초가 되자 유랑민들이 사방으로 흩어져 울음소리가 곳곳에서 들렸으며, 길가에 버려진 아이들이 수없이 많았다.[1] 정약용의 가슴은 가뭄 속 들판의 곡식처럼 타들어갔다. 이들을 보는 정약용은 "마음이 아프고 보기에 처참하여 살고 싶은 의욕이 없을 정도"라 탄식했다. 멀리 귀양 온 정약용이 할 수 있는 일이란 그 아픈 심정을 시로서 표현하는 것밖에 없었다. 마치 풀밭에서 슬피 우는 쓰르라미나 귀뚜라미와 같이.

쌀독엔 쌀 한 톨 없고甁無殘粟

들에도 풀싹 하나 없는데野無萌芽

오직 쑥만이 나서唯蒿生之

무더기를 이뤘기에爲毬爲科

말리고 또 말리고乾之穮之

데치고 소금을 쳐滷之虀之

미음 쑤고 죽 쑤어 먹지我饘我鬻²

이 시의 제목은 〈채호采蒿〉이다. 대기근이 들어 먹을 것이 모두 바닥이 나자 아낙들이 들판에 난 쑥을 캐는 모습을 읊은 것이다. 이 캐 낸 쑥은 그냥 먹을 수 없으므로 데친 후에 소금을 쳐서 미음을 쑤어 먹었다. 곡물이 전혀 없는 가뭄 시에 소금까지 없다면 들판의 쑥조차도 먹을 수 없게 된다. 소금은 흉황凶荒이 오면 절실히 필요해졌다. 그래서 조선 정부는 평시에 가뭄을 대비하여 최소한의 구황염을 비축해 두는 것은 물론이거니와, 큰 가뭄이 오면 각 도 감사들의 주관 하에 소금가마를 설치하고 소금을 백성들에게 나눠 주었다.³ 산과 들의 풀들을 소금에 절여 먹지 않으면 수많은 사람들이 떼죽음을 당하기 때문이다.

가뭄 시에 소금은 '백성들의 생명줄'이라 해도 지나치지 않는다. 정약용이 백성들의 식생활에서 소금을 어떻게 생각했는지는 〈염책鹽策〉이란 글에서 잘 드러나고 있다.

무릇 소금은 백성들이 늘 먹어야 되는 것이다. 비록 오곡이 있어도 맨밥을 먹을 수는 없고 비록 여러 가지 나물이 있어도 나물을 그냥 절일 수는 없다. 소금으로 초와 간장을 만들고 소금으로 육장肉醬을 담근다. 소금으로 나물을 무치고 장조림을 만들며, 소금으로 국의 간을 맞추고 약성藥性을 조화시킨다. 날마다 먹는 음식 가운데 한 가지라도 소금을 필요로 하지 않는 것이 없다. 백성이 필요로 하는 것이 이미 간절하니 국가의 권장이 당연히 후厚하여야 될 터인데, 한漢 나라 이후로부터 소금에 대한 행정을 까다롭게 하여 그 이익을 독점하였다.[4]

그렇다. 다산이 말하는 바와 같이 조선의 백성들은 늘 소금을 먹어야 하는 것이다. 왜냐하면 날마다 먹는 음식 가운데 한 가지라도 소금이 안 들어가는 것이 없기 때문이다. 소금에 절이지 않는 나물은 없고, 간장, 육장, 초에도 모두 소금이 들어간다. 오곡이 있다 한들 소금이 없다면 맨밥을 그냥 먹는 꼴이 된다. 그래서 백성들이 소금을 필요로 하는 게 이토록 간절하게 되는 것이다. 그러나 국가는 어떠했는가? 백성들에게 소금이 하루라도 없어서는 안 되는 필수품인데 국가는 이를 독점하여 이익을 남기려고 하였다. 다산 정약용에게 궁금증을 자아내게 하는 지점이 바로 여기에 있었다.

정약용은 식생활의 중심에 있는 소금을 백성들에게 돌려주면서 공정하게 세금을 받을 수 있는 방안에 대해 고민을 하였다. 그러한 고민의 결과들이 정약용의 대표 저작 중 하나인 《경세유표經世遺表》에 담겨 있다. 정약용은 이 책을 "나라를 경영하는 제도에 대해 밝히고, 새롭게 개혁해 보려는 생각에서 저술하였다"고 밝혔다. 그러므로 식생활의 중심인 소금과 염업제도에 대한 정약용의 식견이 녹아들어 있는 것이 당연하였다. 이 책에 실린 〈균역사목추의均役事目追議〉에서는 각 지방의 소금세뿐만 아니라 소금 생산의 특징을 정리하고 이에 대한 자신의 견해를 달았다. 말미에는 고려시대 염법의 역사를 수록하였다. 또한 〈염철고鹽鐵考〉에서는 방대한 중국의 문헌사료를 참고하여 중국의 염업사를 정리하였다. 이 외《목민심서》에서도 곳곳에 소금에 대한 정약용의 생각이 들어 있다.

■ 평미레를 빗대어 개혁을 말하다

먼저 정약용은 잘못된 소금정책을 그대로 이어가며, 개혁을 거부하는 자들에 대하여 따끔한 일침을 놓았다. 그는 "일이 실로 그르면 하지 않는 것이 가하며, 일이 실로 옳다면 군자는 우러러 하늘에 부끄럽지 않고 굽어 보아 사람에게 부끄럽지 않다"라고 하였다. 즉 그릇된 일이면 그만두고, 옳은 일이라면 마땅히 시작해야 한다는 것이다. 그럼에도 예전의 관례만을 고집하면서 개혁을 거부하는 자들에 대하여 "지금에 벌벌 떨며 오직 변고라도 생길까 두려워해서 여러 고을 예전 예만 따라 감히 조금도 변동하지 못했으니 이것이 어찌 이치이겠는가?"라면서 세상의 도리에 어긋난, 관습을 고수하는 나약한 모습을 비판하였다.[5]

그런데 흥미로운 것은 정약용의 염세론鹽稅論에 등장하는 '평미레[槪]'이다. 평미레는 곡식을 일정하게 담을 때 쓰는 방망이 모양의 도구이다. 이것은 말이나 되에 곡식을 넣고 그 위를 평평하게 밀어 고르게 하는 데 사용한다. 정약용은 제도의 개혁이 평미레로 곡식을 반듯하게 미는 것과 같다고 여겼다. 어떤 뜻인지 정약용의 생각을 들어보자.

평미레로 평평하게 하면 본디 무겁던 것은 줄어들고, 본디 가볍던 것은 보태어지게 된다. 줄어들면 나의 재물을 잃게 되고 보태어지면 백성의 원망이 있으므로 예전 그대로 한다고 이른다. 그러나 한 임금의 법은 이와 같이

다산 정약용은 평미레를 빗대어 염법의 개혁을 말했다. 평미레는 곡식을 일정하게 담을 때 쓰는 방망이 모양의 도구이다. 평미레질 하듯이 국가는 소금세를 많이 내는 사람은 줄여줘야 하고, 소금세를 적게 내는 사람은 늘려야 한다. 《

할 수 없다. 평미레로 평평하게 하면 두어 달은 웅성거리겠으나 1년이면 안정되고, 10년이면 의혹이 없게 되며, 100년이면 그렇던 생각조차 없어질 것이다. 하늘이 만든 것처럼, 쇠를 부어서 된 것처럼 당연한 것으로 알게 될 것이다. 전례에 따라서 그대로 한다면 두어 달은 잠잠하겠으나, 오래되면 의혹이 생겨서, "아무 고을은 어찌해서 이체가 유독 후하고 우리 고을은 어찌해서 세稅가 치우치게 과중한가?" 할 것이다.

개혁을 반대하는 사람은 평미레질이 재물을 잃거나 보태게 되어 어느 쪽이든 원망이 생길 수 있으므로 예전의 법을 그대로 이어가자고 강변한다. 그러나 국가가 하는 일은 그럴 수 없는 것이다. 평미레질처럼 소금세를 많이 내는 사람은 줄여줘야 하고, 소금세를 적게 내는 사람은 늘려야 하는 것이다. 그래야 평평한 곡식의 윗면처럼 소금세 제도가 공평하게 적용될 수 있다. 정약용은 반대 세력이 웅성거리더라도 평미레질을 해야 한다고 말한다. 이렇게 계속 운영을 하여 10년이 되면 의혹이 없어지고, 100년이 되면 반대의 생각조차 사라지게 될 것이라 하였다.

정약용의 '평미레 개혁론'은 각 도마다 소금세 제도가 천차만별인 것에 대한 비판으로 이어졌다. 균세사均稅使를 각 도에 파견하였음에도 불구하고 지역에서 내려오는 전례를 따르다 보니 통일된 기준을 마련하지 못하였다. 평미레로 요철과 같은 과세의 부당함을 쭉 밀어서 공평하게 하지 못하는 것처럼, 들쑥날쑥한 소금세 제도를 균등하게 고치지 못한 것이다. 정약용은 이에 대한 문제점을 〈균역사목추의〉의 여러 곳에서 지적하고 있다.

당시에 균세均稅를 맡은 신하가 여러 도에 갈라나갔고 각 도에 내려오던 전례가 이런 것도 저런 것도 있었는데 그대로 지키기에만 힘썼기 때문에 하는 말이 각각 달랐던 것이다. 그러나 실상 팔도 염전이 모두 땅은 넓게, 밭은 기름지게, 시장은 가깝게, 구덩이는 깊게, 가마는 크게, 보름에는 비가 오지 않게, 구워서 소득이 많고자 하는 것이다. 그 하고 싶은 것과 같이 되었다면 그 세는 무거운 것이 마땅하고, 하고 싶은 것에 어김이 있으면 그 세는 가벼운 것이 마땅하다. 서해에는 가마와 구덩이만 보고 그 토성土性은 묻지 않으며 남해에는 그 토질만 보고 가마와 구덩이는 묻지 않으니, 이런 이치가 있겠는가? 이를 통해 본다면 그 등급을 갈라서 세를 정한 법은 어지럽고 기울어서 능히 일정한 법으로 될 수 없음이 분명하다. 팔도 풍속이 비록 한결같을 수는 없더라도 까닭 없이 틀리게 법을 만듦이 이와 같지 않아야 하는데, 하물며 땅이 붙어 있고 연기가 연달은 지역이겠는가?

정약용은 팔도 염전에 적용하는 소금세의 기준이 판이함을 말하고 있다. 염세의 원칙을 서로 다르게 해석하고 있음에도 "땅은 넓고 기름지고, 소금을 판매하는 시장은 가까우며 소금 만드는 웅덩이는 깊은" 질 좋은 염전이 되고픈 마음은 모두들 같지 않느냐고 되묻고 있다. 다산의 생각이 정확히 맞는 것이다. 팔도가 각자 처한 염전의 상황이 다른 것이지 좋은 염전, 나쁜 염전 등을 따질 수 있는 기준에 대해서는 모두들 같은 것이다. 이러한 기준들을 찾아서 소금 제도를 만들어야 하는데 그렇지 못하였다. 서해에서는 토성을 묻지 않고, 남해에서는 가마와 구덩이는 묻지 않은 염법은 정약용이 말한 것처럼 "어지럽고 기울어서 능히 일정한 법으로 될 수 없는" 그런 규범이다.

◆ 균역법을 세운 영조의 용기에 감동받다

정약용이 살던 시대의 소금세는 '균역법均役法'에 따라서 매겨지고 있었다. 균역법은 영조英祖 재위 기간인 1750년에 만들어진 법령이다. 이 법의 배경은 조선 후기 백성들에게 엄청난 짐이었던 군포軍布를 2필에서 1필로 감해 주자는 것이다. 법의 의도는 좋은데 크게 감소한 군비를 어떻게 충당할 것인가가 문제로 남는다. 균역법은 종래 궁방宮房과 각 관청, 지방 관아 등에서 어염세魚鹽稅를 절수하던 관례를 혁파하고 이것으로 급대재원給代財源(대신 소요되는 비용을 확보하는 것)을 충당하게 하였다. 이 일은 균역청均役廳을 세워 주관하도록 하였다.

조선 후기에 궁방과 관청들이 물고기세와 소금세를 차지하고 있었다. 중간의 관리들과 아전들의 농간질도 만만치 않았다. 그래서 정약용은 "우리나라는 3면이 바다에 접하고 있으나 어염의 이익은 전부 개인 수중으로 들어가고 국가는 조금도 덕을 보지 못하고 있다"라고 한 것이다. 숙종肅宗 말년에 국가 기관을 설치하고 규정을 만들어 전국의 어염을 관리하려고 하였으나 실패하고 말았다.[6] 기득권 세력의 반발이 그만큼 심했다는 반증이다. 그러나 영조 때에 이르러 큰 개혁을 시도 하였다. 백성들의 원망이었던 군포를 감해 주고, 이에 따른 국가 재정 의 부족분을 궁방과 관청에서 절수하던 세금으로 메운 것이다.

정약용이 이러한 균역법에 찬성하는 것은 당연하다. 정약용은 염법 으로 균역법보다 좋은 것이 없다고 단언하였다. 조선 후기의 군정 문 란은 참으로 심각하였다. 양인들의 병역 의무가 '군포'라는 세금으로 바뀌면서 관리들의 착취는 한도 끝도 없었다. 군포로 인하여 벼랑 끝 에 서 있는 백성들에게 부담을 줄여 주는 군역법의 취지를 정약용이 반대할 리 없었다. 그는 균역법의 취지를 적극 옹호하였다.

세상에서는 홍계희洪啓禧가 균역청을 창설함으로써 집안이 멸망하게 되었 다 하나 사실은 그렇지가 않다. 진실로 법을 잘못 세웠다 하여 반드시 천벌 을 받는다면 군포를 창설한 사람은 장차 씨도 남기지 못했을 것이다. 이것 은 모두 입법하던 초기에 선인船人·어부·향리들이 근거 없는 말로 선동함 으로써 식견 없는 사대부가 따라서 화동和同한 것이었다.[7]

균역법에 불만을 품은 자들은 홍계희를 공격하였다. 당시 병조판서 였던 홍계희는 영의정 조현명趙顯命과 함께 균역법의 제정을 추진하 였다. 홍계희는 균역법의 기본 규칙인 균역사목均役事目을 작성하여 영조에게 올렸다. 그는 균역법을 강력히 추진하다 중신들에게 비난을 받아 좌천되기도 하였다. 종래 어염세를 챙기던 왕족과 관리들은 균역법에 따라 중요한 재원을 잃게 되었으니 홍계희를 공격한 것은 당연하다. 균역법이 입법되기 전에 어염의 실태 조사가 진행됨에 따라 세금이 늘어날 뱃사람과 어부들도 홍계희에게 지탄을 퍼부었다.

정약용은 홍계희에 대한 비난은 사실무근이라고 하였다. 진실로 법을 잘못 세웠다고 비난받을 사람은 홍계희가 아니라 군포제를 만들어 백성을 도탄에 빠지게 한 인물이라 하였다. 정약용은 균역법 조목을 읽어 보고 감동을 받았다. 그는 균역법을 시행한 영조가 그 지극한 정성과 독실한 뜻으로 말미암아 천지와 귀신을 충분히 감동시켰다고 하였다. 균역법을 결단한 자세는 만부萬夫라도 빼앗지 못할 용기이며, 왕의 기상이 참으로 성대하여 큰 일을 할 만한 임금이라며 찬사를 보냈다. 정약용은 균역법보다는 영조의 용기에 감동받은 것이다. 숙종의 실패 사례에서 알 수 있듯이, 조선의 왕은 마음대로 국정을 수행할 수 없었다. 그것이 아무리 정의로운 일이라도 번번이 사대부들의 반대에 가로막혀 폐기되었다. 영조가 온갖 반대 세력들의 항명을 예상하고도 균역법을 시행한 것은 천지와 귀신까지 감동시킬 일인 것이다.

그러나 균역법의 총론을 인정한 정약용이 각론까지 동의한 것은 아니다. 영조의 교시를 받아서 일을 수행해야 할 신하들이 제대로 못하였기 때문이다. 정약용의 표현에 따르면 "정사를 맡은 신하는 두려워서 벌벌 떨며, 다만 백성의 원망이 자기 몸에 돌아올까 두려워하였다"고 한다. 이러한 신하들이 세운 조례들은 모두 이럭저럭 때워 넘긴 '땜 방식'이었다. 정약용은 땜 방식으로 일을 함에 따라 누락된 세부 조항들이 많다고 비판하였다. 그러나 따지고 보면, 당시에 신하들이 균역법을 시행하는 데는 애로사항이 적지 않았다. 1750년 박문수朴文秀, 김상적金尙廸, 이후 등 3명의 균세사均稅使가 지역별로 파견되었다.

이들은 어전, 염분, 선척 등의 실태를 파악하고, 향후 수취할 세액을 결정하는 일을 하였다. 균세사가 지방으로 나가서 일을 하는데, 조사 실무를 맡은 감관監官과 색리色吏들이 허위로 보고하는 일들이 많았다. 지방의 토착 세력들인 이들은 앞으로의 탈루를 위해 각종 세원을 일부러 누락시켜 균세사에게 보고하였다.[8] 지방을 통치하는 지방관들도 균세사의 조사에 호의적이지 않았다. 각종 세원이 중앙으로 귀속되는 마당에 균세사의 조사에 협조할 까닭이 없었다. 균역법은 시행 초기부터 지방 세력들의 반발로 인해 난항을 겪게 되었다.

◆ 승냥이야 이리야, 또 누굴 죽이려느냐

조선 정부의 개혁을 방해하는 자들은 지방의 아전들이었다. 정약용은 이 아전들을 혐오할 정도로 싫어하였다. 정약용은 왕이 법을 마련할 때는 왕의 체모를 생각해야 하는데 오로지 아전들의 낡은 습관에 매달려 있다고 비판하였다. 또한 아전들은 염세제도가 혼란스러울 때를 이용하여 백성들에게 더욱 많은 세금을 걷는다고 경고하였다. 균역법도 시간이 지날수록 아전들의 간악한 꾀에 의하여 점차 빛을 잃어 갔다. 정약용의 지적을 들어보자.

> 지금 8도 염세는 다 그 원총原總에 의하여 매년 비총比總하기 때문에 연해의 균역 사무를 받아 보는 아전들이 중간에서 간사한 짓을 꾸민다. 새로 설치한 곳에 흙가마가 비록 술잔만 해도 그 세액을 다 덮어 썼고, 부서져 없어진 지가 오래 되어서 풀이 뻗어나도 세안稅案에서 삭제되기가 어렵다. 이뿐만이 아니다. 원총에 이미 넘쳐나도 오히려 부족하다고 일컫는 것인

즉, 본 세율 외에 여러 가마에 덧붙여 거두는 것이 있었다. 처음 설치한 새 가마에 세율을 매길 적에는 하등이 되어야 할 가마를 억지로 상등으로 수효를 채운다. 혹 뇌물을 바쳐서 잘 보아주기를 구한 자는 기름진 염전도 낮은 등으로 돌려진다. 혹 이미 거두어서 포흠浦欠한 것은 이듬해에 바칠 세를 기한에 앞서 독촉하여, 갖가지 간사한 폐단을 이루 헤아릴 수도 없으며, 갖가지 가혹한 요구는 또 낱낱이 들기도 어렵다.

원총은 균역법이 창설될 때 바쳐진 소금세의 원액原額이다. 원액에 의하여 매년 비총한다는 것은 원액을 기준으로 하여 해마다 세금을 걷는다는 것이다. 조선시대에는 이렇게 징수하는 일이 흔하였다. 소금 생산량이 많으면 소금세를 더 걷고 생산량이 줄면 소금세를 덜 걷는 것이 아니라 원래 부과했던 총액에 맞추어 세금을 걷었다. 1784년(정조 8) 이후부터 어염선세魚鹽船稅의 징수는 도비총수세道比摠收稅가 적용되었다. 도비총수세란 한 도를 단위로 납세 총액을 결정하는 것이다. 도별로 내야 할 세금 총액이 결정되어 있기 때문에 한 읍에서 낸 세액이 모자라면 다른 읍에서 세액을 보충해야 했다. 때에 따라 세안稅案(세금 징수 장부)이 조정되기도 하였지만 이러한 세법은 탄력성이 떨어지는 것이다. 이 때문에 백성들은 아전들에게 수많은 착취를 당해야 했다. 아전들은 총액을 맞추기 위해 작고 부서진 흙가마에도 무조건 세금을 매겼다.

이뿐만이 아니다. 원총을 넘겨 소금세를 걷었음에도 불구하고 부족하다면서 또 다른 명목으로 염민들에게 세금을 뜯었다. 세안을 다루는 아전들의 만행은 여기서 멈추지 않았다. 백성들이 뇌물을 바치면 상등의 염전을 하등으로 내려 소금세를 줄여 주고, 밉보인 백성의 소금가마는 하등임에도 불구하고 억지로 상등으로 쳐서 소금세를 올려 징수하였다. 포흠은 아전이 세금을 받아서 개인적으로 착복한 것이다. 착복해 놓고 국가에 바칠 세금이 모자라니 다음 해에 걷을 세금을 미리 독촉하여 받았다. 이 외에 아전들의 염민들에 대한 가렴주구는 무궁무진하여 그 숫자를 셀 수 없었다. 그래서 정약용은 "갖가지 간사한 폐단을 이루 헤아릴 수도 없으며, 갖가지 가혹한 요구는 또 낱낱이 들기도 어렵다"고 한탄한 것이다. 아전들 외에도 염호를 괴롭히는 하급관리들이 끊이지 않았다. 징수 업무를 감독하는 감관監官, 치안을 담당하는 군교軍校, 하물며 떠도는 나그네인 부객浮客에 이르기까지 염민들을 찾아와 세금을 내라고 하였다. 이처럼 하급관리들의 백성들에 대한 무도한 침해는 형언할 수 없을 정도였다.

정약용은 참으로 통분하였다. 지방의 수령과 하급관리들의 침탈로 말미암아 백성들은 유리걸식하였고, 마을이 통째로 풍비박산이 났다. 백성들을 괴롭히는 이들은 정약용에게는 승냥이豺나 이리狼와 다름없었다. 다산은 이들 때문에 집을 버리고 흩어지는 백성들의 현실을 슬퍼하면서 〈시랑豺狼〉이란 시를 지었다.

승냥이야 이리야豺兮狼兮

우리 송아지 채갔으니旣取我犢

우리 양일랑 물지 말라毋噬我羊

장롱엔 속옷도 없고笥旣無襦

횃대에 걸린 치마도 없다椸旣無裳

항아리에 남은 소금도 없고甕無餘鹽

쌀독에 남은 식량도 없단다瓶無餘糧

큰 솥 작은 솥 다 앗아가고錡釜旣奪

숟가락 젓가락 다 가져간 놈匕筯旣攘

도둑놈도 아니면서匪盜匪寇

왜 그리 못된 짓만 하느냐何爲不臧

사람 죽인 자는 죽었는데殺人者死

또 누굴 죽이려느냐又誰戕兮[9]

승냥이와 이리 같은 관리들은 도둑놈보다 더욱 지독하구나. 왜 그리 못된 짓만을 골라서 하는가. 관리들은 송아지를 채갔고, 큰 솥과 작은 솥은 물론이요, 숟가락 젓가락까지 다 가져갔다. 이들로 인해 집안에 남은 살림과 옷가지는 하나도 없다. 관리들에게 다 빼앗겨 장롱엔 속옷도 없고 횃대에 걸린 치마도 없다. 쌀독의 식량도 그리고 항아리의 소금까지도 관리들이 다 먹었으니 이제 백성들은 죽을 날만을 기다려야 했다. 그런데 이 시의 마지막 행에서는 "사람 죽인 자는 죽었는데 또 누굴 죽이려느냐"라고 했다. 이것은 도대체 무슨 뜻인가. 정약용의 '시랑'이란 시는 참으로 기막힌 사연을 담고 있었다. 이 시의 배경에 대하여 정약용의 이야기를 직접 들어보자.

시랑豺狼은 백성들의 이산離散을 슬퍼한 시다. 남쪽에 두 마을이 있는데 하나는 용촌龍村이고 또 하나는 봉촌鳳村이다. 용촌에는 '갑'이라는 자가 봉촌에는 '을'이라는 자가 각기 살고 있었는데 서로 장난삼아 때린 끝에 '을'이 우연히 병들어 죽었다. 두 마을 백성들은 관가의 검시檢屍가 두려워서 '갑'으로 하여금 자진自盡하도록 권했더니 '갑'은 그것을 흔연히 승낙하고 스스로 목숨을 끊어 마을을 무사하게 만들었다. 그로부터 몇 달이 지난 후에 관리들이 그 사실을 알고는 두 마을의 죄상을 캐면서 돈 3만 냥을 뜯어냈다. 두 마을에서는 그것을 마련하느라 베오리 하나 곡식 한 톨 남은 것이 없어 그 지독함이 흉년보다 더했다. 그리하여 그 관리들이 돌아가는 날 두 마을도 다 떠나고 오직 부인 하나가 남아 현령縣令에게 그 사정을 호소했더니, 현령이 하는 말이 "네가 나가서 찾아보라" 했다는 것이다.

용촌의 '갑'을 죽인 봉촌의 '을'은 관아의 검시가 무서워 스스로 죽음을 택하였다. 아니, 검시보다는 벌금이 두려웠을 것이다. 당시에는 개인이 벌금을 내지 못하면 마을 전체에 물렸다. 갑을 죽인 사실이 밝혀지면 마을 전체에 엄청난 피해가 오기 때문에 을은 선뜻 죽음을 택한 것이다. 그러나 한참 후에 이 사실을 안 관리들이 그냥 넘어갈 리가 없었다. 두 마을의 죄상을 캐면서 무려 3만 냥의 벌금을 뜯어 냈다. 그래서 정약용이 "사람 죽인 자는 죽었는데 또 누굴 죽이려느냐"라고 한탄한 것이다. 결국, 곡식 한 톨 먹을 수 없고, 천 하나 거칠 수 없는 용촌과 봉촌의 백성들은 마을을 떠나 이리저리 흩어지게 되었다. 유일하게 남아 있는 부인 한 명이 수령에게 이 사실을 하소연했더니 돌아오는 말은 "네가 나가서 찾아보라"였다. 뿔뿔이 마을을 떠난 가족과 이웃들을 네가 나가서 한 번 찾아보라는 말이다. 피도 눈물도 없는 승냥이와 이리의 진상을 확인할 수 있는 대목이다.

■ 염세를 줄이면 염세가 늘어난다

다산 정약용은 무엇보다 소금세를 징수할 때 통일된 기준이 필요하다고 보았다. 같은 등급의 염전이라도 지역에 따라 징수하는 세금액이 달랐다. 정약용은 이 문제점을 개혁하기 위하여 구체적인 방안을 제시했다. 그는 조선의 여러 가지 혼잡한 염법 가운데 호남의 제도가 가장 정밀하다고 생각하였다. 다만 호남의 염법이 등급을 명확히 나누지 않아서 일을 맡은 자가 당황스럽다고 하면서 구체적인 등급을 나눌 것을 제안하였다.

등급을 나누는 기준의 중심에는 소금가마가 있다. 소금가마는 마지막으로 소금을 결정시키는 시설이다. 이 소금가마가 소금의 품질을 좌우한다고 해도 과언이 아니다. 그래서 먼저 소금가마의 크고 작음을 기준으로 3등급(상·중·하)으로 나눴다. 다음은 염전의 비옥도로 3등급을 나누고 다시 땔감의 귀천貴賤으로 3등급을 나눴다. 자염업에는 땔감으로 원료를 사용했기 때문에 무엇보다 땔감을 손쉽게 구할 수 있어야 한다. 마지막으로 이익이 많고 부족함을 갖고 3등급으로 구분하였다. 이것은 소금이 많이 유통될 수 있는 어장漁場과 시장이 멀고 가까운가를 두고 따진다. 그런 뒤에 네 가지 기준이 모두 상인 곳은 1등급으로, 네가지 중 세 가지가 상이고 하나가 중인 곳은 2등급으로, 이렇게 하나하나씩 등급을 나누어 전체를 9등급으로 매겼다.

정약용은 호남의 염법을 참고하여 염전을 9등급으로 나누고 전국의 염세를 편성하였다. 이를 정리한 결과가 아래의 염세표이다. 가장 좋은 1등의 염전은 24냥을 징수하며, 가장 나쁜 9등의 염전은 2냥을 낸다. 염세표를 보면 호남의 염전이 가장 좋은 등급을 차지하고 있다. 실제로 호남의 염전에서는 가장 많은 소금이 생산되었거니와 품질도 제일 좋았다. 정약용은 호남의 염법대로 꼭 9등급이 아니어도 상관은 없지만 어느 곳에서나 세율은 일정하게 적용해야 한다고 주장했다.

〈정약용이 작성한 전국의 염세표〉

	1등	2등	3등	4등	5등	6등	7등	8등	9등
	24냥	21냥	18냥	15냥	12냥	9냥	6냥	4냥	2냥
경기							80곳	111곳	200곳
해서				60곳	70곳	67곳	72곳	80곳	
호서						70곳	90곳	80곳	
호남	40곳	42곳	48곳	51곳	57곳	62곳	70곳	74곳	80곳
영남							100곳	200곳	300곳
영동							70곳	90곳	80곳
관북						80곳	100곳	90곳	
관서						80곳	80곳	90곳	100곳

그런데 다산은 진정 소금세를 늘리기 위해서는 소금 생산자인 염호를 보호해 줘야 한다고 생각하였다. 이를 증명하기 위해 중국 장윤張綸의 예를 들었다. 장윤이 강회江淮의 관리가 되었을 때 소금세가 크게 줄어들었다. 보통의 관리라면 염호를 다그쳐 세금을 걷었을 터인데 장윤은 오히려 염호의 부채를 면제해 주고, 소금값을 넉넉히 쳐 주었다. 관에서 생산도구까지 지원해 주었다. 그러자 해마다 들어오는 염세가 수십만 석이나 증가하였다. 지방관이 염호의 생산의지를 촉발시킨 결과였다. 정약용은 중국의 장윤과 비교할 만한 조선의 인물로 정언황丁彦璜을 들었다.

감사 정언황丁彦璜이 인천 부사仁川府使가 되었는데, 인천부의 염세가 본래 과중하였다. 그는 염호가 날로 점점 쇠퇴함을 알고 도리어 그 염세의 3분의 2를 감해 주고 또 관리들을 단속하여 그 어물漁物 침탈을 근절시켰더니

다른 지방의 염호들도 소문을 듣고 다투어 모여들었다. 염호가 많아지자 염세 수입도 저절로 갑절이 되었다.[10]

정언황은 인조 때 문신으로서 스스로 지방직을 자원하고, 백성들에게 선정을 베푼 인물이다. 그가 인천부사로 갔을 때 인천의 염세가 너무 과중하여 염호가 점차 줄어들고 있었다. 이때 장윤과 마찬가지로 염호의 세금을 줄여 주고, 관리들의 침탈을 근절시켰더니 염호들이 모이기 시작하였다. 염세 수입이 갑절로 늘어난 것은 당연한 사실이었다. 정약용은 이러한 사례를 보여 줌으로써 염정鹽政에서 필요한 것이 무엇보다 생산자인 염호를 보호하는 길이라는 점을 주목시키고 있다. 염호에게 염세를 과하게 부과하면 잠깐의 효과는 있지만 시간이 지날수록 염호가 흩어져 염세가 줄어든다는 사실을 위정자들에게 각인시켜주고 있다. 소금세를 줄여서 소금세를 늘리는 방안. 이것이 바로 정약용 특유의 염법이며, 철학이다.

그렇다면 소비자인 백성을 위해서 국가는 무엇을 해야 할까? 정약용은 소비자인 백성을 위해서 소금값을 조절하는 것이 필요하다고 여겼다. 정부는 소금값을 조절하여 백성들이 근심하지 않고 소금을 사용할 수 있도록 해야 한다고 생각했다. 소금 생산은 그해의 일기에 따라 변동의 폭이 매우 컸다. 거의 널뛰기를 연상시킬 정도였다. 봄과 가을에 날씨가 맑고 일조량이 많으면 소금 생산이 크게 늘고, 이 기간에 비가 많이 내리면 큰 폭으로 생산량이 떨어졌다. 소금 생산의 변동이 큰 만큼 소금값의 변화도 컸다

소금이 한창 흔할 때에는 흙덩이와 다름이 없으니, 만약 이때에 값을 보태

소금 장사

서 사들이면 염호가 혜택을 입어서 부뚜막을 깨뜨리고 가마를 허물어 버리는 근심은 없을 것이며, 소금이 한창 귀할 때에는 주옥珠玉과 같기도 하니, 만약 이때에 값을 줄여서 판다면 가난한 민호民戶도 덕을 입는다. ……소금이 장차 귀하려면 반드시 미리 조짐이 보이는데, 소금가마와 함께 늙은 자는 반드시 먼저 안다. 그리하여 큰 상인과 교활한 장사치가 시기를 타고 이문을 노리면 백성이 그 사이에서 곤란이 심하다. 그러므로 큰 장터 옆에다 염창鹽倉을 설치하고 온돌로 널리 펴서 설치함이 마땅하다.

기산 김준근이 그린 〈소금장수〉이다. 소금장수가 되에 소금을 담아서 팔고 있고, 삿갓을 쓴 사람이 조심스럽게 소금 포대를 벌리고 있다. 정약용은 날마다 먹는 음식 가운데 한 가지라도 소금을 필요로 하지 않는 것이 없다고 했다. 《

소금이 너무 흔하여 흙덩이와 같을 때는 정부가 소금값을 올려서 매입을 하면 소금을 생산하는 염민은 혜택을 입을 수 있다. 근심에 절은 염민이 화가 나 소금 굽는 가마나 가마 아래의 부뚜막을 괜히 깨는 일이 없어진다. 반면, 소금이 너무 귀하여 보석과 같을 때에는 비축해 둔 소금을 싼 값으로 팔게 되면 백성들이 덕을 입게 된다. 백성들이 무리를 하여 소금을 비싸게 사지 않아도 되는 것이다.

그런데 정약용은 오랫동안 소금을 생산해 온 자들과 교활한 상인들은 소금이 귀해지는 시장의 상황을 잘 알고 있다고 경고하였다. 이들이 소금을 사재기하면 백성들은 극도로 곤란에 빠지게 되므로 정부는 소금의 공급과 가격을 조절해야 한다고 주장한다. 친절하게도 정약용은 소금을 비축할 수 있는 소금창고를 만드는 방법까지 제시해 주었다. 땅에는 움을 만들어 벽돌로 쌓고, 기름과 회로 문틈을 굳게 발라서 공기가 통하지 않게 창고를 만들라고 하였다. 장마를 맞으면 소금이 수분을 빨아들여 녹아 내릴 수 있으므로 땔나무를 태우거나 소금 가마니에 쥐엄나무 열매의 껍질을 꽂아 두라는 세심한 처방까지 가르쳐 주었다.

정약용은 백성과 국가를 위한 염법이라면 빨리 시행하라고 촉구하였다. 그는 "위로 군수軍需를 도울 수 있고, 아래로 진휼할 자원을 마련할 수 있는데 무엇이 해로워서 능히 못하는 것인가"라고 하였다. 마지막으로 정약용은 "만약 조례條例·절목節目에 한 번이라도 소홀함이 있으면 위로 국가 체면에 손상되고 아래로 백성의 먹는 것을 해치게 된다"고 지적하였다. 백성을 위한 염법이라면 강하게 추진해야 하겠지만 하나라도 소홀함이 없도록 세심한 방안을 마련해야 한다는 주장이다. 다산학의 위대함이란 여기에 있는 것이 아닐까. 그가 제시한 염법은 공허한 이론이 아닌 항상 구체적 대안으로 결실을 맺었다. 그는 진정 현실에 주목한, 최고의 실천적 지식인이었다.

"소금 이득이 나라 안에서 제일"
낙동강 하구 염전

좌도는 울산이요, 우도는 김해라

우리나라 사람들에게 '낙동강 하구'라고 하면 먼저 '삼각주'라는 단어
가 떠오른다. 지리 교과서에서 항상 중요한 문제로 등장했기 때문이다.
삼각주는 하류에 도착한 강물의 속도가 떨어지면서 내려 놓은 퇴적물
들이 쌓여서 만든 지형이다. 비슷한 말로 강 가운데의 섬이란 뜻의 '하
중도河中島'가 있다. 그런데 지리 교과서에서 가르쳐 주지 않았지만 이
낙동강 하중도에는 1950년대까지 경상도 최고의 염전이 있었다.

현재 명지동은 낙동강 하구둑에서 녹산 수문으로 가는 도로가 중앙
에 있고, 아래에는 을숙도대교에서 신호대교로 연결되는 도로가 지나
가고 있어 전혀 섬이란 생각이 들지 않는다. 하지만 과거에는 낙동강
하구의 대표적인 섬이었다. 섬의 이름은 '명지도鳴旨島' 또는 '명호도

鳴湖島'. 명지도에 있었던 염전의 자취를 찾으러 이곳에 가 본다면 실망부터 한다. 눈에 들어오는 것은 '명지오션시티' 라는 대규모의 아파트 단지밖에 없기 때문이다. 그러나 주위를 잘 둘러보면 바닷가에 무성히 갈대가 자라는 것을 확인할 수 있다. 아파트 단지를 세우기 위해서 땅을 매립하기 전에는 이곳에 수많은 갈대가 군락을 이루었다. 이 갈대가 명지도의 염전에서 소금을 구울 때 사용되는 주요 연료였다.

《신증동국여지승람》에서는 명지도가 "부府 남쪽 바다 복판에 있는데 물길로 40리 거리이며, 큰 비나 큰 가뭄, 큰 바람이 불려 하면 반드시 우는데 그 소리가 어떤 때는 우레 같고 북소리나 종소리와 같기도 하다"라고 하였다.[1] 이 기록은 명지도가 자연재해를 예상하여 운다는 뜻인데 나는 갈대가 바람을 타고 내는 소리로 생각한다. 낙동강 하구의 갈대는 염전의 땔감으로 사용될 뿐만 아니라 이 지역의 주요한 토

부산 승학산 쪽에서 바라본 낙동강 하구 일대이다. 명지도는 낙동강 하구에 있는 하중도로서 대표적인 섬이었다. 이곳은 행정구역상 부산시 강서구 명지동에 속해 있지만 1978년까지는 경상남도 김해 땅이었다. ≪

산품 재료였다. 전근대 사회에서는 이 갈대로 수많은 생활용품을 만들었다. 즉, 방석, 발, 삿갓, 지붕의 재료로서 사용되었다. 그리하여 조선시대의 궁방宮房에서는 이 갈대밭[蘆田]을 차지하여 많은 이문을 남겼다.

이곳은 행정구역상 부산시 강서구 명지동에 속해 있지만 1978년까지 경상남도 김해 땅이었다. 낙동강 하구의 명지도에서 생산되는 소금과 어물은 김해의 경제적 기반이 되었다. 조선시대 경상도의 속담에 "사람이 살기 좋은 곳으로 좌도는 울산이요, 우도는 김해이다"라는 말이 있다. 울산과 김해는 모두 제염업과 어업을 하여 남긴 소득이 상당하였다. 19세기 초반 천주교 탄압 시에 김해로 유배를 왔던 이학규李學逵는 당시 김해의 풍경을 이렇게 설명했다.

남쪽에 큰 산록이 있어 채소와 땔감을 이루 다 취할 수 없고, 동쪽에 넓은 호수가 있어 물고기와 새우, 게와 조개 등을 이루 다 먹을 수 없다. 갈대가 있는 이점으로 광주리와 삿갓을 만들고, 배의 노를 저어서 소금을 실어 나르는데 뱃머리와 꼬리가 서로 맞물린다. 무릇 이른바 살아가는 데 필요한 것을 갖추지 않은 것이 없으니 영남의 속담에 '사람이 살기에 좋은 곳이 좌도는 울산이요 우도는 김해이다' 는 것이 있다.[2]

이학규가 언급하는 곳은 낙동강 하구 지역이다. 김해가 갈대가 있는 이점으로 광주리와 삿갓을 만들고, 소금을 실어 나르는데 뱃머리와 꼬리가 서로 맞물릴 지경이라 하였다. 김해와 울산은 모두 강 하구에 염전이 있고, 소금 생산이 번성했던 곳이다. 이곳들은 하천과 바다가 접하는 지역으로서 어염魚鹽이 풍부하여 사람과 배들이 몰려들었다.

소금 이득이 나라 안에서 제일

교통이 불편했던 시대에는 소금의 생산뿐만 아니라 유통이 중요하였다. 그래서 강을 접하고 있는 염전은 소금을 운송할 수 있는 최대한의 장점을 살릴 수 있었다. 낙동강 하구의 명지도 염전은 이런 최적의 조건을 갖춘 곳이다. 그래서 다산 정약용은 조선 후기에 이 명지도에서 생산되는 소금 이득이 나라 안에서 제일이라고 하였다. 낙동강을 통한 소금 장사는 5배 이상의 이익을 가졌다. 이렇게 이득이 높은 것은 낙동강 상류 지역으로 올라가면 소금을 높은 가격에 팔 수 있기 때문이다.

> 황수潢水가 소백산小白山에서 나와서 ······ 김해金海 동쪽에 이르러서 바다로 들어가는데, 그 사이의 물길이 400여 리다. 상주의 여러 고을들은 동으로 영해寧海, 평해平海의 바다까지 3~400리인데 산길이 매우 험하여 비록 수레로 나르고 져서 나르더라도 동해의 소금을 가져올 수 없기 때문에 황수 좌우 연안의 고을들에서는 다 남방 소금을 먹게 되며 남방 배가 북으로는 상주에 이르고 서로는 단성丹城에 이르러서 소금이 구름같이 모여들어 산같이 쌓이니 나라 안에 소금 이득이 영남만한 데가 없다. 명지도鳴旨島 한 곳만 해도 일 년에 구워 내는 소금이 수천만 석이므로 낙동포洛東浦에 따로 염창감사鹽倉監司를 두어 해마다 천만 석을 추스르고 해평海平·고현古縣에서는 해마다 소금 만 석을 소비하니 소금 이득이 나라 안에서 제일

이란 것을 이로써 알 수 있다. 호남은 한 가마의 세가 20냥이고 해서는 한 가마의 세가 15~16냥이다. 그러나 호남과 해서에 소금창고가 있다는 말은 듣지 못하였고 염관鹽官이 있다는 말도 듣지 못하였다. 영남에서는 감사가 해마다 수하 비장을 보내어 명지도에서 소금을 구워서 낙동강 유역에 팔아 백성의 이익을 독점하여 자기 주머니를 채우고 있는데, 나라에서 받는 세는 다른 도보다 제일 적으니 나는 그 까닭을 모르겠다.[3]

황수는 낙동강이다. 다산의 말을 따르면 비록 호남이 우리나라 최대의 소금 생산지라 하더라도 소금에서 나는 이득은 영남의 낙동강 하구 염전에 비할 데 없다는 것이다. 낙동강 하류에서 올라간 배는 북쪽으로는 상주, 서쪽으로는 단성에까지 이른다. 영남의 동북쪽 고을들은 동해에서 소금을 운송하기 어렵기 때문에 모두 낙동강에서 올라온 소금을 살 수밖에 없었다. 이런탓에 명지도 염전의 소금 이득이 나라 안에서 제일이라는 말을 들었다.

낙동강 하구에는 명지도 외에도 다른 곳에서도 소금을 생산하였다. 녹산면의 송정리와 사암리에서도 큰 염전이 있었으며 이곳에서도 많은 양의 소금이 생산되었다. 녹산면의 아래에는 신호도新湖島라는 작은 섬이 있었다. 신호도의 대부분 땅이 염전이었으며, 주민들도 모두 소금 생산으로 먹고 살았다. 흔히 낙동강 하구의 염전을 명지·녹산 염전이라 부르는 것도 명지도와 녹산면에 집중적으로 염전이 분포되어 있기 때문이다.

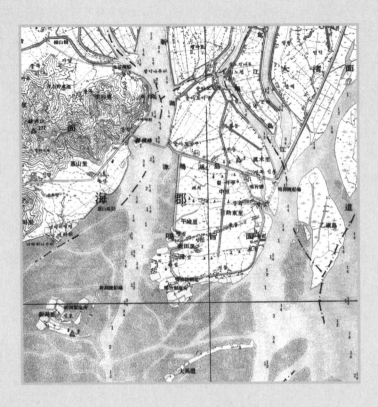

1960년에 발행한 명지와 녹산 일대의 지형도이다. 낙동강 하구의 염전을 명지 · 녹산 염전이라 부르는 이유는 명지도와 녹산면에 집중적으로 염전이 분포되었기 때문이다. 지도를 자세히 보면 명지도의 서남단에는 '명지제염소', 신호도에도 '신호제염소' 라는 지명이 쓰여 있다.

156

〈대동여지도〉의 명지도에는 '자염최성煮鹽最盛' 이라고 기록되어 있다. 조선 후기 명지도에서 활발한 자염 생산이 이뤄졌음을 증명하고 있다. 다산 정약용은 조선 후기에 명지도에서 생산하는 소금 이득이 나라 안에서 제일이라고 하였다.

어사 박문수가 건의하다

낙동강 하구에서 언제부터 소금이 생산되었는지는 정확히 알 수 없다. 그런데《세종실록》〈지리지〉에서는 '김해 도호부에 염소가 2곳이 있으며 모두 부 남쪽에 있다'고 하였으므로 여말선초에 낙동강 하구 일대에서는 소금이 생산되었던 것으로 보인다. 낙동강 하구에서 염전이 크게 발전한 것은 조선 후기이다. 영조英祖 때 조선 정부가 이곳에서 진곡賑穀(흉년 구제에 쓰는 곡식 확보)를 위해 자염을 제조하기 시작한 이후로 본격적으로 성장하였다.

낙동강 하구의 명지도에서 국가가 나서서 소금을 생산하는 공염公鹽제도를 적극 건의한 사람은 우리에게 어사로 잘 알려진 박문수朴文秀이다. 박문수는 영조의 특명을 받아 어사로 활동한 적은 있으나 설화 속에서 전해지듯이 비위를 몰래 탐문하는 암행어사는 아니었다. 실제의 그는 국가 재정과 국방 분야의 전문가였다. 1731년(영조 7) 경기와 삼남 지방에 큰 흉년이 들자 박문수는 이를 도와 주는 곡식을 마련하기 위하여 명지도에서 제염사업을 벌일 것을 요청한다.[4] 영조는 같은 해 12월 박문수를 직접 감진사監賑使(기근이 들었을때 지방에 파견하던 특명 사신)로 삼아 영남으로 파견하여 명지도에서 제염을 주관하게 하였다. 이후 박문수가 명지도에서 6개월 만에 생산하여 얻은 공염公鹽이 1만 8천 석이었으니 첫해에 큰 성과를 거둔 셈이다. 이 소금은 경기도의 궁민을 구제하는 데 사용하였다.[5] 박문수는 1733년까지 명지도 공염제의 운영을 총괄하였다.

조선 정부가 낙동강 하구의 공염제를 다시 주목한 것은 1744년(영조 20)이었다. 영의정 김재로金在魯의 건의에 따라서 이곳에 산산창蒜山倉

을 설치하였다. 산산창은 명지도의 염민에게 쌀 1석을 대여해 주고 나중에 소금 2석을 받는 기관으로서 비변사에서 운영하였다.[6] 이렇게 확보한 소금을 갖고 조선 정부는 낙동강으로 운반하여 팔아 많은 수익을 남겼다. 1731년 명지도의 공염제가 굶주린 백성을 구제하기 위한 목적이었다면 이번 산산창의 설치는 정부의 재정을 늘리기 위한 수단으로 바뀌었다. 1760년(영조 36)에는 산산창을 김해부에 일임하였으나 염민들에 대한 폐단이 가중되자 1763년(영조 39)부터는 경상도 감영이 주관하였다. 지방의 관청에서 산산창의 운영을 맡으면서 진휼곡을 모은다는 원래의 목적은 거의 퇴색하고 주로 관청의 경비와 관리들의 생활수단을 위한 재원으로 변질되었다.[7]

지방 관청에서 명지도의 소금으로 장사를 하다 보니 상인들의 소금 판매는 제한을 받았고 백성들은 소금을 구하지 못하여 원성이 높아졌다. 정조正祖 시기에는 영남으로 파견한 이시수李時秀, 정대용鄭大容과 같은 암행어사들은 명지도의 공염제의 폐단에 대해서 모두들 언급하면서 이를 혁파할 것을 주장하였다. 1780년(정조 4) 암행어사 이시수가 지적한 명지도 소금 판매의 문제점을 들어보자.

김해에서는 쌀 1천 5백 석을 유치하고 소금을 사는 자본으로 삼아 운영하고 있습니다. 해변에 소금이 싼 지방에서 사들여다가 강가의 소금이 비싼 고을에다 팔아서 쌀 한 섬으로 소금 두 섬을 만들고 소금 두 섬으로 돈 7, 8냥을 만드는데, 심한 경우에는 더러 열 냥이 되기도 하고 또 더 초과하기도 하므로 그 이익금을 합계해 보면 항상 2만 냥 내외가 됩니다. ……심한 경우에는 억지로 값을 높게 정하여 백성들로 하여금 값을 올리거나 내리지 못하게 하는가 하면 또 뒤따라 개인이 장사를 하지 못하게 엄히 금지하여 반드시 관청의 소금만을 사야 된다고 합니다. ……공적으로 파는 소금은 그렇지 않아 반드시 당장 많은 돈을 요구하는가 하면 감관과 색리의 무리들이 또 값을 낮추었다 높였다 조종하므로 매양 이때를 당하면 강변과 산협山峽의 백성들은 소금이 없이 밥먹는 탄식을 면치 못합니다. 자본을 만들어 놓고 나머지 이익을 취하는 것은 본래 법에 어긋나는 것이니, 마땅히 폐지해야 합니다.[8]

그러나 이시수의 건의는 일부만 수용되었다. 정조는 경상도 관찰사 조시준趙時俊을 교체시킨 뒤에 잡아서 문초하게 했을 뿐 명지도의 공염제를 완전히 없애지 않았다. 그러하니 명지도 소금의 폐단은 계속되었고, 7년 뒤 영남좌도를 다녀온 암행어사 정대용도 똑같은 문제점을 적어 서계書啓로 올렸다.[9] 이번에도 정조는 백성들에게 끼치는 큰 폐단은 알고 있으나 명지도 공염제를 대체할 재원을 마련할 길이 없으며, 사상私商들이 판을 칠지 모른다는 비변사의 우려를 받아들여 혁파하지 않았다. 하지만 1819년(순조 19) 상인들과 염민들의 반발이 계속되는 가운데 결국 명지도의 공염제는 철폐의 수순을 밟는다.[10] 이것은 전 경상감사였던 김노경金魯敬의 제의에 따른 것이다. 그는 명지도 공염제도의 폐지만을 주장한 것이 아니라 혁파 이후에 대체 재원을 마련할 수 있는 방법을 현실성 있게 건의하여 조정에서 받아들여졌다.[11] 근 90년 이어져 온 명지도의 공염장은 드디어 제염업사에서 막을 내렸다.

염민의 고통을 보여 주는 송덕비

역사의 물줄기는 거대하지만 어느 순간 시간 속으로 사라져 버린다.

명지도 공염장의 역사도 그렇다. 조선 후기 명지도는 수많은 논의와 쟁투가 벌어진 현장이건만 산산창이 세워졌던 주춧돌조차 찾아보기 어렵다. 그러나 역사의 흔적은 어디인가에 꼭 있기 마련이다. 내가 명지동에 가면 꼭 들려보는 곳이 명지동 영강마을의 파출소 앞에 세워진 2개의 송덕비이다. 파출소 담벼락을 사이에 두고 답답한 철책으로 둘러싸인 이 송덕비 2기가 그나마 파란만장한 명지도 공염장의 역사를 웅변해 준다. 좌측의 1824년(순조 24)에 세워진 비석은 경상감사(경상도 관찰사) 김상휴金相休의 은덕을 기리는 송덕비이고, 우측의 비석은 홍재철洪在喆이 염민에게 베푼 은혜를 칭송하는 송덕비이다. 내가 이 송덕비를 찾는 이유는 송덕비의 주인공을 기리기 위한 것이 아니고 제염업사의 주체였던 명지도 염민들의 아픔을 조금이라도 느껴보기 위해서이다.

김상휴는 1803년(순조 3)에 과거에 급제하여 1810년 통신사로 일본에 다녀온 뒤에 부상한 인물이다. 경상도 관찰사는 1822년에 역임하였으니 그때는 명지도 공염장이 이미 혁파된 이후이다. 그런데 김상휴가 관의 피해로부터 염민을 보호해 준 것을 감사하는 송덕비가 세워진 것을 보면 명지도 염민을 착취하던 관습이 나중에도 여전하였던 것이다. 비의 뒷면에는 감색들과 군인들이 염민들을 침범하지 말라는 내용의 목도구폐조목木島救弊條目이 새겨져 있다. 염민들은 산산창의 관리들뿐만 아니라 수군청水軍廳의 병사들에게도 소금을 빼앗겼다. 명지도 염민의 역사는 곧 소금 수탈의 역사였다. 그들의 사무친 아픔이 수백 년이 지난 지금에도 나를 이곳 송덕비 앞까지 불러온다.

공염장이 폐지된 이후에도 명지도의 제염업은 번성하였다. 명지도

의 해안가를 따라서 곳곳에 염전이 분포되었다. 구한말 일본인들이 명지도의 제염업을 조사해 그 결과를 출간한《염업조사》(1907)를 보면, 이곳에 염전 수는 총 37개이며, 염전 면적은 82.86정町(248,580평)이다. 연간 생산량도 37, 287석石에 이른다. 이처럼 염전으로서 명지도가 계속 유지되다보니 지명 속에서 염전의 명칭이 고스란히 담겨 있다. 명지동 평성마을에는 문초시文初試 염전이란 지명이 전해진다. 문초시 염전은 문초시 과거(문과 1차 시험)에 합격한 자가 소유한 염전을 뜻하는 것이다. 이렇게 양반들의 성과 칭호를 붙여서 염전 지명이 만들지는 경우가 많았다. 하신마을의 서남쪽에는 홍처사 염전과 박진사 염전이 있다. 이곳의 염전은 해방 후 명지제염소로 변모하였다. 그런데 낙동강 하구의 염전과 관계된 가장 많은 지명은 '가매(가마)'이다. 웃가매, 아랫가매, 땅가매, 건너가매, 동쪽가매, 서쪽가매, 북쪽가매 등 경상감사 김상휴와 홍재철의 송덕비이다. 명지도 영강마을의 파출소 담벼락을 사이에 두고 답답한 철책으로 둘러싸인 이 송덕비 2기가 그나마 파란만장한 명지도 공염장의 역사를 웅변해 준다. ≪

의 가매라는 지명이 수도 없이 많다. 이 지명은 소금을 굽는 가마가 있었던 위치를 가리키는 것으로 염장에서 차지하는 가마의 중요성을 일깨워 준다.

낙동강 하구 염전의 제염기술

낙동강 하구의 소금 만드는 기술은 근현대의 시기를 지나면서 많은 변화가 일어났다. 일본식 전오염 제염기술을 수용하였으며, 1950년대에도 생산수단을 발전시키기 위한 노력이 전개되었다. 나는 신호동의 마지막 염부였던 김소종 씨를 만나서 낙동강 하구 염전의 소금 생산의 특징을 자세히 들었다.

낙동강 하구의 염전은 서해안과 달리 제방이 있는 유제염전이었다. 제방의 높이는 3미터 정도였으니 그리 높지 않았다. 염전 바닥에는 모래가 깔려 있었다. 이 미세한 모래는 지금도 명지동에 가면 쉽게 볼 수 있다. 명지동에는 영남 지역에서 그 유명한 알씨름이 전승되었는데, 이런 모래판이 퍼져 있기 때문에 가능한 놀이였다. 염전의 둘레에는 바닷물이 유입될 수 있는 섯도랑이 있다. 만조 시에 수문을 열면 이 섯도랑을 타고 바닷물이 들어왔다. 이때 염전 바닥의 모래가 해수를 잔뜩 머금게 되는 것이다.

염전의 중간 중간에는 바닷물을 정화시켜 짠물로 만드는 필터인 '섯'이 있다. 전라도의 섯등에는 솔잎, 솔가지 등이 필터의 재료로 사용되는 반면에 이곳의 섯에는 왕모래, 자갈이 들어가고 위에는 대나무로 짠 자리를 깔아 두었다. 일본 제염기술의 영향을 받아 섯의 크기도 작아졌다. 낙동강 하구의 염전의 큰 특징은 섯 사이로 대나무 수관이 깔려 있어 섯에서 생산된 짠물이 자연스럽게 저장고까지 흘러 들어간다는 점이다. 이러한 구조는 노동력의 절감에 큰 효과가 있었다. 제염업에서 제일 힘든 일이 섯등에서 만든 짠물을 가마까지 운반하는 노동이었다. 물지게를 진 채로 발이 푹푹 빠지는 갯벌을 지나 멀리 염막까지 짠물을 운송하는 일은 진땀나는 일이다. 이런 수고를 없애는 수관의 설치는 낙동강 하구의 염전만이 가지는 장점이었다.

여기에서 짠물을 만드는 과정(채함작업)은 "판 띄우기 → 염전에 물 대기와 모래 말리기 → 밭담기와 해수 붓기 → 묵내기"로 전개된다. 판 띄우기는 작업의 첫째 과정으로 염전에 물을 대기 전에 하는 작업이다. 이 과정에서는 소에 써레를 매달아 염전의 바닥을 긁고 다니고, '늘'이라는 나무판으로 흙을 부순다. 판을 띄우고 나면 백모래가 물을 잔뜩 빨아들일 때까지 바닷물을 대고, 그 뒤에는 햇볕에 말리는 작업을 한다. 다음은 염분이 달라붙은 모래를 모아서 섯 위에 올리는 일을 하는데 이를 '밭 담는다'고 한다. 밭담기 작업은 한꺼번에 많은 인력이 필요하므로 초등학생들까지도 이 작업에 동원되었다. 수많은 사람들이 염전의 모래를 모아서 섯 근처까지 날랐다. 섯 위에 이 짠 모래를 올려 두고 바닷물을 부우면 아래에는 짠물이 나와서 수관을 타고 흘러들어갔다. 짠물을 만들고 나서 다시 섯 위의 모래는 염전 바닥에 뿌려서 재활용한다. 이처럼 모래를 운반하여 다시 뿌려 원래 상태로 되돌리는 것을 '묵내기'라 한다.

짠물을 만든 다음에는 끓이는 과정(전오작업)을 거친다. 섯에서 빠져나와 짠물 구덕에 모여진 함수鹹水의 염도는 18~19도이다. 가마에서 짠물 끓이는 작업은 제염과정에서 가장 중요한 일이다. 이에 따라 소금의 품질과 양이 결정되기 때문이다. 2인 1조가 되어 12시간씩 일하며 하루 종일 가마의 끓이기 작업은 계속된다. 특이한 점은 앞가마 뒤에다 뒷가마를 붙여서 만들어 두었다는 사실이다. 연료를 아끼고 열효율을 높이기 위해서 미리 뒷가마에 짠물을 담아 둬 앞가마로 오기 전에 온도를 높여 두는 지혜가 발휘되었다. 보통 4~5시간 짠물을 끓이면 소금이 만들어졌고, 하루에 생산되는 소금의 양은 7~8가마니였다고 한다.

사라 태풍이 쓸고 가다

근현대 지도를 살펴보면 일제강점기에 명지도의 염전은 거의 60퍼센트가 사라졌음을 알 수 있다. 그것은 1933년부터 1936년 사이에 시행된 낙동강 제방 공사 때문이다. 일제는 김해의 농토를 확장시키고 생산한 농작물을 반출시키고자 대규모의 제방 공사를 벌였다. 명지도의 해안가에 제방 축조가 이뤄지면서 이곳에 있던 염전들이 모두 사라졌다. 또한 녹산 수문과 대동 수문 등 거대한 수문을 설치해 급속히 물줄기가 변형되면서 염전에도 큰 영향을 미쳤다. 게다가 수입염과 재제염이 밀려오고 서해안에서 생산된 천일염도 영남 지역까지 들어왔으니 이곳의 소금 생산은 위축될 수밖에 없었다.

그러나 일제강점기에 낙동강 하구의 염민들은 포기하지 않고 계속 소금을 생산했다. 해방과 한국전쟁 이후에는 갑자기 소금에 대한 수요가 늘어나 일시적인 부흥도 일어났다. 하지만 새옹지마처럼 갑작스레 찾아온 행운의 뒤를 이어 불행이 따랐다. 1904년 한반도에서 기상 관측이 시작된 이래 가장 규모가 큰 사라 태풍이 낙동강 하구를 강타한 것이다. 1959년 9월에 찾아든 이 불청객은 전국적으로 사망·실종 849명의 인명 피해와 이재민 37만 3,459명을 발생시켰다. 기간 시설과 건물 피해도 엄청났다. 이 큰 놈은 낙동강 하구의 염전도 모두 쓸고 간 뒤에 동해안으로 유유히 사라졌다.

명지·녹산 지역의 염민들은 이 엄청난 시련을 도저히 극복할 수 없었다. 천일염이 과잉 생산되어 정부는 염전을 없애는 정책 기조를 강하게 밀고 가는 상황이었다. 그리하여 하나 둘 낙동강 하구의 염전은 사라지고, 경지로 개간되었다. 1960년대 후반에는 대규모의 간척 사업이 벌어졌다. 녹산과 신호도 사이의 바다를 매립하고 농토로 바꾸었다. 신호도는 더 이상 염전으로 가득한 섬이 아니라 넓은 경작지가 펼쳐진 육지로 탈바꿈되었다. 1990년대는 송정리의 앞바다에 간척 사업을 벌여서 녹산국가산업단지와 신호지방산업단지 등 공단이 들어섰다. 조선 후기에 명지·녹산은 소금과 염전을 상징하는 말이었지만 이제는 공장과 주거단지를 수식하는 말이 되어 버렸다.

그래도 명지도의 짠내가 그리워지면 나는 명지동의 하신마을로 찾아간다. 하신마을은 명지도의 서남쪽 끝에 있는 지역으로서 마지막까지 '명지제염소'라는 이름으로 명지 소금의 맥을 이었던 곳이다. 하신 마을의 입구에는 커다란 마을 안내석이 항상 나를 잊지 않고 맞아준다. 이 안내석의 아래에는 멋진 글귀가 새겨져 있다. "낙동강 끝 자락에 삼각주 띠밭등 마을. 염전에서 만든 소금, 갈게 잡아 담근 젓갈 돛단배 바람 없는 날에 '고디' 끌고 살온 옛님. 쪽빛 하늘 넓은 바다 그물 펴고 김양식 하며 땅으로 이룬 터전 파농사로 이어졌고, 푸른 들 지켜선 정자나무 아래 가슴 열어 모인 이웃이러라." 명지동의 염전은 대부분 파밭으로 바뀌어 명지 대파는 이곳의 특산물이 되었다. 하지만 명지 파밭 밑에 깔려 있는 백모래는 여전히 이곳이 과거에 염전이었다는 사실을 상기시킨다. 바람이라도 휘잉 부는 날에는 이 백모래의 짜디짠 소금의 추억이 내 가슴으로 찐하게 밀려온다.

구한말 이완용이
인천의 주안을 찾은 까닭은

● 청나라 염상鹽商 치사 사건의 내막

1904년 9월 23일 황해도 해주의 광석포. 청나라의 소금배가 조금씩 육지로 다가서고 있었다. 광석포는 해관 관리들의 순찰이 뜸한 곳으로서 청나라의 소금과 조선의 곡물이 서로 밀거래되는 곳이었다. 포점 주인 박민형은 일찍부터 포구로 나와 소금배를 기다리고 있었다. 박민형은 청나라의 천일염을 받아서 조선의 소금상인들에게 유통시키는 중간상인이었다. 소금배가 포구에 도착하자 청나라 짐꾼들은 신속히 창고로 소금을 운반했다. 다음은 조선의 곡식을 실을 차례였다. 그런데 갑자기 박민형과 청나라 상인 손연방과 언쟁이 생겼다. 둘 사이의 싸움은 어느새 조선 사람과 청나라 사람 간의 패싸움으로 번졌다. 이 싸움으로 손연방은 사망하였고, 수많은 사람들이 중상을 입었다. 이 사건은 청국 공관에 알려져 양국 간의 마찰로 커져갔으며, 영국 공사까지 끼어들면서 외교 문제로 크게 비화되었다.[1]

손연방의 구타 사망 사건은 《대한매일신보》 1904년 11월 12일자와 11월 26일자에 소개되었다. 이 사건은 단순한 폭행 사건이 아니다. 그 내막에는 중국 소금상인들이 조선의 해안가에 진출함에 따라 벌어진 현상이다. 중국인들 가운데는 조선 여인을 능욕하려는 못된 약장사들까지 섞여 있었다. 그런데 중국의 소금상인들은 왜 멀리 황해도까지 천일염을 싣고 와서 밀무역을 한 것일까?

천일염을 실은 중국의 선박이 서해안에 들어오기 시작한 것은 1902년경이었다. 강압적 불평등 조약인 강화도 조약이 성립된 이후로 외국과의 무역거래가 늘어났다. 이 틈에 청나라에서 생산된 천일염도 장크선을 타고 평안남북도, 황해도 각군 연안으로 전파되기 시작하였다. 중국의 천일염이 당시 조선인의 기호에 맞는 것은 아니었다. 조선총독부 전매과장이었던 히라이平井三男의 증언을 들어 보면, 중국의 천일제염은 소금발이 굵고, 빛이 희지 않아 조선인의 일용에 사용하기에 불편하였다고 한다.[2] 그럼에도 중국 천일제염이 수입된 이유는 무엇일까? 한마디로 조선의 소금보다 싸기 때문이었다. 또한 조선의 소금보다 맛이 짜기 때문에 적은 양을 사용해도 되었다. 소금값이 비싼 데다가 소금 구하기가 어려웠던 서북 지방의 백성들에게 중국산 천일염의 유통은 희소식이었다. 이렇게 해서 구한말 중국산 천일제염은 값싼 장점을 무기로 삼아 서북 지방을 중심으로 무진장 퍼져 나갔다.

19세기 말부터 20세기 초반은 조선의 소금 시장에서 큰 지각 변동이 일어난 시기이다. 이전에 조선에서 사용된 소금은 거의 조선 산 자염이었다. 조선인들은 조선의 자염으로 젓갈, 김치, 장 등을 담아서

《대한매일신보》 1904년 11월 26일자에서는 청나라 상인의 구타 사망 사건을 보도하고 있다. 20세기 초반 청나라 상인들은 값싼 천일염을 장크선에 싣고 황해도 해주에 입항하여 조선인과 밀거래하였다. 이렇게 청나라 상인들이 조선인들과 소금 매매를 하다가 큰 싸움으로 번지는 일들이 있었다.

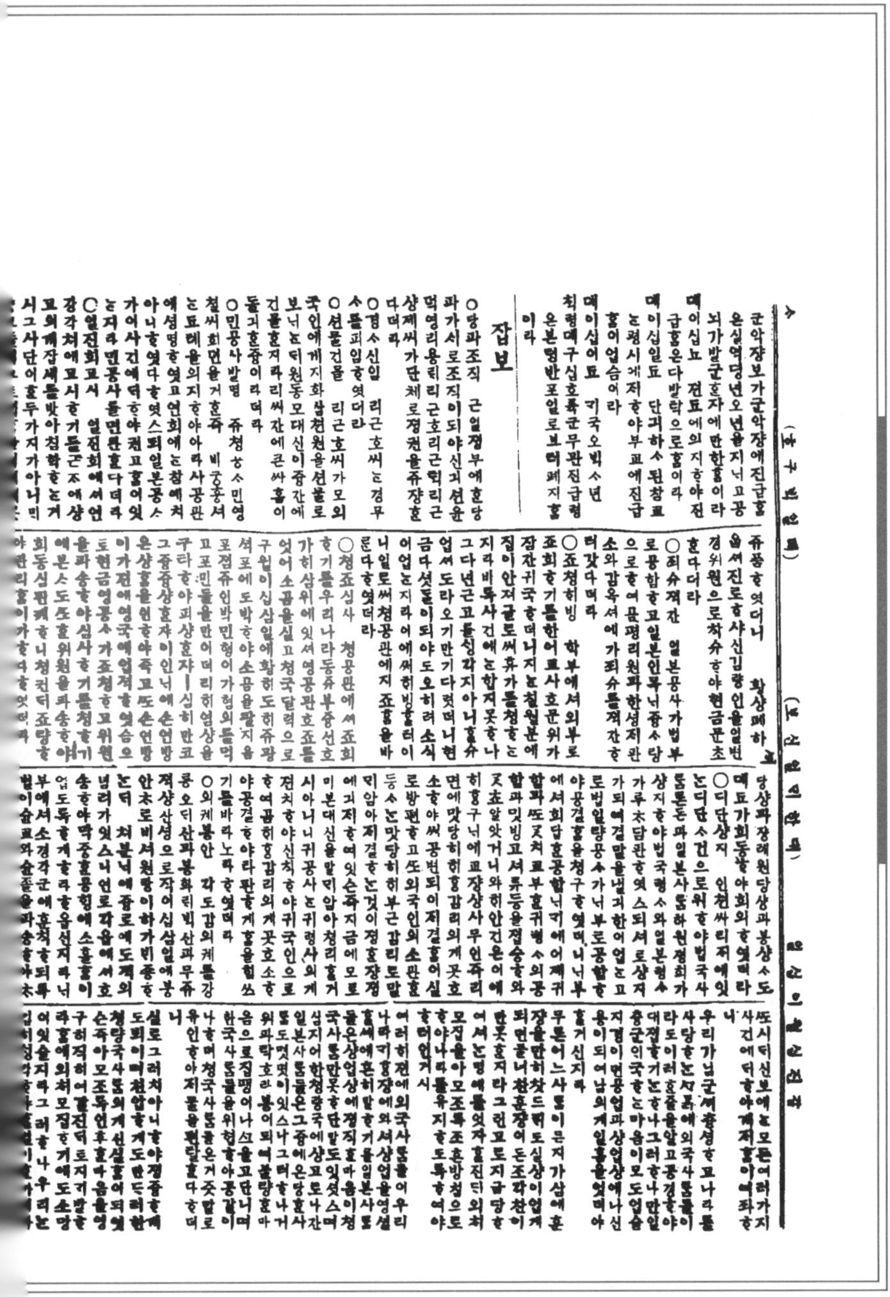

식생활을 해 왔다. 자염은 식생활에서 가장 중요한 조미료였지만 소금 가격이 매우 비쌌다. 게다가 자염 생산량은 그해의 기후에 전적으로 의지해야 했다. 비가 많이 온 해에는 소금이 잘 생산되지 않아 백성들은 소금 기근에 시달려야 했다. 이러한 상황에서 문호가 개방되었으니 외국산 소금의 수입은 필연적인 것이다.

개항 직후에는 일본산 소금이 수입되었다. 일본산 소금은 개항장을 중심으로 퍼져 나갔다. 주요 무대는 부산항과 원산항이었다. 일본 소금은 낙동강 하구에 위치한 명지·녹산의 자염과 같이 낙동강을 타고 멀리 경북 지역까지 유통되기도 하였다. 그런데 당시 조선 사람들에게 일본 소금은 그다지 끌리는 상품이 아니었다. 1899년 〈부산항의 무역연보〉를 넘겨 보면 다음과 같은 기록이 있다.

금일 일본 식염食鹽에 대한 한국민의 평가를 듣건대 일본 식염은 한국산에 비해 품질이 순백하고 또한 싼 가격이어도 맛이 한국산에 미치지 못할 뿐이다. 일본 소금으로 장과 김치 등에 사용할 때에는 여름에 이르러 그 맛이 변하고 심해지면 부패해진다. 이것으로 말미암아 조선염을 좋아한다. 일본염을 구입하는 것은 그 값이 싸기 때문이고 혹자는 그래서 일본염이 개량할 것이 많다고 한다.

조선에 수입된 일본 소금은 품질이 떨어지는 하품이었다. 순백하고 맛 좋은 자염을 먹던 조선인이 일본 소금을 좋아할 리가 만무하였다. 그러므로 일본염을 조선인에게 팔기 위해서 속임수가 필요했다. 일본 소금상인들은 약삭빠르게 대처했다. 1895년 부산총영사관에서 보고한 〈부산상황釜山商況〉에서는 "일본염을 얼마간 싫어하고 기피하는 경향이 있어서 일본염을 조선 가마니에 넣어서 내지에 수송하였다"라고 실토하였다.[3] 그러니까 일본 소금을 조선 포장기에 넣어 조선 소금으로 둔갑시켜 판 것이다.

하지만 이런 수법도 오래가지 못했다. 왜냐하면 일본 소금은 가격경쟁에서 크게 떨어지기 때문이다. 일본 소금인 전오염煎熬鹽은 조선의 소금과 마찬가지로 자염의 일종이었다. 끓여서 만든 자염은 어쩔 수 없는 한계가 있었다. 왜일까? 끓이기 위해서 대단위의 연료가 필요하였고, 이 연료비로 인해 자염의 원가가 매우 높았던 것이다. 이에 비해 연료비가 필요 없는 천일염의 원가는 매우 낮았다. 공식적인 자료를 통하여 가격을 비교해 보자. 1910년도 100근당 평균가격으로 각국의 소금을 비교해 보면, 조선의 자염은 1,831엔m, 청국의 천일염은 1,000엔, 대만의 천일염은 1,017엔, 일본의 전오염은 1,335엔이었다.[4]

가격으로 볼 때, 일본의 소금이 대만과 중국의 천일염을 당해 낼 수 없었다. 이후 조선에 수입되는 소금 시장의 주도권은 소금 가격에 좌우되었다. 처음에는 일본염에서 다시 대만염으로 그리고 청국의 천일염으로 판도가 뒤바뀌었다.

◆ 와타나베, 밀수입염 조사의 특명을 받다

1906년경 와타나베渡邊爲吉는 광제호光濟號에 탑승했다. 광제호는 우리나라 최초의 근대식 군함이었다. 하지만 을사조약 이후로 서해안의 세관 감시선으로 사용되었다. 와타나베는 대한제국 정부 재정고문 부서에서 일하는 농상무農商務 기사技師였다. 와타나베의 표정은 밝지 못했다. 그가 맡은 무거운 임무가 떠올랐기 때문이다. 앞으로의 험난한 해로海路와 승선 생활도 적지 않게 걱정되었다. 와타나베는 서해안에 출몰하는 중국의 장크선[戎克船]을 조사하는 업무를 맡았다. 일본은 중국의 천일염이 무수히 서해안으로 유입되는 사정을 알고 있었지만 그 구체적 실상은 파악하지 못했다. 이때 와타나베를 시켜 장크선의 수, 해상 경로, 정박지, 천일염의 물량 등을 세세히 조사하고자 했다.[5]

러일전쟁에서 승리한 일본은 침탈 야욕의 발톱을 바로 드러냈다. 1905년 을사조약의 체결이 그것이다. 이 조약 이후로 조선은 일본의 보호국이 되었다. 말 그대로, 식민지 신세가 되었다. 이 조약으로 설치된 통감부는 외교 업무뿐만 아니라 조선의 기관을 실질적으로 감독할 수 있는 권한을 가졌다. 또한 대한제국에 파견된 고문顧問들에 의하여 '고문정치'가 이뤄졌다. 그들의 임무는 한국 정부에 대한 실제적 권한을 장악하여 완전한 합병을 도모하는 일이었다. 식민정책의 파견자인 고문顧問에 의한 '고문拷問'이 시작된 것이다. 와타나베가 속했던 재정고문이 하던 일도 경제적·재정적 합방을 꾀하는 일이었다. 와타나베에 부여되었던 밀수입염 조사는 한국 재정에 대한 침탈의 특명과 다름없었다.

한국의 세관은 1883년에 설치되었다. 그때의 이름은 '해관海關'이었다. 해관은 항구에 설치되어 상품의 수출입을 통제하는 일을 한다. 그러나 근대식 무역 활동에 익숙하지 않은 대한제국 정부가 제대로 외국 무역을 통제하기 어려웠다. 인력과 조직, 경비가 턱없이 부족했다. 초창기 해관은 경기도의 인천 해관, 평안남도의 진남포 해관, 평안북도의 신의주 해관이 고작이었다. 이 해관을 통과하는 수출입 상품에 대해서 관세를 매길 뿐 나머지 연안 도서에 수입되는 상품에 대해서는 완전히 무방비였다. 특히 소금의 수입이 그러했다. 와타나베는 당시 조선에 수입되는 청국염 전체를 약 42만 석으로 보았는데 이

중 30만 석이 밀수입된 소금이라 생각했다. 이처럼 청국산 소금만 따져 보아도 수없이 많은 관세가 줄줄 새고 있었던 것이다.

서해안에서 밀무역을 하는 장크선은 대개가 등주登州, 위해위威海衛 등 산동성山東省 지역의 선박이었다. 와타나베의 추정에 의하면 서해안을 왕래하는 밀수입염 선박은 거의 600척에 달했다. 산동반도에서 우리나라 서해안까지의 항로는 매우 가까운 거리였다. 게다가 산동성 지역은 내로라하는 중국의 유명한 소금 생산지가 몰려 있었다. 서해의 항로를 타고 오는 중국의 장크선에는 대부분 산동성의 천일염이 실려 있었다. 물론 소금만 밀무역하는 것은 아니다. 소금, 비단, 명주, 갈치 등을 싣고 와서 판 다음에 다시 쌀, 보리, 콩 등 주로 곡물을 싣고 돌아갔다. 장크선의 해상 무역은 밀수입과 밀수출을 동시에 하는, 일거양득의 밀무역이었다. 이 밀무역을 위해서는 안전한 판로가 확보되어야 하는 법. 조선에서도 중간상인인 선주가 있었다. 선주는 장크선과 내통하면서 소금을 비롯한 필요 물품들을 미리 의뢰해 주었다. 주문자의 오더에 맞게 맞춤형으로 밀무역이 이루어지는 것이다.

그런데 밀수입된 중국의 천일염은 어떻게 소비되는 것일까? 와타나베는 이렇게 적고 있다.

선인은 관습상 조선염을 좋아하지만 조선염의 공급이 적기 때문에 청나라 소금은 계속적으로 밀수입된다. 과세를 받지 않으므로 가격이 매우 안정되어 거의 조선염의 반 가격에 매매된다. 이 때문에 생활 정도가 낮은 조선 사람의 대다수는 청염을 사지 않을 수 없다. 조선의 시장에서는 청염의 가마니가 쌓인 것을 볼 수 있다. 시장의 판매에서도 청나라와 조선 소금 양자를 파는 것을 볼 수 있다. 대체로 상류의 조선 사람은 역시 조선염을 이용

하여도 지방 농민의 대다수는 주로 청염을 이용한다고 할 수 있다.[6]

    와타나베는 중국산 소금의 주요 소비자는 하층민이라 지적하였다. 그러나 하층민들이 청국염을 좋아하는 것은 아니다. 그럼에도 불구하고 청염의 가격이 조선염의 반 정도 밖에 되지 않기 때문에 경제력이 약한 백성들이 청염을 구하는 것이다. 그의 증언에 따르면 조선의 시장에서 청염과 조선염을 함께 팔고 있다. 청나라 소금가마니가 쌓여 있는 것으로 보건대 대량 유통되고 있음을 짐작하게 한다. 소금 수입의 주요한 시기는 봄과 가을이었다. 봄에는 장과 젓갈을 만들 때 많이 사용하였고, 가을에는 김장을 위해서였다. 그런데 청국염은 어류를 염장할 때에는 많이 사용되지 못했다고 한다. 물고기의 몸체에 염분이 잘 침투되지 못했기 때문이다. 아마도 소금발이 굵고 단단해서 염장이 잘 되지 않은 것 같다.

    밀수입염의 현황을 쭉 조사한 와타나베는 다음과 같은 대책을 내놓았다. 첫째, 중앙정부는 궁내부宮內府(왕실에 관한 여러 업무를 총괄하는 관청)와 교섭하여 종래의 징세를 전부 폐지할 것, 둘째, 해관의 구역을 정하여 필요한 관문에서 해관 감시소를 설치하고 압록강의 국경에는 독립된 대해관大海關을 설치할 것, 셋째, 해관에 적당한 밀수입 감시선을 배치하여 그 관할 내를 항상 순회하며 단속을 엄히 할 것. 와타나베의 대책을 보면 조선반도가 이미 일본의 땅이 된 듯하다. 여하튼, 이 대책은 구역 구역마다 해관 감시소를 정하여 세금을 늘리고, 감시선을 배치하여 밀수입선 통제를 엄격히 하자는 취지이다.

    첫 번째 대책은 과연 무엇일까? 언뜻 보기에 밀수입염 단속과 상관이 없는 것 같다. 그런데 이것이야말로 재정고문에게 가장 중요한 사항이었다. 당시 서북 해안의 해관세는 궁내부가 관할하였고, 이것은 왕실의 재정으로 충당되었다. 와타나베는 이를 '종래의 악폐', '악정 惡政'으로 규정하였다. 해관의 감독 없이 궁내부가 해관세를 징세하는 것이 악폐라는 것이다. 왜 악폐라고 목소리를 높인 것일까? 이처럼 강하게 비판하는 이면에는 다른 의도가 숨겨져 있었다.

일제는 첫 번째 타격의 대상을 왕실로 삼았다. 왕실 재정의 '선 분리, 후 축소'의 원칙 하에 '조선 왕실 재정 죽이기'에 나섰다. 다시말 하면 일제는 조선 침탈 과정에서 먼저 왕실 재정과 국가 재정을 분리 하는 것에 주안점을 두었다. 왕실 재정을 먼저 분리시킨 뒤에 왕실 재 정을 급속히 축소시키고자 하였다. 이렇게 한 뒤에야 조선의 재정을 통째로 삼킬 수 있다고 생각했다. 일제의 의도대로 1907년부터 궁내 부가 관할하였던 어염세魚鹽稅와 해세海稅 등 여러 가지 조세가 탁지부 度支部(국가 재정을 담당하는 관청)로 이관되었다.[7] 광제호를 타고 서해 안 곳곳을 누빈 와타나베. 그의 목적은 왕실 재정을 침탈하여 식민지 경영을 위한 재정의 확보에 있었다. 구한말 조선의 경제는 와타나베 의 목적대로 숨통이 조여지고 있었다.

■ 소금세 저항에 나선 조선의 염민들

조선의 소금세는 1751년 제정된 균역법에 따라서 걷혔다. 균역법의 취 지는 말썽 많은 군포의 폐단을 해결하고자 군포를 2필에서 1필로 감해 주는 대신, 부족한 재원은 주로 어전세漁箭稅, 염세 등으로 충당한다는 것이다. 이 세금을 주관하는 기관은 '균역청均役廳'이었다. 하지만 법 취지에 비하여 수세收稅제도는 잘 정비되지 못하였다. 다산 정약용은

塩稅規程

勅令第　六十九　號

第一條　塩의製造居旨、旦別ᄒᆞ고止者ᄂᆞᆫ左開事項을記載

ᄒᆞ야製造免許申請書邑所轄稅務監邑經ᄒᆞ야

支部大臣게게提出ᄒᆞ야免許邑承ᄒᆞ로이可喜

一　採鹹地名

二　塩田의面積

三　製造場及貯藏場의位地及個數

四　塩井又ᄂᆞᆫ塩釜의數

五　製造方法

義設府

이러한 조선의 염세제도에 대해서 불만을 직설적으로 표현한 바 있다.

한 나라의 제도는 마땅히 국내에 고르게 되어야 할 것인데 지금 나라 안의
법제가 만 가지로 다르며 아전이 틈을 타서 작간作奸(간악한 짓)하되 관가에
서는 어찌 할 바를 모르고 있다.[8]

1907년에 칙령 69호로 염세규정이
반포되었다. 이 규정은 소금을 생산
하기 위해서는 탁지부로부터 면허
를 받아야 하는 등 까다롭고 복잡하
였다. 염세규정에 반발한 염민들의
대규모 시위가 일어났으며, 일제의
폭력적인 진압이 벌어졌다. 《

'나라 안의 법제가 만 가지로 다르
다' 는 것은 조선의 염세제도가 지역별
로 큰 차이가 있다는 뜻이다. 정약용이
"서해에서는 가마와 구덩이의 대소大
小만 보고 토질土質이 어떠한 것은 묻지
아니하며 남해에서는 그 토질만 보고
그 가마나 구덩이의 대소는 묻지 아니하니 이 무슨 이치인가?"라고
반문한 것도 같은 뜻이다. 즉, 어떤 지역은 소금가마의 크기로, 어떤
지역은 염정鹽井을 기준으로, 어떤 지역은 염전의 토질을 기준으로 하
는 등 염세제도가 지역적 편차가 심했던 것이다. 정약용은 조선의 염
세제도를 "세금을 매기는 법이 난잡하고 편벽되어 균일한 법으로 될
수 없다는 것이 명백하다"라고 비판했다.

19세기 말에 이르러서는 염세제도가 자꾸 변화하였다. 예를 들면,
1894년 갑오개혁을 맞아서 혁파되었던 염세가 1897년 광무개혁 때에
다시 등장하였다. 문제는 지나간 기간 동안의 염세를 소급해서 걷으
려 한 점이다. 염민들의 불만이 커질 수밖에 없었다. 염세제도를 조사
한 일제는 이러한 사정을 잘 알고 있었다. 탁지부의 기록을 보자.

소금에 관한 세금은 원래 어수선하고 통일되지 못하였다. 그래서 탁지부度支部에 속했다가 농상공부農商工部에 속했다가 혹은 궁내부宮內府에 속했다가 친왕부親王府에 속했다가 한다. 또한 과세 방법도 염부鹽釜에 과세했다가, 염정鹽井에 과세했다가 하며, 세액 역시 매우 불균형된 모습을 보인다. 특히 염세에 대해서 부가세附加稅라는 형식으로, 지방 대소 관리들의 주구誅求, 백성들의 재물을 빼앗는 것이 매우 심해서 그 폐해가 많다.[9]

염세를 걷는 주무 기관이 이곳저곳으로 바뀌는 데다가 과세 방법도 일치하지 않아 혼란이 가중된다는 것이다. 게다가 염세를 규정보다 더 많이 내야 했다. 지방의 수령과 아전들의 중간 착복이 매우 심했던 것이다. 앞서 정약용도 이 때문에 '아전들이 틈을 타서 작간' 한다고 하였다.

일제가 파견한 재정고문 메가다 슈타로目賀田太郎. 세금이야말로 식민지 재원의 원천인데 재정고문인 그가 이를 그냥 두고 볼 리 없었다. 1906년에 〈조세징수규정〉이란 칼을 빼들었다. 이 규정을 통하여 징세 과정에서 수령과 향리들을 배제시키고, 새로운 징세기구를 설치하였다. 1907년에는 칙령勅令 69호로 〈염세규정〉을 반포하였다. 이것은 조선시대의 염세제도를 능가하는 규정이었다. "물샐 틈 없는 염세 물리기" 작전이 시작되었다.

먼저, 소금을 생산하려는 자는 세무감稅務監을 경유하여 탁지부 대신으로부터 면허를 받아야 했다. 면허 신청서에는 지명, 면적, 염정과 염부의 위치와 개수, 제조방법, 제조 예상 근수 등을 빽빽이 적어 내야 했다. 염민들은 당황하였다. 몇 백 년 동안 해 오던 소금 생산을 갑자기 사전에 면허를 받으라니 황당할 수밖에 없었던 것이다. 염세는 제조 근수斤數에 따라 부과되었다. 염민들은 3개월에 한 번씩 염세를 내야 했으며, 제조 장부를 만들고 세무 관리의 지시에 따라야 했다. 이 까다롭고 복잡한 염세제도에 대한 염민들의 반발은 당연하였다.

염세규정이 제정된 그 해부터 염민들의 대규모 항거가 일어났다. 1907년 함경남도 함경에서 일어난 일이다. 이곳에 파견된 세무관 김귀현은 탁지부 장정章程(조목으로 나눈 규정)보다 더 많은 소금세를 걷으려 하였다. 지방의 아전들과 다름없이 소금세를 중간 착복하려 한 것이다. 염민들이 반발하고 세금을 내지 않자 김귀현은 당장 일본 순사를 보냈다. 일본 순사가 염민 몇 명을 잡으려 하자 염민들이 크게 분개하여 일제히 달려들었다. 이에 놀란 일본 순사들이 다시 칼과 총을 무장한 채로 떼 지어 몰려왔다. 순사들의 총칼 앞에서 많은 염민들이 죽고 다쳤다. 하지만 이것이 끝이 아니었다. 다음 날에는 일본 병사 오륙십 명이 들이닥쳐 총질을 하였다. 염민들은 사방으로 도망쳤고, 35명의 백성들이 감옥에 갇혔다.[10]

일제는 조선의 아전들보다 더욱 혹독하고 악랄하게 염민들을 다루었다. 세무관 김귀현은 든든한 빽인 일제의 군사력을 등에 없고 전횡과 살인을 마음대로 저질렀다. 하지만 관찰사와 지방 수령들은 어찌할 도리가 없었다. 이 사건을 소개한 《대한매일신보》는 기사 말미에서 다음과 같은 평을 실었다. "세무 감관의 목적이 장정을 숨기고 세를 받으며 살인하는 것이 의무인지 관찰군수는 이런 정경을 보고도 안연히 있다고 그곳 인민이 원망한다더라." 조선의 지방 통치자들은 이미 일제의 권력 앞에서 무릎을 꿇은 처지였다.

함흥 염민 항거 사건 외에도 제주도, 경기도, 경상북도 등 여러 곳에서 염민들의 저항이 일어났다. 종래보다 염세가 매우 높게 나온 것이다. 염민들은 탁지부에 저항하고 호소했지만 염세규정은 고쳐지지 않았다. 염민들이 할 수 있는 유일한 대책은 생산을 멈추는 것이다. 소금 제조 신고를 않고 몰래 밀염密鹽을 만들어 판매하는 염민도 늘어 났다. 그런데 이 염세규정은 1920년에 폐지되었다. 1910년대에 약 4 천만 근이었던 소금 생산량이 폐지 이후에는 6천만 근으로 늘어났다. 이것은 강압적 징세제도가 미친 영향을 보여 준다. 일제 역시 이를 잘 알고 있었다. 조선총독부가 "염세규정이 폐지됨으로써 생산량이 증 가한 것이다"라고 분석하였으니 말이다.[11]

■ 이완용은 왜 인천의 주안에 갔을까?

《대한매일신보》 1907년 9월 22일자에는 〈사대신 시찰〉이라는 짤막한 기사를 확인할 수 있다. 내용은 이렇다. "명일에 총리대신 이완용, 농 상대신 송병준, 내부대신 임선준. 탁지대신 고영희 사대신이 인천 주 안리에 나가서 소금 굽는 마당을 시찰한다더라." 주안리를 시찰한 4 대신들은 이완용, 송병준, 임선준, 고영희. 이들은 모조리 친일행각을 벌인 민족의 반역자들이다. 당시 떵떵거리는 권력을 행사하는 4대신 들이 한적한 어촌이었던 주안까지 간 이유는 무엇일까? 주안에는 무 슨 일이 벌어지고 있었던 것일까?

기사에 소개된 바와 같이 주안에는 '소금 굽는 마당'이 있었다. 그 런데 이 소금은 우리나라의 전통적 소금이었던 자염과는 전혀 다른 소금이었다. 그것은 바람과 햇볕에 의하여 생산되는 '천일염'이었다. 이 천일염을 굽는 마당이 주안에 새로 생긴 것이다. 4대신이 이곳을 방문하여 구경할 정도였으니 주안의 천일염전은 나라의 커다란 국책 사업이었다.

일본은 청나라의 천일염에 대응하고자 했으나 마땅한 대책이 없었다. 19세기부터 일본에서도 값싼 수입염이 쇄도하였다. 일본의 전오염으로는 수입염을 막기에 역부족이었다. 방법은 소금 전매제를 실시하여 모든 소금을 국가에서 통제하는 것이었다. 그러나 제염업자의 이권과 맞물려 당장 전매제를 실시하기 어려웠다. 하지만 러일전쟁이 발발한 후 급속히 전매론이 설득력을 얻었다. 군비 마련을 위하여 국가 재정을 늘려야 하며, 일본 내 제염업을 보호해야 한다는 논리에 명분이 실린 것이다. 1905년 일본에서는 〈염전매법〉이 공포되었다.[12]

하지만 일본의 입장에서는 천일염을 포기하기 어려웠다. 이 천일염은 화학공업에 반드시 필요한 공업용 원료였기 때문이다. 천일염은 레이온·펄프의 제조, 석유의 정제, 제지공업, 염색, 도기 제작 등에 모두 사용되었다. 게다가 화학공업은 무기와 군수산업의 주요 발판이었다. 그런데 일본의 지형에서는 천일염을 생산할 수 있는 지리적 조건을 갖춘 곳이 없었다. 조선총독부 전매과장인 히라이平井三男가 "우리나라(일본) 화학공업의 장래와 조선의 천일제염의 장래가 긴밀한 관계가 있다"고 언급한 것도 이러한 맥락이었다. 일제가 대안으로 찾은 것이 조선이었다. 조선에서 천일염전을 건설하고자 하는 배경을 들어보자.

한국의 서북 해안 일대에 있어서는 간석지가 풍부하고, 지질은 심층의 점토를 갖고 있다. 또한 조수간만의 차가 크고 기후가 양호하다. 공기가 건조하여 우량이 적어서 청국과 대만 등에 있는 천일제염전의 소재 지방과 유사하다. 만약 한국에 천일제염전이 성립된다면 수입염에 대항할 수 있으며 국가의 이익과 국민의 복리에 크게 이를 수 있다.[13]

우리나라의 서해안은 넓은 갯벌과 봄·가을의 건조한 기후를 가졌다. 일본과 가깝기 때문에 물류비도 크게 절약할 수 있었다. 일본에게 조선의 서해안은 천일염전을 조성하기에 완벽한 장소였던 것이다. 결국, 일제는 조선을 안정적인 천일염 공급지로 결정하였다. 그러나 천일염전을 위해서는 대규모의 투자가 필요하였다. 투자 비용은 식민지 조선에 떠맡기면 되지만 여간 부담스러운 것이 아니다. 새로운 염전을 건설하려면 일정한 절차가 필요했기 때문이다. 이때 일제가 선택한 방법은 제염시험장의 설립. 일제는 일본식 전오염 염전과 대만식 천일염 염전을 모두 만들어 양자를 시험하고자 했다. 전오염 염전은 당시 동래의 용호리에, 천일염 염전은 인천의 주안리에 각각 설치하였다. 이 염전을 만든 것이 바로 1907년이었다.

그렇다면 이 두 곳에 염업 시험장을 설치한 이유는 무엇일까? 동래와 인천은 모두 개항지였다. 개항장에는 일본인 거류지가 있었고, 문물교류가 활발했다. 향후에 원료 생산지로 삼으면 물자를 빼돌리기에도 쉬운 항구였다. 동래의 용호리는 원래부터 자염이 생산되었던 곳이다. 지명도 '분개盆浦'였다. 분盆은 소금을 굽는 가마를 뜻하였다. 이곳 동래부 남촌면에는 가장 큰 염전이 있었다. 1907년도에 염정鹽井만 130개가 있었다.[14] 지형, 토질, 거리를 따져볼 때 일본식 전오염 시험장은 동래 용호리 염전에 세우는 것이 안성맞춤이었다.

이에 비하여 인천의 주안리에 천일염전을 설립한 것은 경성으로 신속한 운반을 염두에 둔 것이다. 1900년 경인선이 개통되었기 때문이다. 그런데 서남쪽 해안가가 아닌, 인천에 천일염전을 세운 것은 무슨 까닭일까? 조선에서 충청도, 전라도는 자염의 생산량이 가장 많은 곳이다. 이곳에는 자염의 기반이 탄탄했기 때문에 값싼 청국산 천일염도 큰 영향을 미치지 못하였다. 자염의 기반이 너무 탄탄했던 것이다. 그래서 일제강점기까지 천일염전은 모두 인천의 이북 지역에만 축조되었다.

전오염과 천일염 시험은 일제의 각본대로 움직였다. 사실상 양자를 시험하여 천일염의 우위 효과를 증명하려는 것이었다. 당연히 시험 결과는 주안의 천일염이 훨씬 양호하였다. 품질의 우선 기준은 염화나트륨 성분이었다. 일제는 염화나트륨 성분이 높은 천일염이 필요했기 때문이다. 다양한 미네랄이 녹아 있던 자염은 화학연료에 사용되기 어려웠다. 생산비도 주안의 천일염이 우위였다. 용호의 전오염이 생산비가 100근百斤 당 80전인데 비하여 주안의 천일염은 약 20전이었다. 연료비가 들어가지 않았으므로 천일염의 생산단가가 낮았다. 하지만 천일염전의 건설 비용을 계상시켰다면 결과는 달랐을 것이다.

천일염전의 축조는 형식상 한국 정부가 하는 일이었다. 이완용을 비롯한 4대신들이 주안에 가서 시찰한 것은 일종의 퍼포먼스였다. 천일제염의 모든 일은 일본인 관리들에 의하여 주도면밀하게 이뤄졌다. 일본은 자기 나라의 대장성과 염무국에서 일하는 관리들을 한국 정부에 파견시켰다. 소금 업무를 하기 위해 파견된 탁지부의 관리들 명단을 보면 거의 일본인들이다.[15] 이들이 일본의 지시에 따라 일을 한다는 것은 두말하면 잔소리다. 일제는 천일제염 기술자가 부족하자 동경의 수산강습소에서 기술자 양성소를 차렸다. 이곳에서 기술자를 키워 내 조선의 관리로 파견하였다.[16]

일본인들은 천일염전에 대한 경험이 부족하였다. 일제는 1895년 대만에 총독부를 건설하였다. 대만을 식민지로 하면서 이곳의 천일염전을 배우는 중이었다. 일제가 주안의 천일염전을 대만식으로 만드는 것 외에 별다른 대안이 없었다. 대만에서 활동하던 일본인 기사들을 조선

THE FINE VIEW OF SALT-FARM, JINSEN.
観壯の田塩るけ於に近附川仁 （勝名川仁）

일제강점기 사진엽서에 등장한 주안염전이
다. 일제는 1907년 전오염과 천일염 제염 시
험장을 설립하였다. 일본식 전오염 시험장은
동래의 용호리에, 대만식 천일염 시험장은 인
천의 주안리에 각각 설치하였다.

에 초빙하여 여러 간석지를 조사하게 하였다. 그 결과, 인천항 인근의 주안과 평안남도 진남포항 연안의 광양만이 제일 적합한 지역으로 떠올랐다. 일제는 이곳에 대규모의 천일염전을 축조하면서 천일제염의 노하우를 쌓았다. 식민지 조선은 참으로 많은 것을 일본에 주었다.

◆관영주의자들, 책상머리에만 앉아 있지 마라!

처음으로 천일염이 생산되기 시작했던 1907년은 조선에게 불행한 해였다. 헤이그 밀사 사건이 터지자 고종이 물러났고, 한·일 신협약이 체결되었다. 이 협약으로 통감부가 모든 통치권을 장악하였고, 정부의 각 부서에서는 차관들이 실권을 움켜쥐었다. 이른바 '차관정치'의 막이 올랐다. 정책 자문이 아닌 실제 통치가 가능해진 것이다. 조선을 완전한 식민지로 집어삼키기 전에 차관들이 바싹 신경을 써야 하는 부분은 '재정'이었다. 일제는 연이은 침략전쟁으로 대규모 군비가 필요하였다. 또한 식민지를 건설하고, 이를 경영하려면 많은 재원이 필요하였다. 식민지 국가에서 전매는 '전쟁, 침탈, 재원'이라는 제국주의적 요소들이 버무려진 것이다.

전매는 국가가 특정 상품을 독점하여 제조·판매하는 것이다. 대체로 생활에 꼭 필요하며, 이윤이 많이 남고, 통제가 수월한 상품이 선정된다. 일본에게 가장 구미가 당겼던 상품이 인삼, 담배, 소금, 아편 등이었다. 일본에서 전매제도의 맹아는 담배에서 생겨났다. 담배에 세금을 부과하던 제도가 점차 전매제도로 바뀌어 나갔다.[17] 식민지 가운데 일본의 첫 실험 대상은 '대만'이었다. 대만총독부는 1897년 아편을 전매시켰고, 1899년에는 소금과 장뇌樟腦를 차례대로 전매시켰다. 조선에서 첫 번째 전매 상품은 '홍삼'이다. 1908년에 〈홍삼전매법〉이 공포되었다. 조선의 홍삼은 동아시아의 유명 상품이었으니 일제에게 커다란 이윤을 보장해 줄 효자 상품이었다. 그 다음은 담배였다. 1921년에 〈연초전매령〉이 공포되어 일제는 담배의 경작과 판매를 모두 장악하였다.

소금의 전매는 어떻게 되었을까? 일제는 조선의 소금을 전매하기 위해서 고심했던 것으로 보인다. 《대한매일신보》 1910년 10월 25일자의 〈전매법 실시〉라는 기사를 보자.

> 정부에서는 전매하는 법을 실행하기 위하여 재원조사국에서 지휘하여 각항 물종을 조사하는 중인데 우선 소금과 담배 매매에 이 법을 실시한다더라.

홍삼 전매 이후에 일제는 열심히 새로운 상품을 찾았다. 물망에 올랐던 상품이 소금과 담배였다. 그런데 소금 전매법은 바로 만들어지지 못했다. 기사대로 일본은 소금의 전매를 원했지만 사정이 여의치 않았던 것이다. 1942년이 되어서야 일제는 조선에서 〈염전매령〉을 공포할 수 있었다. 왜 그랬을까? 일제는 반발이 예상되는 '완전한 전매' 보다는 실리를 찾을 수 있는 '천일염의 관영'을 택하였다.

일본은 자국과 식민지 대만에서 소금의 '판매 전매제'를 실시하였다. 민간염업자가 소금을 생산하면 국가가 수납하여 판매하는 제도이다. 헌데 이 제도는 매우 복잡했다. 지방에 따라 제조 방법도 다르고, 소금의 품질과 생산비도 가지각색이었다. 이러한 경험으로 인하여 판매 전매제보다는 제조 전매제가 훨씬 수월함을 깨달았다. 국가가 생산을 통제하고 있으면 생산량, 품질, 가격 등 판매의 문제까지 적절히 조절할 수 있었다.

일본은 이러한 이유에서 조선에 천일염전을 설치하려 했다. 조선의 자염은 오랫동안 개인적인 생산체제로 가동해 왔으니 자염에 대한 전매는 거친 저항에 직면할 것이 뻔했다. 자염에 대해서는 세금을 물려 재원을 확보하면 실리를 찾을 수 있었다. 일제의 고민은 천일염에 대한 전매를 어떻게 할 것인가에 집중되었다. 고민의 결과는 '천일염의 관영계획 추진'이었다. '관영官營'이란 국가에서 운영하는 사업으로 천일제염을 추진하겠다는 뜻이다. 요컨대, 천일염을 축조하고, 생산을 계획하며, 부대 시설을 만드는 사업을 국가에서 한다는 개념이다.

일제의 이러한 천일염의 관영계획은 수많은 논란을 낳았다. 천일염의 생산을 두고 관영론자와 민영론자가 대립각을 세웠다. 일제는 당연하게 관영론의 입장에 서 있었다. 일제는 재정의 기초를 다질 수 있으며, 수입염을 방어해 경제상 유리하고, 이후에 제조 전매를 실시할 수 있다는 등 관영론의 논거를 10가지 이상을 들어 선전하였다.[18] 그런데 이에 대응하는 민영론자는 누구일까? 놀랍게도 탁지부에 파견되었던 천일제염의 기사들이었다. 츠카모토塚本道遠와 암바라庵原文一 기사는 공식적으로 관영을 반대하는 견해를 제출했다.[19]

이들이 천일염의 시행을 부정하거나 조선의 입장에 선 것은 아니다. 하지만 뚜렷한 주관을 가지고 국가와 반대되는 견해를 피력했다는 것은 대단한 일이다. 특히 암바라는 관영주의자들이 책상머리에서 공중누각을 계획하지 말라는 직언을 서슴지 않았다.[20] 암바라가 보기에 천일제염은 기본적으로 민간에서 하는 생업이었다. 그는 국가가 소금 생산을 통제하여 이득을 챙기는 것은 잘못되었다고 생각했다. 게다가 천일염이 주로 서북 지역에서만 생산됨으로써 원래 소금의 주생산지였던 전라와 경상도의 제염업이 몰락하게 될 것이라 예상하였다. 이 지역의 염전이 폐전되는 동시에 염민들의 실업이 발생할 수 있다고 본 것이다. 또한, 조선의 재정은 궁핍하므로 대규모의 천일염전 사업은 큰 재정 부담으로 남아 백성들에게 전가될 것이라 경고하였다.

암바라의 주장은 매우 의미심장하다. 이후 조선의 제염업은 암바라의 예상과 맞아떨어졌다. 원래 주요한 자염 생산지였던 충청도, 전라도, 경상도는 조금씩 쇠락의 길을 걸었다. 이에 비해 천일염은 정부의 비호를 받으며 성장을 거듭하였다. 그러나 '자염의 몰락과 천일염의 부상' 이야말로 일제가 원했던 것이다. 일제는 "재래염업의 황폐는 경시할 수 없다고 해도 재래염업을 구제하여 그것을 영원히 존속시키는 것은 곤란한 일이다"라고 말하였다.[21] 이 말은 조선의 자염이 점차 사라지기를 기대했던 속내를 밝힌 것이다.

일제의 통치 기간 동안 천일염은 '관염官鹽'으로 자염은 '사염私鹽' 혹은 '재래염在來鹽'으로 불렸다. 조선을 강제적으로 병탄한 후 조선 총독부에 전매국이 신설되었다. 전매국이 천일염의 생산을 맡았으니 관염이 된 것이다. 그런데 일제의 정책으로 인하여 자염과 천일염의 운명이 크게 갈라졌다. 전통적 소금인 자염은 우리 역사 속에서 퇴장하는 비운을 맞이하였다. 더욱 안타까운 점은 대한제국의 꿈이 영원히 사라졌다는 것이다. 대한제국은 19세기 말엽에 자염 생산의 개혁에 착수했다. 값싼 수입염이 물밀 듯이 들어오자 큰 자극을 받았던 것이다. 제염시험장을 인천에 설치하여 새로운 철부鐵釜와 기계를 도입하고, 석탄을 연료로 사용하고자 했다. 이러한 대한제국의 자율적인 염업 개혁은 일제의 침략 앞에서 종지부를 찍었다. 대한제국의 자염 개혁이 성공했다면 우리나라의 제염업은 과연 어떻게 변모했을까?

1920년대,
서대문 소금 사기단의 출현

■ 청국 노동자, 대규모 파업에 나서다

청나라 복장을 한 수백 명의 노동자가 광양만廣梁灣에 도착했다. 그들
은 중국의 산동성에서 일하던 염부들이었다. 청나라는 열강들의 침략
과 정치 투쟁으로 거의 망해가고 있었다. 정치적으로 혼란하니 경제
적인 열세도 말할 것이 없었다. 일자리도 부족하고 임금도 줄었다. 일
본이 조선의 광양만에 대규모의 천일염전을 만들고 일꾼들을 구한다
는 소식에 염부들은 솔깃해졌다. 이 청나라 염전에서 일하는 것보다
는 임금을 많이 받지 않겠는가! 어느덧 그들은 식민지 조선의 천일염
전에서 재팬 드림을 꿈꾸었다. 그 꿈이 광양만까지 안내한 것이다. 상
기된 표정의 청나라 염부들은 광양만의 천일염전으로 뚜벅뚜벅 걸어
들어갔다.

　일제는 주안과 광양만에 천일염전을 만들었지만 훈련된 염부들을

찾기가 매우 어려웠다. 일본에서도 마찬가지였다. 고심 끝에 일제는 청나라의 염부들을 데려오기로 결심했다. 청나라에서는 값싼 제염 일꾼들을 손쉽게 구할 수 있었다. 이러한 일제의 노동력 수급 아이디어는 성공을 하였다. 광양만에서만 거의 천여 명에 이르는 청나라 염부들이 입국하였던 것이다.

그러나 막상 조선에 도착한 청나라 염부들은 경악을 금치 못했다. 열악한 노동 환경은 말할 것도 없고 똑같이 일하는 일본인들에 비하여 터무니없이 낮은 임금이 지급되었다. 중국보다는 낫겠지 하는 마음에 조선까지 왔지만 그들을 기다리는 것은 텅 빈 천일염전뿐이었다. 그들은 참지 못하고 대규모의 파업에 나섰다. 《대한매일신보》 1910년 4월 14일 〈불공평하다고〉라는 기사를 보자.

> 광양만에서 햇볕으로 소금을 제조하는 역소에 청국 노동자 사백 명이 고가雇價(품삯)에 불공평함을 인하여 파업퇴거하였다더라.[1]

광양만의 천일염전에서 1910년 4월 6일부터 시작된 청국 노동자 파업사태는 매우 중요한 사건이었다. 잘못하면 일제의 주요 추진 시책이었던 조선의 천일제염업에 찬물을 끼얹을 수 있었기 때문이다. 청나라 염부들은 일본인과 동등한 품삯을 줄 것을 요구하였으며, 월급으로 주던 삯전을 일급으로 달라고 했다.[2] 시간이 지나면서 오히려 파업에 참가하는 염부들이 늘어났다. 400명으로 시작된 파업인원이 800명으로, 다시 900명으로 증가하였다. 그러나 일제는 청나라 염부들의 요구를 들어주지 않았다. 염부들의 요구조건을 들어주면 인건비의 증가로 인하여 천일염의 원가가 높아지기 때문이다. 원가가 높은 조선의 천일염은 중국의 수입염에 맞서지 못할 것은 뻔한 일이었다.

청나라 노동자의 파업에 대해 일제는 버티기 정책으로 일관하였다. 조선까지 왔던 청나라 노동자는 임금도 제대로 받지 못하고 쫓겨날 운명에 처했다. 파업에 참가했던 900명의 염부 가운데 850명이 다시 고향인 연대煙臺(산동성 북부에 있는 도시)로 돌아갔고, 몇 명은 진남포에 정착하여 농사를 짓게 되었다.[3] 청나라 염부들이 귀국하면서 대파업 사건은 일단락되었다.

그러나 청나라 염부들이 조선에 들어와 일을 하게 된 것은 커다란 계기가 되었다. 열악한 환경에도 불구하고 청나라 염부들은 이후에도 조선으로 계속 들어와 일을 하였다. 사실상 천일제염업의 선구자들은 이들이었던 것이다. 청나라 염부들을 통하여 귀중한 천일제염의 기술이 전래되었다. 지금도 천일제염업에서는 청나라 염부들의 흔적이 뚜렷이 남아 있다. 대표적인 것이 천일염전에 사용되는 명칭들이다. 예컨대 제1증발지를 뜻하는 난치, 제2증발지를 일컫는 느티, 반장을 말하는 빠또 등은 모두 중국어에서 전래된 용어이다.[4] 천일염전에서 목도로 소금을 운반하는 관습도 청나라 염부들로부터 전해진 것이다.

◆ 북한에 집중된 대규모 천일염전

광양만은 서해안에서도 보기 드문 지형이다. 황해도와 평안남도 사이를 8킬로미터 가까이 만입되어 있다. 만은 바다가 내륙 안으로 깊게 들어간 지형이다. 이러한 만에는 갯벌이 발달해 있고, 자연재해로부터 영향도 덜 받기 때문에 소금을 생산하기에 아주 좋았다. 광양만은 기후도 알맞았다. 소금을 생산하는 제철에 고온 건조하고 증발량이 많았다. 소금을 유통하기에는 어떨까? 황해도의 재령강과 평안도의 대동강이 광양만에서 만나고 있다. 소금을 배에 실어서 강을 통해 내륙으로 보낼 수 있는 천혜의 지형인 것이다.

인천의 주안은 염전을 설치할 수 있는 간석지가 넓지 못했다. 대규모의 천일염전을 조성하기에는 좁은 지형이었다. 일제가 인천의 주안에 천일염전 시험지를 만든 것은 '인후지지咽喉之地'라는 지리적 조건 때문이었다. 인후지지는 목구멍과 같은 땅으로서 매우 중요한 길목을 일컫는다. 경성으로 들어가는 입구가 인천이며, 경성에서 나오는 출구도 인천인 것이다. 인후지지에서 천일염을 성공시킨 일제는 이제는 대규모로 천일염전을 만들 수 있는 넓은 땅이 필요했다.

일제가 가장 염두하고 있던 천일제염지는 평안도였다. 이곳에 중국 천일염이 제일 호황을 이루고 있었다. 천일염은 천일염으로 막아야 하는 법. 중국 천일염을 막기 위해서는 평안도에 천일염전을 만드는 길이 최선의 상책이었다. 광양만이 최적의 후보지로 선정되는 데 별다른 이견은 없었다. 이미 천일염 시험지로 부상된 지역이었기 때문이다. 1910년 5월부터 광양만에서 천일염이 출하되기 시작했다. 1910년 5월 13일자 《대한매일신보》에서는 "광양만 염전 280평에서 지난 팔일에 소금 일천 근을 제조하였다"는 기사가 실려 있다. 이후로 광양만에 천일염전 확장이 이뤄져 1914년까지 770정보町步(1정보는 3,000평)의 천일염전이 조성되었다.

일제는 광양만의 천일염전을 필두로 평안도에 수많은 염전을 조성하였다. 1921년까지 덕동德洞에 223정보, 귀성貴城에 1,535정보, 남시南市에 483정보가 건설되었다. 그러나 일제의 잘 나가던 천일염전 확장정책은 1923년의 관동대지진으로 주춤하였다. 관동대지진 이후 일

본 정부는 긴축재정을 할 수밖에 없었다. 이로 인해 많은 자본이 투자되었던 천일염전 축조는 중단될 수밖에 없었다.

다시 대규모의 천일염전이 구축된 것은 거의 20여 년이 지나서였다. 1943년에 황해도 연백군에 1,250정보의 천일염전이 완성되었다. 이로써 북한의 서해안가에서는 4,261정보의 엄청난 천일염전이 생겨났다.[5] 이는 남한 지역의 천일염전에 거의 2.6배가 되는 수치였다. 남한에는 인천의 주안을 비롯하여 경기도 소래, 남동, 군자염전을 합쳐고작 1,664정보의 천일염전이 있었다. 일제가 북한에 집중시킨 천일염전은 해방 이후 남한에게 불행의 씨앗이 되었다. 남북의 분단은 소금의 대기근을 예고하는 것이다.

1920년대 초까지 일제의 천일염전 축조계획은 순풍에 돛을 단 배와 같았다. 경기도와 평안도의 간석지에 계획대로 수많은 천일염전이 구축되었다. 그런데 천일염전은 완성한 이후에도 시간이 필요했다. 좋은 소금을 생산하기 위해서는 5~6년 이상의 세월이 지나야 하는 것이다. 이른바 이것이 '숙전熟田'이다. 김치가 제맛을 내기 위해 숙성되는 시간이 필요하듯이 천일염전도 질 좋은 소금을 내기 위해서는 시간이 필요했다.

■ 천일염이라는 이유만으로 싫어했으나

일제가 천일염전 확장정책과 아울러 신경을 써야 했던 문제는 천일염의 맛과 품질이었다. 총독부 전매과장 히라이平井三男의 말을 들어보자.

> 품질이 좋지 못한 중국의 천일제염이 널리 퍼진 결과 천일제염이라는 것은 좋지 못한 것으로 세상에서 오해하게 된 까닭으로 조선의 천일제염은 빛이 결백하여 중국의 천일제염과 같이 아니함에도 불구하고 관염이 처음으로 난 때에는 다만 천일제염이라는 한 가지 이유만 가지고 일반이 싫어하였다. 하지만 점점 품질의 우량한 일을 모두 알게 되며 한편으로는 품질 좋은 관염이 낫다함을 따라 중국의 천일제염도 개량을 시작한 결과로 천일제염의 신용은 별안간 높혀졌더라.[6]

히라이는 처음에는 중국산 천일염 탓에 조선의 천일염까지도 좋지 못한 것으로 인식되었지만 점차 개량을 한 결과로 천일염의 신용은 별안간 높아졌다고 주장하고 있다. 히라이의 주장은 어느 정도 사실이다. 일제는 천일염을 끊임없이 개량하기 위해 동분서주하였다. 이러한 노력은 천일염이 점차 민간에 퍼지는 원동력이 되었다. 또한 일제는 천일염의 견본을 나눠 주는 홍보전략을 취하였다.

> 총독부 전매국에서는 주안 광양만의 천일제염사업도 대략 완성하고 또한 그 성적도 양호하였음으로 금회今回에 주안의 일등분쇄제염을 30근을 한 가마니로 하야 경성에 있는 관민官民 169개소에 견본으로 배부한다더라.[7]

천일염 홍보의 1차 타깃은 관리들이었다. 서울에 사는 관리들에게 천일염을 1차적으로 배급함으로써 관염의 전파 효과를 노린 것이다. 그런데 분쇄제염은 무엇일까? 분쇄제염은 천일염을 잘게 부순 것이다. 천일염은 소금의 결정이 크다. 천일염을 음식물에 사용하기 위해서는 잘게 자르는 과정이 필요하였다. 특히 물고기를 소금에 절이기 위해서 재차 가공한 분쇄염이 필요하였다. 전매국은 천일염을 분쇄하기 위한 공장을 이미 1910년 11월에 인천 주안에 별도로 세웠다. 전매국은 이러한 분쇄의 목적을 '수요자의 기호와 관습과 용도의 성질에 의한 것'이라 밝혔다.[8]

이처럼 수요자가 원하는 관염이 되기 위하여 일제가 많은 노력을 기울인 것은 사실이다. 그러나 좋은 관염을 생산하는 제염 기술은 진척되었다 해도 판매가 문제였다. 아무리 좋은 천일염을 생산했다고 하더라도 팔리지 않으면 쓸모가 없는 법. 그리하여 일제는 천일염 사용방법을 고안해 홍보하였다. 일제가 홍보했던 조선관염 사용법을 들어보자.

조선관염은 태양에 쬐여서 제조한 것인 고故로 보통염보다 그 성질이 소위 경강硬强하나 좌左와 같이 주의하여 사용하면 그 맛이 좋고 또한 가격이 저렴함. 하나. 이 태양염은 짠맛이 강한 까닭에 기왕 일승一升을 사용하던 것은 칠합七合만 사용하여도 족함. 하나. 생선을 일야간一夜間에 소금 절임을 할 때는 물 일승一升에 소금 이합二合을 용해하여 염수鹽水를 만들어 사용하거나 혹은 보통염과 같이 용해 사용하여도 가可함.[9]

천일염은 태양열로 인하여 물이 조려지면서 만들어지기 때문에 그 성질이 경강하다고 하였다. '경강' 이란 굳고 단단하다는 뜻이다. 또한 자염보다 염화나트륨 성분이 높아 짠 것도 특징이다. 그래서 천일염 사용 시에는 원래의 양보다 70퍼센트로 줄일 것을 권장하고 있다. 생선을 소금에 절일 때는 가능한 소금물을 만들어 이용할 것을 선전하고 있다. 천일염의 결정이 크거니와 어체에 골고루 염장이 되기 위해서는 소금물로 하는 것이 효과가 높았다.

조선인의 식생활에서 음식맛은 곧 소금 맛이었다. 조선인의 식단은 발효 음식을 제외하고도 소금으로 양념한 나물류가 대종을 이뤘다. 식생활에서 자염에 맛들여진 입맛을 순식간에 바꾸는 것은 어려운 일이다. 일제는 이러한 배경에서 조선관염 사용법을 권장하고, 자염의 맛과 비슷한 천일염 사용의 효과를 꾀한 것이다. 그러나 조선인들이 이를 수용하기 위해서는 더 많은 노력과 시간이 필요하였다. 천일염을 재차 가공한 재제염이 등장한 것도 새로운 방안이 되었다. 천일염을 해수에 녹인 뒤에 다시 끓여서 만든 소금이 재제염이다. 재제염은 상류층 조선인들과 도회지의 일본인들이 주고객이었고, 생선을 절이는 데 많이 사용되었다. 상당수의 재제염은 러시아 영토인 시베리아로 수출되었다.[10] 재제염의 등장은 천일염의 사용이 더욱 증가하는 요인이 되었다.

◆ 관제염판매소 간판을 붙인 소금 사기단

1924년 8월 서대문의 봉래정蓬萊町 골목에서 일본인 형사들이 한 가게를 유심히 지켜 보고 있었다. 이 가게에는 '관제염판매소'라는 간판이 붙어 있었다. 이 가게 앞에는 수많은 소금가마니가 쌓여 있었다. 수상하게 보이는 조선인 몇 명이 가게 안으로 들어갔지만 아직까지 이들을 체포하라는 명령이 떨어지지 않았다. 이 가게의 주인인 윤병일尹炳日이 나타나지 않았기 때문이다. 땅거미가 내릴 무렵, 드디어 윤병일이 몇 명의 조선인과 함께 골목길로 들어섰다. 이상한 낌새를 눈치 챈 윤병일. 그는 갑자기 골목 반대편으로 도망을 쳤다. 그러나 이미 그곳에서도 일단의 형사들은 그를 지키고 서 있었다. 자포자기한 윤병일은 순순히 포승줄에 몸을 맡길 수밖에 없었다. 그런데 관제염을 판매하는 윤병일을 형사들이 왜 체포한 것일까? 이 사건을 소개한 신문의 기사를 통해 그 내막을 알아보자

근래 조선 전도 각지에서 관제염일수판매주권모집원官製鹽一手販賣株券募集員이라 일컫는 수상한 자들이 돌아다니며 하나에 이백원 짜리의 주권을 팔아 그 피해가 적지 아니한 모양이더라. 이제야 소문을 접한 각지 경찰에서는 일제히 이 자들을 체포하랴 노력하던 중 시내 서대문 사법계 형사가 봉래정 일정목一丁目에 관제염판매소라는 간판을 붙인 집 앞에 수많은 소금 섬이 쌓여 있고 매일 수상한 자가 적지 않게 드나듦을 발견하고 즉시 의

심을 두어 항상 주의를 게을리 아니하던 차이더라. 그것이 소위 관제염일수판매사무소인 것을 눈치 채고 이삼일 전에 습격하여 모든 것을 조사하였든 바, 과연 이곳이 전역으로 퍼진 대사기단의 본부인 것을 발각하는 동시에 그 일파의 수령이라 할만한 윤병일 외 두명을 즉시 체포하여 방금 엄중한 취조를 계속하는 중인데……

이 관제염판매소에 쌓여진 소금가마니들은 눈 속임용이었다. 가게의 실체는 관제염 판매 주권을 팔러 다니던 사기단의 본부였던 것이다. 이 사기단의 두목이 바로 '윤병일'이었다. 사기단원들은 자신을 '관제염일수판매주권모집원'이라고 소개하고 다녔다. '일수一手'는 '독점'이란 뜻이다. 관제염을 독점하여 판매하는 회사의 주권을 모집하는 직원이라는 것이다. 당시는 조선총독부가 곧 소금을 전매할 것이라는 소문이 떠돌았다. 이러한 기사가 신문에까지 실렸으니 사람들은 소금 전매는 곧 사실이라 믿을 수밖에 없었다.[11] 이때 조선총독부로부터 소금 일체를 인수받아 판매하게 된다면 이 회사는 떼돈을 벌게 될 것임은 자명하였다. 서대문의 관제염판매소는 자신들이 소금전매법에 따라서 모든 소금을 판매할 것이니 자신 회사의 주권을 사라고 속였던 것이다. 수많은 사람들이 이들의 감언이설에 넘어가 많은 돈을 주고 주권을 사들였다.

이 관제염판매소가 사기극을 연출할 수 있었던 무대의 배경은 무엇일까? 그것은 조선총독부의 천일염 판매정책이었다. 소금은 전매품이 아니면서 관염이라는 애매모호한 상품이었다. 일제는 관염을 직접 판매하지 않고 위탁판매인을 선정하여 맡겼다. 위탁판매인은 각 지방에 있는 염도매상들에게 소금을 넘겼다. 이 소금은 다시 소매인을 거

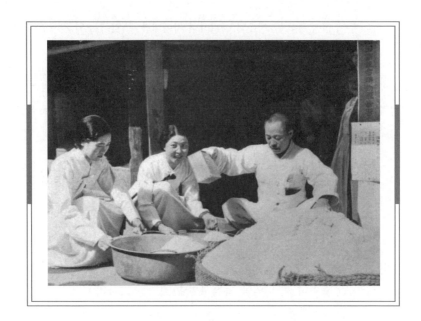

쳐 소비자에게 유통되었다. 1913년에는 평양에 있던 이타쿠라板倉益次郎가 위탁판매인으로 선정되었다. 그는 막대한 소금 권력을 행사하며 엄청난 폭리를 챙겼다. 보다 못한 일제는 시정 조치를 요구하였지만 그는 듣지 않았고 결국 위탁판매인 제도가 폐지되었다.

1917년부터 조선총독부가 소금 판매를 직영으로 하였다. 이 직영 제도는 전국의 주요한 지역에 특약판매인을 지정하여 이들을 통해 소금을 유통시키는 것이다. 54명의 특약판매인이 막강한 소금 판매 권력을 행사하였으니 위탁판매인과 별반 차이가 없었다. 1930년 이후에는 특약판매인을 염매팔인鹽賣捌人으로 개칭하였는데 역시 명칭만 바뀌었지 권한은 그대로 이어졌다.[12] 이처럼 관염은 조선총독부의 전매국에서 생산하는 제품인데도 불구하고 그 판매는 특정한 몇 사일제강점기 소금을 판매하는 상점이다. 일제는 천일염을 직접 판매하지 않고 위탁판매인을 선정하여 맡겼다. 1917년부터는 조선총독부가 소금 판매를 직영으로 하였다. 하지만 이 직영제도도 전국의 주요 지역에서 특약판매인을 지정하여 위임시키는 것이다. 《

람에게 맡겨졌다. 조선총독부에게 그 권한만 위임받을 수 있다면 엄청난 이익과 유통 권력을 보장받을 수 있었다. 조선인들이 관제염판매소의 말에 현혹되는 것은 이러한 관염 유통 구조의 특수성 때문이었다.

관제염판매소는 일망타진되었지만 소금 권력을 가지면 복권 당첨과 같은 이익을 볼 수 있다는 인식은 여전히 팽배해 있었다. 이후에도 비슷한 수법의 사기단이 기승을 부렸다.[13] 사기단원들은 지방과 시골에 살고 있는 조선인들에게 다가섰다. 정보가 부족하고 순진한 지방의 조선인들은 이들의 달콤한 말에 속아 많은 돈을 내고 주권을 구입하였다. 일제는 소금의 전매는 전혀 사실무근이며, 이러한 회사를 설립할 의사가 없다고 공포했다. 하지만 조선인들은 총독부의 공포보다는 사기꾼의 말을 믿었다. 조선총독부의 정책을 보건대 멀지 않아 소금이 전매될 것임은 확실해 보였기 때문이었다. 특정한 몇 명에게 소금 권력을 넘기는 방식이 이어지는 한, 소금사기단의 출현은 막을 수 없었다.

■ 1942년, 드디어 소금 전매법이 드디어 공포되다

관염을 판매하는 염매팔인이 오히려 소금의 원활한 유통에 장애가 되는 경우가 생겼다. 관염과 중국산 천일염이 많이 수입되는 서북 지방이 그러하였다. 신의주 염매팔인들이 상호 경쟁으로 인해 가격에 차이가 생기자 전매국은 조합을 결성하게 하였다. 조합을 통해서 가격을 조정하고, 배급을 원활히 하자는 목적이었다. 전매국은 이 신의주 염매팔조합에게 소금에 대한 일체의 권리를 위임하였다. 그런데 이것이 고양이에게 생선을 맡기는 꼴이 되었다. 이 조합은 압록강 연안의 조선에 관염을 유통시켜야 할 것인데 압록강 건너편 중국으로 관염을 밀수출했다. 관염의 공급이 딸리게 되자 소금 가격은 크게 오르게 되었다. 소금 부족의 고통을 참지 못한 압록강 연안에 살고 있는 수만 명의 농민들은 총독부 당국에 탄원서를 올렸다.[14]

압록강 연안 중간상인들의 부정은 유명하였다. 압록강을 사이에 두고 중국과 마주하고 있으므로 가격의 변동에 따라 밀수출을 감행하는 것이다. 1931년에도 평안북도에서 소금 소동이 일어났다. 김장 시기를 앞둔 11월 초였다. 김장 시기는 소금 수요가 많아짐에 따라 소금 가격이 오를 시기이다. 이 철에 평안북도에서는 40만 근의 소금이 필요한데 10만 근은 관염에서, 나머지 30만 근은 수입염으로 충당하고 있었다. 그런데 어찌된 일인지 신의주에서는 일찍부터 관염이 결핍되는 현상이 나타났다. 식염 중간 상인들이 압록강의 대안對岸인 안동현安東縣(현재 단둥시)의 식염 가격이 조선보다 3배 가량 오르자 그곳으로 소금을 밀수출한 것이다. 전매국은 어쩔 수 없이 평안도 남시南市에서 생산된 천일염을 급하게 돌려서 부족분을 막았다.[15]

일제강점기 동안 관염이 생산되었지만 소금의 가격은 안정되지 못하였다. 일례로 1925년에는 관염 일등염이 1원 15전하던 것이 1원 45전으로 폭등하였다. 순식간에 30전이 올라간 것이다.[16] 이럴 때 교통이 불편한 산간 벽지는 소금 부족에 시달렸고, 소금 가격은 항상 고공행진이었다. 가격 폭등의 큰 원인은 수입염 때문이었다. 왜냐하면 관염 생산 이후에도 여전히 중국산 소금이 많이 들어 왔기 때문이다. 거

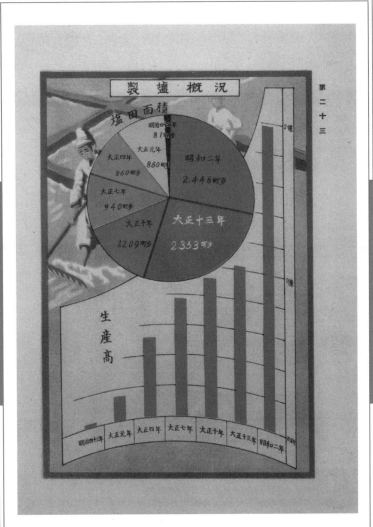

소화 2년(1927)에는 천일염 생산고가 2억 근에 달하고 있다. 일제가 1920년대 초반까지 서해안에 많은 천일염전을 설립한 결과, 소금 생산량이 크게 늘어났다.

의 50퍼센트 가까이를 중국산 수입염에 의존하였다. 관염인 천일염으로는 늘어나는 소금 수요를 채우지 못하였다. 따라서 중국산 소금이 부족하고 소금 가격이 오르게 되면 관염도 덩달아 올랐다. 조선총독부가 보호하고 있는 관염이라도 소금 무역의 자유 경쟁 체제 속에서 수입산 소금 가격에 영향을 받는 것은 어쩔 수 없었다.

일제강점기 동안 조선총독부 정책에 따라서 천일염전이 비약적으로 늘어난 것은 사실이다. 그런데 천일염전은 전적으로 기후에 의지하고 있었다. 천일염이 많이 생산되는 봄과 가을에 쾌청한 날씨가 계속되면 소금 작황은 크게 증가하였다. 반면에 비가 오는 날이 많은 해에는 소금 생산량이 크게 떨어진다. 일제강점기 관염의 생산량을 그래프로 쭉 살펴보면 해마다 달라진다. 그야말로 들쭉날쭉이다. 천일염의 특성상 안정적인 수급이 참으로 어려운 것이다. 조선 내 관염이 안정적 보급이 가능해진 것은 거의 일제 말기에 이르러서이다. 이때 완성된 천일염전은 5,900여 정보이며, 생산량은 40만 톤 정도까지 도달했다. 조선 내 수요량을 충족시킬 수 있는 능력을 갖춘 것이다.

무수히 많은 논란 속에 소금 전매제는 늦춰졌다. 1930년에 염수입세가 폐지됨에 따라 일제는 '염수이입관리령鹽輸移入管理令'을 공포하였다. 소금의 수입을 정부의 명을 받은 자가 아니면 할 수 없게 하였다. 수입염을 통제하게 되었으니 전매와 비슷한 효과를 보게 되었다. 그런데 일제가 완전한 소금 전매령을 공포한 것은 1942년 5월이었다. 조선염전매령朝鮮鹽專賣令을 공포함으로써 소금의 생산과 공급을 완전히 독점하였다. 전매법의 공포에는 조선 천일염의 비약적 생산과 안정적 공급이 가능했다는 점이 작용하였다. 그런데 더 주요한 원인은 다른 데 있었다. 일제강점기를 거치면서 소금은 먹는 식염보다 공업용 원료로서 각광을 받게 되었다. 일제는 1937년 중일전쟁, 1941년의 태평양전쟁을 일으켜 노골적인 침략 야욕을 전 세계에 보여 주었다. 미국을 비롯한 여러 국가들은 일제에게 수출입되는 공업품 및 소금을 통제하고자 하였다. 일제는 군수산업과 화학공업에 위협을 느꼈고, 여기에 사용되는 소금의 독점이 절실히 필요하게 되어 소금 전매법을 공포하였다. 일제강점기 일본의 관염정책을 삐딱하게 보는 것은 이러한 이유에서이다. 일제는 조선인이 먹어야 할 소금보다 전쟁 무기에 사용될 관염이 더욱 중요했다. 일제의 소금정책 역시 침략자의 굴레에서 벗어나지 못했던 것이다.

해방과 전쟁의 격동기,
소금 생산의 장려만이 살길이다

◆ 해방 직후 배급 소금, 유독설의 진실

1946년 4월, 용산구의 소금 배급소에는 수많은 인파가 몰려들었다. 정말 얼마나 기다렸던 소금이던가! 이번에 배급하는 소금은 단 2근이다. 하지만 이 소금을 타기 위하여 2개월 이상을 기다렸다. 간장을 만들지 못하는 것은 물론이고, 국에 뿌릴 소금조차 바닥이 났다. 간에 기별도 안 가는 소량이지만 그래도 소금 배급은 가뭄 끝에 내리는 단비와 같았다. 그런데 웬일인지 배급을 받은 주민들로부터 볼멘 목소리가 터져 나왔다. "뭐야 이거! 소금에 이상한 게 섞여 있잖아?" "모래아냐?" 아니나 다를까 소금 속에는 은빛모래와 같은 이물질들이 섞여 있었다. 이물질의 맛은 매우 썼다. 이를 모르고 음식에 넣어서 먹었던 주민들은 복통과 설사에 시달렸다. 소금에 독이 있다는 소문은 금세 전국으로 퍼져 나갔다. 정말 소금에 독이 있는 것일까? 먼저 이를 보도한《자유신문》의 〈근일 배급 소금 유독설?〉이란 기사를 살펴보자.

시내 성동구와 용산구는 현재 소금을 두 근씩 배급 중에 있으며 그 외의 구
는 20일경부터 배급할 예정인데 이렇게 배급이 늦는 원인은 순전히 수송
관계인 바 수송이 되는대로 두근 반씩 더 배급할 것이다. 그런데 요즘 배급
을 받고 있는 성동 용산구는 물론 강릉 제천 단양 그 외 지방 등지에서 현
재 배급을 받은 소금 가운데는 독이 있어 유해하다고 하야 심하면 배급을
받아가지 않는 사람도 있어 말썽이 많은데 전매국 염무계에서는 이에 대
하여 다음과 같이 말한다. 요즘 배급 소금 가운데 유독물이 섞여서 사람에
게 해롭다는 풍설이 있으나 절대로 염려없다.[1]

배급 소금의 유독설은 낭설로 치부할 수 없는 소문이었다. 소문이
라 하기에 직접 체험한 국민이 너무 많았다. 독이 섞여 있다는 소금이
배급된 것은 용산구뿐만이 아니었다. 서울의 성동구를 비롯해 강원도
와 충청도 등 지방에까지 보급되었기 때문에 수십 만이 직접 눈으로
목격한 사실이었다. 미군정은 신속히 소문의 진화에 나섰다. 해당 부
서인 전매국 염삼과鹽蔘課가 직접 검사를 하도록 하였다. 전매국 염삼
과에서는 소금 배급소와 일부 가정에 배급된 소금을 시료로 채취하여
독극물 검사를 진행하였다.[2]
　예상대로 결과는 '독소 없음'으로 판명되었다. 그러나 중대한 사안
인만큼 염삼과 독물 검사부장인 고인석高仁錫씨가 직접 해명 인터뷰
를 하였다. "배급된 소금에 독소물은 없습니다. 조금이라도 유해될 염
려가 있는 소금이라면 국민들에게 배급할 리가 없습니다. 앞으로는
신중히 검사를 하여 소금 배급을 할 방침이니 국민들은 우려하지 않

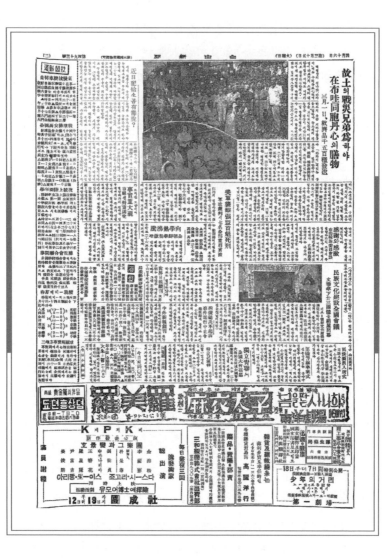

《자유신문》 1946년 4월 16일자에는 〈근일 배급 소금 유독설〉이란 기사가 실렸다. 해방 이후 남한 지역은 소금이 부족하여 배급을 실시하였는데, 품질이 낮은 소금에는 간수가 굳어진 결정체와 같은 이물질들이 섞여 있었다. 《

아도 됩니다." 고인석이 해명한 대로 이 물질은 독극물은 아니지만 부작용을 일으킬 수 있었다. 이 물질은 소금에서 나온 간수가 굳어진 결정체였다. 그런데 이런 이물질들이 왜 다량으로 소금에 섞여서 배급된 것일까? 이물질의 성분은 과연 무엇일까? 다시 《자유신문》 기사의 뒷부분을 살펴보자.

소금을 분석해 본 결과 류산硫酸마그네슘과 류산소다가 섞여 있는데 이는 30도 이상의 간수가 기후관계로 소위 고즙苦汁이 되어 그 결정된 것이(류-마라고함) 소금 가운데 섞여 있는 것인데 이것을 많이 먹는다면 설사를 할 정도에 그치며 몸에는 아무 탈이 없다. 현재 배급 소금은 작년에 제염된 것으로 겨울 동안 저장하여 두었는데 포장을 할 때 잘못하여 류-마가 들어간 모양이다.[3]

이물질의 성분은 유산마그네슘, 즉 황산마그네슘이었다. 황산마그네슘은 소금에서 빠지는 간수의 주성분이다. 예로부터 간수는 두부를 만들 때 응고제로 사용하였다. 간수를 고즙苦汁이라 한 것은 매우 쓴 맛 때문이다. 이 쓴 맛의 원인은 황산마그네슘 등이 들어있기 때문이다. 현대 사회에서 간수는 화학공업의 주요한 원료로서 귀중한 자원이 되었다. 전매국은 포장을 할 때 잘못하여 황산마그네슘이 들어갔다고 하였으나 신뢰가 떨어지는 해명이었다.

■ 소금 대기근의 혼란을 가져온 해방

천일염을 생산한 뒤에는 소금창고에 운반한다. 보관의 목적도 있겠지만 소금에서 간수가 빠지기를 기다리기 위해서이다. 간수가 완전히 빠지지 않은 소금은 쓴맛이 많이 나기 때문에 음식물에 사용하기가 어렵다. 서울의 용산구를 비롯한 전국에 배급된 소금은 급하게 수송하다 보니 제대로 간수 처리가 안 된 것이다. 아니면, 이물질 처리가 잘 안 된 3등급 수준의 수입 소금이었던 것이다. 이러한 불량 소금은 먹기에 불편한 정도가 아닌 우리 민족의 비극을 상징하는 혼탁한 결정체였다.

8·15 해방은 일제가 물러난 해방이었지만 또 다른 비극의 시작이었다. 미국과 소련의 진주로 인하여 남북한이 갈라지게 된 것이다. 남북한의 정치적 분단은 식생활의 분단으로 이어졌다. 천일염전의 상당수가 북한에 설립되었던 터라 남한으로 천일염의 유통이 어려워졌다. 남한은 곧 소금 절대 부족인 기근 상태에 허덕이게 되었다. 군정의 초창기에는 전매당국이 식염 배급의 만전을 기한다고 여겼다. 외국과의 협의가 잘 되면 소금 수송에는 문제가 없다고 생각했다.[4] 하지만 시간이 지나도 소금 기근은 나아지지 않고, 뚜렷한 대책이 마련되지 못했다. 점차 비판의 화살이 군정청의 과녁으로 날아갔다.

남조선 2천만 인민의 생환 유지에 필요한 물자는 그 종류에 있어서나 그 수량에 있어서나 막대한 숫자를 헤아리고 있으나 일본의 전쟁 행정책과 해방 이후 남북조선이 삼팔선으로 양단된 우에 기술의 빈곤과 시설의 퇴폐 운영의 졸열로 말미암아 물자의 부족으로 대중생활은 극도의 불안과

도탄 속에서 눈물지우고 있다. 더구나 대용품이 없는 소금의 부족으로 장
유醬油 양조기를 앞둔 가정의 불안은 심대하고 거리의 소금값은 날을 따라
오르기만 하는 것이 요즈음의 시세이매 군정당국은 무슨 대책을 준비하고
있는가? 조선사람은 다른 민족보다도 소금을 더욱 사용해 왔는 것으로 한
사람 평균 연 15근을 쓴다고 치면 약 20만 톤을 필요로 하는 이외에 어업용
공업용으로 약 10만 톤은 있어야 할 것인데 지금 생산은 겨우 관염전과 민
간염전을 통틀어 16만 톤을 넘지못하는 형편이므로 결국 소비량의 4할 10
여 만 톤은 외지염 수입에 의존할 수밖에 없이 되었다. 그러나 대중對中 무
역이 부진하고 산동山東 지방의 병화兵火로 인하여 수입은 절망상태에 있
으므로 민생문제를 생각하는 군정당국은 생산을 철저히 독려 증강하며 생
산품의 시장방출을 감시하고 외지염 수입에 과단성있는 시책이 강구되어
야 할 것이 절실히 요망되어 있다.[5]

소금은 대용품이 없었다. 소금을 대신할 것은 소금밖에 없었다. 간
장, 된장을 만들 시기를 앞두고 소금이 없으니 가정의 불안은 커지고
거리의 소금값은 날마다 오르는 것이다. 1946년 4월에는 시장에서 매
매되는 소금 가격이 17배나 오르기도 하였다. 전매국은 적당한 가격
을 정하였지만 이것도 큰 실효성이 없었다.[6] 진정 대중생활은 극도의
불안과 도탄 속에서 눈물지우고 있는 것이다. 분단의 비극이 소금의
대기근을 낳을 줄을 누가 생각했겠는가? 게다가 조선 사람들은 다른
민족보다 소금을 많이 사용하는 것도 문제였다. 우리 민족에게 소금
없는 반찬은 거의 없었다. 그뿐이랴! 수산업과 화학공업의 발달로 인
하여 조선에서 소금의 수요는 더욱 늘어난 판이었다. 중국의 수입염
밖에 바라볼 수 없는 상황. 그런데 중국에서도 국민당과 공산당 사이

에 전쟁이 벌어져 중국산 천일염도 수입되기 어려웠다. 절망적인 상황의 연속이었다. 보다 못한 미군정청은 홍해紅海 지역의 소금까지 수입을 하게 되었다.

◆ 소금 생산의 장려만이 살길이다

가정에서뿐만 아니라 배 위에서도 침울한 분위기가 깔렸다. 제일 울상을 짓는 배는 조기잡이 배. 다른 해 같으면 연평도에서 몰려드는 조기로 인하여 가장 들떠 있어야 할 4월이었다. 하지만 이번 출어는 기약이 없었다. 조기를 잡아도 소금이 없으면 염장이 불가능하기 때문

1952년 전남 신안군의 비금제염기술양성소에서 발행한 수료증이다. 전남 신안 지역은 우리나라에서 천일염전이 가장 많은 곳이다. 한국 전쟁 이후 신안군뿐만 아니라 서해안의 대부분 지역에서 피난민에 의한, 피난민을 위한 천일염전이 많이 설립되었다. 》

이다. 1947년 조기를 가공하는 데 소금 3,500톤이 필요한데 소금은 눈을 씻고 찾을 길 없었다. 군정청의 소금 배급도 감감 무소식이었다. 조기는 철을 맞아 서해안으로 회유하는 습성이 있는데, 이 때를 놓치면 고기잡이를 포기해야 한다. 어업 관계자들은 긴급히 전매국과 협의를 하여 마카오에서 온 소금의 일부를 배당하고자 계획하였지만 완전히 해결하지는 못했다.[7]

정부가 할 수 있는 최선의 대책은 민간의 힘을 빌려 소금의 생산을 늘리는 것이다. 관염에만 기댈 수 없으므로 민간의 자염 생산을 장려하고, 천일염전의 축조도 허가를 내주었다. 해방 이후 전매국에서 제염 업무를 담당했던 이봉희李鳳熙 씨의 이야기를 들어보자.

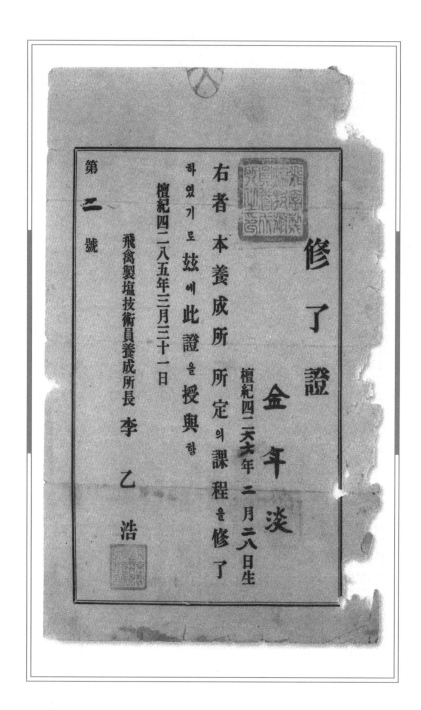

약 40년간 관권官權으로 독점해오든 염제조업을 민간에 개방하여 천일염업을 장려한다고 발표하자 제1착으로 계획에 착수한 것이 삼양사三養社이다. 전북 고창군 해리海里 해안에는 거대한 면적의 공유수면을 일제시에 매립하여 작답作畓하고 약 400정보의 잔여 부분이 있는데 천일염전으로 적지敵地인가 현지를 답사키로 하니 ……적지로 결정되어 현재 국내에서 민영염전 중 최대의 320여 정보를 완성하게 된 것이다.[8]

정치적·경제적 혼란을 겪고 있는 해방 정국에서 민간의 힘을 이용하지 않고서는 천일염전을 대폭 늘리기 어려웠다. 삼양사는 개간 및 간척사업에 주력했던 회사로서 고창군 간척지의 천일염전에 관심을 두었다. 이 염전의 축조로 말미암아 남한 최대의 민영염전이 고창군에 만들어졌다. 고창군 외에 충남의 서산에도 대규모 천일염전 공사가 시작되었다. 서산 지역의 염천 개척을 위해서 관변 우익단체인 대동청년단이 동원되었다. 이 청년단은 염전 개척을 위한 건설대를 편성하여 3개월간 서산에 파견하였다. 여기에 동원된 인원을 3만여 명으로 추산하고 있으니 어마어마한 숫자였다.[9]

한편, 일제강점기 내내 추락세를 면치 못했던 자염 생산도 다시 활발해졌다. 대규모의 염전을 조성해야 하는 천일염업에 비해 자염업은 소규모의 생산으로 가능했다. 전매국에서 자가自家 생산을 장려하는 내용은 이러한 자염업의 일시적 부흥을 진작시키려는 것이다.

전매국에서는 생활필수품 중 가장 긴요한 소금을 자급자족하기 위하여 자가생산自家生産을 장려하기로 방침을 정하고 자가생산된 소금은 일체를 전매국에서 수집하야 군읍면에 배급할 것이라고 한다. 자가생산자가 전매국에 생산한 소금을 매도하지 않으면 벌금에 처할 것이며 요즈음 시장에서 매매되는 가격은 원가의 17배나 되는 고가임으로 적당한 각도별 구입가격을 정하였는데…….[10]

소금을 자급자족하기 위하여 자염의 생산까지 장려하게 되었다. 하지만 전매법이 있는 한, 이러한 자가 생산의 소금도 전매국으로 수납해야 한다. 만약 그렇지 않으면 벌금에 처할 것이라 하였는데 과연 잘 지켜졌을지는 의문이다. 소금 가격이 천정부지로 치솟을 때에는 밀염으로 판매하는 것이 훨씬 이득이 많이 남기 때문이다. 원가의 17배나 되는 가격으로 시장에 유통되는 상황에서 벌금보다는 폭리에 이끌릴 가능성이 높다.

여하튼, 소금 장려정책으로 인하여 소금 생산량이 조금씩 증가한 것은 사실이다. 앞서 말한 이봉희 씨는 염전 확장계획을 짜고 실천을 거듭한 결과로서 "민간기업가들의 염전 개발은 왕성해지고 세간에서는 염전이 좋다는 소문이 퍼지게 되었다"고 하였다. 또한 "대소간大小間의 염전 면적은 확장 일로이며, 업자수는 연연年年이 부풀어 갔다"고 당시의 발전 모습을 회고하였다.[11] 그러나 예기치 않은 사건이 이를 가로막고 있었다. 바로 민족사의 최대 비극인 '한국전쟁의 발발'이었다.

■ 쌀 1말이 소금 1말과 교환된 천호동 시장

전쟁은 시간이 지날수록 교착상태에 빠졌다. 철수와 탈환을 반복하면서 전선戰線은 과거의 3·8선과 비슷해졌다. 전투와 포격은 계속되고 있건만 사람 사는 세상에 시장이 열리지 않을 수 없었다. 천호동의 시장에는 수많은 피난민들이 몰려들었다. 갖고 있는 물품을 팔아서라도 식량을 사기 위해서였다. 그런데 어디선가 쌀 한 말과 소금 한 말을 바꾼다는 아우성이 들렸다. 쌀 한 말을 소금 한 말과 바꿔? 사람들은 믿을 수 없다고 고개를 갸우뚱했다. 하지만 그것은 사실이었다.

하얗고 기름끼 있는 쌀밥이 그리워 천호동千戸洞 시장이 열리던 첫날 피난민들은 배급 받은 외미外米를 들고 나와 국산미와 교환하기에 분망했다고 한다. 양이 줄어드니 으레히 며칠은 굶을 수 밖에 없을 텐데도 그뿐인가 소금 구경 못 하던 북한의 암흑생활을 회상하고 시장에 들어온 소금 한 말에 쌀 한 말을 마구 교환하는 사람도 많았다니 소금이 없이 사람이 살수도 없지만 마치 외국인이 이주해온 것과도 같은 이 현상은 또한 공산독재정치가 얼마나 백성의 식생활에 어두웠다는 것을 폭로시키고 있다. 그러나 지금 한국에 살면서도 시가로 배액이나 되는 쌀과 소금을 교환하도록 화폐가치를 잊어버린 것은 전란에서 받은 그들의 상처임에 틀림없다.[12]

배급받은 외국의 쌀은 질 낮은 싸구려였다. 먹기조차 어려웠다. 사람들은 양이 줄고 굶주리더라도 국산미랑 바꾸고자 하였다. 북에서 내려온 피난민들은 소금이 없었던 암흑생활을 회상하였다. 특히 평안북도와 함경도 내륙 지역에서 소금 구하기는 하늘의 별따기보다 어려웠다. 이 피난민들은 다시는 암흑생활을 하지 않기 위하여 소금부터 확보하고자 하였다. 그들은 과감히 쌀과 소금을 일 대 일로 맞교환하려 하였다. 쌀은 구입하기도 어렵고 시가로 소금보다 두 배나 비쌌다. 그러나 쌀은 다른 먹거리로 대체할 수 있지만 소금은 그렇지 못했다.

피난민들은 암흑생활 중에 소금이 얼마나 중요한지를 절실히 느꼈던 것이다. 기사에서는 소금이 없는 북한의 암흑생활이 공산독재정치 탓이라 했다. 그러나 소금 없는 암흑 상황은 남한도 다를 게 없었다. 전쟁 중에 염전에서 소금을 생산하지 못하는 것은 북한과 남한이 모두 같았다. 남북한 모두 소금 수입이 어려워졌으며 외국의 원조에 기댈 수밖에 없었다.

전쟁 중에는 행정기능이 마비되는 경우가 많다. 이럴 때 부정부패가 만연할 가능성이 높다. 귀한 소금을 공무원이 중간에 가로채서 높은 가격에 팔아넘기는 일이 발생하였다. 이 공무원은 옥천沃川 전매서장 김영대金永大였다. 그는 사건 이후 '소금 먹은 전매서장'으로 불렸다. 그는 전매지국에 위촉 보관 중인 699가마니 가운데 네 차례에 걸쳐 무려 60가마니를 매각처분했다. 가마니 당 2만원씩 상인에게 팔아 110만 원을 혼자서 꿀꺽하였다.

소금 60가마니를 혼자 먹다 걸려온 전매서장이 있다. 즉 옥천 전매서장 김영대는 대전 전매지국으로부터 위촉 보관중인 식염 699가마니 중에서 작년 11월 초순경부터 동 24일까지 사이에 4차례에 걸쳐 60가마니를 상인 모씨에게 가마니당 2만원씩으로 110만 원에 매각처분하고 우선 60만 원을 수령착복. 잔액은 아직도 방임해 두고 있어 국고금에 절손을 끼치고 있는 사실이 탄로되어 그동안 옥천경찰서에서 엄중문초를 받던 중 근일 건 서류와 함께 청주지검으로 송청되리라고 한다.[13]

전쟁 기간 국민들은 소금을 구하지 못해 난리통에 있었다. 이 소금들은 장醬 담글 때가 되면 소량으로 국민들에게 나눠 줄 배급품이었다. 이런 상황에서 전매서장이 혼자서 60가마니를 착복하여 횡령하였으니, 대서특필될 만한 사건이었던 것이다.

해방 이후 남한 정부는 천일염전의 건설에 진력하였지만 소금 공급은 계속 부족하였다. 전쟁이 일어난 1950년도, 남한의 소금 수요량은 식용 30만 톤, 공업용 10만 톤으로 전체 40만 톤이었지만 공급량은 15만 톤밖에 되지 않았다. 나머지는 경제협조처ECA의 원조를 받는 형편이었다. 소금 17만 톤을 지원받아 수입하게 되었으나 여전히 수요량에는 모자랐다. 전쟁이 나기 전만 하더라도 남한 정부는 희망찬 계획을 꿈꾸었다. 천일염전을 계속 만들면 수년 내로 소금의 자급자족이 가능할 것이라 예상하였다.[14] 그러나 한국전쟁은 이러한 자급자족의 계획을 물거품으로 만들고, 소금 공급의 시계추를 5년 전으로 되돌려 놓았다.

◆ 피난민을 위한, 피난민에 의한 염전을 세우다

남한의 입장에서 황해도의 연백염전은 '한 많은' 염전이다. 해방 후 3·8선이 그어졌을 때 연백염전은 남한 땅에 속했다. 연백염전은 일제 말기인 1943년에 완공되었다. 그 규모는 1,250정보로서 남한 최고의 염전이었다. 남한 사람들이 이 염전에 거는 기대가 자못 컸다. 1948년에는 연백염전의 시설을 크게 확충하였다.[15] 남한의 어느 염전보다 이곳에서 많은 소금이 생산될 것이라 기대했기 때문이다. 그러나 전쟁 직후에 3·8선이 조정되면서 순식간에 연백염전이 북한으로 귀속되었다. 이로 인한 실망감은 말도 못했다. 전쟁으로 인해 경기도 염전들이 많이 손상을 본 터라 연백염전의 상실은 아연실색할 일이었다.

그러나 어찌하랴! 이미 분단선은 고정되어 넘을 수 없는 루비콘 강이 되었다. 살기 위한 방도는 남한에 천일염전을 건설하는 것밖에 없었다. 해방 전에는 경기도 이북 지역에 천일염전이 주로 지어졌다. 남쪽에 주요한 자염 생산지가 몰려 있기 때문이었다. 남북이 갈라진 마당에 더 이상 경기 이남을 천일염전의 공백으로 둘 이유가 없었다. 해방을 맞아 충청도와 전라북도에도 본격적으로 천일염전이 개발되었다. 이제는 전라남도였다. 무안務安과 신안新安이 주요 개발지로 부상하였다. 그런데 전쟁 시기의 염전 개발은 또 다른 속셈이 있었다. 염전은 소금을 생산할 공급지이면서 일자리 창출의 원천지였다. 정부는 전쟁 중에 생겨난 피난민들에게 일자리를 제공하지 못해 고심하고 있던 차였다. 엄청난 노동력이 필요한 염전 축조 일에 피난민들을 투입하면 염전 확보와 일자리 제공을 동시에 해결할 수 있었다.

사회부에서는 피난민들에 대한 직업 알선과 보도를 위하여 우선 대규모로 전남 무안을 비롯한 서남 해안 각지의 간석지에 광범한 천일염전을 개발할 계획을 세우고 있다는 바 25일 최崔 사회부 차관단에 의하면 금년에 처음으로 이북 피난민들의 손으로 개발된 무안 군내의 염전에서는 이미 9백 표의 수확을 걷었으며 염전 개발의 이익이 무려 8~9할에 달하였다는 실적을 참작하여 앞으로 동 군내에 6천 정보를 비롯하여 전남북 충남북 각 해안과 도서의 간석지를 대규모로 개발하여 염전을 신설하는 한편 정부의 직접 관리로서 그 이익을 방대한 피난민 구호에 충당할 계획을 세우고 있다고 한다.[16]

전남 신안 지역은 현재 우리나라에서 가장 천일염전이 많을뿐더러 천일염 생산량도 제일 많은 곳이다. 이러한 천일염전의 기반이 한국전쟁 과정에서 닦인 것이다. 그것은 피난민을 위한, 피난민에 의한 염전이었다. 피난민의 직업 알선을 위해서 계획되었고, 피난민의 손으로 만들어졌으며, 여기에서 나오는 이익은 피난민을 위하여 사용될 예정이었다. 전남 지역 뿐만이 아니었다. 일제강점기의 관염전을 제외하고 서해안의 천일염전은 대부분 한국전쟁 이후부터 1950년대 중반까지 세워진 것이다. 이 염전의 축조에 피난민들이 동원된 것은 물론이다. 변변한 토목기계들이 있을 리 없으므로 거의 농기구를 이용한 수작업으로 거대한 염전이 축조되었다. 피난민의 역사와 피땀이 흐르는 천일염전이 탄생한 것이다.

그동안 소금 가뭄에 혼이 났던 정부는 강력하게 소금 생산정책을 밀어붙였다. 염전 작업장에 죄수들까지 동원시키는 일도 있었다. 1954년 9월 경기도의 한 민영염전. 이 염전에서는 영등포 형무소의 죄수 380명을 출동시켜 일을 시켰다. 염전 일은 매우 고된 노동이었다. 6시가 넘어 작업이 종료되자 모두들 기운이 빠져 있었다. 죄수들을 감시하던 간수들도 많이 지쳐 있었다. 기다리던 저녁 식사 시간이 되었다. 그런데 식사를 하고 있던 중에 죄수 수십 명의 낌새가 이상하였다. 갑자기 한 명의 신호와 함께 수십 명이 밖으로 도망가기 시작하였다. 간수는 총을 들고 발포 명령을 내렸으나 이미 뛰쳐 나간 죄수 19명의 대탈주는 막을 수가 없었다. 죄수까지 동원한 무리한 소금 생산의 증대가 불러온 과오였던 것이다.[17]

전쟁의 와중에 정부가 염전 확대와 소금 생산을 위해 수립한 계획이 '염증산5개년계획(1952~1956)'이었다. 이 계획의 주요 골자는 1956

년까지 국유염전 3,500정보, 민간염전 6,500정보, 합계 만 정보를 확보한다는 것이다. 이렇게 염전을 확보한다면 국유염전에서 20만 톤, 민간염전에서 23만 톤, 합계 43만 톤을 생산할 수 있게 된다. 그리하여 국내 수요 30만 톤을 자급자족으로 할 뿐만 아니라, 남는 소금은 수출한다는 야심찬 계획이었다.[18]

결과는 대성공이었다. 정부가 염증산5개년계획에 올인한 결과, 1955년에는 35만 톤의 소금이 생산되어 우리나라의 천일염만으로 자급자족이 가능해졌다. 그러나 축배는 오래가지 못하고 곧 독배가 되었다. 해방 이후부터 줄곧 축조한 염전들이 이제 숙전이 되어 본격적인 가동 체계에 들어갔다. 이렇게 되자 생산량이 갑작스럽게 늘어 1957년에는 무려 10만 톤의 과잉염이 생겨난 것이다. 우리나라 천일염의 가격이 높았기 때문에 소금을 외국에 수출한다는 계획도 실패하였다. 이 과잉염은 창고에 자꾸 쌓여 고스란히 재정적 부담으로 남았다.

이제 정부는 염전의 축조가 아닌 정비와 폐전에 나서야 했다. 참으로 어처구니 없는 일이었다. 1960년에는 '염업정비임시조치법'을 발표했으며, 1961년에는 민간염전의 폐전을 본격적으로 추진하였다. 정부의 염증산5개년계획은 결과적으로 실패였다. 정부의 소금정책에는 불도저와 같은 추진력만 있을 뿐, 소금의 수급을 조절하는 세심한 안목이 없었기 때문이다. 안타깝게도, 1960년대 이후부터 우리나라의 소금정책은 확장이 아닌 축소를 위한 목표를 지향하게 되었다. 겨우 출생 반세기만에 천일염의 내리막길이 시작된 것이다.

구한말 조선의 도별 자연 생산량

함경북도 **0.6%** (1,409천근)

함경남도 **7%** (21,139천근)

평안북도 **0.4%** (984천근)

평안남도 **4%** (10,395천근)

경상북도
3% (7,041천근)

경상남도
9% (26,124천근)

경기도
19% (52,481천근)

충청남도
11% (31,166천근)

전라북도
3% (9,201천근)

전라남도
37% (104,104천근)

짠맛의 시대성과 지역성에 따라서 다양한 문화가 창출되었다. 이것이 바로 '간을 친 문화'이다. 문화에 간을 친다는 것은 무엇일까? 짜게 먹기는 쉬워도 간을 적당히 치기는 어려운 법이다. 간은 음식의 맛을 결정할 뿐더러 사람과 가풍, 지역에 따라서 천차만별이기 때문이다. 2부 '간을 친 문화'에서는 소금을 쳐서 탄생한 우리 문화를 간보자는 것이니 문화의 다양성이 전제된 분야이다. 그래서 2부에서는 소금장수 설화, 자염의 생산 비법, 소금의 주술적 상징성, 생태주의와 천일염, 소금생산의 주체인 염부 등 소금으로 간을 쳐서 탄생한 여러 가지 문화의 면모를 살펴보고자 한다.

우리나라의 설화 중에서 가장 널리 분포된 것이 소금장수 설화이다. 소금장수 설화는 가히 '엽기적'이라고 할 만큼 소금장수의 성적 횡포가 엿보이는데, 그가 흉측한 정력가로 묘사되는 데는 그만한 배경이 있었다. 예전에는 소금장수가 수십 리를 걸어서 어렵게 운반해준 소금을 쫙 뿌리는 사람들이 많았다. 왜 이렇게 귀한 소금을 땅에 뿌리는가? 소금을 뿌린다는 것은 소금의 상징성, 즉 주술적 힘을 이용하는 것이다. 뿌리는 소금은 귀신을 잡는 주물이자, 아울러 성욕을 강화시켜 다산을 불러일으키는 '생산과 풍요'까지 상징하였다.

2부에서는 우리나라의 전통적 소금을 천일염으로 잘못 알고 있는 분들을 위하여 수천 년간 이어온 자염의 생산 비법을 소개하였다. 짠물을 끓여서 만드는 자염의 비법에는 우리나라의 귀한 생태자원인 갯벌의 수수께끼가 묻혀 있었다. 아쉽게도 이런 자염이 사라지게 된 배경에는 막대한 연료비가 작용하였다. 세계사적으로 무한정의 연료가 드는 자염은 태양과 바람에서 발생한 천연 에너지를 이용하는 천일염에 소금 왕좌를 넘겨주었다. 구한말에 도입된 천일염전은 뼈아픈 식민지의 정책 속에서 탄생하였지만 백 년 동안 한국적 천일염으로 거듭나면서 프랑스의 게랑드 소금을 넘어 세계적 주목을 받는 소금밭이 되었다. 이제, 한국의 천일염은 '식문화의 가치'를 지닌 소금이자 '생태와 환경의 가치'를 지닌 소금으로 발전하였으니 '소금 문화'의 간은 끊임없이 변화하고 있는 셈이다.

짠맛에 대한 명상

◆ 간 때문인가?

혀가 느끼는 맛을 보통 오감五感이라 한다. 우리는 "신맛, 쓴맛, 단맛, 매운맛, 짠맛"을 혀로 느끼면서 살아간다. 그러나 오감은 혀로만 느끼는 것이 아니라 몸으로도 느낀다. 시험에서 '쓴맛'을 봤다면 패배를 경험했다는 것이며, 주식 투자로 '단맛'을 보았다면 톡톡한 이익을 남겼다는 이야기다. 잘 알다시피 우리가 흔히 쓰는 속담 "쓴맛 단맛 다 보았다"는 "세상의 괴로움과 즐거움을 모두 겪었음"을 이르는 말이다. 일상에서 느끼는 맛은 비단 음식에서뿐만 아니라 우리의 인생을 비유할 정도로 생활에 밀착되어 있다.

그런데 '짠맛'이라면 무엇이 느껴지는가? 아마도 한국의 전통음식들이 떠올려질 것 같다. 우리의 음식문화에서 '짠맛'은 '간'으로 통한다. 가정에서, 식당에서 국을 밥상 위에 올려놓고 한 숟갈 뜨면서 먼저 음식의 간을 본다. "음, 간이 잘 맞는군", "아니, 간을 못 맞추네" 이처럼 간을 본다는 것은 음식에 대한 품평을 한다는 것이다. 사전적으로야 '간'은 '음식물의 짠 정도', 즉 '소금기'에 불과하지만 우리 식생활에서 음식의 간은 맛을 상징한다. 왜냐하면 전통적으로 음식의 맛을 조절하는 것이 소금, 간장, 된장 등 소금기가 있는 조미료였기 때문이다. 식생활문화에서 이러한 위상을 지닌 '짠맛'을 맞추기 위해 여성들은 얼마나 고군분투했던가!

하지만 화려했던 '짠맛의 시대'는 가고 바야흐로 '단맛'과 '매운맛'의 시대가 도래했다. 단맛과 매운맛은 외식문화와 함께 우리 먹거리의 맛을 주도하고 있다. 짠맛을 피하는 경향은 이미 오래전의 일이 되었다. 모두들 짠 음식보다는 싱거운 음식을 찾는 편이며, 음식의 간도 낮추려고 노력한다. 밥과 국을 중심으로 하는 식단 자체가 변화한 탓도 있지만 짠 음식과 소금에 대한 부정적 인식이 크게 작용하고 있기 때문이다. 나도 그렇다. 대중매체를 통해 의식화된 나 역시 짠 음식을 보면 각종 질병이 떠오른다. 소금을 많이 먹으면 고혈압, 뇌졸중, 위궤양 등 각종 질병에 걸린다는 생각이 뇌리에 스친다. 이제 소금기는 음식의 맛을 상징했던 자리에서 물러나 현대인의 질병의 원인으로서 전방위의 공격을 받는 딱한 처지가 되었다.

소금을 향해 가장 강력한 공격을 퍼붓고 있는 저널리스트는 독일의 클라우스 오버바일Klaus Oberbeil이다. 다소 선전적인 제목의 《소금의 역습》이란 책에서 그는 소금을 많이 먹으면 몸속의 세포가 말라 죽는다고 하고, 소금의 섭취를 줄일 것을 강력히 주장하고 있다. 그는 단적으로 이렇게 말하고 있다. "소금은 잔인한 물도둑이다. 소금은 우리의 세포를 죽이고 건강을 위협한다. 소금이 세포들의 수분을 빼앗는 만큼 신진대사 능력도 떨어진다."[1] 클라우스 오버바일은 맛있게 먹은 소금이 병을 부른다고 하였다. 고혈압, 당뇨, 심장병, 비만, 피부노화, 관절질환 등 이 모든 것의 원인이 바로 '소금'이라고 주장하고 있다. 그의 지적대로 소금은 모든 질병의 원인이며, 소금의 위험성에서 벗어나면 모든 현대인들은 건강해질 수 있는 것일까?

이처럼 획일적 논리로서 소금이 만병의 원인이라고 주장한다면 소금을 적게 섭취하는 사람들은 장수하고, 소금을 많이 섭취하는 사람은 단명해야 하는 법이다. 하지만 사실은 정반대이다. 물고기 등의 원재료에 포함된 염분을 제외하고 소금을 거의 섭취하지 않은 에스키모인들의 평균수명은 40세를 넘기지 못하는 반면에, 짠음식을 좋아해 하루 25그램 이상 소금을 섭취하는 독일인들은 가장 장수하는 국민 중의 하나이다.[2] 여기서 알 수 있듯이, 모든 질병의 원인을 하나로 돌리는 태도는 옳치도, 바람직하지도 못하다. 건강과 질병을 보는 시각에서도 다원주의적 접근이 필요한 것이다.

■ 짠맛의 추구: 바다에서 온 인간

저염식을 적극 주장해 온 식품영양학자들도 사람이 소금을 섭취하지 않고는 생명을 유지할 수 없다는 사실을 인정하고 있다. 단맛의 설탕이나 신맛의 식초 등과 달리 짠맛의 소금을 대체할 만한 조미료는 없다. 짠맛은 오직 소금을 통해서만 얻을 수 있으니 짠맛과 소금은 불가분의 관계를 맺고 있는 것이다. 그런데 설탕이나 식초를 먹지 않아도 살 수 있으나 소금을 먹지 않으면 생명을 유지할 수 없다. 지구 상의 다른 동물들도 소금 없이는 살 수 없는 것은 마찬가지이다.

그렇다면 인간과 동물은 왜 소금을 먹어야 하는 것일까? 의학적으로 소금은 신진대사와 소화작용을 촉진시키고, 삼투압을 유지시켜 체액의 균형을 이뤄 내며, 혈관을 정화시키고 적혈구의 생성을 돕는다.[3] 이처럼 중요한 소금이 땀과 배설물을 통하여 몸속에서 빠져 나가기 때문에 하루에 일정량의 소금을 먹어야 한다. 그런데 더욱 근본적인 이유는 우리 몸의 세포가 바다에서 왔기 때문이다. 인체의 혈액이 바닷물과 비슷한 성분을 지니고 있는 것은 인체를 구성하는 세포가 바다에서 생겨났기 때문이다. 소금은 인간의 신체 속에서 근원적 바다를 지탱해 주고 있다. 인간이 짠맛을 추구하는 이유는 이렇게 내부의 세포가 품고 있는 바다를 정상적으로 유지하기 위해서였다.[4]

만약 동물들이 소금을 먹지 않으면 세포가 태어난 바다의 상태를 유지하지 못하고 결국 죽게 된다. 그래서 우리들은 짠 소금 앞에서 질병을 떠올릴 것이 아니라 먼저 육지의 생명들은 모두 바다에서 발생하여 점차 진화하였다는 사실을 상기해야 한다. 교과서에서 배웠던 생물학의 상식인 "개체 발생은 계통 발생을 반복한다"는 헤켈E.H. Haeckel의 말을 떠올려 보자. 태아는 자궁 속에서 어류, 파충류, 포유류와 흡사한 단계를 거쳐 영장류로 자라난다. 이렇게 계통 발생을 반복하는 태아를 감싸고 보호하는 것은 양수¥水이다. 이 양수도 바닷물의 성분과 거의 비슷함이 밝혀졌다. 태아가 양수 속에서 인간으로 자라나는 점은 사람이 바다에서 진화했다는 사실, 그리고 사람이 왜 매일 염분을 먹어야 하는 까닭을 경이롭게 보여 준다. 그렇다! 우리는 매일 소금을 먹는 것이 아니라 생명의 근원인 '바다'를 먹는 것이다. 인간은 진화의 끝에 바다와 분리하여 살았지만 내적 바다를 위해서 소금을 찾을 수밖에 없었다. 인류의 체내에 잠재된 내부의 바다, 세포의 곳곳에 바닷물을 충족시키기 위해 어떠한 방식으로도 짠 맛을 추구해야 했다.

그러나 인간이 복잡하게 진화할수록 바다와는 거의 격리된 상태로 살아가게 되었다. 또한 인간의 식생활문화도 발전을 거듭하여 소금은 이제 반드시 섭취해야 할 영양소보다는 음식물에 들어가는 조미료로서 성격이 강해졌다. 소금은 식재료와 혼합되어 음식 맛을 내는 대표적 조미료의 위상을 갖게 되었다. 더욱이 한국의 음식문화에서 짠 맛은 특별하다. 흔히 한국 음식의 특징으로 언급되는 발효식품은 '한국 음식은 짜다'라는 등식을 만들어 냈다. 소금과 음식 재료를 혼합하여 발효를 시켰기 때문에 기본적으로 짠맛이 난다. 짠맛을 내는 발효음식의 기원은 고대로 거슬러 올라간다. 고대 발효 음식의 흔적을 보여 주는 최고의 기록은 《제민요술齊民要術》에서 등장하고 있다.

축이 만드는 법作鱁鮧法 : 옛날 한무제漢武帝가 오랑캐를 쫓아 해변에 이르렀을 때 향기로운 냄새가 났지만 물건은 보이지 않았다. 사람에게 찾아 구해 오라 명하였다. 어부들이 물고기 내장을 구덩이에 넣고 흙을 덮어 두었더니 향기가 위로 올라오는 것이었다. 그것을 가져가 먹었더니 맛이 있었다. 오랑캐를 쫓아 내고 이것을 얻었기에 '축이鱁鮧'라 이름을 붙였다. 이것은 바로 물고기 내장으로 만든 장[魚腸醬]이다. 조기, 상어, 숭어의 내장·머리·부레 세 가지를 일제히 깨끗이 씻어 틈틈이 흰 소금을 넣어 약간 짭짜름해지면 그릇에 담아 밀봉하여 볕 아래 둔다. 여름에는 20일, 봄가을에는 50일, 겨울에는 100일이면 익는다. 먹을 때는 생강과 초 등을 넣는다.[5]

《제민요술》은 중국에서 현존하는 가장 오래된 농서農書로서 북위北

최초의 한글 요리서인《음식디미방》에는 염장을 이용한 레시피들이 많이 있다.
한국 음식의 특징으로 언급되는 발효식품은 대부분 소금으로 염장한 식품이다.
이때 소금은 발효식품에서 짠맛을 내는 대표적 조미료로서 상징성을 지닌다.

고사리 담는법

마늘 담는법

비시수물 쓰는법

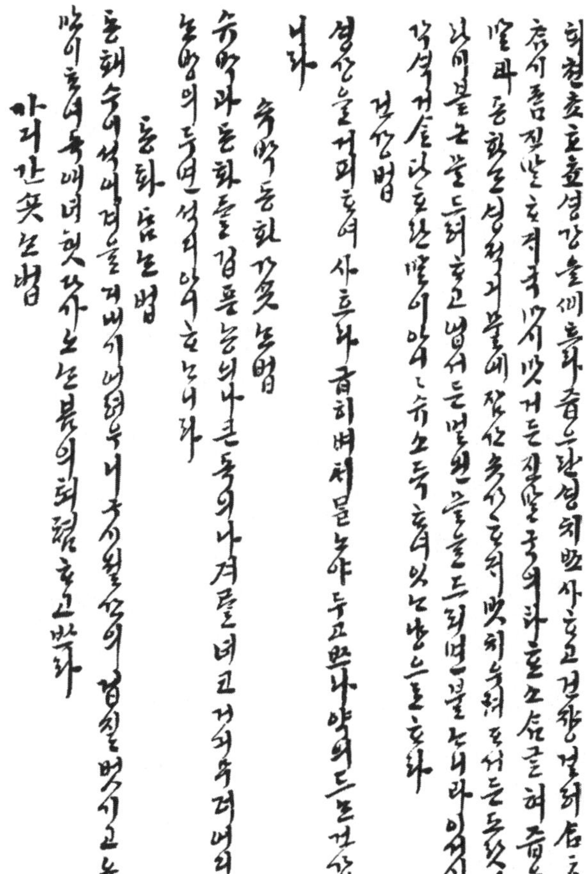

누라

건강법

된화 담는 법

마라간 것 만드는법

魏의 북양태수北陽太守인 가사협賈思勰이 편찬하였다. 이 책은 농사를 짓고 가축을 키우는 방법을 알려 주고 있을 뿐만 아니라 식품의 가공 조리법까지 상세히 소개를 하고 있다. 여기서 흥미로운 점은 물고기 내장으로 만든 장의 이름이 '축이'라 붙였다는 사실이다. 한무제가 오랑캐를 쫓다가 발견한 음식이라 하여 '축이'라는 이름이 생겼다. 한무제의 코를 찔렀다는 축이의 냄새가 참으로 궁금하지 않은가. 그런데 한무제가 오랑캐를 쫓다가 도착한 해변가는 산동반도의 끝이며, 그가 쫓았다는 오랑캐는 다름 아닌 동이東夷일 가능성이 높다.[6]

식품영양학계에서는 이 축이를 우리가 먹고 있는 젓갈류의 조상으로 보고 있다. 한무제가 젓갈에 붙인 '축이'라는 이름은 패권적 중화사상의 향기가 강하게 난다. 그렇지만 이 이름 때문에 젓갈이 기원전부터 동이족 음식문화의 한축을 이뤘고, 한족들에게까지 전파를 시켜 주었던 사실을 알 수 있으니 고마운 작명이다. 축이를 만드는 법은 조기, 상어, 숭어 등 어류의 내장을 잘 씻은 다음에 흰 소금에 절여서 그릇에 담아 두는 것이다. 날씨가 무더운 여름에는 20일, 추운 겨울에는 100일 동안 발효를 시켜 두면 멀리서 달려온 군사들의 코를 찌를 정도의 냄새가 나는 것. 한무제가 시식한 축이는 지금의 젓갈처럼 당연히 짠맛이 났을 것이다. 동이족들이 풍기는 짠 젓갈내는 한무제 일행에 의해서 산동반도를 거쳐 중국의 본토까지도 멀리 퍼져 나갔으리라.

■ 선포즉양해의 비밀

젓갈은 정말 짜다. 발효 음식 중에서도 가장 짠 음식이 바로 젓갈이다. 서양의 식문화에 익숙해진 요즈음 청소년들에게 젓갈은 특히 짜게 느껴질 것이다. 그도 그럴 것이 젓갈은 소금과 생선조개류魚貝類, 두 재료를 섞어서 발효시킨 음식이기 때문이다. 생선조개류 대 소금의 비율이 2 대 1까지도 소금이 들어가니 젓갈은 짠맛의 극치를 보여주는 음식이다.

젓갈이라고 하면 바로 젓을 생각하기 쉽지만 사실 젓갈은 '젓'과 '식해食醢'를 통틀어 이르는 말이다. 젓은 생선조개류를 소금에 절여서 만들지만 식해는 좁쌀이나 찹쌀 등의 곡물 등을 함께 넣어서 삭힌 것이다. 예컨대 함경도의 가자미식해에는 가자미와 소금 외에도 곡물, 무채, 고춧가루, 엿기름 등이 다양하게 들어간다. 대개 젓은 서남해안에서, 식해는 동해안에서 발달하였는데 이러한 문화권이 구분된 원인은 소금 때문이라 한다. 소금이 풍부하게 생산되는 서해안에서는 젓이 발달하고, 소금 구하기가 어려운 동해안에서는 식해가 널리 퍼졌다는 논리이다.[7] 굳이 구분하자면 젓과 식해 가운데 짠맛의 진미는 서남해안의 젓에서 맛볼 수 있다.

이 젓갈은 생선조개류를 소금에 절여서 먹는 이유와 더불어 짠 음식이 탄생한 배경을 잘 보여 주고 있다. 10여 년 전 나는 전라북도 곰소만에서 젓갈을 담는 데 쓰이는 용기인 젓독을 조사하다가 흥미로운 젓갈 생산 풍습을 발견했다. 젓갈업자들이 집이나 가게에서 수산물과 소금을 준비하여 젓갈을 담는다고 생각해 왔는데 배 위에서도 바로 젓갈을 담는다는 이야기를 들었다. 곰소만의 선주나 선원들과 인터뷰를 하면서 이러한 사실들을 더욱 상세히 들을 수 있었다. 내용인즉 배에다가 젓독 수백 개와 소금을 가득 싣고 법성포 앞의 칠산 바다로 나간 뒤에 새우를 잡아서 바로 젓갈로 담는다는 이야기였다. 새우젓의 가장 상품인 육젓을 만들 때 주로 이러한 방식으로 하지만 다른 수산

물도 동일한 방법으로 젓갈로 만든다고
하였다.

　나는 젓독과 소금을 실은 채 바람을
타고 칠산바다로 향하는 풍선風船을 떠
올리면서 그 까닭에 대해서 강한 의문

을 품게 되었다. 과거의 문헌들을 서핑surfing해보다 위 젓갈 생산 풍
습은 단지 곰소만뿐만 아니라 서해안에서 보편적으로 이뤄지던 풍속
임을 알게 되었다. 조선 후기의 실학자인 서유구徐有榘가 저술한 농업
백과사전인 《임원경제지林園經濟志》를 찾아보니 〈전어지佃漁志〉 편에서
새우젓을 담는 풍속을 이렇게 설명하고 있었다.

　매년 5월에서 8월 사이 서남해안 어부들은 배를 타고 그물을 바다에 던져
　새우를 잡아 젓갈을 담근다. …… 미리 소금과 옹기들을 배에 실어서 잡는
　즉시 젓갈을 담는다. 이러한 방법은 무릇 현재 나라의 가운데 유행하는 것
　으로 서해안의 산지에서는 모두들 이러한 방식을 이용한다. 해주 앞바다
　에서 나는 것이 가늘고 연하여서 맛이 좋다.[8]

　선포즉양해船浦卽釀醢! 서유구는 배에서 새우를 잡는 즉시 젓갈로 담
는 것을 '선포즉양해'라고 하였다. 선포즉양해를 위해서 미리 배에다
가 소금과 옹기를 가득 싣고 출항을 하는 것이다. 현재 나라에서 유행
하고, 서해안의 산지에서는 모두 이러한 방식을 이용한다고 하였으니
'선포즉양해'는 조선 후기에 가장 성행하였던 젓갈 제조법이었다. 그
런데 왜 선포즉양해의 젓갈 제조법이 1970년대까지도 유행하였던 것
일까?

이 배경에는 선박의 동력원 부족, 냉동기술의 미발달 등의 여러 요인과 아울러 생선조개류 부패를 막아 주는 소금의 특성이 작용하였다. 한번 생각을 해 보자. 무동력선인 꽁댕이배를 타고 열흘 이상 항해를 해야 할 때 잡아 올린 수산물을 어떻게 처리해야 할까? 날씨가 제법 더운 오뉴월에는 수산물을 잡는 것 이상으로 부패를 막는 처리가 급선무였다. 꽁댕이배는 그물을 배의 고물에 달고 다닌다고 해서 붙여진 이름으로 곰소만에서 젓배[醢船]로 쓰였으며 대부분 무동력선이었다.[9] 바람과 파도의 힘에 의지하여 다니는 범선의 걱정거리는 연안과 근해를 다님에도 불구하고 장기간 항해를 해야 한다는 점이다.

냉장고가 없는 선박에서 수산물의 선도를 유지하는 방법은 소금을 잔뜩 넣어서 젓갈로 만드는 것이 최선의 방법이었다. 다행히 소금은 수산물의 부패를 방지하면서도 오래 묵히면 감칠맛이 나는 역할을 하였다. 이를 위해서 젓배는 바다로 나갈 때 엄청난 소금과 젓독을 실어야 했다. 그러므로 '선포즉양해'란 전근대사회에서 생선과 새우의 저장성을 높이기 위한 수단이었다. 냉동시설을 갖추지 못한 사회에서 수산물을 오랫동안 먹을 수 있는 방법은 일단 소금 절임을 하여 저장성을 높이는 것이다. 젓갈의 짠맛은 그냥 탄생한 것이 아니라 당대의 낮은 생산력을 반영하였다. 아, 소금은 사람이 뿌린 것이 아니라 당대의 사회가 뿌린 것이다. 짠맛의 사회성이란 이런 법이다.

꼭 젓갈이 아니더라도 생선을 소금에 절여서 저장[鹽藏]하거나 말리는[鹽乾] 관습도 모두 생선을 장기간 보관하기 위한 방법이었다. 중세시대 유럽 사람들이 많이 먹는 생선은 '청어'였다. 스칸디나비아와 발트해, 북해 주민들은 수천 년 동안 청어를 주요 식품으로 애용했다. 청어를 식품으로 만들기 위해서 필요한 것은 '소금'이었다. 지방이 없는 대구와 달리 청어를 바다에서 잡으면 무조건 24시간 내에 소금에 절여야만 했다. 15세기의 네덜란드 백작은 잡은 청어를 24시간 이상 방치했다가 저장하는 어부는 누구든지 기소하겠다고 위협을 할 정도였으니 말이다.[10]

하루가 지난 청어는 신선도가 급격히 떨어질 우려가 높았으므로 바로 소금에 절이는 방식을 택한 것이다. 17세기의 청어 염장법을 살펴보면, 그물에서 청어를 쏟아내자마자 먼저 내장을 빼 내서 소금과 뒤

섞은 다음에 나무통에 차곡차곡 채워 넣었다. 그리고 소금이 녹고 청어 간물이 빠지게 하여 하루 동안 그대로 둔다. 다음에 소금을 더 많이 넣고 나무통을 밀봉하였다. 청어를 절이는 소금물은 청어가 떠오를 정도로 짰다고 한다. 500~600마리의 청어가 들어가는 나무통마다 26리터의 소금이 필요하였으니 청어 절임을 위해서 당시 유럽에서는 상당한 소금이 공급되어야 했다. 중세의 유럽에서 절임 청어가 부패를 면하여 유통되고, 무사히 가정의 식탁 위에까지 올라간 것은 바로 소금 덕이었다. 중세의 유럽에서 청어 절임의 짠 맛을 공격했을 사람은 아무도 없었을 것이다.

◀ 김장을 삼질로 담다 : 짠맛의 기능성

조선시대에도 생선을 절이기 위해서 소금의 수요가 많이 늘었다. 유교의 통과의례인 관혼상제冠婚喪祭가 서민층까지 널리 유행하는 조선 후기에는 제사를 지내는 데 제물祭物이 많이 소비되었다.[11] 그 가운데 소금에 절인 생선, 특히 조기의 수요가 많아졌다. 생선을 멀리 내륙까지 유통시키기 위해서는 소금에 절여서 말리는 가공법이 가장 주효한 방식이었다. 우리가 좋아하는 영광굴비도 이렇게 해서 탄생했으리라. 조기를 소금에 절여 굴비로 만드는 염장법은 교통이 불편했던 시대에 멀리 조기를 유통시키기 위해 고안한 가공법이었다. 전라도 법성포의 굴비를 받아든 경상도의 백성은 소금으로 절여진 굴비의 짠맛을 고마워했을 것이다.

조선시대에 한 해를 기준으로 소금의 수요가 급격히 늘어나는 철은 9월 이후였다. 김장과 장을 담그기 위해 9월부터 3월까지 민가에서는 소금이 가장 많이 필요해졌다. 19세기에 지어진 홍석모洪錫謨의 《동국세시기東國歲時記》에서도 "서울의 풍속에 무, 배추, 마늘, 고추, 소금으로 독에 김장을 담근다. 여름의 장담기와 겨울의 김치 담기는 일년의 중요한 계획이다"라고

하였다.[12] 조선 후기에 장과 김치 담그는 일이 민가에서 제일 중요한 행사로 자리를 잡았다. 세시풍속이 된 장과 김치를 담그는 데에는 많은 소금이 들어갔을 뿐 아니라 제대로 맛을 내기 위해서는 양질의 소금이 필요했다. 이를 맡은 여성들이 좋은 소금을 확보하기 위해 분주히 노력했음은 물론이다.

그러나 요즈음 대도시에서 김장을 하는 집들이 거의 사라졌다. 아파트에서 거주하는 도시인들에게 김장을 할 만한 공간도 없으며, 품앗이를 해 줄 이웃들도 없는 실정이다. 게다가 사시사철 채소를 얻을 수 있을 뿐만 아니라 대형마트에서는 가공된 포장김치들이 넘쳐나고 있는데 굳이 김장을 할 필요가 있겠는가. 이제 우리나라 한 해의 주요 행사였던 김장을 보기 위해서는 먼 시골에 가 봐야 할 것 같다. 시골의 김장 풍속도 먹기 위한 것보다는 보내기 위한 것이다. 도회지에 나가 있는 자식들에게 김치를 보내 주기 위해서 노부부들이 하는 김장은 이미 오래전에 시작된 풍속이었다.

1998년 11월 나는 전라북도 부안군 진서면 진서리의 연동 마을에 김장을 조사하러 갔다. 당시까지 이 마을의 주민들은 대부분 김장을 담그고 있었다. 하지만 김장김치는 가정에서 먹기 위한 것이 아니라 대도시의 자녀들에게 부쳐 주기 위해서였다. 대도시의 자녀들이 직접

시골에 와서 부모와 함께 김장을 하는 사례들도 많았다. 이 마을 주민들은 '여자는 김장을 마쳐야 한 해의 모든 일이 끝나고, 남자는 지붕을 이어야 한 해의 일을 마감한다'고 하였다. 다산 정약용의 둘째 아들인 정학유丁學游가 지은 〈농가월령가〉에서도 "시월은 맹동孟冬이라 입동소설立冬小雪 절기로다. ……남은 일 생각하여 집안일 마저 하세. 무 배추 캐어 들여 김장을 하오리라"라고 하지 않았던가. 과거에는 김장을 끝낸 여성들만이 한 해를 끝낸 기분을 만끽할 수 있었다.

진서리에서는 음력으로 10월 말경에 김장을 담그는데, 김장김치의 부재료로서 젓국은 물론이요, 생새우, 굴, 명태, 갈치, 낙지 등 해산물이 많이 들어갔다. 이곳은 곰소만 지역이라 수산물을 쉽게 얻을 수 있기 때문이었다. 김장을 하는데 거의 3일이 걸렸다. '짓거리'라고 부르는 김장용 채소를 먼저 다듬어 씻은 뒤 소금에 절이는 과정을 거치고 마지막으로 양념을 버무리는 작업을 하였다.

　내가 김장이 얼마나 힘든 일인지 깨달았을 때는 군에 입대를 한 뒤였다. 어렸을 적에는 어머니가 주는 양념을 싼 노란 배추를 먹으면서 '김장은 맛있고 재미있는 행사'라고 생각했다. 그런데 막상 군대에서 제법 쌀쌀한 입동立冬 무렵에 그 많은 배추를 소금물에 절여서, 양념 속을 넣는 일을 직접 해보니 그저 재미있는 행사가 아니었다. 김장을 끝내고 땅을 파서 김칫독을 묻는 일까지 하다 보면 김장이 참으로 고된 노동으로 느껴졌다. '땅을 더 파!'라는 인사계 상사의 불호령 소리를 회상하고 있던 나는 주민들이 옛날의 김장 이야기를 풀어주자 다시 제자리로 돌아왔다.

　"예전에는 바다에서 바로 배추를 절였어. 짓거리를 지게와 리어카에 잔뜩 싣고 구진마을의 다릿목으로 나가서 배추를 절였지." 진서리에서는 김장 채소를 소금물에 절이는 과정을 '간질'이라고 하였다. 가내家內에서 소금물을 만들기 어려운 형편이라면 직접 바닷물에 간질을 했던 것이다. 이렇게라도 채소를 절이지 않으면 김장김치를 담글 수 없다. 빳빳한 채소를 축 늘여지게 할 수 있는 힘은 오직 소금만이 가지는 것. 연동마을 사람들은 이러한 과정을 채소의 '숨을 죽인다'라고 하였다. 소금물에 간질을 하면 제아무리 억센 채소라도 수분이 빠져 나오면서 먹기 좋게 보들보들해지는 것이다. 우리 눈에 먼저 띄는 김치의 양념은 고춧가루지만 소금은 이렇게 막후에서 묵묵히 자기 몫을 다하는 양념이었다.

　역사적으로도 고춧가루가 버무려진 김치는 임진왜란이 지난 이후에야 먹게 되었으니 소금은 그 전부터 김치의 곁을 지켜 온 최고의 양념이었다. 이처럼 채소를 소금에 절였다가 겨우내 먹는 식문화는 참으로 오래되었다. 고려의 문신이었던 이규보李奎報가 지은 '가포육영家圃六詠'이라는 시에서도 '소금에 절인 무'를 읊었다. '가포육영'은 채마밭에 있는 여섯 가지 채소인 오이, 가지, 무, 파, 아욱, 박에 대하여 노래한 것이다. 고려시대에는 이 여섯 가지 채소가 밥상의 대표적인 음식 재료였다. 이규보는 무菁에 대해서는 "……장을 곁들이면 한여름에 먹기 좋고 소금에 절이면 긴 겨울을 넘긴다……"라고 하였다.[13] 고려시대의 선조들은 고춧가루 없이 소금에 절인 백김치를 먹으면서 겨울을 넘겼다. 겨울 동안 먹을 채소를 소금에 담그는 김장 행사가 고려시대에도 있었을 것으로 추정되는 대목이다.

채소를 절일 때만 소금이 이용되는 것은 아니었다. 양념을 넣을 때도 소금은 주요한 몫을 했다. 김치를 먹는 시기에 따라서 소금의 양을 조절하였는데 양념의 간에 따라서 김장을 '삼질로 담근다'라고 하였다. 소금의 양에 따라서 김치를 세 부류로 나누는 것이다. 요컨대, 김장을 끝내고 한 달 뒤에 먹는 싱거운 김치, 2월에 먹는 중간 맛의 김치, 4월까지 먹는 짠 맛의 김치 등 세 가지로 구분한다. 소금의 짠 맛이 더해질수록 김치가 늦게 숙성되는 원리를 이용한 것이다. 과거 소금의 짠 맛은 김치냉장고의 온도와 같은 기능을 하였다. 이처럼 짠 맛의 기능성을 이용하여 먹는 철을 조절하는 것은 오랜 경험 속에서 얻어진 선조들의 지혜가 아닐까.

한편 지역에 따라서도 김장의 맛도 달라진다. 기온이 높은 남쪽 지역에서는 간과 양념이 많아지는 짠 김치를, 추운 북쪽 지역에서는 간이 적고 국물이 넉넉해지는 싱거운 김치를 먹었다.[14] 이렇게 한반도 내에서도 지역과 기온에 따라 맞춤형 짠 맛을 내는 김장의 식문화가 탄생하였으니 소금이야말로 김치의 진정한 동지가 아닐 수 없다.

◆ 짠 맛의 시대성

이쯤 되면 나는 짠 맛의 찬양자로 오해받기 십상이다. 그러나 솔직히 고백하면 나는 짠 음식보다는 싱거운 음식을 좋아하는 편이다. 뭐든지 '과유불급過猶不及'이라 하지 않았나. 지나치게 짠 음식만을 먹는 것은 건강에 그다지 좋을 리가 없다. 우리나라 사람들이 발효 음식을 주로 먹다보니 소금 섭취량이 많은 것은 사실이다. 2006년도 기준으로 우리나라 성인의 일일 평균 소금 섭취량은 13.5그램(남성 14.9그램, 여성 12.2그램)으로 세계보건기구WHO 권장량이 5그램이므로 이 기준의 2.7배에 달하는 것으로 조사되었다.[15]

그러나 이제 우리나라 사람들의 소금 섭취량도 분명 줄고 있는 추세이다. 1986년에는 소금 섭취량이 20그램 이상이었으며, 당시 세계보건기구의 권장량은 정상인의 소금섭취량이 10그램이었다.[16] 소금의 섭취량을 건강의 적신호로 생각하면서 권장 기준도 줄어들고 이에 따라 섭취량도 동반 하락하고 있다. 이러한 현상은 의학 연구가 발전하였기 때문만은 아니고 짠맛을 보는 시각이 달라지고 있다고 보인다.

그러므로 짠맛에 대한 당시의 시선, 즉 시대성을 잘 파악해야 한다. 과거에도 소금 섭취량은 예의 주시하는 통계였다. 1910년 《대한매일신문》에서는 조선인과 외국인들의 소금 섭취량을 비교하는 "한인이 더 먹는군"라는 기사가 있다. 이 기사에서는 "한국 사람은 매명每名(각자)에 일년 먹는 소금이 삼십 근이오, 서양 사람은 매명에 십이근반이오, 일본 사람은 매명에 이십사 근이라더라"라고 하였다.[17] 한국 사람이 서양 사람보다는 17.5근, 일본 사람보다는 6근을 더 먹고 있다는 기사이다. 당시에도 외국에 비해 조선인의 소금 소비량이 상당히 높은 사실을 주목하고 있다. 위 통계를 하루 평균섭취량(그램 단위)으로 계산해보면 구한말 조선사람은 약 49그램의 소금을 먹는다는 사실을 알 수 있다.

일제강점기 조선총독부의 전매과장인 히라이平井三男도 조선인의 소금 소비량을 계산해보았다.[18] 그는 조선의 총 소금 소비량을 전체 인구로 나누어 추산하였다. 히라이는 "조선 안에서 먹는 소금이 4억 근이나 되며 이를 현지의 총인구 천육백 만에게 펴면 한 사람 한 해의 소비액이 25근식이라. 이를 내지의 한 사람 평균 22근식 먹는 데다가 비교하면 약 3근식을 더 먹는 셈이라." 이 통계로 보면 조선인은 일본 인보다는 3근을 더 먹는다는 결과가 나왔고, 하루 섭취량을 계산해 보면 약 41그램이었다. 그런데 당시에 소금 소비량을 추정해 보는 목 적은 지금과는 전혀 달랐다. 지금처럼 건강 유지를 위해 소금 소비량 을 따져보는 것도 아니며, 소금 섭취를 줄이기 위한 것은 더더욱 아니 었다. 소금 소비량은 많은데 비해 소금이 부족함을 역설하여 소금 생 산을 진작시키기 위함이었다.

일제강점기에 발행된 신문들은 건강을 위해서 짠 소금을 먹어야 한 다고 적극 주장하였다. 사람의 몸에서 염분이 공급되지 않으면 정신 이상이 생기고 생명이 위험하게 된다는 점을 부각시켰다. 1938년 《동 아일보》에 실린 "사람을 살리고 죽이는 소금의 활용범위"라는 기사를 한번 보자.

……소금의 성분 : 소금의 성분은 염소鹽素와 나토륨이라는 것이 합해서 된 것인데 이것으로 말하면 우리의 몸을 만드는 데 없어서는 안 되는 것이 오 또 몸이 잘되엇다구해도 이 몸이 잘 살자면 역시 소금이 없어서는 안 될

것입니다. 개나 비둘기를 실험으로 해보면 소금석지 안흔 음식물을 3주일만 계속해서 먹이면 죽습니다. 하로에 섭취할 소금 : 그러타면 대체 사람은 하로에 얼마만한 소금을 먹어야 할 것인가? 어른들은 하로에 10그람이나 15그람 가량 소금을 섭취하면 그만인데 10그람이라면 석냥갑의 반가량이오 아이들은 그것의 반이면 되는데 직접 그만한 것을 생소금으로 먹는 것이 아니라 음식물을 통해서 그만한 분량은 먹게 되는 것입니다.

건강과 소금 : 만일 여러분 중에 운동이 부족하고 단과자나 잘 먹는 여러분이 잇다면 소금을 먹는 기회가 적어서 그 결과로는 얼골이 창백하고 원기가 없습니다. 부자집 아드님 따님들의 비교적 조흔 음식을 먹음에 비하여 건강치 못한 것은 가난한 집 음식 짜다구 짠 음식만 먹는 것보다 부자집 음식이 맛만 잇고 소금이 적은 원인지도 모르는 것입니다. 옛날에는 김치 담그고 장 담는데 가장 소금이 필요했고 그 외에는 그다지 소금의 중요성을 몰랏든 것이지마는 지금 이 문명한 근대에는 옛날에 비하여 몇 배나 더 소금의 필요를 느끼게 된 것입니다. ……마지막으로 가장 긴요한 것은 사람이 죽어갈 때 조금이라도 더 살게 하라면 소금주사를 하면 다시 살아나는 것을 보십시오. 소금이 사람을 죽이기도 하고 살리기도 하는 중대한 역할을 합니다.[19]

《동아일보》1938년 10월 9일자에 실린 기사는 지금과는 정반대의 시각에 서 있다. 이 기사에 따르면 소금은 사람의 몸에 없어서는 안 될 것이며, 현재 몸이 건강하더라도 계속 건강을 유지하자면 소금을 꾸준히 먹어야 한다고 하였다. 《

이 기사에 따르면 소금은 사람의 몸에 없어서는 안 될 것이며, 현재 몸이 건강하더라도 계속 건강을 유지하자면 소금을 꾸준히 먹어야만 된다. 지금과는 정반대의 시각이다. 흥미로운 점은 부잣집 도련님들이 건강하지 못한 것은 소금을 잘 먹지 않아서라고 한 사실이다. 부잣집 아이들이 먹는 좋은 음식은 소금기 없고, 단 음식이었다. 얼굴은 창백해지고 원기가 부족한 이 아이들에게 필요한 것은 짠 음식이다. 이 기사의 마지막에서는 죽어 가는 사람을 조금이라도 살리기 위해서 소금주사를 준다고 하였다. 아, 당시에 짠맛은 건강의 적신호가 아니라 사람을 살리는 생명의 기운과 같은 존재로 보았다.

그러나 일제강점기에 이와 같이 홍보하는 짠맛의 필요성을 곧이곧대로 들어서는 안 된다. 이때는 소금이 먹는 식염食鹽을 넘어서 문명과 야만, 근대와 전근대를 나누는 척도로까지 설명되었음을 유의해야 한다. 이를 테면 위 기사에서는 "지금 이 문명한 근대에는 옛날에 비하여 몇 배나 더 소금의 필요를 느끼게 된 것입니다"라고 하였다.[20] 또한 《동아일보》의 다른 기사에서는 소금의 소비량은 그 나라의 문화 정도를 말한다고 하였다.[21] 전근대에 소금은 김치와 장 담그는 데 필요했지만 문명한 근대에는 유리, 종이, 가솔린, 기름, 비누 등 온갖 생활용품을 만드는 공업용 소금의 수요가 급격히 늘어났다. 소금이 우리 몸에 꼭 필요한 조미료라고 강조했던 것은 결국 공업용, 산업용으로 소금의 필요성을 확장시키기 위한 장치였다. 일제강점기에는 천일염의 공급을 늘리려는 총독부의 정책이 강력히 추진되었으니 짠맛은 건강에도, 산업에도 모두 좋은 것이 되었다.

그러나 짠맛이 대접받던 시대도 한때였다. 소금의 부족이 아닌 과잉을 고민해야 하는 1960년대부터는 소금을 보는 시선이 곱지 않다. 이때부터는 소금의 과잉섭취가 고혈압 등 건강에 미치는 영향이 크게 문제가 되고 있다고 보았다.[22] 그러다가 경제 발전으로 인해 더불어 건강을 적극 챙기는 1980년대가 되면 짠맛과 짠 음식에 대한 우려가 크게 높아졌다. 짠맛을 보는 시각이 180도로 바뀌어 모든 건강 문제의 원인을 짠 음식 탓으로 돌려지는 상황에까지 이르렀다. 다시 강조하면, 짠맛에 대한 시선은 이와 같이 시기적으로 달라졌는데 이것은 의학 기술의 발전 때문만은 아니다. 소금에 대한 사회적 수요와 정치적 관측에 따라서 '착한 소금'과 '나쁜 소금'으로 변화된 것이다.

　결론적으로, 내가 주장하고 싶은 사실은 '짠 소금을 많이 먹자'는 것이 아니라 '좋은 소금을 먹자'는 것이다. 좋은 소금은 미네랄을 많이 함유하고 있는 소금임은 두말할 필요가 없다. 소금이 품고 있는 수많은 성분 가운데 염화나트륨의 함유량으로 소금의 품질을 따지기 시작한 것은 일제강점기 때부터였다. 이 시기부터 소금은 정말 과도한 나트륨의 보유자가 되었다. 일제는 소금을 공업용으로 보면서 최대한 염화나트륨 성분을 끌어올리려 노력하였다. 대신 전통적인 자염과 갯벌 천일염에 포함된 미네랄 성분들은 '불순물'이란 오명을 붙였다. 이후 '이온교환수지'라는 기계 장치로 만든 정제염이 등장하면서 염화나트륨 함유량은 보통 99퍼센트 이상이 되었다.

　이처럼 소금을 불필요하게 짜게 만들어 건강을 해치게 만든 장본인은 인간과 문명이었다. 자연은 사람의 건강에 좋은 소금을 선물해 주었으나 인간은 스스로 건강을 위협하는 짠 소금을 만들었다. 그러므로 소금을 공격하는 태도는 적반하장 격이 아닐 수 없다. 웰빙시대를 맞은 지금, 다시 미네랄이 풍부한 소금을 만들기 위해 곳곳에서 분주히 노력하고 있다. 정말 짠맛의 시대성은 상전벽해桑田碧海로 변하고 있다.

설화 속 소금장수는 과연 흉측한 정력가일까?

◆ 설화 속 엽기적인 소금장수

뉴밀레니엄 시대에 한국을 강타한 낱말 중의 하나는 '엽기獵奇'이다. 사전적인 의미로서 엽기는 "비정상적이고 괴이한 일이나 사물에 흥미를 느끼고 찾아다님"이지만 실제로 젊은이들이 사용하고, 인터넷에 떠도는 의미는 훨씬 광범위하다. 엉뚱하거나 기발한 생각들까지도 '엽기'라는 타이틀이 붙여지고, 엽기광고·엽기사진·엽기소설·엽기유머 등 수많은 엽기 장르가 쏟아지고 있다. 도대체 엽기가 뭐길래, 이런 현상이 벌어지는 것일까? 문화사회학자들은 획일화된 기성문화의 틀 속에서 벗어나고자 하는 신세대들의 일탈의식이 엽기를 만들어 냈다는 진중한 분석을 내놓았다. 그런데 사회학이나 심리학에 문외한인 내가 보기에 신세대들의 엽기 탐닉이 꼭 부정적인 현상만은 아니다. 변태, 폭력 등 부정적인 엽기가 아니라 풍자, 해학 등의 긍정적 엽기도 많기 때문이다. 재기발랄한 젊은이들의 '세상 비틀어 비꼬기'는 따분한 신자유주의 사회에 건강한 웃음을 선사하지 않겠는가.

현대사회보다는 전통사회의 문화를 연구하는 나로서는 과거의 엽기에 대해서 관심을 갖고 있었다. 처한 사회적 환경이 달라서이지 그에 대한 인간의 대응은 비슷하므로 과거에도 역시 '엽기'라고 할 만한 게 있을 거란 생각이 들었다. 내가 민속을 찾아서 현지조사를 하다가 정말 '엽기적인 이야기'를 들었을 때는 낙동강 소금배의 선상船商을 했던 김소만 씨를 만났을 때였다. 김소만 씨가 들려준 엽기적인 이야기는 '소금장수 설화'였다. 이 이야기는 현 세대의 포괄적 개념의 엽기가 아닌, 정말 '괴이하고 비정상인 행태'로서 사전적 정의의 엽기에 해당되는 것이었다. 잠자는 여성의 음부에다 소금과 고춧가루를 집어 넣고 태연히 고쳐 주는 시늉을 하는 내용의 소금장수 민담은 충분히 엽기적이라 할 만하지 않는가. 소금장수의 엽기적 행태에 강한 의문을 품은 나는 1970년대부터 우리나라의 설화와 민요 등을 전국적으로 조사하여 실은《한국구비문학대계》를 찾아보았다.

이 책에서는 김소만 씨의 소금장수 이야기를 능가하는 엽기적 소금장수 설화들이 나를 기다리고 있었다. 소금장수 설화는 전국적으로 분포된 광포설화廣布說話였다. 이 민담은《한국구비문학대계》에서만 100개가 훨씬 넘게 실렸으며, 한 지역이 아닌 우리나라 전역에서 전래되는 설화였다. 지금은 가물가물해진 옛이야기가 되었지만 과거에는 수많은 이들의 입속에서 가장 많이 소비되던 이야기였다. 이 이야기에서 먼저 눈에 띄는 것은 성性에 대한 소금장수의 엽기적 행위였다. 전거를 밝히지 않고 소금장수의 행위를 묘사했다면 아마도 필화

사건을 야기할 만한 '외설' 수준이었다. 한 가지 예를 들어보겠다. 우리나라에서 소금이 가장 많이 생산되는 전라남도 신안군의 장산면에서 전래되는 〈간교한 소금장수〉 이야기이다.

소금 짐을 짊어진 소금장수가 마을로 넘어오다가 친정에 가는 어떤 부인을 만났다. 부인은 집에서 혼자 있는 딸이 걱정되어 소금장수한테 말했다. "우리집에는 가지 마소, 소금 많이 있어라." 부인은 자신의 집에 가지 말기를 간곡히 당부하면서 소금장수에게 집의 위치까지 가르쳐 주었다. 소금장수는 "알겠소"하고 답하였지만, 바로 그 집으로 찾아갔다. 마당에는 큰 암탉이 놀고 있으며, 예쁜 처녀가 혼자서 집을 지키고 있었다. 소금장수가 "내가 너희 외삼촌이다"라고 속이자, 순진한 처녀는 닭을 잡아서 볶아 주었다. 밤잠에 들 무렵 성욕을 느낀 소금장수가 처녀에게 다가섰다. "아야, 너 시집을 못가서 그런지 고름이 많이 들었다. 고름 안 빼면 까딱하면 죽는다." 외삼촌의 죽는다는 말에 순진한 처녀는 겁이 났다. "삼촌 고름 좀 빼주시오." 그러자 소금장수는 처녀의 속옷을 벗겨 놓고 성 관계를 하였다. 소금장수는 성교 후에 나온 음양물을 받아서 처녀에게 보여 주었다. "봐라 고름이 이리 많이 안 찼냐!" 고름을 뺀 처녀는 시원하고 좋은 마음이 들었고, 밤새 소금장수가 하라는 대로 함께 고름을 빼서 그릇에 담아 두었다. 그런데 이웃집 노인이 불씨를 얻으러 왔다가 이 음양물을 흰 죽으로 생각하고 마셔 버렸다. 이튿날 소금장수는 아침을 먹고 처녀에게 돈과 명주를 달라고 했다. "네 엄마가 모처럼 왔은께 여비도 받아가고, 명주도 가져가서 옷 해서 입으라고 하더라." 돈과 명주를 챙긴 소금장수는 항아리 속의 쌀까지 짊어지고 집을 떠났다. 친정에서 돌아온 엄마가 딸에게 소금장수 안 왔냐고 물어 보았다. 딸은 소금장수가 와서 고름을 빼 주었다고 이야기했다. 엄마가 시킨 대로 씨암탉을 잡아서 대접해 주었으며, 돈·명주·쌀까지 주었다고 말했다. "이 오살할 놈, 우리집 다 털어가 버렸구나." 소금장수에게 화가 난 엄마는 딸에게도 '멍청한 년'이라고 욕을 했다.[1]

정액과 애액愛液이 섞인 분비물을 '고름'이라 속이고 그릇 속에 받아두는 소금장수의 행태도 그렇지만 이를 흰죽으로 생각하고 마셔 버리는 노인의 행위도 엽기적이다. 소금장수의 엽기적인 행태 앞에서 처녀는 허무하게 당하기만 한다. 처녀성을 잃었을 뿐만 아니라 반닫이에 보관해 둔 돈과 명주, 쌀까지 모두 소금장수에게 빼앗겨 버렸다. 소금장수의 교활하고 간악함에 대해서는 '엽기'라는 표현 외에는 달리 쓸 말이 없을 것 같다.

그러나 현대의 엽기 신드롬이 그렇듯이 황당한 엽기적 내용의 이면에는 어떤 배경이 있는 것이다. 야한 소설에 대하여 '외설'이라며 일침을 가하는 현대사회와 달리, 과거 '사랑방에서의 구술 소통'은 창작의 자유가 마음껏 보장된, 경이로운 공간이었다. 상당수 설화가 음담패설의 성향이 짙은 것은 구술 설화의 세계에서는 자유로운 성적 묘사가 가능했기 때문이다. 성기와 성 행위를 소재로 한 육담은 성을 통하여 청취자들을 웃기는 데 목적이 있다. 구연자들은 듣는 이들에게 폭소를 주기 위하여 강렬한 성적 묘사, 엽기적 내용까지 불사한 것이다.

■ 하루저녁에 네 마누라를 얻은 소금장수

엽기에 대한 젊은이들의 시선과 마찬가지로 민중들은 설화를 통하여 세상을 비틀어 본다. 설화는 당대의 세상을 반영하고 있지만 민중의 시선대로 창조적으로 받아들이고 있다. 그래서 설화를 통해서 민중들의 세계관을 이해할 수 있는 것이다. 특히 육담에는 민중들의 잠재된 성적 욕망이 표출되고 있으며, 대리 만족을 시켜주기 위한 스토리들이 전개된다. 신분과 이념을 뛰어넘는 성적 소통이 이뤄지는 것은 민중들의 상상적 세계가 펼쳐지기 때문이다.

그래서 설화의 소재, 줄거리, 모티프, 구조 등을 잘 살펴보면 민중들의 세계관을 이해할 수 있을 뿐만 아니라 역으로 당대 사회의 상황과 모순까지도 바라볼 수 있는 것이다. 육담을 킬링 타임식의 음담패설이 아닌 당대 사회를 풍자하고 꼬집는 민중들의 문학으로 보면, 별거 아닌 소재와 모티프들이 선명한 상징들로 도드라지는 것을 느낄수 있다. 그렇다면 소금장수 설화에 등장하는 가히 엽기적인 소재들은 어떤 상징성을 지니고 있는 것일까?

위의 〈간교한 소금장수〉에서 주시할 바는 소금장수에게 당하고 있다고 생각하는 처녀도 성에 대해 능동적이고 적극적 태도를 보인다는 점이다. 소금장수가 고름을 빼 준다고 하자 "그러면 빼 주시오"라고 답하고, 성관계를 하고 고름을 뺀 뒤에는 처녀는 시원하고 좋은 마음이 들었다. 왜 시원하고 좋았을까? 한적한 시골의 처녀가 성에 대해 무지하다고 하지만 혼기에 이른 나이에 육욕이 없을 리가 없다. 고름이 몸에 잔뜩 찼다는 소금장수의 속임수에 자연스럽게 넘어가 속옷까지 벗어 주는 태도는 과년한 처녀의 성욕이 자연스럽게 발현한 것으로 볼 수 있다. 그렇다면 소금장수와 처녀의 섹스는 자신의 만족을 위한, '일방적 배설'이 아닌 잠복되었던 성적 욕망을 상호 풀어버리는 '소통적 해소'가 되는 것이다.

소금장수 설화 중에는 소금장수와의 섹스를 적극적으로 요구하는 여성들이 수없이 등장한다. 조선사회의 유교 이념 속에서 열녀의 윤리를 강요당했던 과부들이 바로 그들이다. 가부장적 유교 이데올로기를 한없이 해체하고 있는 〈하루저녁에 네 마누라 얻은 소금장수〉 이야기를 살펴보자.

소금장수가 소금을 팔러 다니다가 해가 저물어 마을에서 잠잘 곳을 찾았다. 장난을 잘 치는 동네 사람이 홀엄씨과부만 사는 집을 가르쳐 주었다. 소금장수가 그 집에 가서 하룻밤 재워 달라고 청하였다. 처음에는 주인이 "우리집은 여자들만 사는 데라 남의 집 가 보소"라고 말하였다. 소금장수가 다시 헛간에서라도 재워 달라고 하자 시어머니와 며느리들이 의논을 한 뒤에 소금을 먼저 달라고 하였다. 소금장수가 소금을 한 쪽박 주니까 "아이 헛간에서 자것소. 올라와서 자시오"라고 하였다. 또 한 쪽박을 퍼 주니까 여자들은 "그냥 윗목에서 자시오"라고 하였다. 저녁밥까지 대접받은 소금장수는 윗목에서 잠을 자는데 코에다가 버선과 대님을 묶어서 얹고 잤다. 궁금해진 과부들이 그 이유를 물어보자 소금장수는 "나는 코에다가 질목버선을 안 얹으면 나쁜 말이 나옵니다"라고 답하였다. 시어머니가 잠자리에 누웠다가 어떻게 되는가 보려고 질목을 내려놓으니 소금장수가 "아이 ×꼴려"라고 하였다. 큰 며느리부터 셋째 며느리까지 시어머니처럼 해 보고나니 모두 성욕이 생겨났다. 불을 끈 뒤에 시어머니가 먼저 소금장수와 성관계를 가졌다. 환장한 며느리들이 차례대로 소금장수와 잠자리를 같이 하여 결국 소금장수는 하룻밤에 네 명의 마누라를 얻게 되었다.[2]

이 설화는 성리학에 심취한 조선시대 사대부들이 보면 정말 기겁할 내용이다. 과부가 된 시어머니와 세 명의 며느리들이 하룻밤에 한 명의 소금장수와 같은 방에서 성교를 했다는 것은 상상조차 하기 어려운 일이다. 하지만 자유로운 성 세계를 꿈꾸고 있는 민중들의 구술담에서는 가능한 것이다. 아무리 유교사회라도 성적 욕망은 인간 본연의 것이며, 누구나 품고 있는 매우 자연스러운 것이다. 과부의 재혼을 범죄시하고, 재가再嫁를 막는 조선의 제도야 말로 진정 비인간적 처사였다.

그러나 아무리 사회적 윤리가 억압을 해도 본성적 마음은 꿈틀거리는 법. 이 사회적 윤리의 깊은 바다 속에서 잠재되었던 여성의 성욕을 발동시키는 자가 바로 '소금장수'이다. 소금장수를 인도해 준 마을 주민은 장난질을 친 게 아니라 성적 쾌락을 금기시하고 살았던 여성들에게 다시 '인간적 자리'를 깔아 준 것이다. 소금장수가 여성들에게 다가오는 순간, 그녀들에게 잠복되었던 성의식이 수면 위로 떠올라 파도치게 된다. 그렇게 소금장수를 만난 과부들은 열녀문의 빗장을 열고, 동물적 본능의 세계로 용기 있게 뛰어나갔다. 한 번 애욕이 오른 며느리들은 시어머니와 형님 앞에서 과감한 말들을 쏟아 내며 정렬적인 태도를 취한다. 둘째 며느리는 "누구는 사람도 아니요. 자기네만 허냐, 나도 해야 쓰것소"라고 말했고, 셋째 며느리는 "고로고루 고로 고로 해 주소"라고 하며 소금장수에게 두루 한 명도 빼놓지 않는 섹스를 요구하였다.

〈하루저녁에 네 마누라 얻은 소금장수〉 이야기 외에도 소금장수는 많은 이들의 성적 욕망을 해소해 준다. 아무도 거들떠 보지 않는 천하 박색의 여자, 남편이 성불능자여서 아이를 못난 여자의 성적 문제를 깨끗이 씻어 준다. 따라서 설화 속 소금장수는 자신의 성욕만을 탐닉

하는 흉악한 정력가가 아니다. 오랫동안 해소하지 못한 자신의 성욕은 물론이고, 사회 윤리의 틀 속에서 성적 억압과 결핍으로 고통받는 여성들의 성욕을 함께 치유해 주는 소금장수는 상생의 관계를 만들어 가는 해결사인 것이다.

■ 여성의 음부陰部에 병주고 약주기

소금장수 설화에서는 소금장수의 성 행위뿐만 아니라 여성의 성기에 장난질을 하는 이야기들이 많다. 성기는 한국 육담의 중요한 모티프로서 소금장수 설화에서도 스토리를 전개하는 중요한 계기가 된다. 이러한 이야기들은 대개 소금장수가 집 주인 혹은 딸의 음부에다가 소금이나 고춧가루를 넣는 것이 발단이 된다. 1935년 평안북도의 선천군宣川郡에서 조사된 〈음흉한 소금장수〉라는 이야기를 들어보자.

소금장수가 날이 저물어서 산 밑에 있는 집에 찾아가 하룻밤 묵기를 청하였다. 여주인이 서방이 없어서 안 된다고 거절하였다. 소금장수는 "밤이 되었는데 다시 어디를 가란 말인가"하고 사정을 해서 겨우 웃간에서 잠을 자게 되었다. 새벽에 잠을 깨서 여주인을 보니 다리를 쫙 벌리고 자고 있었다. 가만히 일어나서 여자의 음부에다가 고춧가루를 뿌렸다. 자던 여주인이 "아이고 ×이야"하면서 일어나 앓고 있었다. 소금장수는 능청스럽게 대꾸하였다. "왜 그러우, 어디 아프우." 여주인이 ×이 아프다고 하니까 소금장수는 자기가 점을 볼 줄 아는데 점괘를 내겠다고 속였다. 소금장수가 거짓으로 점 보는 시늉을 하면서 "닭 잡아라, 떡 해 놔라, 버치(큰 그릇)에 들어앉아 소리하라"고 말하였다. 소금장수는 이렇게 점괘가 나왔으니 여주인에게 빨리 해 보라고 하였다. 여주인은 소금장수가 시키는 대로 떡을 하고 닭을 잡아서 상을 차린 후에 물을 부은 버치 안에서 소리를 냈다. 아낙은 곧 음부에 들어갔던 고춧가루가 물에 씻겨 나와서 아프지 않게 되었다. 그녀는 자기를 도와준 소금장수에게 떡과 닭을 다 주었다.[3]

위 이야기는 민속학자인 고故 임석재 선생이 1930년대 선천군의 신성학교에 근무를 하고 있을 때 학생들이 자신의 고향에서 채집해 온 설화이다. 여성의 음부에 고춧가루와 소금을 넣는다는 내용의 소금장수 설화는 평안도의 선천군과 용천군 외에도 여러 지역에 퍼져 있다. 전라도와 경상도 등지에서도 이러한 소금장수 이야기는 쉽게 찾아볼 수 있다.

이 설화는 대체로 잠자는 여성의 성기에 이물질을 넣은 뒤에 무당이나 점쟁이 흉내를 내며 병을 고쳐 준다는 스토리이다. 그런데 여기서 더 나아가 음흉한 소금장수가 처자의 성기를 물에 씻은 뒤에도 완전히 병을 고치기 위해서는 침을 맞아야 한다고 속이는 설화도 있다.[4] 소금장수는 이때 처녀의 부모에게 묻는다. "쇠침을 맞겠는가, 가죽침을 맞겠는가." 가죽침이란 다름 아닌 자신의 생식기이다. 미련한 부모는 쇠침이 아플 것 같으니 가죽침을 놔 달라고 한다. 소금장수는 침놓는 방에 얼씬거리지 말라고 하면서 처녀를 데리고 간 뒤에 자신의 음경을 이용하여 가죽침을 놔 주었다. 소금장수는 여성의 성기에 장난을 치다 못해 부모를 속여서 딸과 성 행위까지 하고 만 것이다.

여성의 생식기에 소금·고춧가루를 뿌리는 〈음흉한 소금장수〉 이야기는 남성의 여성에 대한 은밀한 폭력이다. 설화 속의 상상적 행동이라 해도 가부장제사회에서 여성을 성적 대상으로 보는 남존여비의 사

상이 깔려 있음은 부인하기 어렵다. 그런데 소금장수의 음부에 대한
은밀한 폭력을 '닫힌 성'을 열게 하는 트릭으로 보는 시각도 있다. 소
금장수의 소금·고춧가루 공격은 꼿꼿한 척 하는 여성의 이중의식과
굳게 닫아 건 엉덩이를 열게 하는 풍자와 조롱이라는 것이다.[5] 여성의
생식기는 남성이 들어가는 곳이며, 아이가 잉태되어 나오는 세상의
출입구이다. 사람을 창조하는 이곳이 영영 닫혀서는 곤란한 일이다.
소금장수의 폭력이 정당성을 부여받을 수 있는 것은 여성의 닫힌 성
을 풀어 인류 창조의 가능성을 넓혔기 때문이다.

　〈음흉한 소금장수〉는 '병주고 약주기' 식의 이야기다. 소금장수가
과격한 공격을 했다 하더라도 이내 쓰라린 여성의 아픔을 치유해 준
점을 간과해서는 안 된다. 소금장수는 여성의 성기에 해를 가하는 고
약한 짓거리로 끝내지 않았다. 짓궂은 방식으로 여성을 속이기는 하
였지만 결자해지의 자세로 여성의 고통을 치료해 준다. 즉 소금장수
가 점쟁이나 무당 흉내를 내면서 병의 원인을 밝혀 주고, 해결책을 마
련해 주는 것이다. 그리하여 소금장수의 못된 행동은 점차 선과 악의
경계선이 모호해진다. 육담에서는 남과 여의 대립만 있을 뿐 악과 선
의 대립이 없으며, 기지와 지략은 있어도 갈등이나 고민도 없다. 고민
이나 갈등 없이 부도덕한 행위를 하고, 권선징악勸善懲惡을 받지 않는
것이 육담의 특성이다.[6] 〈음흉한 소금장수〉 이야기에서도 소금장수의
은밀한 폭력은 징악을 받지 않고, 오히려 맛있는 음식으로 대접받으
면서 마감을 한다.

■ '속고 속이기'에 성기性器를 걸다

또 하나, 소금장수 설화에서 주의해서 봐야 될 점이 있다. 소금장수 대 조연들의 끊임없는 '속고 속이기'의 줄다리기이다. 왜 영악한 소금장수는 속임수를 쓰고, 순진한 여성은 바보같이 속는 것일까? '속고 속이기'는 듣는 이들에게 빵빵 터지는 웃음을 선사하지만 그 내면에 현미경을 들이대면 웃을 수만은 없는 비극이 숨어 있다. 이 안에는 결코 희극이 아닌 비극적 생존전략이 담겨 있는 것이다. '속고 속이기'에 반영된 세상의 냉혹한 현실은 무엇일까?

소금장수 설화의 첫머리에서는 대체로 주인이 소금장수에게 떡을 안 주거나 잠자리를 제공하지 않는다는 점을 발견할 수 있다. 하루에 수십 킬로미터의 거리를 무거운 소금 짐을 지고, 깊은 산골짜기를 걸어서 다니는 소금장수에게 가장 중요한 것은 무엇일까? 두말할 필요도 없이 그것은 '먹을 것'과 '잠자리'이다. 조선시대의 소금장수는 늘 혹독한 '위험사회'에 살았다. 배고픔과 피곤으로 녹초가 되는 것은 아무것도 아니다. 소금장수의 장삿길은 맹수의 위협, 산적의 강도질 등으로 목숨까지 걸어야 하는, 그야말로 전근대의 '극한 직업'이었다. 위험사회의 소금장수는 굶어 죽거나 잡혀 먹히지 않기 위해서 나름대로 치열한 삶의 전략을 갖고 있어야 한다.

소금장수와 대결하는 인물들도 마찬가지이다. 빈곤 속에서 허덕였던 민중들 역시 소금장수에게 잠자리를 주고, 음식을 대접하는 것은 매우 중요한 문제였다. 특히 떡은 의례, 명절, 행사에나 먹을 수 있는 특별 음식이었으니 소금장수와 같은 이방인에게 쉽게 내 줄 수 없는 법. '떡'을 두고 상상을 초월한 싸움은 이렇게 해서 벌어졌다. 이 냉정한 싸움에서 떡을 차지하기 위해서 자신의 성기쯤은 과감히 걸어야 했다.

소금장수가 산골에 돌아다니다가 어느 집에서 하룻밤을 자게 되었다. 집 주인이 색시에게 떡을 해 먹자고 하니까 색시가 "소금장수가 있는데 어떻게 해 먹어"하면서 걱정을 했다. 집주인이 꾀를 냈다. "소금장수 모르게 부엌에서 떡을 하면 되지 않수. 내 ××에 실을 매달아 둘 테니 떡이 다 되면 실을 댕기라우." 그런데 이 말을 소금장수가 듣게 되었다. 소금장수는 주인이 잠든 것을 보고 그의 성기에 매달아 둔 실을 풀어 자신의 성기에 매놓았다. 얼마 지나자 실을 당기는 신호가 와서 소금장수는 어두운 부엌으로 가서 맘껏 떡을 먹었다. 주인이 시간이 지나도 소식이 없자 부엌으로 가서 색시에게 떡을 달라고 했다. 색시는 어이가 없었다. "많이 먹고서 또 달라네." "내레 언제 떡을 먹어. 그놈의 소금장수가 와서 먹은 게로만." 화가 난 주인은 소금장수를 때리려고 뛰어 나갔다. 소금장수는 방문을 열고 후다닥 도망가는 척 하다 대문 옆에 붙어 숨어 있었다. 이를 모르고 주인은 대문 밖으로 뛰어 나갔다. 그 사이에 소금장수는 다시 부엌으로 가서 실컷 떡을 먹었다. 소금장수를 못 잡은 주인은 다시 부엌으로 와서 색시에게 떡을 달라고 하였다. "이자 막 먹고 나갔으면서 또 와서 떡을 달라 하네." 색시의 말을 들은 집주인은 큰소리를 쳤다. "아 그놈의 소금장수가 와서 또 떡을 먹고 갔구만"[7]

이 설화는 떡을 둘러싼 '빅 매치'이다. 소금장수 몰래 떡을 먹기 위해서 주인은 영악한 꾀를 냈지만 소금장수에게 들키고 말았다. 그 꾀는 떡이 다 되었을 때 자신의 성기에 매단 실을 당기는 우스꽝스러운 방법이었다. 단칸방에서 살림을 살고 있는 부부들이 말을 하지 않고 소금장수 몰래 내통할 수 있는 방법은 남성의 성기에 신호를 보내는 것밖에 없었다. 그러나 주인의 전략 위에는 소금장수의 전략이 있었다. 소금장수의 성기에 속아 결국 주인과 색시는 모든 떡을 내놓고야 말았다. 소금장수는 속였고, 주인은 속임을 당했으니 소금장수가 이긴 것일까?

내 눈에는 떡을 목표로 한 '이기고 지기' 보다는, 성기를 걸고 '속고 속이기' 의 공방 속에서, 먹고자 하는 '삶의 현실' 이 보인다. 떡을 주지 않으려는 주인도, 떡을 먹으려는 소금장수도, 물러설 수 없는 떡의 한판 승부도, 모두 불쌍하게 느껴진다. 마지막으로 주인에게서 쫓겨가면서도 맞아 죽을 각오를 하고 다시 부엌으로 돌아와 떡을 먹는 소금장수의 모습이란! 왜 이렇게 야단법석을 떨면서 떡을 먹어야 하는 것일까?

로버트 단턴Robert Darnton의 《고양이 대학살》이란 책을 보면 약간의 실마리가 잡힌다. 그는 18세기 프랑스 농민의 민담을 통하여 '밑으로부터의 역사' 를 복원하였다. 그가 분석한 이야기는 '마더 구스 mother Goose' 이다.[8] 마더 구스는 어린이들에게 전래되는 동화와 동요들을 뜻하는데 장르에 어울리지 않게 매우 잔인하고 충격적이다. 가령, 우리에게도 잘 알려진 '빨강 모자 소녀' 는 변장한 늑대가 할머니를 해치고 다시 어린 소녀를 잡아먹는 이야기이다. 로버트 단턴은 이 이야기의 주무대인 18세기 프랑스 마을은 인구는 팽창했지만 굶주림은 더욱 심해지는 비정한 사회로 보았다. 부모가 일찍 죽으면서 계모와 고아들도 많아져서 불안한 심리, 잔인한 감정들이 인간 세계를 지배하게 되었다.

이러한 세계에서 '먹느냐 혹은 못 먹느냐'는 삶과 직결되는 문제였다. 동물의 세계에서처럼 '먹는 것'은 '살 수 있는 것'을 의미하였고, 이러한 준엄한 생활은 모든 의식까지 지배하여 민담에 반영되었다. 굶주리지 않기 위해서는 냉철한 삶의 전략이 필요하였다. 이 세계에서 '속고 속이기'는 선악의 문제가 아니라 세상을 이겨 내는 '꾀'였다. 그래서 마더 구스 이야기가 흘러가는 줄거리의 구심점은 '속고 속이기'이다. 이야기를 주도하는 등장 인물들은 '순진한 바보'가 아닌 '교활한 악당'이다. 이들의 속임수는 냉혹하고 변덕스러운 세상에 살아남기 위한 그들만의 대처방식이 되는 것이다.

소금장수가 살아가는 조선시대의 사회를 프랑스의 마을과 단순 비교하는 것은 무리이다. 하지만 조선 민중들의 삶의 여건이 프랑스의 그것보다 나았으리라는 생각은 들지 않는다. 더욱이 산간벽지로 떠도는 소금장수의 삶은 가장 하층민의 인생으로 여겨졌다. 먹고 못 먹는 문제, 자고 못 자는 문제는 소금장수의 전 인생을 지배했던 핫 이슈였다. 그렇다면 소금장수에게 산골의 외딴 집에서 발견한 '떡'이야말로 모든 것을 걸고 먹고 싶은 특별 음식임이 분명하다. 소금장수와 주인의 떡을 둘러싼 대결인 '속고 속이기'는 결코 가벼이 웃을 수만은 없는 문제였던 것이다.

◆ 간통하는 여성의 재물 빼앗기

소금장수가 횡재하는 내용의 설화들이 있다. 소금장수의 횡재설화는 도깨비나 뱀을 만나는 순간에 기지를 발휘하여 위험한 순간을 극복하고 돈벼락을 맞는다는 내용이다. 도깨비나 뱀을 속여서 부자가 된 소금장수는 누가 봐도 악인을 속였으니 횡재의 정당성을 얻는 셈이다. 그러나 소금장수가 여성을 협박하여 돈을 뜯어 낸다면? 이 여성은 남편이 죽어 상을 당했거나 남편이 과거를 보러 간 상황에서 외간남자와 간통을 하였으니 부도덕한 여자가 틀림이 없다. 하지만 여성이 잘못을 했다 하더라도 간통을 빌미로 금품을 요구한다면 공갈단의 행동과 다를 게 없는 용납할 수 없는 행동이다. 그런데 설화에서 소금장수는 간부姦婦를 위협하여 횡재를 하는 인물로 그려지고 있다.

소금장수가 소금을 팔다가 날이 저물어 부잣집에 찾아가 하룻밤 재워 달라고 하였다. 주인 여자가 남편이 과거를 보러 갔기에 집에는 아들과 자기밖에 없어서 안 된다고 하였다. "외양간이라도 좋으니까 하루 저녁만 재워주소." 소금장수가 억지로 문을 열고 들어가니 여자가 허청(헛간)에서 자고 가라고 하였다. 남편이 없는데도 여자는 닭을 잡아 볶아 음식을 장만을 하는 등 수상한 행동을 하였다. 저녁을 먹지 못한 소금장수는 음식 냄새 때문에 잠을 못 잤다. 밤이 되자 방립(상주가 쓰던 갓)을 쓰고 상복을 입은 남자가 마당에 나타났다. "어서 들어오시라." 아이에게 젖을 주던 여자가 황급히 남자를 데리고 방으로 들어갔다. 남자는 상복과 방립을 마루에 벗어두고 방으로 들어갔다. 둘이서 맛있게 음식을 먹고 잠자리에 든 사이에 소금장수는 남자의 상복을 입고 마당 가운데에 서 있었다. 갑자기 남자의 부인이 나타나서 소금장수의 손목을 잡아 끌어당겼다. "당신 큰일 나고 싶소, 그런 맘 먹지 말고 어서 집으로 가소." 소금장수는 그 부인이 이끄는 대로 남자의 집으로 따라 갔다. 방으로 들어온 소금장수는 부인에게 "불 쓰지 말고 그냥 자세" 하고 말했다. 부인이 소금장수와 잠자리를 같이 한 후에 불을 켜 보니 자기의 남편이 아니었다. 깜짝 놀란 부인이 말했다. "어서 가시오." "가긴 어디 가요, 당신과 하룻밤을 잤는데 나는 못 가요. 여기서 날을 새야 겠네." 당혹해진 부인은 소금장수에게 집에 있던 명주와 비단을 모두 주면서 가라고 사정을 하였다. 재물을 얻은 소금장수는 다시 그 집으로 돌아왔다. 소금장수는 둘이 자고 있는 방문을 박차고 들어가 소리쳤다. "야, 이×아, 남편이 서울로 과거 보러 갔다더니 샛서방질하고 있네." 남자는 놀라서 도망을 가 버리고 궁지에 몰린 여자는 한 번만 용서해 달라고 빌었다. 소금장수는 여자가 가져다 준 술과 안주를 잘 먹은 후에 다시 그 여자와 하룻밤 동침하였다. 다음날 아침밥을 먹고도 소금장수가 가지 않자 여자는 애원을 하였다. "가시오, 살려 주소." "가다니, 당신 남편 올 때까지 여기에 있을란다." "이것 가지고 가시오." 여자는 금반지, 금목걸이 등을 잔뜩 소금장수에게 주었다. 소금장수는 지게에 재물을 얹고 가다가 어느 주막집에 들려 잠을 잤다. 그런데 과거를 끝내고 돌아오는 그 여자의 남편과 우연히 같은 방을 쓰게 되었다. 방에서 묵고 있는 손님들이 돌아가면서 이야기꽃을 피우는데 소금장수는 제가 겪었던 간통 사건을 이야기해 주었다. ······[9]

이 설화는 전라북도 정읍군 신태인에서 전래되는 〈소금장수의 횡재〉라는 이야기이다. 소금장수 설화 가운데 〈부자가 된 소금장수〉, 〈아내의 음행을 고치다〉, 〈소금장수의 결혼〉 등도 모두 위와 비슷한 내용이다. 소금장수가 간통하는 장면을 목격한 뒤에 간부를 혼내 주고 재물을 얻는다는 내용이다. 언뜻 보면 남편 몰래 음행을 저지르는 여인을 정신 차리게 하는 도덕적 교훈의 이야기로 생각되기 십상이다. 그래서 이 유형의 설화를 '일탈적 성'에 대한 경계로 해석하기도 한다. 그러나 소금장수 설화를 도덕적 잣대로 설명해서는 곤란하다.

윤리와 현실의 벽을 깨고 있는 소금장수 이야기를 규범적 유교 설화에 가두는 것은 모순인 해석이다.

위 설화 속 소금장수는 철저히 자신의 이익을 추구하는 인물일 뿐이다. 소금장수는 여성의 일탈적 성을 공격할 수 있는 '법적인 권한'이 없음은 당연하며, 그렇다고 '윤리적 존재'도 아닌 것이다. 소금장수에게 들어온 횡재는 모두 간통 사건에서 비롯되었다. 남편으로 착각한 여자와 잠자리를 같이 한 후에 재물을 얻었으며, 다시 간부를 위협하여 성관계를 가지고 패물까지 빼앗았다. 소금장수는 윤리를 들먹이면서 여성을 혼내 주고 있지만 실은 자신도 윤리적인 인물이 아니다. 여성의 간통을 알아차린 소금장수는 간부의 약점을 이용하여 성행위를 하고, 부를 얻을 뿐이다. 소금장수가 횡재와 부를 걸머쥔 동기는 철저히 '공갈'과 '협박'이었다.

물론, 실재의 소금장수는 위와 같은 비열한 인물은 아니었을 것이다. 민담의 창작자는 현실적 소재를 이용하지만 재미있게 줄거리를 꾸며 내기 위해서 더욱 과장된 이야기를 만들어 냈다. 그런 와중에 비도덕적 방식으로 자신의 이익만을 좇아가는 소금장수가 탄생한 것이다. 그런데 이러한 소금장수의 '나쁜 존재감'이 왜 민담 속에 생겨났을까? 먼저 현실의 소금장수는 '상업적 존재'임을 잊어서는 안 된다. 역사적으로 소금장수는 소금을 등에 지고 파는 부상負商이었다. 다시 말하면 보부상의 일원이다. 이 장터, 저 장터를 옮겨 다니는 보부상은 상업 활동 속에서 내공을 닦은, 이윤을 목적으로 하는 행상行商이었다. 상술商術로 단련된 소금장수는 '타산적·이기적 존재'일 수밖에 없다.

소금장수 중에는 교활하고 영악한 상인들도 많았다. 소금장수는 지역적, 계절적인 가격 차이를 이용하여 돈을 벌었다. 그들 가운데는 매점매석을 통하여 폭리를 얻는 경우도 많았다. 해안가의 소금장수는 소금의 생산과 유통을 장악하고 이윤을 크게 남겨 거부로 성장하기도 하였다. 이들의 갑작스럽게 벌어들인 재물은 횡재가 되는 것이며, 정당한 대가 이상을 노리는 온당치 못한 상술의 결과이다. 설화에서 간부를 위협하여 얻은 횡재는 소금장수의 부정적 존재감이 남긴 자취일지 모른다. 즉, 소금장수의 횡재는 이러한 상인들의 '갑작스런 치부'를 빗댄 '역사적 비유'일 수 있는 것이다.

◆ 천의 얼굴을 가진 소금장수

지금까지 살펴본 영악한 소금장수의 이미지와 달리 수난형으로 분류되는 설화에서 소금장수는 민중과 동물들에게 당하기만 한다.[10] 소금을 빼앗기고, 괴물에게 잡혀 먹고, 호랑이와 싸우는 등 소금장수는 어려운 처지 속에서 온갖 수난을 겪게 된다. 소금장수의 실제적인 처지는 오히려 이러한 수난형에 가까웠을 것으로 생각된다. 소금장수 설화에서 언급되는 첫 대목도 이를 반증한다. 소금장수는 매양 산골을 돌면서 소금을 팔다가 날이 새서 어쩔 수 없이 아무 집에나 들어가 잠자리를 청하면서 사건이 전개된다. 이러한 '떠돌이' 소금장수가 남의 집의 헛간에서라도 잘 수 있으면 그나마 다행이고 잠자리를 얻지 못하고 노숙하는 일이 빈번했을 것이다. 이러한 현실에서 호랑이를 만나서 잡혀먹는 소금장수 이야기는 픽션이 아닌 논픽션에 가깝다.

소금장수는 한 마지기의 논밭도, 한 칸의 집도 없어 궁여지책으로 소금장사에 뛰어든 이들이다. 그들이 남들처럼 결혼을 했거나, 제대로 가정을 꾸릴 수 있는 환경은 아니었다. 설화 세계에서 소금장수는 흉측한 정력가일지 모르지만 현실 세계에서 그들은 성적으로 소외된 취약계층이었다. 그러나 소금장수의 처지, 즉 무거운 소금을 지고 다니는 원기를 지녔음에도

일제강점기의 소금장수 노인이다. 소금장수는 소금을 등에 지고 파는 부상負商이다. 실제의 소금장수는 대개 궁여지책으로 소금장사를 하는 사람들로서 무거운 소금을 지고 장터와 마을을 돌면서 생계를 이어나간 민중들이다(부산박물관 소장). 》

성적 욕망을 해소할 길 없는 그들의 상황은 구연자의 걸쭉한 입담에 오르기 좋은 소재였다. 그리하여 성 불만족의 소금장수 이미지는 점차 부풀어 올라 자유자재로 여성을 농락하는 인물로까지 그려지게 되었다. 한편으로 소금장수는 설화에 등장하는 객체가 아닌 설화를 창조하는 주체이기도 하였다. 그들은 장삿길에서 겪었던 다양한 사건을 토대로, 장돌뱅이 세계에서 다져진 입담을 바탕으로, 마을 주민들 앞에서 구라를 풀기도 하였다.[11]

이 글에서는 주로 성 담론을 매개로 하여 설화 속 소금장수를 살펴보았지만 소금장수 설화의 세계는 훨씬 넓고 다양하다. 비범한 감식안으로 변신 여우를 때려잡는 소금장수가 있고, 토정 이지함을 능가하는 예지력을 보여주는 소금장수도 있다. 또한, 혼령의 이야기를 듣고 병을 치료해 주는 소금장수, 안동 양반을 골려 주는 재치 있는 소금장수 등 설화 속의 소금장수는 천의 얼굴을 지녔다 해도 과언이 아니다. 소금장수의 이미지도 극과 극으로 변화하고 있다. 영악하게 민중을 속이는 소금장수가 있는 반면에, 민중에게 속아서 만리장성을 쌓는 소금장수도 있다. 설화 속 소금장수는 순진한 처녀를 상대로 성적 욕망을 해소하는 정력가나 여성을 위협하여 횡재하는 공갈꾼의 역할도 하였지만 인간 세계의 다양한 문제를 해결하는 민중의 영웅이기

도 하였다. 이처럼 다양한 소금장수 이야기가 전래되고, 소금장수가 천의 얼굴을 지닌 채 등장하는 것은 그만큼 소금장수가 다양한 삶을 경험했기 때문이다. 산전수전의 소금장수가 수많은 설화의 무대에서 주인공으로 등장한 것은 그만한 이유가 있었다.

전통적 자염煮鹽은 연료가 필요해

■ 13명의 사공은 왜 섬에 갔을까

현종 13년(1672) 장연부사長淵府使 권론權碖은 13명의 뱃사공을 백령도로 보냈다. 아직 칼바람이 뼛속 깊이 들어오는 음력 1월이었다. 매서운 추위에다 바람까지 불었지만 뱃사공들은 관청에서 시키는 일을 거역할 수 없었다. 이 뱃길이 황천으로 가는 인생의 마지막 길이 될 줄은 아무도 몰랐다. 백령도로 가려면 어쩔 수 없이 장산곶을 지나야 했는데 파도가 험한 곳이라 모두들 잔뜩 긴장을 하고 있었다. 심청이 빠져 죽은 전설이 있는 임당수가 바로 이곳이었다. 그런데 밀려오는 바람이 점차 심해지기만 하였다. 돛을 감아올려 풍력風力을 줄여 보았지만 거세게 밀어닥치는 파도는 어쩔 도리가 없었다. 어디선가 13명의 사공이 탄 배를 한 순간에 삼켜 버릴 집채만 한 파도가 조금씩 다가오고 있었다.

안타깝게도 그 배는 풍랑에 의하여 산산조각이 났고 13명의 뱃사공
은 모두 숨지고 말았다. 장연부에서는 이를 조정에 알리지 않으려고
쉬쉬했지만 13명의 생명을 앗아간 사건을 덮어 두기에는 죽은 자들의
원한이 너무 컸다. 사단은 파손된 배 때문에 일어났다. 이 배가 장연
부에 속한 선박이 아니라 어영청御營廳의 철물을 나르는 배였기 때문
이었다. 어영청은 국왕의 호위와 수도의 방위를 목표로 설치된 군대
였다. 군수를 운반하는 배가 파손되었기 때문에 어영청은 조사에 착
수하지 않을 수 없었다. 사건의 내막을 파악한 어영청은 장연부사 권
론을 파직시킬 것을 현종에게 아뢰었다.

본청에서 쓰는 철물鐵物을 실어 나르는 배가 장연長淵 땅에 있습니다. 그런
데 신이 들으니, 본 고을에서 소금을 구울 나무를 베어오기 위해 해도海島
에 들여 보냈다가 바람을 만나 부서지는 바람에 사공 13명이 한꺼번에 물
에 빠져 죽고 배 역시 간 곳을 모른다 합니다. 신이 본 고을에 공문을 보내
그 뱃사람을 보내라고 하였더니, 죽은 사람의 형을 대신 보내 살아 남았다
고 거짓으로 꾸며 죄를 면하려고 꾀하였습니다. 앞뒤로 속이려드는 모양
이 구구절절 놀랍습니다. 장연부사 권론을 파직하소서.[1]

어영청에서 뱃사람을 보내라고 공문을 보내자 장연부에서는 대신
죽은 사람의 형을 보내 죄를 면하려고 하였다. 끝까지 사건을 감추려
고 했던 장연부사 권론의 죄는 용서될 수 없었다. 어영청의 선박을 파
손시켰을 뿐만 아니라 13명의 백성이 죽은 사실을 은폐하려고 했다.
게다가 이들은 장연부에서 시킨 일을 하다가 바다에 빠져 죽지 않았

274

던가. 예상대로 현종은 권론을 당장 잡아다가 문초하라고 명하였다.

장연부는 황해도에 속한 지역으로 서해와 바로 접하고 있다. 장연부의 서남단에는 백령도, 대청도, 소청도 등 많은 섬들이 있었다. 장연부의 유명한 명승지로서는 장산곶이 있다. 장산곶은 가시 돋은 장미와 같은 곳이다. 장산곶은 소나무 숲과 해안 절벽이 아름답기로 소문 나 있지만 앞바다에 치고 있는 소용돌이 때문에 해상사고가 자주 발생하였다. 그럼에도 불구하고 해도海島로 가기 위해서는 이곳을 지나칠 수밖에 없었다.

조선시대 장연부는 서북 해안 지역 가운데에서 소금이 많이 생산되던 곳이다. 장연부의 수령들은 백성들을 동원하여 소금을 생산하였고, 이 소금을 팔아서 짭짤한 이윤을 남겼다. 13명의 사공을 섬에 보낸 이유도 소금을 만들 준비를 하기 위해서였다. 한파가 계속되는 한겨울이었지만 소금의 최성기인 봄철이 오기 전에 대비를 해야 했다. 파종이 시작되면 농사일 때문에 다른 일을 할 여력이 없었기 때문이다. 그런데 장연부사 권론은 왜 섬으로 사공을 보내 땔감을 구해 오라고 한 것일까? 소금을 만들기 위해서 땔감이 왜 필요한 것일까? 바람과 햇볕에 의하여 만들어지는 천일염과 정제된 기계염을 사용하는 우리들에게는 이해할 수 없는 대목이다. 하지만 조선시대에 소금을 만들기 위해서 무엇보다 중요한 것이 땔감이었다.

◆ 최초의 소금은 해염海鹽이다

소금은 과연 어디에서 왔을까? 누구나 다 아는 문제이지만 항상 상기시켜야 하는 질문이다. 주지하다시피 모든 소금은 바다에서 왔다. 바다는 소금의 근원이며 원천이었다. 내륙의 암염과 호수염도 과거 바다였던 지형이 육지로 바뀌면서 염분이 생성된 것이다. 인류가 소금을 구하는 제염의 역사도 바다에서 출발하였다. 인류가 최초로 생산한 소금은 바닷물에서 만든 '해염海鹽'으로 추정되며, 고대국가에서 처음으로 공물로 바친 소금도 해염이었다. 정약용은 서경書經 중의 한 편인 '우공禹貢'의 예를 들면서 이렇게 말하였다.

우공禹貢에 "청주靑州의 공물貢物은 소금과 갈포絺이고, 해물海物은 일정하지 않다"고 하였다. 나의 생각에는, 이때에는 오직 해염海鹽만이 있었고 지염池鹽·정염井鹽은 없었으므로 오직 청주만이 소금을 공했다. 청주 제후諸侯는 바닷가 백성에게 본래부터 항상 부과하는 소금이 있었으므로 물건을 천자에게 바칠 수 있었던 것이다.[2]

정약용은 청주에서 하나라에 바쳤던 공물에 관해서 언급하면서 바다 소금이 최초의 소금임을 시사해 주고 있다. 우禹임금은 약 4천 년 전인 요순堯舜시대의 사람이다. 그는 하夏나라의 시조로서 치수사업에 성공한 전설적 인물이다. 청주는 산동성에 위치한 중국의 가장 오래된 도시의 하나이다. 다산은 당시에는 못에서 생산된 지염, 우물에서 생산한 정염은 없었으며, 오직 해염만이 있다고 하였다. 청주는 황해와 접하고 있으므로 해염을 생산하였는데, 유일하게 하나라에 소금을 공물로 바칠 수 있었다. 청주를 다스리는 제후가 바닷가의 백성들에게서 소금을 걷고 있었기 때문이다.

그러나 세월이 흐르면서 중국은 해염 외에도 다양한 소금의 원천을 발굴했다. 땅이 워낙 넓은 중국은 소금의 생산지도 많을뿐더러 생산

방식도 다양했다. 송나라의 정치가로 수리水利에 능숙했다는 유이劉彝는 이렇게 이야기하였다. "소금의 생산됨이 같지 않다. 지면地面을 긁어서 얻는 것이 있고, 물에 바람을 쐬어서 만드는 것이 있고, 물을 달여서 만드는 것이 있고, 샘물을 길어서 만드는 것이 있고, 간기가 쌓여서 맺히는 것이 있다."[3] 유이가 말한 것처럼 중국은 광활한 국토를 배경으로 다종다기한 제염방식이 발달하게 되었다. 중국의 소금은 생산방식, 소금성분, 생산지가 다양하므로 하나의 소금이라 뭉뚱그려 부를 수 없는 차이점이 존재한다.

반면, 우리나라는 오직 바닷물을 결정시켜 만든 해염만이 생산되었다. 그래서 정약용은 유이와 달리 이렇게 말하였다. "우리나라에는 바다소금이 있을 뿐 우물소금[井鹽]이나 땅소금[地鹽]이 없다. 그러나 삼면이 바다로 둘러싸여 있어 소금 나는 땅이 가장 너르니 법을 세워 세금을 받으면 응당 토지 다음에 갈 것이다."[4] 좁은 땅덩어리를 가진 한반도에서는 오로지 해염만이 생산되었다. 그러나 다행히 한반도 주변이 전부 바다이기 때문에 해염을 생산할 수 있는 곳이 많았다. 정약용은 소금세를 받으면 토지세 다음으로 갈 정도로 소금의 자원인 바다가 곳곳에 펼쳐져 있다고 하였다.

바다소금을 생산하는 방식에는 크게 두 가지가 있다. 이것은 이미 고대사회에 정착된 제염법이었다. 먼저 질박한 토기에 바닷물을 담은 뒤에 끓여서 소금을 채취해 내는 것이다. 오랫동안 끓이게 되면 수분이 사라지고 소금만이 남게 된다. 이것이 바로 끓여서 만드는 자염煮鹽이다. 두 번째는 갯벌에 바닷물을 가둔 뒤에 바람과 햇볕으로 수분을 말려 소금을 얻는 것이다. 이 염전은 몇 단계로 구분되어 있으며, 단계를 거칠수록 점차 염도가 높아진다. 이것이 우리나라의 서해안에서 볼 수 있는 천일염을 생산하는 방식이다. 이 두 가지 제염방식 가운데 가장 오래된 것은 끓여서 만드는 방식이었다. 최초의 해염은 바로 이것이었다.

정약용이 말하는 해염도 끓여서 만드는 자염을 일컫는 것이다. 다단계식 천일염이 우리나라에 들어온 지는 백 년이 조금 지났기 때문에 정약용의 시대에는 천일염이 있을 수 없다. 정약용의 말대로 삼면이 바다로 둘러싸인 한반도는 무궁무진한 해염의 광맥을 항상 눈 앞에 두고 있었다. 그러나 거대한 바다소금의 광맥을 가리는 장벽이 있었다. 바로 수분을 증발시키기 위해서 끊임없이 소진되어야 할 땔감이었다. 장연의 사공들처럼 위험을 무릅쓰고 섬까지 가야 하는 이유는 연료를 얻지 않으면 자염을 만들 수 없기 때문이다. 자염업의 역사는 바로 땔감을 구하기 위한 투쟁의 역사였다.

◆ '직접 끓이는 방식'에서 '갯벌을 이용한 방식'으로

오늘날 방송을 통해서 자주 소금에 대한 보도를 볼 수 있다. 여기에서 흔히 볼 수 있는 장면은 드넓은 서해안의 천일염전과 염부의 노동이다. 염부가 뙤약볕 아래의 염전에서 결정된 소금을 걷는 장면은 마치 농부가 일 년을 땀 흘린 이후에 가을에 곡식을 걷는 모습과 흡사하다. 정제된 소금만을 맛보았던 시민들에게는 신선한 느낌을 불러일으키는 장면이다. 그런데 천일염 염전에서 소금을 생산하는 모습을 보여주면서 천일염을 우리나라의 전통적 소금이라고 소개하는 경우가 가끔씩 있다. 천일염전에서 직접 수차를 돌려 본 어린이들도 우리나라의 전통적 소금 생산방식을 체험해 보았다면서 기뻐한다.

그러나 이런 보도는 소금에 대한 오해를 낳게 한다. 내가 소금에 대해서 강의를 할 때, 몇 번이나 주의를 시키는 것도 이러한 부분이다. 천일염이 도입된 지는 한 세기 밖에 되지 않았으며, 우리나라의 천일염전은 대만의 것을 본떠 일제가 도입한 것이다. 혹자가 천일염전이 만들어진 지가 백 년이 지났으니 천일제염업도 새로운 전통이 되었다고 굳이 이야기한다면 할 말은 없다. 그러나 천일염이 들어오기 이전에 수천 년 동안 우리 선조들이 먹었던 자염에 대해서는 어떻게 말할 수 있을까. 이 소금을 먼저 언급하지 않은 채로 백 년 된 천일염을 전통소금이라 말하는 것은 우리나라 염업의 장구한 역사를 손바닥으로 가리는 것처럼 어리석은 일이다.

천일염 이전에 우리 민족의 식생활사와 같이 하던 소금은 '자염煮鹽'이었다. 자煮는 '끓이다', '삶다'의 뜻을 갖고 있다. 과거에는 '소금을 굽는다'라는 표현을 많이 썼는데 그 이유는 오랫동안 열을 가해서 만들었기 때문이다. 자염과 비슷한 말로 화염火鹽, 육염陸鹽, 전오염煎熬鹽 등이 있다. 화염은 불을 오랫동안 지펴서 만든 소금이란 뜻이며, 육염은 갯벌, 즉 흙에서 나온 소금이라는 의미를 갖고 있다. 전오염은 자염과 같이 끓여서 만든 소금인데 일제강점기에 사용되기 시작한 용어였다.

초창기의 자염은 바닷물을 바로 담아 끓여서 만들었을 것으로 추정된다. 이를 해수직자법海水直煮法이라고 한다. 지역에 따라 차이가 있지만 바닷물의 염도는 약 3.5퍼센트이다. 즉 해수 1리터에는 약 35그램의 염분이 녹아 있는 것이다. 바닷물을 오랫동안 끓이면 이 염분이 결정되어 소금이 나온다. 이렇게 소금을 만들기 위해서는 많은 연료가 소진된다. 높은 화력이 계속 가해지다 보면 해수를 담는 그릇도 자주 깨지게 되었다. 그래서 소금 생산자들은 자연스럽게 바닷물의 염도를 높이고, 연료를 줄일 수 있는 방안을 고민하게 되었다. 이러한 고민 속에서 등장한 해결책은 해안가에 넓게 펼쳐진 갯벌을 이용하는 일이었다.

서해안의 갯벌에서 조수가 밀려간 뒤에 장시간 햇빛이 내려쬐면 하얗게 염분이 결정되는 것을 볼 수 있다. 얼마 전까지만 해도 민간에서는 이것을 '서리소금'이라 해서 채취해 먹는 일이 있었다. 갯벌에는 늘 해수가 드나들면서 침투하기 때문에 많은 염분을 머금고 있다. 이 갯벌에 있는 염분을 이용할 수 있다면 해수의 염도를 손쉽게 끌어올릴 수 있다. 갯벌에서 염분을 만드는 방법은 갯벌의 흙을 갈고 뒤집어 햇볕에 넓게 노출시키게 하는 작업이었다. 이처럼 갯벌을 갈아서 염분이 달라 붙은 흙을 만드는 방식을 염전법鹽田法이라 한다. 그러나 이러한 염전은 천일염전에서 보이는 다양한 시설물로 구축된 염전이 아니었다는 점을 주의해야 한다. 조수가 나간 뒤에 그냥 드러난 갯벌로 이해하면 쉽다.

염전식으로 자염을 만들기 위해서는 농기구가 동원되고, 사람에 비하여 훨씬 힘이 센 소의 노동력이 필요하다. 사람이 땡볕 아래의 갯벌에서 쟁기를 끌고 다니는 일은 생각조차 어려운 작업이다. 염전식 자염으로 발전하게 된 원동력은 농기구를 이용한 우경牛耕이었다. 신라의 지증왕 시절인 6세기에 우경이 시작되었으므로 삼국시대에는 염전식으로 소금이 생산되었을 것으로 보인다. 특히 서해안과 남해안에서는 광범위하게 염전식 자염이 발전하게 되었다. 세종 때 집현전의 학자인 이계전이 세종 27년(1445) 8월에 왕세자에게 올린 글을 살펴보자.

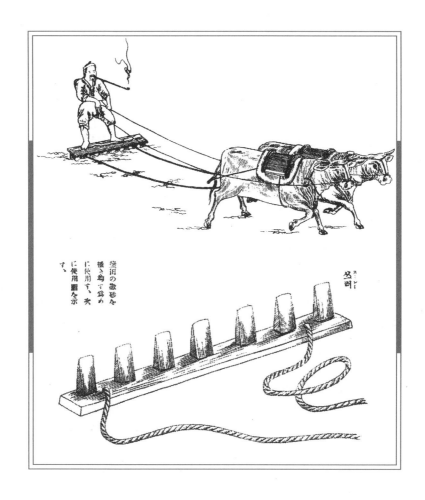

신은 듣건대, 소금가마가 있는 곳에는 땔나무가 심히 드물어서, 염한鹽干
들이 가을소금을 구우려면 여름부터, 봄소금을 구우려면 겨울부터 배를
가지고 나무가 있는 여러 섬에 가서 구하는데, 만일 풍랑이 순조롭지 못
하면 한 번 왕복하기에 혹 한 달이 넘고, 만일 풍도風濤를 만나면 배가 뒤
집혀 돌아오지 못하는 자가 또한 많습니다. 동해는 바닷물로 조리니까 갈
아 엎어서 조수를 취하는 괴로움이 없지마는, 남해로부터 서해까지 반드

시 상현上弦·하현下弦의 조수가 물러갈 때를 기다려, 세 차례 소에 멍에를 매어 갯벌을 갈아서 조수를 취하니, 그 괴로움이 밭 다루기보다 배나 됩니다.[5]

염한은 소금을 굽는 생산자를 말한다. 이계전은 염한들이 겪는 고통을 이야기하고 있는데 그 첫 번째가 땔감을 구하는 일을 들었다. 소금가마 주변에는 땔나무를 찾기 어렵기 때문에 사람이 살지 않는 섬에 가서 나무를 구해 와야 했다. 배를 타고 한 달 이상을 가야 할 뿐만 아니라 도중에 큰 파도를 만나면 배가 전복되어 죽는 염한의 숫자가 부지기수였던 것이다.

다음으로 염한이 겪는 고통은 쟁기와 나레 등을 소에 달아서 갯벌에서 하는 작업이었다. 이계전은 서해와 남해에서는 조수가 물러나는 때인 조금을 기다려, 세 차례 소를 끌고 다니면서 갯벌을 갈아 조수를 취한다고 하였다. '조수를 취한다'는 것은 갯벌을 갈아서 흙에 염분을 생성시킨 이후에 다시 조수가 밀려 들어와 염정鹽井을 통과하면서 염도가 높아진 짠물을 얻는 과정을 말한다. 이와 같이 서해와 남해는 염전식 작업이 있어 힘이 들지만 동해는 바닷물로 바로 조리니까 갈아 엎어서 조수를 취하는 괴로움이 없다고 하였다. 당시에 동해안에서는 직접 바닷물을 끓여서 소금을 굽는 방식이 유지되었던 것이다. 동해안은 지형상 갯벌이 없거니와 땔감이 많기 때문에 세종시대에도 계속 직자법으로 소금을 만들었다.

조선 후기에 이르러 염전식 자염은 또 한 차례 발전하게 된다. 경상도의 창원, 동래, 울산 등지에서는 바닷물이 들어가는 어귀[海口]를 막아서 염전을 만들었다.[6] 어귀를 막았다는 것은 바닷물을 통제하는 제방을 쌓았다는 뜻으로서 유제염전有堤鹽田을 설치한 것이다. 예전의 염전은 바닷물을 막지 않아서 조수가 자연스럽게 들어오는 무제염전無堤鹽田이었다. 조수를 막아 주는 제방이 없으니 조수가 물러날 때를 기다려서 작업할 수밖에 없었다. 그러나 경상도에서는 유제염전이 설치됨으로써 물때와 상관없이 제염작업을 할 수 있게 되었다. 우리나라의 염업사에서 이 유제염전의 등장은 획기적 사건이었다.

◀ 친환경적 갯벌 소금의 오묘한 맛

조선 후기에 경상도의 해안가에서는 유제염전이 등장한 반면, 서해안과 나머지 남해안에서는 여전히 무제염전만이 자리를 지키고 있었다. 이 지역에서는 왜 제방을 쌓아서 바닷물을 막지 않았을까? 만약 유제염전으로 바꾼다면 수월하게 제염작업을 할 수 있었을 텐데 말이다. 문제는 생산력이었다. 서해안의 인천은 조석의 차이가 약 6.5미터이다. 이러한 조석의 차이를 감당할 수 있는, 높은 제방을 쌓으려면 현대의 토목기술이 뒷받침되어야 한다. 조선시대에는 거의 불가능한 이야기다. 그러나 조수 간만의 차이가 큰 서해안에 비해 경상도의 울산은 약 0.4미터밖에 되지 않는다. 1미터의 높이로 조수를 막아 낼 수 있었으니 조선 후기의 생산력으로도 충분히 유제염전을 축조할 수 있었다.

조선시대 서해안에서는 경상도의 사례와 같이 유제염전은 없었지만 가장 질 좋은 소금을 생산했다. 서해안의 자염은 생태환경을 잘 살린 자연친화적인 염법에 의하여 생산되었다. 서해안 생태환경의 특징은 무엇보다 '조석'과 '갯벌'을 들 수 있다. 서해안에서는 물때에 따라서 해수의 높이에 많은 차이가 난다. 조차가 작아지는 '조금' 때에는 소에 쟁기를 매어 갯벌을 갈아엎으며, 조차가 커지는 '사리' 때에는 땔감을 준비하고, 소금가마에서 불을 지피는 일을 하였다. 천지의 운행에 따른 조석의 시차를 이용하여 제염작업을 진행했던 것이다. 그런데 생태환경적 자염 생산에서 가장 주목해야 할 것은 갯벌이다. 자염이 친환경적인 이유도 갯벌의 비밀에 있다. 작금의 현대인들에게는 갯벌에서 소금이 난다는 말은 잘 이해가 되지 않는 대목이다.

갯벌의 흙을 가는 일은 자염의 첫 번째 작업이자 아주 중요한 생산 과정이다. 이것은 농사를 짓기 위해서 처음에 논밭의 흙을 가는 일과 같다. 자염업을 농업기술이 반영된 농경으로 볼 수 있는 것도 이 때문이다. 2003년 한 방송국에서 태안 지역의 자염을 조사하여 〈잊혀진 맛의 신비, 자염〉이라는 제목의 다큐멘터리를 방송한 적이 있다. 이 방송에서 초점이 된 것도 자염 생산 시 갯벌에서 하는 써레질이었다. 써레로서 갯벌 흙을 계속 갈면 갯벌 속의 유기물이 염분과 화학반응을 일으키고 합성이 된다. 자염 속에는 우리 신체에 필요한 다양한 유기물이 포함된 것은 이러한 작업 때문이었다.[7] 화학소금인 정제염에는 유기물이 포함될 수 없는 반면, 갯벌에서 생산된 자염은 유기물이 듬뿍 함유될 수 있었다.

자염의 맛과 성분은 갯벌의 토양에 따라서 크게 차이가 났다. 갯벌의 토양을 잘 살펴보면 지역에 따라서 다르다. 끈끈한 점토로만 된 갯벌이 있지만 점토와 모래가 적당히 섞인 갯벌도 있다. 조선시대 충청도 지방에서는 이 갯벌의 토질을 기준으로 소금세를 받았다. 토질이 소금의 품질을 좌우한다고 여겼기 때문이다. 정약용은 '소금을 만드는 염전'의 질은 '농사를 짓는 밭'의 질과는 다르다고 하면서 좋은 염전과 메마른 염전에 대해서 이렇게 말했다.

> 모래가 고우면서 기름지고 흙에 산기酸氣가 있으면서 굳어서 간수가 밑으로 배지 않는 것을 기름진 밭이라 이르고, 모래가 거칠면서 엉성하고 토성土性이 싱거우면서도 물러서 간수가 바닥에 괴지 않는 것을 메마른 밭이라 이른다.[8]

   모래가 곱고 흙이 굳어 짠물이 밑으로 배지 않는 갯벌이 기름진 염전이며, 모래가 거칠고 흙이 묽어서 간수가 밑으로 빠져 나가는 갯벌은 메마른 염전인 것이다. 기름진 염전에서 나온 소금의 품질은 우수하고, 메마른 염전에서 산출된 소금의 품질이 떨어지는 것은 물론이다. 기름진 갯벌에서 만들어진 자염은 그 맛이 정제염, 천일염과는 다르다. 우리는 소금을 짠 맛으로만 생각하지만 자염은 덜 짜고 밋밋하면서 약간 단맛까지 느껴진다. 그 옛날 소금의 오묘한 맛이 이거였구나 하는 생각이 든다. 갯벌에서 생성된 다양한 미네랄 성분이 자염에 포함되었기 때문이다. 오직 자연친화적인 생산방식으로 길어 낸 소금에서 느낄 수 있는 맛이다.

◆ 소나무 베었다고 목을 벨 수 있나

숙종 43년(1717) 4월 10일 통영의 수군통제사 윤각尹慤이 조정에 장계를 올렸다. 장계의 내용은 거제도에서 소금을 굽기 위해 소나무를 작벌한 염한들을 효시梟示(목을 베는 처형)에 처하겠다는 것이다. 소나무를 작벌한 사람은 박기연朴己延을 비롯한 4명의 염한과 박무안朴武安

등 모두 5명이었다. 이들은 거제의 구미산九味山과 소소포小所浦에서 소금가마를 설치하고 소나무를 베서 연료로 사용하였다. 염한들이 벤 소나무는 138그루였으며, 박무안이 벤 솔밭 면적의 길이는 47보나 되었다. 이들은 꼼짝없이 목을 베어 매달아 군중에게 보이는 참형을 받게 될 처지가 되었다.[9]

조선 정부는 소나무가 울창한 해안 지방과 섬 지역을 봉산封山으로 지정하여 관리하였다. 봉산에서 자라는 소나무는 선박을 만드는 선재로서 사용되었고, 궁궐을 지을 때 건축 재료로 사용되기도 하였다. 이러한 자재로 쓰기 위해서는 소나무를 백 년 이상 키워야 했으므로 조정에서 특별히 봉산으로 지정해 보호하는 것이다. 그러나 전라도의 변산, 충청도의 안면도 등 봉산으로 지정된 지역은 대부분 자염의 생산지와 겹쳤다. 염민들은 소금을 굽기 위해서 이곳에서 땔감을 구하려고 관할 관청과 숨바꼭질을 했다.

통영의 수군통제사가 관할하던 일대는 다른 지역보다 유달리 범작犯斫(불법 벌목)의 죄가 무거웠다. 전 통제사인 정홍좌鄭弘佐가 일벌백계의 뜻으로 소나무를 범작한 자를 효시형으로 처한다는 법을 만들었기 때문이다. 현 통제사인 윤각도 정홍좌가 정한 법률에 따를 수밖에 없었다. 그래서 박기연 등을 참형에 처하고, 소나무 작벌에 동조한 감관監官과 수령도 무거운 형벌을 준다는 장계를 올린 것이다. 과연 소금을 굽기 위해 소나무를 베었다고 목을 베는 끔찍한 판결이 일어날 것인가. 참혹한 처벌이 이뤄지기 전에 영의정인 김창집金昌集이 선처를 구하고 나섰다.

생각건대 금송禁松을 범작한 짓은 비록 몹시 통악스런 일이라 하겠으나 인명이란 지극히 중한 것인 만큼 잘 살피지 않을 수 없습니다. 다섯 사람을 일시에 효시하는 것은 호생지덕好生之德에 흠이 되는 일인 듯합니다.

호생지덕. 이 뜻을 한자 그대로 풀면 '살아 있는 것을 사랑하는 덕'이다. 그런데 왕에게 호생지덕은 '사형에 처할 죄인을 용서하여 살려 주는 덕'을 의미하였다. 때문에 김창집이 숙종에게 호생지덕을 거론하면서 선처를 구한 것이다. 숙종은 '호생지덕'이란 말을 곱씹더니 염한의 목숨을 살려 주기로 결정하였다.

근래에 이와 같은 폐단이 점점 심해지니 사목事目대로 처단하는 것이 마땅하겠으나 인명은 매우 중하니 차율次律로 논하는 것이 좋을 듯하다.

차율이란 효시의 아래 형벌로서 멀리 보내는 유형流刑을 말한다. 염한들은 간신히 참형은 면했지만 그 아래 형벌인 유형은 피할 수 없었다. 숙종은 근래에 이와 같은 폐단이 점점 심해진다고 하였다. 염민들이 몰래 봉산에서 소나무를 벌목하는 사건이 비일비재했던 것이다. 염민들을 관대히 용서해 주었다가는 이러한 벌목 사건이 계속 벌어질 수 있었다.

조선시대에는 모든 연료를 나무에 의존하였다. 소금을 굽는 일뿐만 아니라 아궁이에 불을 때고, 질그릇을 굽고, 쇠를 달굴 때도 모두 목재를 연료로 사용하였다. 게다가 집을 짓고, 농기구를 만들고, 배를 만드는 등 모든 자재도 산림에서 나왔다. 조선 전기부터 소금을 굽는 제염지 근처의 산림은 민둥산으로 바뀌었다. 산림의 황폐가 점차 가속화되자 염민들은 죽음을 무릅쓰고 봉산까지 뛰어든 것이다.

궁방과 관아들도 소나무 도벌盜伐의 범죄를 짓기는 마찬가지였다. 대부분의 궁방과 관아들이 소금가마를 보유하고 있었다. 이 소금가마에 불을 때기 위해서 소나무를 베는 일이 잦았지만 권력

을 가진 그들을 엄벌할 수 없었다. 거제도에서 벌어진 작벌 사건도 통영의 소금 판매 때문일 가능성이 크다. 통영은 염한들에게 걷어 들인 소금으로 낙동강까지 배를 타고 가서 판매를 하여 사회적 물의를 일으켰다. 그러나 해군의 실세인 삼도수군통제영三道水軍統制營의 소금 판매를 경상도에서 막을 수 있는 자는 없었다. 거제도 감관들이 염한의 작벌을 눈감아 준 것도 염한들이 통영에 공납하는 소금을 생산하기 때문으로 생각된다.

■ 연료비를 감당 못하다

소금가마에 사용되는 연료는 솔가지와 솔잎, 소나무 장작뿐만 아니라 갈대와 띠, 마른 잡풀까지 이용되었다. 화력 면에서는 소나무 장작이 월등하지만 구하기가 어려웠다. 제일 많이 사용하는 땔감은 솔가지와 솔잎이었다. 그런데 소금가마에서 엄청난 연료가 재가 되어 날아갔다. 예를 들어보면 구한말에 울산염전에서는 1개월에 12회씩 소금가마에 불을 때는 작업을 하였다. 그런데 소금가마 1개당 한 번 불을 땔 때마다 약 50~60묶음의 솔가지가 소비되었다. 1년이면 594묶음의 연료가 들어갔다.[10] 생산비에서 차지하는 연료비는 지역에 따라서 차이가 있었다. 생산비 가운데 연료비가 많은 곳은 75퍼센트를, 적은 곳은

19퍼센트에 해당되었으며, 평균을 내 보면 연료비가 49퍼센트나 들었다.[11] 이러한 연료비는 생산자의 가장 큰 부담이었으며, 소금값이 상승하는 주요 원인이었다.

더욱 큰 문제점은 조선시대 내내 목재 외에 대체연료가 전혀 없었다는 점이다. 나무를 계속 때다 보니 산림은 점차 줄어들고 비례적으로 연료비는 상승하였다. 정조 16년(1792)에는 순식간에 연료비가 8~9냥에서 30~40냥으로 폭등하는 일도 있었다.[12] 연료비의 폭등으로 염전이 폐전되는 일도 많았다. 김해의 명지도에서는 연료값이 10배나 올라가자 종래 염전의 반이 운영을 못하고 폐허가 되었다.[13] 소금을 구울수록 손해가 커지니 아예 염전일을 포기하는 사례가 속출한 것이다.

연료비의 감당이 어려워지자 19세기 후반에는 경상도의 염민들이 석탄을 대체연료로 사용하려고 하였다. 19세기 초반부터 일본인들은 석탄을 사용하였는데, 이러한 석탄 사용법을 배우고자 한 것이다. 구한말에는 석탄을 사용하는 지역이 꽤 늘었으며, 생산비도 많이 감소되었다. 하지만 석탄을 사용할 경우에 자염의 품질이 떨어졌다. 석탄의 화력이 매우 세기 때문에 소금의 입자가 곱지 못하고, 색깔도 순백하지 않았다.

근대 시기를 맞이하여 끓여서 만드는 자염이 위축되는 일은 비단 우리나라만이 아니었다. 중국에서는 대체연료를 마련하지 못한 자염은 천일염에 잠식되었다. 일본에서도 연료비의 한계 때문에 중국의 수입염이 대거 입성하여 전오염을 밀어붙였다. 세계사적으로 '바닷물을 끓여서 만드는 자염'은 '바람과 햇볕에 의하여 말리는 천일염'에게 소금 왕좌의 자리를 넘겨 주었다. 이러한 배경은 자염을 끓이는 데 소요되는 무한정의 연료 때문이었다. 목숨을 걸고 벌였던 염민들의 땔감 투쟁의 역사는 자연 에너지를 이용하는 천일염에 의하여 서서히 그 막을 내렸다.

자염의 생산 비법:
쇠가마와 횟가마에 대한 변辨

◆ 숙종 때 수요가 폭증한 쇠가마鐵釜

조선시대 숙종肅宗 때 쇠가마가 급격히 증가하였다. 소금을 굽던 가마
는 횟가마[土釜]와 쇠가마[鐵釜] 두 가지 종류가 있었는데 횟가마가 많이
사용되는 터였다. 그런데 쇠가마가 갑자기 늘면서 영남과 호남의 솔밭
이 쑥대밭으로 변하게 되었다. 숙종 33년(1707) 6월 27일 비변사에 입
시한 대신들은 이 문제를 집중적으로 논의하였다. 먼저 병조판서 이인
엽李寅燁이 숙종에게 쇠가마가 늘어난 폐단에 대해서 아뢰었다.

신이 근년에 들으니 양남兩南의 솔밭이 날마다 황폐해 가는데 그 원인을
알아보니 모두 염호 중에서 쇠로 가마를 만드는 자가 날마다 증가하는 까
닭이라 합니다. 대체로 토분土釜으로 소금을 구으면 땔나무와 잡초로 두루

구어낼 수 있기 때문에 애당초 소나무를 해칠 일이 없으나 철분鐵盆에 있어서는 토막나무를 많이 때서 불 기운이 아주 세야만 비로소 구어 낼 수 있는데 해도海島에서 토막나무라면 소나무가 아니면 구할 방도가 없으니 도벌盜伐하는 길 외에는 다른 대책이 없습니다. 그러니 속여가며 작별하는 행위가 어찌 심하지 않겠습니까?[1]

쇠가마가 늘어나는 것 자체가 폐단은 아니었다. 쇠가마의 연료로 소나무가 사용되는 게 문제를 야기한 것이다. 횟가마는 잡초나 잡목으로도 소금을 구울 수 있으나 쇠가마는 화력이 센 소나무를 때야만 했다. 소금을 굽는 염호들은 섬 지역의 솔밭이 대부분 벌채를 금지하는 금송禁松 구역이었지만 소나무를 구하기 어려웠으므로 어쩔 수 없이 이곳의 소나무를 도벌하려 하였다. 국방의 우두머리인 이인엽李寅燁은 무엇보다 군용선에 쓰일 소나무가 사라지는 것이 걱정되었다.

만일 이대로 가다가는 앞으로 선재船材는 구해 쓸 곳이 없을 터이니 어찌 몹시 한심할 일이 아니겠습니까? 신이 이미 들은 바가 있으므로 진달進達하지 않을 수 없습니다. 지금 대신과 여러 신하들이 들어와 있으니 상께서 막을 수 있는 방책을 물으시고 통제사가 하직할 때에도 단단히 경계시켜 보내는 것이 어떻겠습니까?

이인엽은 쇠가마를 엄금시키고 소나무의 벌채를 금하자는 주장을 관철시키고 싶었다. 그러나 우의정 이이명李頤命은 생각이 약간 달랐다. 그는 금송정책을 너무 강화시키면 염민들이 생업을 잃게 되어 소금 유통에 차질이 생길 것이라 생각하였다. 필수 일용품인 소금이 유통되지 않으면 그것은 더욱 큰 문제인 것이다. 이이명은 중도적 방안을 내놓았다.

> 배를 만들 일은 점점 많아지고 선재는 다하여 가니 금단하는 조치를 엄중해야 하겠으나 이러한 일은 적절하게 하기가 매우 어렵습니다. 만일 일체를 엄금한다면 염호가 생업을 잃을 것이고 금령을 조금만 늦추면 솔밭이 발가벗을 것입니다. 소금은 본래 백성들의 일용 생필품입니다. 소금이 귀하여 유통되지 않는다면 그것도 매우 큰 문제입니다. 소금을 굽는 법은 조수의 간만이 없는 곳에서는 철부로 굽고 조수의 간만이 있는 곳에서는 짠 흙을 갈아 짠 물을 모아가지고 토부로 구웠습니다. 근래에는 조수의 간만이 있는 곳에서도 철부를 쓰고 있는데 이것이 과연 적간摘奸(죄상의 유무를 살핌)할 때에 도피하기 쉽게 하려는 계책이라니 극히 간악스럽습니다. 지금부터는 조수의 간만이 있는 곳에서는 토부만 쓰게 하고 철부는 엄금하는 것이 좋을 듯합니다.

이이명이 내놓은 해결책이란 선재도 보호하면서 소금 유통도 진작시키는 것이다. 구체적으로는 조수의 간만이 있는 곳, 즉 서해안에서 쇠가마의 사용을 금하자는 주장이었다. 이 말을 반대로 해석하면 조수의 간만이 없는 동해안에서는 쇠가마의 사용을 허락해 주자는 것이다. 그런데 유독 서해안에서만 쇠가마를 금지하자는 것은 무슨 까닭일까? 이것은 종래의 이분법적인 생산방식을 그대로 유지하자는 것이다.

이이명은 종래의 제염법에서는 조수의 간만이 없는 곳(동해안)에서는 쇠가마로 소금을 굽고, 조수의 간만이 있는 곳(서해안)에서는 횟가마로 소금을 구웠다고 하였다. 그렇지만 근래에 들어서 서해안마저도 쇠가마로 소금을 굽기 때문에 솔밭이 발가벗을 지경이 되었다고 하였다. 이이명의 말을 빌리자면, 숙종 시기 이전에는 동해안에서는 쇠가마, 서해안에서는 횟가마라는 등식이 성립했던 것이다.

■ 서해에서 짠물을 만드는 비법 : 염정鹽井

17세기 일본에 통신부사로 다녀왔던 김세렴金世濂도 이이명과 똑같은 이야기를 하였다. 그는 인조仁祖에게 동해와 서해의 특징을 언급하면서 "동해는 서해에 비하여 매우 깊기 때문에 서해의 소금은 횟가마로 갯벌의 염분[鹵]을 끓여서 만들고, 동해는 쇠가마로 물[水]을 끓여서 만듭니다"라고 하였다.[2] 한문으로 로鹵는 갯벌 자체를 말하기도 하고, 갯벌에 붙은 천연소금을 가리키기도 한다. 이이명과 마찬가지로 김세렴 역시 동해는 쇠가마, 서해는 횟가마라는 등식을 사용하고 있다. 이런 등식은 왜 생겨난 것일까?

간단히 말하면 갯벌의 유무 때문이다. 갯벌이 있는 서해안은 염전법이 발달하게 되었고, 갯벌이 없는 동해안에는 바닷물을 바로 끓이는 직자법直煮法으로 소금을 구웠다. 서해안과 동해안에서 각각 횟가마와 쇠가마를 따로 이용하게 된 배경은 바닷물을 끓이기 이전에 짠흙과 짠물을 만들 수 있느냐에 달려 있었다. 서해안의 염전법에서는 갯벌을 갈아엎는 작업을 선행하여 짠흙을 얻었다. 다시 이 짠흙으로 바닷물보다 훨씬 염도가 높은 짠물을 얻기 때문에 횟가마를 사용하였고, 소금을 구울 때 들어가는 연료를 줄일 수 있었다.

서해안에서 사용하는 횟가마는 열전도율이 낮아 서서히 지펴지면서 화력이 약한 편이다. 미리 염도가 높아진 짠물을 만들어 두지 않으면 소금을 굽기가 어렵다. 대신 횟가마는 잡목과 잡풀과 같은 땔감의 사용도 가능하였다. 장작이 아니더라도 다양한 연료를 사용할 수 있었다. 하지만 바닷물을 바로 끓이는 직자법에서는 강한 화력을 지속시켜 줘야 한다. 열전도율도 빠르고 내구성도 강한 쇠가마가 적합하며, 이런 쇠가마의 땔감으로는 소나무 장작이 맞다. 하지만 염도가 낮은 바닷물을 바로 끓이기 때문에 상당한 연료가 소진되었다.

그렇다면 짠물을 어떻게 만드는지, 그 과정에 대해서 잠시 알아보자. 짠물을 만드는 과정에 자염의 비법이 숨어 있기 때문이다. 짠물을 만들기 전에 먼저 짠흙을 일으켜야 한다. 조차가 낮아지는 조금 때, 서해안에서는 고도高度가 높은 갯벌은 바닷물에 잠기지 않고 드러나는 곳이 있다. 여기에서 소에 농기구를 매달아서 끌고 다니면서 갯벌의 흙을 계속 갈아엎는다. 쟁기로 뒤집어 엎고 다시 써레로 흙을 부수고 다니면 갯벌 흙이 햇볕을 받아 수분이 증발하고 염분이 생성된다. 이렇게 소를 이용하여 염밭을 갈고 다니는 것을 3~5일간 계속하면 염토鹽土, 즉 짠흙이 만들어진다.

이 짠흙은 염분을 머금고 있을 뿐 소금 그 자체는 아니다. 먹을 수 있는 소금이 되기 위해서는 짠흙에 달라붙은 염분을 분리하여 모아야 한다. 짠흙에서 염분을 분리시키려면 바닷물을 부어야 하며, 또한 일정한 여과장치가 있어야 한다. 이 여과장치가 조선시대 사료에 자주 나오는 염정鹽井이다. 염정을 한문 그대로 해석하면 소금 우물인데, 소금물이 밑에서 나오는 시설로 착각하기 쉽다. 하지만 염정은 소금물이 자연스럽게 나오는 못이 아니라 짠물을 받아 내는 여과장치였다.

정약용은 이 염정이 우물이 아니라 '간수를 받아 내는 구덩이'라는 날카로운 지적을 하였다. 간수는 짠 물을 일컫는 것으로 염정은 우물이 아니라 짠물을 담는 구덩이인 것이 다. 정약용은 염정은 아전들이 쓴 말 로서 이를 그대로 사용하는 것은 잘 못되었다고 주장하였다.

전라도의 자염장에서 흔히 볼 수 있었 던 '섯등'이다(김일기, 〈곰소만의 어업과 어촌연구〉(1988) 53쪽). 이것은 이물질을 걸러내고 짠물을 받아내는 필터의 역 할을 한다. 경상도에서는 '섯', 충청도 에서는 '간통', 강원도에서는 '간수통' 으로 부른다. 》

염정鹽井이라는 것은 간수 구덩이滷坎이다. 소금을 달이려면 먼저 흙 구덩 이를 만들어서 간수를 담아야 하는데 이것을 정井이라 일컬었다. 아전들이 무식해서 구덩이를 정이라 한 것인데, 그대로 할 수 없다.[3]

정약용은 간수 구덩이를 쓰면서 "중국 촉蜀 지방에 염정이 있었는데 우물물을 달여서 소금을 만들었고, 구덩이를 정井이라 이르는 것은 아 니었음"이라는 주를 달아두었다. 중국 삼국시대의 촉나라는 사천성 지 역에 세워진 국가이다. 사천 지방에는 그 유명한 염정이 있었다. 이 염 정에서는 염도가 높은 짠물이 나왔고, 사천 지방의 염민들은 이 짠물 을 바로 끓여서 소금을 생산하였다. 여기에 들어가는 연료는 수백 미 터 아래까지 굴착하여 천연가스를 사용하였는데 지금도 당시의 과학 기술이 큰 화제가 되고 있다.[4] 이 염정에서 만들어진 소금이 정염井鹽 이었다. 정약용이 지적한 대로 촉나라의 염정이 진정한 염정이며, 조 선의 염정은 노감으로 쓰는 것이 맞다. 하지만 관청의 실무자였던 아 전들이 염정을 많이 쓰면서 대부분의 사료에서 염정으로 표기하였다.

염정의 내부에는 흙과 이물질을 걸러내기 위하여 소나무가지, 풀 등을 넣는다. 자갈과 모래 등을 넣어서 만드는 곳도 있다. 이렇게 염

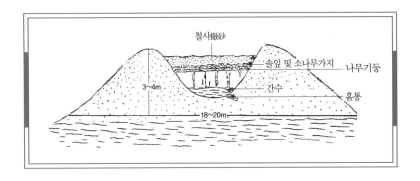

철사撒砂

솔잎 및 소나무가지 나무기둥

3~4m
간수
홈통

18~20m

정 안에 들어가는 재료들이 불순물을 제거하는 필터이다. 필터를 넣었으면 위에다가 갯벌에서 일궈 낸 짠흙을 깔아둔다. 그리고 나서 이 위에 바닷물을 부으면 짠흙에 있던 염분이 씻겨내려 오고, 필터를 통과하면서 이물질이 걸러진다. 아래쪽의 홈통에는 염도가 높아진 짠물이 모여진다. 처음에 빼낸 짠물의 염도는 거의 26도까지 올라간다. 바닷물의 염도가 3.5도에 불과한 것을 감안할 때 짠흙과 필터를 통하여 엄청나게 염도가 높아졌음을 알 수 있다.

염정은 지역마다 명칭, 크기와 구조 등에 있어 조금씩 차이가 난다. 이 염정을 경상도는 '섯'이라 부르고, 전라도에서는 '섯등'이라 말한다. 충청도의 서산·태안에서는 '간통', 강원도는 '간수통'이라고 일컫는다. 염정이 두개가 붙어 있는 형태도 있는데 이를 '쌍섯등'이라고 하고, 일본인들은 '부부대夫婦臺'라고 기록하였다.

섯과 섯등은 대체로 작은 언덕과 같은 모양이다. 섯 가운데는 구덩이처럼 둥그렇게 아래쪽으로 파여져 있다. 섯은 점토를 다듬어 만들되 내부는 목재를 가로, 세로로 엮어서 대었으며, 위에는 갈대, 솔가지, 짚 등으로 덮어 두었다. 아래에는 짠물이 나오는 구멍과 받을 수 있는 통을 설치해 두었다. 이 섯은 바닷물이 닿지 않는 높은 곳에 만들어 두었으므로 바닷물을 길어서 섯 위에 부어야 했다.

서해안 가운데에서도 서산·태안의 간통과 전라북도 고창의 섯구덩이는 특이한 형태이다. 섯과 섯등은 사람들이 해수를 운반하여 위에다 붓는 형태이지만 이것들은 자연스레 바닷물이 와서 잠기는 방식이다. 간통과 섯구덩이는 갯벌을 판 다음, 아래에다가 여과장치를 설치해 두는 형태이다. 간통과 섯구덩이에는 짠흙을 넣거나 덮어 두었으며, 바닷물이 밀려 들어오는 사리 때에 완전히 잠기게 된다. 다시 물이 빠지는 조금 때를 맞아서 흙을 파 내고 여과장치 내부에 집수된 짠물을 얻는 것이다.

이처럼 짠물을 만드는 비법은 이러한 염정에 있었다. 염정은 불순물을 걸러 내는 여과장치이자, 짠흙을 이용해 염도를 높이는 생산시설이다. 이 염정의 기능과 작동에 따라서 짠물의 품질이 결정되었다. 경기도의 가장 유명한 제염지인 남양南陽에서는 염정의 크기에 따라서 소금세가 정해졌다. 남양에서는 자염 생산 과정에서 염정을 제일 중요하게 여겼던 것이다.

■ 토분土盆은 왜 흙가마가 아닌 횟가마인가?

쇠가마가 늘기 시작하는 숙종 시기는 제염업의 혼란기였다. 인구가 늘어나고, 장시가 발전하는 조선 후기의 사회변동에 따른 것이었다. 발효음식과 건어물의 수요가 증가하면서 여기에 필요한 소금 수요도 비례적으로 늘어났다. 염민들은 횟가마보다 생산성이 좋은 쇠가마를 이용하여 자염의 생산량을 높여 보려고 했다. 화력과 열전도율이 좋은 쇠가마는 아무래도 횟가마에 비해서 생산성이 높은 시설이었다. 숙종시대에 서해안에서 쇠가마가 늘어 나는 배경은 이러한 이유 때문이었다.

조선 후기에는 염전식의 방식에도 큰 변화가 있었다. 동해안은 쇠가마, 서해안은 횟가마라는 등식이 점차 깨지고 있었다. 동해안에서도 염전식 방식이 동원되었다. 바닷물에 바로 불을 때는 직자법이 아니라 염전을 이용하여 짠흙과 짠물을 만들어 냈던 것이다. 동해안에서도 북부와 남부는 해안지형에 상당한 차이가 있다. 북한 지역인 동해안의 영흥만은 해안선의 굴곡이 심하여 오래전부터 제염업이 크게 발달해 있었다. 영흥과 문천에서는 제방이 축조된 유제염전이 설치되었고, 1차적으로 짠흙을 만들어 횟가마를 사용하였다.

강원도 삼척과 경북의 울진 지방 등에서는 해안선이 단조로운 지역임에도 불구하고 염전이 만들어졌다. 이곳에서는 완전히 인공적으로 만든 염판염전이 등장하였다. 모래사장을 논처럼 만든 다음에 산에 있는 찰진 흙을 퍼 와서 깔고 염판을 인위적으로 만들었다. 염판 사이사이로 바닷물이 흘러갈 수 있는 수로도 만들었다. 이렇게 염판을 조성한 뒤에 바닷물을 물지게로 지고 날라서 수로에다 부었다. 그리고 소를 이용하여 염판을 갈아엎으면 서해안의 염전과 똑같이 짠흙이 생산되었다.[5]

이처럼 조선 후기로 가면 동해안은 서해안의 염전식 자염법을 수용하였고, 서해안에서도 쇠가마가 증가하였으니 동해안은 쇠가마, 서해안은 횟가마라는 이분법적인 구분은 정확하지 않은 것이다. 그런데 아무리 서해안에서 쇠가마가 늘어났다고 해도 조선 말기까지 쇠가마보다는 횟가마가 다수를 차지하고 있었다. 쇠가마를 만들기 위해서는 많은 비용과 힘이 들었기 때문에 염민들이 사적으로 제작하기가 참으

로 어려웠다. 문호 개방 이후에 철가마가 급격히 늘어난 것이지 조선 말기까지 횟가마는 소금가마의 주류였다.

　토분土盆에는 흙 토자가 들어갔지만 흙가마가 아닌 횟가마가 정확한 표현이다. 횟가마의 주재료는 조개 및 굴 껍질을 갈아서 만든 회灰이기 때문이다. 우리나라뿐만 아니라 일본에서도 패각으로 만든 회로 소금가마를 만들었다. 조개 껍질의 주성분은 칼슘인데 이를 태우면 백색의 회질을 얻을 수 있다. 이것을 갈아서 바닷물과 섞으면 점토와 같이 끈기가 생겨 여러 가지 형태를 만들 수 있다. 강원도 영해 지역에서는 횟가마를 만드는 데 사용되는 굴·조개 껍질이 약 720킬로그램이 필요하였다.[6] 따라서 횟가마를 만들기 위해서는 조개나 굴 껍질을 조달하는 문제가 관건이었다.

　대나무와 짚을 이용해 가마의 골격을 만든 뒤에 회반죽을 붙여서 구한말 소금가마에서 작업을 하는 모습이다. 이 소금가마는 토분土盆으로 추정된다. 토분은 흙가마가 아닌 횟가마로 표현하는 것이 맞다. 횟가마의 주재료는 조개 및 굴 껍질을 갈아서 만든 회이기 때문이다(부산박물관 소장). 《

가마의 형상을 만들었다. 횟가마가 어느 정도 굳어지면 대나무 살대를 제거하고 가마 바닥에 갈고리를 끼운다. 횟가마를 만드는 작업 중에서 어려운 일은 가마 바닥을 뚫어서 쇠고리를 끼우고 들보에 거는 작업이다. 전라북도 곰소만에서는 이 횟가마를 만들 때 50여 개의 갈고리가 들어갔다고 한다.[7] 쇠가마를 만들 때에도 이 쇠고리가 이용되었다. 소금가마는 들보에 매달아서 지탱해야 하기 때문에 중간 중간에 쇠고리를 끼워 두어야 하는 것이다. 부뚜막의 귀퉁이에 통나무 기둥을 세우고, 종횡으로 나무를 배열한 뒤에 쇠고리를 끼운 가마를 걸었다.

횟가마는 쇠가마에 비하여 오래가지 못하였다. 곰소만의 횟가마는 내구성이 40일밖에 되지 않았다. 주야로 불을 계속 때기 때문에 40일을 쓰면 횟가마를 다시 만들어야 했다. 5년 이상 사용할 수 있는 쇠가마에 비해 자주 바꾸어 주어야 하는 횟가마는 사용하기에 불편한 단점이 있다. 그러나 해안가에서 주재료인 패각을 구하기가 어렵지 않으며, 쇠가마에 비해 비용이 많이 들지 않으므로 조선 말기까지도 대중적인 가마로 사용된 것이다.

◆ 쇠가마의 발달사 : 주물부에서 철판부로

소금가마를 관리하던 호조의 판서인 이극증李克增은 쇠가마의 재료가 부족하여 늘 걱정이 많았다. 그러던 어느날 강원도에 갔더니 삼척에서 쇠가마를 제작할 수 있는 수철水鐵(무쇠)이 많이 난다는 이야기를

듣게 되었다. 그러나 수철이 있다 하더라도 이를 캐 낼 인력이 문제였다. 종일 고심하던 끝에 이극증은 삼척포에 있는 선군船軍을 동원한다는 꾀를 냈다. 그는 성종成宗을 찾아가 아뢰었다.

신이 강원도에 가서 삼척에서 수철이 난다고 들었습니다. 삼척포三陟浦의 부방 선군赴防船軍이 90여 명이니, 40여 명으로 하여금 채취하게 하여 염부 鹽釜의 소용으로 갖춤이 어떻겠습니까?[8]

삼척도호부는 강원도의 행정뿐만 아니라 국방에서 중요한 역할을 하던 곳이다. 삼척진에서 울진과 평해 지역까지 관장하였다. 삼척의 부방 선군은 다른 지방에서 파견을 나온 군대를 말한다. 파견 부대는 아무래도 작전과 방어 활동에서 2선으로 물러나 있으므로 노역을 시

전북 고창군의 검단소금전시관에서 재현한 쇠가마이다. 조선시대에는 쇠가마보다는 조개 및 굴 껍질을 갈아서 만드는 횟가마가 널리 사용되었다. 구한말에 철판을 연결시켜 만든 철판부가 개항장을 통하여 들여오면서 전국적으로 쇠가마가 많이 늘어났다. ≪

킬 수 있는 시간이 많았다. 성종이 보기에 부방 선군을 활용하여 수철을 캐고 소금가마를 만드는 제안은 괜찮아 보였다. 성종은 이극증의 의견을 흔쾌히 받아들였다. "옳다. 그것을 병조兵曹로 하여금 알게 하라."

조선시대 쇠가마를 만드는 원료는 수철, 즉 무쇠였다. 조선시대에 강원도에서 쇠가마를 많이 사용하였으므로 수철의 원료지도 동해안의 인근에서 찾았던 것이다. 그런데 무쇠가 부족하여 다른 지역의 쇠가마를 운반해 오는 사례도 있었다. 세조世祖 11년(1465) 강원도에 실농한 농민들이 많아지자 영동에서 소금을 구워 영서의 백성들에게 나눠 주게 되었다. 그러나 당장 소금을 구울 쇠가마가 없었으며, 원료인 무쇠도 쉽게 얻을 수 없었다. 세조는 강원도 관찰사 이윤인李尹仁에게 '소금을 쓰는 데 사용하는 수철분水鐵盆(무쇠가마) 100개를 경상도로부터 받아서 염민들에게 나눠 주고 소금을 굽게 하라'고 지시하였다.[9]

그런데 쇠가마는 어떻게 생겼을까? 조선시대 쇠가마를 그려 둔 사료는 전해지지 않는다. 다만《균역사목》에 따라서 소금가마의 크기는 알 수 있다. 조선시대 큰 가마(大釜)는 둘레를 합쳐 약 7파(14.7미터), 중간 가마(中釜)는 4파(8.4미터), 작은 가마(小釜)는 2파반(5.3미터)이었다.[10] 쇠가마의 제작법은 다른 나라의 사례로 비춰볼 때 두 가지로 생각된다. 먼저 일본의 예처럼 땅바닥에 주형을 만든 다음에 여기에 쇳물을 부어서 만든 주물부鑄物釜가 있다.[11] 근대 시기까지 사용되었던 이 주물부는 사각형의 모양이었다. 14세기 원나라의 진춘陳椿이 편찬한《오파도熬派圖》에서는 원형의 쇠가마가 그려져 있다. 이 그림으로 미루어

보아 원나라에서는 사각형과 원형 철부가 모두 있었지만 그 가운데 원형 철부가 많이 이용되었던 것으로 짐작된다. 그런데 이 원형 쇠가마는 철판부

원나라의 진춘陳椿이 편찬한 《오파도》를 보면 중세시대 철판부를 제작하는 과정을 짐작할 수 있다. 그림 속에서는 철판 조각을 붙여서 원형의 철판부를 만들고 있다. 》》

이다. 여러 개의 철판 조각을 붙여서 만들었다.

쇠가마의 발달사를 보았을 때 주물부보다는 철판부鐵板釜가 발전된 형태이다. 왜냐하면 주물부는 너무 무겁기 때문에 이동 자체가 어려웠다. 주물부는 바로 염막에서 만들어 아궁이에 걸어야 했다. 철판을 조각해 연결하는 방식은 이동을 위해서 훨씬 수월하였다. 또한 큰 가마를 주물로 만들 경우에는 주형 제작이 어렵고 바닥의 두께도 맞추기가 어려웠다. 잠시 이 글의 서두에서 언급한 숙종과 우의정 이이명의 대화로 돌아가보자. 이이명은 서해안에서까지 쇠가마를 쓰고 있는 이유가 "적간摘奸할 때에 도피하기 쉽게 하려는 계책"이라고 하였다. 적간이란 죄상의 유무를 조사하는 것이다.[12] 횟가마에 비해 쇠가마가 죄상을 할 때에 도피하기 쉽다면 이것은 철판을 연결한 철판부라고 예측할 수 있다. 주물부는 횟가마보다 훨씬 무거워 도피가 쉽지 않기 때문이다.

따라서 주물부는 점차 철판부로 대체되었을 가능성이 높다. 근대 시기에는 완전히 철판부가 점령하였다. 일본에서 만든 개량형 철판부가 개항지를 통하여 우리나라에 급속도로 들어왔다. 이 철판부는 19세기 후반 연료 절감 방안으로 만들어졌으며, 폭 4척의 무쇠판 3개를 연결시킨 것이다.[13] 이러한 철판부는 1950년대까지도 사용되었다. 어렴풋이 쇠가마의 기억을 떠올리는 어르신들이 있다면 바로 이 개량형 철판부인 것이다.

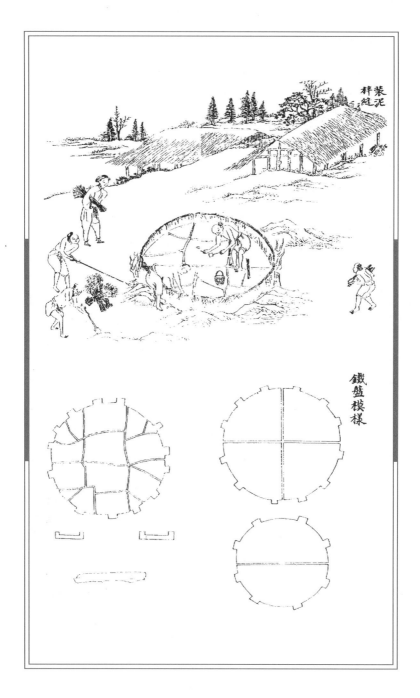

자염의 생산 비법: 쇠가마와 횟가마에 대한 변辯 305

◆ 소금을 굽는 최종 작업장, 염막

자염 생산에 있어 소금가마는 가장 중 요한 시설이다. 소금가마가 제작 비용 이 비싼 것도 있지만 최종적으로 소금 이 결정되는 장소이기 때문이다. 짠물

> 염막은 소금가마에서 불을 때는 장소로서 충남 태안에서는 '염벗'이라고 부른다. 염막은 짚과 갈대, 띠 등을 엮어서 만들며, 연기가 위로 빠져 나갈 수 있도록 지붕의 가운데가 뚫려 있다. 》

이 부글부글 끓어오르면서 소금이 결정되는 과정을 보면 소금가마의 상징성을 대번 알아차릴 수 있다. 소금가마에서의 작업은 매우 중요하다. 좋은 짠물을 만들어도 불을 잘못 지피면 품질이 떨어질 우려가 높다. 그래서 불을 때는 화부火夫의 품삯이 다른 일꾼보다 비싸고, 이일은 숙련도가 높으며 소금 생산을 책임질 수 있는 염민들이 맡아서 한다.

소금가마로 불을 때는 장소가 "염막"이다. 염막은 짚과 갈대, 띠 등을 엮어서 만든 헛간과 같은 곳이다. 지붕의 가운데가 뻥 뚫려 있는데 불을 때다 생기는 연기가 위로 빠져 나가게 하는 통로였다. 전라도에서는 이 염막을 '벌막'이라 부르고, 충청도에서는 '염벗'이라고 하였다. 일본인들은 소금가마를 두는 집이란 뜻으로 '부옥釜屋'이라 하였다.

염막은 사리 때에도 물이 닿지 않는 높은 곳에 만든다. 염막에는 짠물을 모아 두는 구덩이도 있으며, 막 생산한 소금에서 간수가 빠지도록 보관하는 곳도 있다. 염막의 한 가운데에는 소금가마가 있고, 소금가마 아래에는 불을 지피는 부뚜막이 있다. 가끔씩 사료에서 이 염막을 '부엌 조竈' 자를 붙여 '염조鹽竈'라고 쓰기도 한다. 불을 때는 부뚜막 시설이 아래에 붙어 있기 때문이다.

　염민들은 염정에서 만든 짠물을 염막으로 옮겨 와서 저장고에 넣는다. 하루 소금의 생산량을 감안해 짠물의 일정량을 소금가마에다 붓는다. 염막에서는 하루 종일 일꾼들이 돌아가면서 작업을 하였다. 24시간 동안 쉼 없이 계속 불을 때야 하므로 낙동강 하구의 염전에서는 두 사람이 1조가 되어 작업을 하였다. 불을 2시간 정도 때면 짠물에서 거품이 막 일어나고, 이때 화력을 약하게 조절해 준다. 조금 지나면 짠물이 식어 가면서 소금이 올라오기 시작한다. 다시 불을 세게 때서 수분을 증발시키고 결정된 소금을 걷어 올린다. 이렇게 생산된 소금이 바로 '자염' 이다. 불로 구워 낸 자염은 색깔도 하얗고 분말이 고우며, 맛도 뛰어났다. 우리나라 사람들은 구워서 만든 자염을 1950년대까지 먹고 살았다.

'뿌리는 소금'의 주술적 힘

■ 소금을 왜 뿌리죠

소금에 관한 논문과 책을 여럿 내다보니 강의 요청이나 문의를 자주 받는 편이다. 한번은 모 방송국의 작가로부터 문의 전화가 한 통 걸려왔다. 문화 프로그램을 만드는 작가라고 하면서 나에게 묻는 첫 질문이 "소금을 왜 뿌립니까?"라는 것이었다. 갑작스런 질문에 당황하였지만 "어느 때 뿌리는 소금을 말합니까?"라고 되질문을 던진 후에 파편처럼 튀어 오르는 여러 가지 생각을 짜 맞추어 답변을 한 적이 있었다. 그러나 전화를 끊은 이후에 영 마음이 찝찝하였다. 전화번호라도 알았으면 다시 정리된 답변을 해줄 텐데. 소금의 역사, 제도와 생산 등의 거시적인 질문에 대해서는 잘 정리된 답을 주면서도 이러한 생활상의 미시적 질문에 대해서는 취약한 나 자신에 대해서도 반성의 계기를 가졌다.

아마도 이런 작가의 질문은 대중들의 궁금한 점을 대변해 주고 있을 터이다. 대중들은 거대한 제도사로서 소금보다는 이렇게 미세한 생활사의 소금을 알고 싶어 한다. 하지만 지금까지 소금에 대한 연구는 반대 방향으로 가고 있었다. 그래서 소금을 언제, 왜, 어떻게 뿌리는지에 대해서는 정확한 설명을 하기가 어려웠다. 과거 소금의 문화에서 '먹는 소금' 만큼 '뿌리는 소금' (음식이 아닌 사람이나 장소에)도 중요하였다. 뿌리는 소금의 양이 먹는 소금과 비견될 정도는 아니지만 상징성 면에서는 훨씬 컸다. 요컨대, 뿌리는 소금의 사례를 관찰해 보면, 민중생활사에서 차지하는 소금의 상징 문화와 위상을 잘 확인할 수 있다.

지금도 소금을 쫙 뿌리는 장면을 쉽게 볼 수 있다. 처음 이사 갈 집에 도착하면 먼저 하는 일은 이방 저방으로 돌아다니며 소금과 쌀을 뿌리는 것이다. 상갓집에 조문을 다녀온 가족이 있다면 먼저 소금을 뿌린 다음에 집에 들어오게 한다. 부정하고 재수 없는 사람이 집에 다녀가면 어떻게 할까? 침을 세 번 뱉거나 소금을 확 뿌린다. 굿을 하는 제당 앞이나 마을제사를 맡은 제주의 집 앞에도 소금을 뿌려 둔다. 이렇게 저렇게 소금을 많이 뿌리다 보니 공동주거체인 아파트에서는 문제가 되었다. 내가 아는 창원의 어느 아파트에서는 주민들이 복도와 계단에서 소금을 많이 뿌리자 '소금을 뿌리지 맙시다' 라는 경고문까지 붙었다.

액을 물리치기 위해서 소금을 뿌리는 행위는 우리나라의 전통적 민간신앙에서나 있는 일로 생각하기 쉽지만 결코 그렇지 않다. 기독교나 이슬람교에서도 소금이 악으로부터 보호를 받는 물질로 사용되고 있다. 《구약성서》의 〈에스겔〉에서는 신생아가 태어나면 소금으로 문지른다고 하였다. 단순히 의약적 처방이 아닌 악으로부터 아이를 보호하기 위해서이다.[1] 유럽에서 소금으로 아이를 보호하는 일은 기독교 전래 이전의 관습이었다고 한다. 아이에게 소금을 뿌리거나 아이의 요람에 소금을 놓아 두었다. 부족 사회의 민족지를 보더라도 소금은 액을 물리치는 목적으로 전 세계에서 다양하게 사용되었으니 '소금 뿌리기'는 인류의 보편적인 관습이라 할 수 있다.

나는 '소금 뿌리기'의 유래에 대해서는 《소금의 민속학》이란 책을 쓴 가메이찌호꼬龜井千步子의 견해에 적극 동의를 하고 있다.[2] 가메이찌호꼬는 이러한 관습이 원래 바닷물에서 목욕을 하여 부정을 없애는 행사에 기원하고 있다고 하였다. 일본에서는 장례식에 다녀와서 부정을 없애기 위해 바닷물을 뿌리거나 소금을 탄 물을 뿌리는 관습이 있다. 가메이찌호꼬의 주장에 따른다면 바닷물 뿌리기는 목욕재개沐浴齋戒 행사와 소금 뿌리기의 중간 단계이다. 펼쳐 보면 바닷물에서 목욕을 하여 액을 물리쳤던 행사가 바닷물을 뿌리는 일로 간소화되었고, 해수를 늘 구하기도 쉬운 일이 아니므로 다시 소금을 뿌리는 일로 진화한 것이다. 그렇다면 소금은 바닷물의 대용인 셈이다. 부정과 액을 물리치는 소금의 상징성은 바로 '바다'에 있었다.

◆ 불을 제압하는 소금의 상징

이렇게 바다를 상징하는 소금은 불을 막는 의식에 널리 쓰였다. "불막(액)이제, 불제, 불액막이제"라고 부르는 이 의식은 마을에서 화재를 예방하기 위한 풍습이다.[3] 불막이제에서 가장 중요한 행사는 간물단

지나 소금단지를 묻는 의식이다. 풍수지리적으로 화기火氣가 가득한 산의 정상에 소금물이나 소금이 들어간 단지를 묻어서 불을 제압하는 것이다. 전라남도 함평군 손불면 대전리에서는 불맥이제의 유래에 관하여 재미있는 전설이 전해진다.

옛날 어느 노승이 함평에서 웃밥골재를 넘어와 좋은 절터를 찾고 있었다. 노승은 이곳의 지리가 좋지 않아서 절터를 찾는 일을 포기하였다. 다시 돌아가려던 노승이 마을의 노인을 만나서 "이 마을은 계속 번창할 것이나 화재가 많은 것이 염려되고 자살하는 사람이 많이 나올 것"이라 말해 주었다. 이 말을 들은 노인은 노승에게 애원하여 액막이 방법을 물었다. 노승이 마을의 건너 편을 가리키며 "수문 위의 산마루에 커다란 항아리 세 개를 묻고 그 항아리에 바닷물과 우물물을 반반씩 넣어 채우고 봉한 후에 흙을 덮어서 무덤처럼 해 두었다가 불이 나거든 열어 보라"라고 하였다. 노인은 마을 회의를 열어서 이 사실을 알렸다. 물항아리를 사오는 일은 '웃대미 마을'에서, 뚜껑을 만드는 일은 '아랫대미 마을'에서, 항아리를 묻는 일은 '둥그대미 마을'에서 맡아 하였다. 이후로 불이 나는 횟수가 적어졌다. 그러던 어느날 둥그대미 마을에서 불이 나 항아리를 열어 보니 가운데 항아리만 물이 말라 있었고 아무리 봐도 항아리에 깨진 자국이 없었다. 다음에 아랫마을에 불이 나서 항아리를 열어 보니 아래쪽 항아리에 물이 말라 있었고, 이번에는 윗마을에서 불이 나서 항아리를 열어 보니 위쪽 항아리에 물이 말라 있었다. 비로소 마을 주민들은 각 항아리가 마을을 가리키는 것임을 알게 되었고, 물이 마른 항아리의 마을에 불이 난다고 믿게 되었다. 그 뒤로 마을 주민들은 2월 1일 오전에 깨끗한 제주를 골라서 불맥이제를 지냈다. 항아리의 물을 잘 살펴보고 물이 줄어든 항아리에는 바닷물과 우

물물을 반반씩 섞어서 채워 넣었으며, 해당 마을은 그해에 화재가 나지 않도록 조심하게 되었다.[4]

노승은 이 마을이 불에 취약함을 깨닫고 화재를 막을 수 있는 방법을 알려 주었다. 노승이 가르쳐 준 불막이는 수극화水剋火의 원리를 따른 것이다. 오행의 상생상극설에 의하면 수水는 화火를 극하는 것으로 불은 물에 의해 제압이 되는 법이다. 특히 바다는 감히 인간 세계의 불 따위가 활기를 칠 수 없는 거대한 수원水源이다. 이런 바닷물을 혼합시킴으로써 물의 힘은 배가 되고, 화재 예방의 가능성은 더욱 커진다.

통도사의 소금단지이다. 소금단지를 이용한 불막이제는 우리나라에서 흔히 볼 수 있는 의례이다. 단지에 넣는 소금은 바다를 상징하며, 바다는 인간 세계의 불을 능히 제어하는 거대한 수원이다. 》》

소금간물 단지를 이용한 불막이제는 함평뿐만 아니라 우리나라의 여러 곳에서 볼 수 있는 의례이다. 함평에서는 바닷물과 우물물을 반반씩 섞은 물을 항아리에 넣지만 다른 곳에서는 소금물을 혹은 소금을 넣은 단지를 이용한다. 충남 논산의 탑안이 마을에서는 화산火山을 제어하기 위하여 소금단지를 묻는다. 이 마을의 주민들은 마을 뒤편의 국수봉에 있는 큰 바위가 마을을 불길하게 쳐다보고 있어 도깨비불을 일으킨다고 믿는다. 그리하여 산제를 모시는 음력 정월 초사흗날을 맞이하여 '승재골'이라는 산에 올라가 소금단지를 묻는다. 이때 단지에 넣는 소금은 바다를 상징한다. 이 소금단지를 통하여 승재골은 인간 세계의 불을 능히 제어하는 거대한 해양 세계로 변모한다. 탑안이 마을 외에도 인접한 양촌 2리, 임화 4리, 신기리에서도 모두 소금단지를 묻는 풍속이 전해진다.[5]

예전에 마을의 길흉화복은 풍수지리설에 의하여 해석되었다. 마을에 화재가 자주 일어나는 원인을 인근의 산이 화火 자의 형상을 띠고 있다거나 화기火氣를 내뿜는 화산火山이라는 등에서 찾았다. 이런 산의 정상에 소금단지를 묻어서 미연에 강한 화세火勢를 눌러 화재를 예방하려 한 것이다. 그러나 옛날 집은 대개 불에 취약할 수밖에 없는 재료와 구조로 만들어졌다. 목재와 볏짚으로 만든 초가집은 늘 화재의 위험성에 노출되어 있다. 어쩌다가 불꽃이 초가지붕으로 튀면 순식간에 큰 불로 번져 마을 전체가 화염에 휩싸이는 일이 잦았다. 이와 같은 시대에 '소금단지 묻기'야말로 화마火魔로부터 마을을 보호할 수 있는 처방이었다. 소금은 화마를 순식간에 덮어 버리는 거대한 바다를 상징하기 때문이다.

■ 잡귀를 물리치는 소금의 힘

민간신앙에서 소금은 더욱 광범위하게 사용된다. 부정을 없애기 위하여 소금을 많이 치는 사람들은 '어민' 들이다. 바다에서의 작업은 언제나 위험천만하다. 아직도 어촌에서 전통적인 마을굿이 꿋꿋이 이어지는 것은 위험한 해상海上에서 일하는 주민들의 안전과 풍어를 염원하기 위해서이다. 육지에서 별일 아닌 것도 해상에서는 매우 민감하게 받아들여진다. 예를 들면, 조업을 하다가 칼이나 숟가락 같은 쇠붙이를 바다에 빠뜨리면 재수가 없다고 생각한다. 이때의 처방은 배의 앞과 뒤, 사방으로 소금을 뿌리는 것이다. 출어를 하기 전에 부정한 일이 생겼다면 소금을 어물과 고물 등에 뿌리면서 간단히 비손을 한다. 고기잡이를 하다가도 사고가 생겼다면 바로 소금을 뿌려서 부정치기를 한다. 이렇게 간단하게나마 부정치기를 해야지 어민들은 불길한 생각을 잊고 조업에 임할 수 있다. 어민들에게 소금은 참으로 필수불가결하고, 신성한 제물인 것이다.

그런데 어민들이 느끼는 '부정'이란 도대체 무엇일까? '부정不淨'이란 깨끗하지 못하고 더러운 것이다. 그런데 부정은 단순히 지저분하고 더러운 쓰레기와 같은 오물을 말하는 것이 아니다. 이 부정은 인간이 살면서 벌어지는 생리적, 물리적 오염에 가깝다. 즉, 죽음, 출산, 월경 등이 대표적인 부정이다. 이것들은 인간의 세상을 더럽히는 것이기보다는 신성한 세계를 오염시킬 수 있는 위험인자들이다. 신성神聖을 더럽히면 신을 노하게 만들어 인간에게 큰 해를 끼치게 된다. 만약 어쩔 수 없이 부정한 일이 벌어졌다면 부정을 없애고 정화시킬 수 있는 간단한 주술적 처방을 해야 한다. 이때 소금은 불결한 오염을 정화시켜 다시 신성한 세계로 돌릴 수 있는 가장 적합한 재료였다.

부정 중에서 가장 무서운 것은 '사람의 죽음'이다. 그리하여 장례식에서는 여러 가지 목적으로 소금이 올라간다. 먼저, 시신의 배꼽 위에 소금을 놓아 두고, 사자상使者床을 차릴 때도 소금을 제물로 둔다. 배꼽 위에 둔 소금은 시신의 부패를 방지하는 효과가 있다. 사자상 위의 소금은 잡귀를 몰아낼 뿐만 아니라 저승사자가 목이 말라서 자주 쉬는 탓에 망자가 저승에 가는 속도를 늦춰 준다. 또한 상주가 하관을 하고 하산下山하여 집에 돌아오면서 문간을 넘기 전에도 소금을 뿌린다. 조문을 다녀온 사람 역시 문 앞에서 소금을 뿌린다. 혹 자신에게 붙어 있을지 모를 액귀를 몰아내기 위해서이다.[6]

그런데 잡귀를 몰아 내는 소금의 힘은 어디에서 나오는 것일까? 무한한 바다의 에너지를 상징하는 소금은 주술적 힘을 갖게 되었다. 주술이란 초자연적인 존재나 신비의 힘을 빌어서 인간 세상의 길흉화복을 해결해 보고자 하는 믿음이자 기술이다. 소금은 거대한 바다와 통할 뿐만 아니라 화학적으로 부패 방지와 보존의 특성을 지니고 있다. 또한 소금은 흰 색깔을 띠고 있으며, 탄탄한 정육각형의 형체를 갖고 있다. 소금은 이 세상의 부정을 정화시킬 수 있는 가장 믿음직한 물질이 아닌가!

인류학을 한 단계 발전시킨 프레이저J.G.Frazer의 《황금가지》에서는 주술에 대한 상세한 분석이 이뤄졌다. 방대한 자료를 취합한 프레이저가 보기에 주술의 세계는 모든 인류에게 공통적으로 존재하는 것이다. 그는 주술을 사고의 원리에 기초하여 동종주술同種呪術(=모방模倣주술)과 감염주술로 구분하였다. 동종주술은 유사類似(서로 비슷한 것)는 유사를 낳는다는 관념에서, 감염주술은 한번 접촉한 사물은 이후에도 서로 영향을 미친다는 사고에서 나왔다.[7] 소금을 뿌리는 관습을 한번 대입시켜 보자. 소금의 순백한 흰 색깔이 부정을 없애고 깨끗한 세상으로 환원시킨다는 믿음은 '유사의 원리' 요, 뿌려서 부딪치게 되므로 정화된다는 생각은 '접촉의 원리' 이다. 그리하여 소금은 '먹는 것' 이상으로 '뿌리는 것' 이 되었다. 여태까지 세상을 뿌려서 정화시키는 소금만 하더라도 충분히 거대한 산맥을 이룰 것같다.

민간신앙에서 언급되는 '염떡' 은 소금의 강력한 주술성, 즉 축귀와 제액의 힘을 시사해 주고 있다. 강원도 지역에서는 잡귀 가운데 가장 무서운 처녀와 총각귀신을 집안에서 내쫓을 때 이렇게 말한다.[8] "총각 죽은 몽달귀야, 처녀 죽은 손각시야, 못 다 입고 못 다 먹은 청춘의 원혼귀야, 이 집에서 떨어져 나가지 않으면 무쇠구멍에다 넣어서 소

316

금 염떡으로 아가리를 콱 찢어서 풍두지옥에다 하옥시킬 테다." 듣기만 해도 오금이 저리는 무서운 주문이다. 잡귀를 무쇠구멍에 넣어 움직이지 못하게 한 뒤에 입이 찢어질 정도로 염떡을 넣는다는 말이다. 잡귀들에게는 소금도 무서울 판인데, 소금으로 쪄서 만든 염떡이라니! 아마 이 주문을 들은 잡귀는 그 집에서 도망쳐 영원히 돌아오지 않을 게 분명하다.

◆ 소금은 생식을 자극하는가

소금의 주술적 원리는 귀신을 쫓아 내는 데만 이용된 것은 아니다. 소금은 생산과 번식을 자극시키는 주물呪物이었다. 소금은 '축귀나 제액의 에너지' 뿐만 아니라 '생산과 풍요의 에너지' 를 갖고 있었다. 예전에는 임신이 안 되는 부부들은 소금기가 부족하기 때문이라 생각하였다. 거꾸로 보면, 설화 속 소금장수가 성욕과 정력이 강한 사내로 등장하는 이유는 소금기가 너무 강하기 때문이다. 여하튼 불임 치료를 위한 최선의 방법은 깨끗한 소금을 먹는 것. 불임 부부들은 마을의 신당神堂에 있는 소금이나 성주단지에 들었던 소금을 먹음으로써 불임을 극복하려 하였다.[9]

앞서 말한《황금가지》에서도 소금이 생산을 상징하는 여러 사례들이 소개되고 있다. 니카라과 인디언들은 옥수수 씨를 뿌리고 추수를 할 때까지 아내와 잠자리를 따로 한다. 농작물의 성장을 촉진해야 할 때에는 아내와의 성생활이 금지되는 법이다. 하나 더 추가되는 금기가 있으니 소금과 옥수수로 발효시킨 술을 먹지 않는 것이다. 소금을 먹으면 생산과 성욕을 자극한다고 믿기 때문에 금욕 생활 중에는 소금을 먹지 못하게 한다.[10] 멕시코의 위 촐Huichol 인디언들은 신상神像을 먹음으로써 신과 소통할 수 있다고 믿었다. 화산재를 조각해 만든 신상의 옆구리에는 구멍이 나 있다. 주술사들이 신상을

<남편에게 소금을 뿌리는 여인들>이란 판화이다. 이 판화에서는 여인들이 둥글게 서서 남편의 엉덩이에다 소금을 뿌리고 있다. 여성들이 남편의 정력 향상을 위해 엉덩이에다 소금을 뿌리는 풍경이다. 》》

긁어 낸 가루를 먹음으로써 신과 관계를 맺을 수 있다고 여겼다. 그런데 이렇게 신과 교류한 뒤에는 소금을 먹지 않고, 성관계도 갖지 않는다.[11] 소금을 먹으면 성욕을 참기 어려워진다고 생각했기 때문이다.

유럽 사람들은 어떨까? 수세기 동안 유럽인들에게 소금은 비아그라와 같은 정력제 기능을 하였다. 유럽인들은 생산성의 진작을 위하여 적극적으로 소금을 썼다. 1157년에 발표된 판화이며, 파리국립도서관에 소장된 <남편에게 소금을 뿌리는 여인들>이란 작품이 있다. 이 판화에서는 여인들이 둥글게 서서 남편의 엉덩이에다 소금을 뿌리고 있다. 판화의 화제畵題(그림 위의 시문)에서는 "이 소금과 더불어 마침내 튼튼한 체력은 부족함이 없을 지어다"라는 시구가 있다. 여성들이 남편의 정력 향상을 위해 엉덩이에다가 소금을 뿌리는 풍경임을 알 수 있다.[12]

이런 사례는 아주 많다. 피레네 산맥에 사는 신혼부부들은 교회에 갈 때, 발기부전을 예방하기 위해 왼쪽 주머니에 소금을 넣고 간다. 독일에서는 신부의 신발에 소금을 뿌린다고 하였다. 프로이트의 친구이자 웨일즈 출신의 심리학자 존스Ernest Jones는 이런 소금에 대한 강력한 신념은 성적 원인이 무의식에서 작용하기 때문이라 보았다. 그는 소금이 성욕을 자극하고 다산과 연결된다는 점을 지적하였다. 소금 운반의 배에서 쥐가 들끓고, 바닷물에 사는 물고기가 훨씬 새끼를

많이 낳는 것이 모두 소금 때문으로 보았다.

소금이 성욕을 촉진시킨다는 믿음은 단순히 주술적 관념에서 비롯된 것일까? 엉덩이에 소금을 뿌리는 행위는 주술이지만 이러한 관습이 정착되기까지는 오랜 경험과 지식이 바탕이 되어 있다. 소금은 동물의 생명을 유지시키기 위한 신진대사를 촉진시키는 작용을 한다. 소금을 먹으면 식욕이 당기는 것을 느낄 수 있다. 소금의 성질을 오랫동안 경험해 온 인류는 존스의 지적처럼 무의식적으로 소금을 성과 다산의 상징으로 여기게 된 것이다. 게다가 소금은 오랫동안 부를 가져다 준 값비싼 식품이었다. 이래저래 소금은 인류에게 많은 풍요를 안겨주면서 생산의 상징으로 자리매김하였다.

■ 오줌싸개의 약, 소금

과거에는 주부와 무당이 의사였다. 시기를 따져 보면 병원이 시골의 작은 읍내까지 세워진 때는 얼마 되지 않는다. 1970년대만 하더라도 농어촌의 주민들은 읍내의 한약방에도 특별히 아팠을 때나 갔다. 웬만한 질병은 가정에서 다 처방을 했고, 무당을 불러서 치료를 하는 일도 많았다. 집안의 어른들은 간단하게 아이들을 치료할 수 있는 민간 의료의 지식쯤은 알고 있어야 했다.

이런 시기에 소금은 만병통치약과 같았다. 특히 섬 지역이 그랬다. 예컨대 부산의 가덕도에서는 가래기침이 나면 소금을 입에 넣었고, 음식을 먹고 체했을 때도 소금을 먹었다. 소금은 피부병에 특효약이었다. 몸에 버짐이 생기거나 무좀이 심할 때 소금물로 씻었다. 잇몸에 피가 날 때도, 치통이 생겼을 때도 소금으로 닦아 냈다.[13] 바다에 떠 있는 섬 주민들에게 소금이 없었다면 과연 무엇으로 버텨 냈을까? 육지와 멀리 떨어진 도서 지역에서는 소금이 질병을 이겨 내는, 응급 처치를 할 수 있는 집안의 상비약이었다.

소금은 어린이들의 야뇨증夜尿症 치료제였다. 내 기억에도 다섯 살 때 오줌을 싸서 소금을 얻으러 갔던 일이 선명하다. 어머니는 아랫동네에 사는 이모집으로 가서 소금을 얻어오라고 했다. 내 머리에는 키가 씌워졌고, 손에는 작은 그릇이 들려졌다. 그때의 창피함이란 불혹이 넘은 지금의 나이에까지 전해진다. 과거에는 어린이가 세성받이의 소금을 얻어서 아침밥에 먹으면 오줌을 싸지 않는다는 풍습이 있었다. 소금은 해독과 살균작용이 있으므로 더러운 지릿내를 가시게 한다고 생각했던 것이다. 그러나 소금을 얻으러 간 집에서 소금을 잘 내

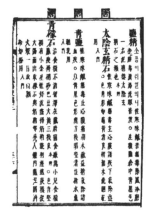

《동의보감》〈탕액편〉에는 다양한 소금 처방이 기록되어 있다. 병원을 찾기 어려웠던 과거에 소금은 만병통치약과 같았다. 음식을 먹고 체했을 때도, 몸에 버짐이 생겼을 때도, 잇몸에 피가 날 때도 모두 소금을 이용하였다.

주지 않는다. 부를 상징하는 소금이 집안에서 나가는 것을 당연히 꺼렸다.[14] 평소에 내게 잘 해 주시던 이모도 그때는 몹시 매정하게 대했다. 오줌싸개라고 놀림을 당하고, 소금을 구하기는 어려운 사면초가의 상황에서 나는 다시는 오줌을 싸지 않겠다고 맹세를 하였다.

우리 아이들도 어렸을 적에는 오줌을 많이 누었다. 아침에 이불을 걷어 내면 세계 지도가 축축이 만들어져 있었다. 이불 빨래를 또 해야 된다는 아내의 화난 소리를 들으며 나는 아이들을 소금을 얻으러 보낼까 몇 번 고심을 했다. 하지만 아이들에게 씌울 키도 없었고, 아파트에서 살면서 마땅히 보낼 만한 집도 없었다. 다른 집의 상황도 같았을 것이다. 이제 오줌싸개가 소금을 구하기 위해 키를 쓰고 총총히 마을을 다니는 풍습도 물에 소금 녹듯이, 역사 속으로 사라져갔다.

친환경의 바람을 타고
천일염이 뜨고 있다

◆ 친생태, 천일염이 살아 있다

노란 송홧가루가 날리는 오월이다. 양기가 점차 살아나는 오월에는 생명들이 꿈틀거리며 자라나기 시작한다. 풀이 자라고 꽃이 피어나며, 들과 산의 생명들이 바쁘게 움직이는 철이다. 서해안의 천일염전에서도 가장 분주해지는 때가 이 오월이다. 오월은 날씨가 맑고 바람이 잘 불며, 기온도 높아지는 때이므로 소금이 나기 좋은 철인 것이다. 이처럼 송홧가루가 날리는 철에 생산된 천일염을 '송화염'이라 해서 최고로 쳐주었다.

우리나라 최대의 천일염 생산지인 신안군에서도 한참 소금을 긁는 염부들의 모습이 활기차다. 신안군 신의도에서 3대째 소금일을 하고 있는 고승옥 씨는 이렇게 이야기를 하였다. "아직도 어르신들은 송화염을 최고로 쳐요. 1년 중 송홧가루 날릴 때 건진 소금인데 5월 20일을 전후로 생산되지요. 송홧가루 맛이 섞여서라기보다는 햇볕 좋고, 바람 좋은 때라 보슬보슬한 소금이 만들어지거든요." 천일염은 갯벌[地], 바다[水], 바람[風], 태양[火]의 기운이 적절하게 조화되면서 생산된다. 그런데 5~6월 사이가 가장 천일염을 생산하기에 적합한 기운이 도는 것이다. 이때, 이른바 '뜬소금'이라 하여 짠물 위에 소금결정이 하얗게 꽃모양으로 핀다. 이 소금꽃은 가장 질이 좋거니와 가격도 최고로 치는 소금이다.[1]

그런데 웬일인지 서해안에서는 천일염이 끊임없이 생산되고 있음에도 불구하고 소금은 계속 부족하다. 작년에 생산된 물량이 동이 나 버렸다. 무슨 까닭일까? 얼마 전 일어난 일본의 대지진 여파 때문이다. 대지진으로 인해 바다로 방사능이 유출되면서 사람들은 오염되지 않은 천일염을 미리 확보해 두려고 하였다. 이유가 또 있다. 천일염에 포함된 요오드 성분이 방사능 피폭의 예방 효과가 있다고 알려지면서 다들 서해안의 천일염을 구입한 것이다. 그러나 이러한 일시적인 천일염 붐 이전에 이미 천일염 유행이 봄 바람을 타기 시작하였다. 생태주의의 시류에 영향을 받아 친환경 음식들이 부흥을 하면서 천일염이 주목을 받았다.

1960년대 이후로 우리나라 정부는 천일염전의 폐전을 유도하였고, 천일염은 마치 개밥의 도토리와 같이 따돌림을 받는 신세로 전락하였다. 우습게도 얼마 전까지 천일염은 식품으로 대접받지 못하고 공업용 광물로 분류되었다. 식품으로 인정받지 못하므로 여러 가지 제한을 받았음은 물론이다. 그러나 이제 완전히 상황이 바뀌었다. 지방 정부가 나서서 천일염을 만들고 홍보하고 있으며, '서울 G20 국회의장

회의' 행사에서 천일염이 한국을 대표하는 특산물로 선보였다. 또한 우리나라 천일염이 외국에도 널리 알려진 결과, 우리나라의 천일염전을 도입하려는 외국인들의 발걸음이 이어지고 있다.

천일염은 바람과 햇볕에 의하여 결정되는 소금이다. 하지만 천일염이라 해도 다같은 천일염은 아니다. 천일염이 생산되는 밭이 중요하다. 우리나라의 천일염은 갯벌에서 생산되기 때문에 '갯벌천일염'이라 부른다. 우리나라의 갯벌은 세계 5대 갯벌의 하나로서 여기서 생산되는 천일염은 다량의 미네랄을 함유하고 있어 건강에 매우 좋다고 알려졌다. 또한 천일염은 짠맛과 단맛 등 다양한 맛을 아우르고 있어 전통 발효식품의 음식 맛을 살리기에도 알맞았다. 바야흐로 웰빙 시대의 햇볕과 바람을 타고 천일염의 기세가 등등해지고 있는 것이다. 이처럼 우리나라의 천일염은 전 세계의 이목을 집중시키면서 '한국 갯벌 천일염'의 시대를 활짝 열어가고 있다.

◆ 제주도의 돌소금은 천일염일까?

천일염전은 구한말 일제에 의하여 처음으로 도입되었다. 그렇다면 우리나라의 전통적인 천일염은 없었을까? 지금처럼 대규모로 설치된 다단계식 천일염전이 없었던 것은 분명하다. 하지만 천일제염업이 바람과 햇볕으로 수분을 말려서 소금을 결정하는 방식이므로 이와 비슷한 것을 찾아보면 제주도의 돌소금을 들 수 있겠다. 제주도는 바다로 둘러싸인 섬임에도 불구하고 소금이 매우 귀한 곳이다. 왜 그럴까? 화산 폭발로 생긴 제주도의 해안가는 검은 현무암들이 많다. 이 화산암을 잘 보면 표면이 거칠고 구멍이 많이 나 있다. 이러한 암반의 지형에서는 염전을 조성하기가 매우 어렵다. 바닷물은 넘치지만 제염작업을 해야 할 염전이 없으므로 제주도는 늘 소금 부족에 시달렸다.

16세기의 호남 사림을 대표하는 유희춘柳希春은 '벽서의 옥' 사건에 연루되어 제주도에 유배된 적이 있다. 이 때문에 유희춘은 제주도의 풍물을 잘 알고 있었다. 그는 제주도의 소금 부족을 해결하는 동시에, 각 포구에서 근무하는 수병들이 사슴과 노루의 가죽을 수영水營에 바쳐야 하는 폐단을 해결하는 방안을 선조宣祖에게 아뢴 적이 있었다.

제주도 지방에는 호표虎豹(호랑이와 표범)나 시랑豺狼(승냥이와 이리)이 없어 사슴과 노루가 번성하고 있습니다. 또 큰 바다 한가운데 있는 섬이지만 소금을 굽기가 어려워 토착민들이 소금을 귀하게 여기니 지금에 각 포에서 겨울에 입번하는 수군 1~2명을 뽑아 소금 1석이나 10두를 받아들여 관官에서 제주로 보내어 장록비獐鹿皮(노루·사슴의 가죽)와 바꾸게 하면 양쪽이 모두 편리할 것입니다.[2]

유희춘은 제주도에서는 소금 굽기가 어려워 백성들이 소금을 귀하게 여기고 있다고 하였다. 반면, 호랑이나 표범과 같은 맹수들이 없기 때문에 사슴과 노루가 번성하여 그 가죽은 많다고 하였다. 따라서 전라도 수군에게 소금을 굽게 한 뒤에 이 소금과 제주도의 동물 가죽을 서로 바꾸면 양쪽이 모두 편리할 것이라고 제안하였다. 유희춘의 이러한 언급을 통해 16세기 후반 제주도에서 소금이 부족했던 상황을 알 수 있다.

1519년 기묘사화己卯士禍 때 제주도로 유배되어 죽음을 맞이한 김정金淨도 제주도에는 소금이 잘 나지 않는다고 하였다. 그가 유배 기간 동안에 쓴《제주풍토록》에는 제주도의 환경과 문화가 사실적으로 기록되어 있다. 김정은 제주도가 우리나라의 서해나 동해와 비교하여 소금 굽기가 어렵다고 하였다. 요컨대, 서해와 같이 전염田鹽을 만들려 해도 염밭이 부족하며, 동해와 같이 해염海鹽을 굽고자 해도 바닷물이 싱거워서 공을 많이 들일 뿐 얻는 소득이 적다고 하였다.[3] 이모저모로 제주도는 소금 굽기가 어려운 해도海島였던 것이다. 제주도의 사례는 제염업이 단지 바닷물만 있다고 되는 것이 아니라 갯벌과 해수의 염도 등 복합적인 환경이 중요함을 일깨워 준다.

육지로부터의 소금 운반이 쉽지 않기 때문에 제주도에서는 나름대로의 방식으로 소금을 확보해야 했다. 먼저 이를 위해서는 육지의 발전된 제염업을 배워야 했다. 그 선구자는 1573년(선조 6)에 제주목사로 부임한 강려姜侶이다. 강려는 제주도에서 소금이 부족한 현실이 매우 안타까웠다. 그는 본격적인 제염사업에 착수하기 이전에 먼저 해변의 노지鹵地를 살펴보았다. 노지는 소금이 생산되는 개펄 혹은 염전을 뜻한다. 미미하지만 강려 목사가 오기 이전에도 소금이 나오는 염밭이 있었다는 이야기다. 그러나 이러한 염밭에서 생산된 소금의 물량으로는 제주도 백성들이 먹기에는 크게 부족하였다. 강려 목사는 본토 해안 지역의 자염법煮鹽法을 가르쳐 주고 시험까지 해 보았다. 하지만 결과는 만족스럽지 못하였다. 한 가마에서 겨우 소금 4~5두밖에 나오지 않았다.[4]

이후 130여 년의 세월이 흘러서 다시 제염업에 대한 시험이 이뤄졌다. 이를 주도한 장본인은 1703년에 제주목사로 발령받은 이형상李衡祥. 이형상은 제염업의 핵심적 생산도구인 가마부터 챙겼다. 철 4천여 근을 산 다음에 쇠가마를 만들어 소금 생산에 대비하였다. 강려와 마찬가지로 이형상도 본토의 제염업을 벤치마킹하여 도입하고자 하였다. 그러나 강려와 다른 점은 이형상이 본토의 염한鹽漢을 직접 불러서 한 달 동안 배우게 하였다는 점이다. 이때 한 가마에 60여 두까지 생산된 경우가 있었으니 130년 전 강려의 시험에 비교하면 대성공을 거둔 셈이다.[5]

이처럼 제주도 제염업은 조선 후기 본토의 제염 기술이 전래되면서 본격적으로 발전했다. 육지에서 전래된 제염방식은 서남 해안에 널리 퍼졌던 염전식 제염업이다. 제주도 자염업의 효시로 추정되는 곳이자 주산지는 제주시 구좌읍 종달리의 '종달염전'이다. 이형상 제주목사는 자신의 저서인《남환박물》에서 정의旌義에 염전이 한 군데가 있다고 말한 바 있다. 종달염전은 조선시대 정의현에 속한 대표적 제염지로서 이형상도 이를 가리킨 것으로 보인다. 종달염전은 마을의 동남쪽 해안가에 펼쳐진 모래밭에 있었다. 종달염전에서는 먼저 물지게로 해수를 운반해 모래 위에 뿌린 뒤에 써레를 이용하여 염밭을 갈아서 소금모래를 만든다. 다음은 소금모래를 '서슬'에 넣고 해수를 투입하여 염도가 높은 짠물을 만들고, 이를 '가망집'의 가마에 부어서 끓여 소금을 결정시키는 것이다.[6] 이러한 종달염전의 제염방식은 서남 해안가의 자염방식과 큰 차이가 없다. 다만, 물지게로 바닷물을 지고 날라서 모래에 뿌리는 방법은 동해안에서 전해지는 것과 흡사하다.

제주도 염전은 크게 '모래 소금밭'과 '돌 소금밭'의 두 갈래로 나눠진다.[7] 종달염전처럼 모래 소금밭에서의 자염업은 본토에서 영향을 받은 것이다. 이형상 제주목사가 육지에서 염한을 불러들인 사례에서 충분히 그 가능성을 점칠 수 있다. 그러나 돌소금밭에서의 제염업은 육지의 자염업에서는 보기 어려운 것으로 제주도만의 것이다. 제주도는 화산이 터지면서 용암이 분출되어 만들어진 섬으로서 암반 해안가가 많은 것이 특징이다. 이 암반 위에서 조성된 돌소금밭과 여기에서 결정된 돌소금이야말로 제주도의 풍토를 잘 반영한, 제주도만의 소금이다.

제주도에서는 돌소금이 생산되는 암반을 '소금빌레' 라고 부른다. 외도마을, 하귀마을, 구엄마을 등에서 '소금빌레' 가 있었는데 그 가운데 구엄마을이 대표적인 곳이다. 구엄마을은 행정구역상 제주시 애월읍 구엄리에 있으며, 이곳을 '엄쟁이' 라고 한다. 엄쟁이는 예로부터 소금을 만들며 살아 온 사람들의 마을이라는 데서 붙여진 이름이다. 구엄마을의 마을포구인 '철무지개' 에서 중엄마을의 경계 지점인 '옷여' 까지 아주 평평한 암반이 쭉 깔려 있다. 이곳이 구엄마을에서 돌소금이 생산되는 '소금빌레' 로서 다른 지역에서는 찾아보기 어렵다.

그런데 돌소금에서 특별히 주목되는 점이 있다. 그것은 햇볕과 바람 등 오직 천연에너지만을 이용해서 소금을 생산한다는 것이다. 종달염전처럼 가망집의 가마에서 목재 연료를 사용해 불을 때지 않는다. 구한말 대만식 천일염업이 들어오기 전부터 제주도의 암반 위에서 천연에너지로만 생산된 천일염이 있었다는 사실이 매우 재미있다. 한때 중단되었던 구엄마을의 돌소금은 현재 제주도의 귀중한 체험 관광 콘텐츠로 부활되었다.

돌소금 제염작업에서는 먼저 암반을 청소하고 구멍을 막고, 두렁둑을 쌓는 일부터 시작한다. 소금빌레에 두렁을 쌓아서 여러 칸으로 나눠 증발지를 만든다. 구엄마을에서는 이러한 증발지를 '호겡이' 라고 부른다. 호겡이는 보통 6칸으로 나뉘며, 마지막의 두 칸은 소금이 완성되는 단계로서 '소금돌' 이라 한다. 바다와 가까운 호겡이에 먼저

해수를 붓고 점차 각 호겡이를 거칠수록 햇볕과 바람에 수분이 증발되면서 염도가 높아진다. 염도가 약 20도에 이른 함수를 '근물'이라 한다. 이 근물을 함수보관용기인 '혹'에 부어 두었다가, 햇볕이 맑은 날에 소금돌에 펴 두고 말리면 소금으로 결정된다. 이처럼 제주도의 돌소금 제염업은 서해안의 천일염처럼 대규모 염전시설은 없지만 그 원리나 성격은 비슷하다. 오히려 돌소금과 소금빌레의 희소가치가 상당히 높다. 우리나라에서 전래되었던 전통적인 암반천일염으로서 향후 문화콘텐츠로서 활용이 기대되는 것이다.

■ 천일염은 다단계를 거친다

우리나라의 서해안을 둘러보면 가장 눈에 띄는 게 천일염전이다. 넓은 개활지에 바둑판처럼 다듬어진 천일염전은 우리나라의 서해안에서 볼 제주도에서는 돌소금이 생산되는 암반을 '소금빌레'라고 한다. 돌소금은 햇볕과 바람 등 오직 천연 에너지에 의해서 생산된다. 제주시 애월읍의 구엄마을이 대표적인 돌소금 생산지이다. 《

수 있는 독특한 풍광이 되었다. 2000년대까지 천일제염업이 상당히 타격을 받았음에도 불구하고, 인천부터 전라남도까지 천일염전은 곳곳에 뿌리를 박고 있다.

소금하면 천일염전을 떠올릴 만큼 천일염업은 우리나라 제염업의 상징이 된 것이다. 더구나 우리나라 천일염전은 이제 국제적으로 주목을 받으면서 세계적 롤 모델이 되고 있다.

그런데 역사적으로 보면 우리나라 천일염전은 대만의 천일염전을 본 뜬 것이다. 일제가 주안에 천일염전 시험장을 건설할 때, 대만의 천일제염법을 끌어들였다. 대만은 일제의 야욕 앞에 무릎을 꿇고, 1895년에 대만총독부의 건설을 내 주었다. 일제는 1899년 대만에서 소금의 전매제도를 실시하면서 대만의 천일제염을 경험하였다. 대만의 천일염전은 '갑종'과 '을종'으로 나뉜다. 갑종은 대증발지, 소증발지, 결정지, 모액류母液溜(함수를 보관하는 구덩이), 제방, 수로로 구성된, 우리가 흔히 보는 천일염전과 같다. 을종은 천일제염방식과 자염제염방식을 적절히 결합시킨 염전이다. 이것은 짠흙에 바닷물을 부어서 얻은 짠물을 다시 햇볕에 말려서 소금을 결정시키는 방식이다.[8]

이러한 대만의 천일염전이 주안에 처음으로 세워졌고, 천일제염업의 씨앗이 되어 전국에 퍼져 나갔다. 그래서 서해안의 천일염전은 거의 그 구조가 같다. 천일염전은 크게 저수지, 제1증발지, 제2증발지, 결정지의 단계로 구분된다. 제1증발지를 '난치', 제2증발지를 '느티 혹은 느테'라고도 하는데 이것은 청나라 노동자들이 들여 온 중국식 용어이다. 면적상으로 점유율을 보면, 제1증발지가 20~30퍼센트, 제2증발지가 40~60퍼센트, 결정지는 20퍼센트 정도를 차지하고 있다.[9]

천일염전을 지상에서 보면 바둑판처럼 칸칸이 나뉘어져 있다. 이 하나의 칸을 '배미' 라고 하며 주위에는 낮은 둑이 쌓여져 있다. 그런데 자세히 배미를 살펴보면 크기가 조금씩 다르다. 제1증발지에서 결정지로 갈수록 배미의 넓이가 좁아지는데 이것은 물이 졸아들면서 염도가 높아지기 때문이다.

그런데 결정지 부근에 구덩이를 파고 슬레이트 지붕을 낮게 얹은 시설물이 있다. 이것은 무엇일까? 천일염전을 체험하러 갔을 때 다들 궁금해 하며 질문하는 내용이다. 이 시설물은 '해주海宙' 혹은 '함수 구덩이' 라고 부르고, 그냥 '구덩이' 라 말하는 지역도 있다. 문헌에서는 '함수류鹹水溜' 라고 많이 쓴다. 이 해주는 비가 올 때를 대비하여 임시로 짠물을 보관하는 막사이다. 해주에 보관하는 짠물은 염도가 거의 24도에 이른다. 결정지까지 고생하여 말려 둔 짠물이 비가 오면 일시에 도로아미타불이 될 수 있으므로 우천 대비용 구덩이를 만들어 둔 것이다.

천일염전은 땅의 높낮이에 따라 구조상 차이가 있다. 천일염전은 크게 고지식高地式과 저지식低地式, 두 가지로 분류할 수 있다. 고지식은 마지막 단계인 증발지의 높이가 시작 단계인 저수지보다 높아서 바닷물이 자연스럽게 흘러가지 못하는 구조이다. 저지식은 반대로 증발지가 저수지보다 낮아서 바닷물이 쉽게 흘러갈 수 있다. 천일염전은 각 단계로 바닷물이 이동해야 하므로 고지식은 어쩔 수 없이 수차나 양수기를 이용하여 퍼 올려야 한다. 과거에는 동력원 확보가 어려웠기 때문에 고지식 염전의 설치에 많은 장애가 있었다. 하지만 현대에 들어서 추세가 바뀌었다. 저지식 염전은 저수지가 넓어야 하는 단점 때문에 고지식 염전이 많아지고 있다.

천일염전의 특징은 '다단계'이다. '다단계'의 특성은 여러 개로 분할된 배미를 거쳐 가면서 소금이 결정된다는 점에 있다. 각 배미마다 짠물의 염도와 성분이 다르기 때문에 낮은 둑을 쌓아서 분리시키는 것이다. 최초의 단계인 저수지는 바닷물을 받아들이는 시설이다. 조수 간만의 차이가 큰 사리 때 문을 열어서 저수지에 바닷물을 유입시킨다. 이때 바닷물의 염도는 2도에 불과하다. 하지만 제1증발지의 단계를 거치면서 염도가 2~6도로 올라가고, 제2증발지에 도착하면 10~15도까지 상승한다. 마지막 결정지에 가면 염도가 25도에 이르게 되어 소금이 나오기 시작한다.[10] 이 결정지에서 천일염전에서 소금을 걷는 장면이 연출된다.

우리나라 천일제염업 역사의 산 증인이자 1950년대 염삼鹽蔘국장을 역임하였던 고故 이봉희李鳳熙 씨가 우리나라 최초로 낸 책이《천일제염업공업》(1950)이다. 천일제염업의 교과서와 같은 이 책에서 천일염의 특징을 다음과 같이 언급하였다.

천일제염은 전연 화력을 사용하지 않고, 천일天日을 이용하여 염전에서 해수를 증발시켜 농축함으로써 고농도의 함수를 제조하고, 결정지면에서 염을 결정하야 채염하는 방법으로, 농도가 희박한 해수를 그대로 이용함이 그 결점이라 할 것이나 염전 토질 여하如何에 따라 여하한 장소에서도 채염할 수 있으며 원료의 결핍이 없고, 과다한 기계력 또는 노동과 연료를 소요치 않는 것은 유리한 것이다.
증발은 천일제염의 요소이며, 그것을 촉진함에는 농도가 높은 해수를 건조한 공기에서 약간의 바람이 있어 수면에 미소微少한 파랑波浪을 일으킴으로써 표면적을 확대하게 함이 요구되는 것이다. 그런 고故로 천일제염에 적당한 기상은 기온이 높고 공기는 건조하며, 적당한 미풍이 있어야 하고, 연중 강수량, 특히 춘계부터 추계에 이를 때까지 강수량과 강수회수가 적을수록 호적好適한 것이다.[11]

천일제염업의 장점은 역시 바다라는 무궁무진한 원료가 있고, 특별한 연료·기계·노동의 소비가 없다는 것이다. 왜냐하면 세상의 자연 에너지를 무상으로 이용하기 때문이다. 바닷물에 햇볕과 바람, 기온의 에너지들이 혼합되면서 자연스레 소금이 탄생하기 때문에 특별한 기계설비나 대규모의 노동력이 필요하지 않다. 그런데 천연에너지가 하는 일은 바닷물의 수분을 증발시키는 것이다. 이봉희는 증발이 '천일제염의 요소'라는 표현을 썼다. 다단계식 천일염전에서는 단계가 진행될수록 증발을 시켜, 함수의 염도가 상승해야 하는 것이 천일제염업의 요령이다. 넓은 배미에서 바닷물을 낮게 펼치는 것도 증발을 위한 것이다.

천일제염업에 적당한 기상은 이봉희의 지적대로 '기온이 높고 공기는 건조하며, 적당한 미풍이 있는' 것이다. 우리나라는 3월부터 10월까지가 제염이 가능한 기간이지만 최성기는 5~6월 사이이다. 이 기간 동안 기온이 높고 강수량이 적으며, 바람이 불기 때문에 최대로 많은 소금을 생산할 수 있다. 하지만 이처럼 자연력에 의존하는 한, 그 해의 기상 상황에 큰 영향을 받을 수밖에 없다. 매년 천일염의 작황이 오르내리고, 생산량도 갈피를 잡을 수 없는 이유는 천일제염에 미치는 기상 상황이 절대적이기 때문이다.

◆ 자염업의 가맛간 같은 곳, 결정지

다단계를 거친 짠물이 최종 도착하는 곳이 '결정지'이다. 결정지에서는 함수의 염도가 25도 이상으로 오르기 때문에 소금이 서서히 결정되기 시작한다. 천일염은 자연의 기운과 사람의 땀이 서로 엉겨 붙은 결정체이다. 이 결정지에서 하얗게 피는 소금꽃은 참으로 아름답다. 자연이 내려준 선물인 소금을 긁는 염부의 모습도 역시 아름답다. 그런데 결정지를 다른 말로 '가맛간'이라 한다. 가맛간은 자염업에서 최종적으로 가마에 불을 때 소금을 결정시키는 장소이다. 결정지를 '가맛간'이라 부른 것은 천일제염업과 자염업이 제염방식에 있어서는 차이가 있지만 소금을 마지막으로 결정시키는 장소로서 비슷하게 생각하기 때문이다.

자염업에서 소금이 결정되는 '가마'를 가장 중요한 생산수단으로 여기듯이, 천일제염업에서도 '결정지'를 제일 중요한 단계로 생각한다. 결정지가 소금의 품질과 생산량을 크게 좌우하기 때문이다. 그래서 소금의 색상을 좋게 하고, 순도를 높이며, 생산을 증가시키기 위한 결정지의 개량 방안이 일찍부터 시도되었다. 원래 결정지는 갯벌 바닥을 그대로 드러낸 '토판土坂'이었다. 토판은 소금이 결정되면서 흙 성분이 섞이기 때문에 검은색을 띠는 경우가 많았다. 색깔과 순도가 좋지 않다는 단점으로 인하여 토판은 천일제염업 초기부터 개량의 대상이었다.

토판에 처음으로 깔기 시작한 재료는 옹기의 파편들이었다. 옹기의 파편은 '깐팔이', '깸팔이' 등으로 부른다. 이 옹편을 바닥에 깐 것을 '옹패판'이라 하였다. 옹편甕片을 결정지 바닥에 까는 일은 오래전 대만에서부터 시작되었으며, 주안염전에서도 시험되었다.[12] 옹기는 플라스틱 제품이 나오기 전에, 우리나라 서민들이 보편적으로 사용되는 용기였다. 옹기는 잘 깨지기 때문에 근처에서 폐물을 얻기가 쉬웠다. 옹패판은 옹기의 매끈한 면을 살려서 수확량을 늘릴 수 있었으며, 비교적 깨끗한 소금을 얻을 수 있었다. 하지만 옹패판은 겨울이 되면 동결로 인하여 요철이 생기고, 옹편 가운데 불량품을 선별하기가 어려운 단점이 있었다.

이 옹패판을 대체하기 시작한 것이 타일판이다. 타일은 한 번 깔고 나면 균열을 일으키거나 변색이 잘 되지 않는 제품이다. 또한 내구성도 뛰어났다. 타일판은 결정지의 갯벌면을 롤라로 잘 다진 이후에 정사각형 혹은 직사각형의 타일을 맞춘 판이다. 이 타일판은 아무래도 옹패판에 비하여 소금 결정이 잘 되고, 띠고 있는 검은색이 태양열을 잘 흡수하므로 증발량도 많았다. 그러나 타일판의 문제점은 비용이 많이 든다는 점이다. 이러한 시설 비용이 다른 판에 비해 두 배가 넘기 때문에 대부분의 영세업체들은 엄두가 나지 않는 것이다. 또한 타일판이라 해도 영구적인 것은 아니다. 깨지거나 코팅이 벗겨지면 새 타일을 갈아끼워야 한다.

1990년대 이후로 결정지의 바닥을 거의 감싸게 된 것은 비닐판이다. 현재 서남 해안의 천일염전에서는 검정색 코팅이 된, 얇은 비닐이 깔린 사례가 제일 많다. 이 비닐장판은 열을 빨리 받아 짧은 시간에 많은 소금을 수확할 수 있다. 그러나 비닐장판이 확 깔린, 근본적인 이유는 시설비용이 적게 들기 때문이다. 많은 영세업체들이 값싼 비닐장판을 선호한 것이다. 그런데 비닐장판도 단점이 적지 않다. 공기가 주입되어 굴곡이 생겼고, 작업 도중 흠이 나면 물이 들어가는 일도

있었다.[13]

이처럼 천일염전의 결정지를 바꾸기 위한 노력은 쉼없이 이뤄졌다. 결정지 바닥면의 변천사는 '토판 → 옹패판 → 타일판 → 비닐판' 의 순으로 이어졌다. 이러한 바닥면의 변천에는 당시의 시대상과 사회상, 그리고 천일제염업의 발달상이 반영되어 있다. 그런데 현재의 추세는 다시 비닐판에서 토판으로 돌아서고 있다. 결정지의 역사가 왜 거꾸로 돌아가고 있는 것일까? 이것은 과거로의 회귀가 아니라 '변증법적 부정' 에 의한 발전이다. 비닐장판은 플라스틱 제품의 하나로서 뜨거운 열을 받으면 화학성분이 녹아 내려 소금에 혼합된다는 지적이 있었다. 웰빙시대를 맞이해 몸에 이롭다는 토판염을 찾기 시작하였다.

토판염전은 1970년대 이후로 거의 자취를 감춰 지금은 전체 천일염전 가운데 1퍼센트에 불과하다. 토판염은 천일염 가운데 희귀한 소금이 되었으며 이를 전승할 수 있는 사람도 많지 않다. 20년 이상을 토판염만 만들었다는 전남 해남 세광염전의 김막동 씨는 현재의 염부들 태반이 토판염을 만들 수 없다고 하였다. 사실 장판염에 비해 토판염을 만들기가 여간 까다로운 것이 아니다. 비닐장판에서는 날이 좋으면 이틀 만에 소금이 나오지만 토판에서는 최소 4일 이상이 걸린다. 게다가 토판에서는 자주 소금을 내면 개펄 성분이 소금에 들어가 상품성이 떨어진다. 생산 후에는 매번 개펄의 소금기를 빼기 위해 염전 바닥을 물로 씻어 내고 바닥을 잘 다져야 한다.[14] 이렇게 까다롭고 힘든 작업을 견뎌 내야 미네랄이 많고 맛도 좋은 토판염을 생산할 수 있다. 여하튼, 친환경 웰빙시대를 맞이해 한국의 토판염은 세계 소금 시장의 시험대에 올라 서 있으며, 귀추가 주목되고 있다.

◆ 게랑드 소금을 뛰어넘기 위해서는

21세기는 생태와 환경의 시대이다. 20세기 토건과 개발의 시대에 풍미했던 낡은 패러다임은 대전환을 맞고 있다. 한국의 천일염은 20세기 화학산업으로 탄생한 정제염에 쓴맛을 보고, 소금시장의 무대에서 퇴장당할 위기에 처해 있었다. 그러나 이제는 상황이 완전히 역전되었다. 염화나트륨 성분만 높을 뿐, 자연의 미네랄이라고는 전혀 함유되지 않는 정제염은 이제 기피 대상이 되고 있다.

친환경, 친생태의 시대에서는 천일염이 각광을 받을 수밖에 없다. 갯벌과 천연에너지가 만들어낸 천일염에는 미네랄이 듬뿍 포함된 것으로 알려졌다. 인간의 배설물을 거름으로 이용하던 시대에는 미네랄을 걱정할 필요가 없었다. 그러나 화학비료를 사용한 농산물과 인스턴트 식품을 즐겨 먹는 사람들은 미네랄의 결핍에 고통받고 있다. 깨끗이 정제되고 가공이 많이 된 식품일수록 미네랄이 사라지기 때문이다. 미네랄은 우리 몸에 존재하는 여러 원소 가운데, 탄소, 수소, 산소, 질소를 제외한 원소를 말하는 것이다. 이 미네랄은 몸 속의 여러 가지 독성 물질을 분해하는 데 중요한 역할을 한다.[15] 산업화로 인하여 수많은 오염 물질에 노출된 현대인들에게 미네랄이 더욱 필요함에 따라 천일염의 가치가 높아지고 있다.

그동안, 국제사회에서 가장 잘 알려진 천일염은 프랑스의 게랑드 Guérande 염전에서 생산된 소금이었다. 게랑드 염전의 소금장인들은 전통 수작업 방식을 고수하고 있으며, 미네랄이 많이 포함된, 회색빛의 정제되지 않은 소금을 생산하고 있다. 게랑드에서 언제부터 천일염이 생산되었는지는 확실히 알 수 없다. 하지만 게랑드 반도에서 최초로 염전을 정비한 때는 3세기 이전이며, 현재의 천일제염업 기술은 9세기 전에 이미 존재하였다고 한다. 게랑드 소금이 크게 유명세를 떨치게 된 것은 중세시대를 거치면서였다. 유럽 전역으로부터 소금의 수주를 받은 게랑드의 제염업은 점차 발전하여 16세기에는 생산고가 약 2만 톤, 17세기에는 소금장인이 7천여 명에 이르렀다.[16]

게랑드는 대서양에 접한 프랑스 브르타뉴주에 속한 지역이다. 이곳은 바다의 일부가 깊게 들어간 후미로서 우리나라의 제염지와 지형조건이 흡사하다. 깊숙이 들어간 해안가에 1,800헥타르 정도의 염전이 있다. 게랑드 염전의 중심부는 르크루아직, 르프리강, 라볼, 라튀르발, 바쉬르메, 게랑드 6개 마을에 걸쳐 있다. 특히 바쉬르메는 전체의 30퍼센트, 게랑드는 50퍼센트를 차지하고 있어, 두 곳이 대표적인 염전 마을이다. 게랑드 염전에서는 햇볕과 바람으로 수분을 건조시켜 염분을 농축해 가고, 포화상태가 되면 자연스럽게 결정되는 천일제염업이 이뤄진다. 이러한 천일제염의 원리는 우리나라와 똑같지만 염전 구조는 차이가 있다. 게랑드 염전을 높은 곳에서 보면 옛날 잘 다듬어지지 않는 산비탈의 논밭을 보는 느낌이 든다. 염전은 농축지, 예비지, 수확전, 채염지로 나눠지며, 바닷물이 바깥의 농축지에서 돌면서 안쪽의 채염지에 도착한다. 이 채염지 바닥은 방수가 완벽한 점토로 되어 있다.

우리나라의 천일염전과 마찬가지로 게랑드 염전도 한동안 한파를 맞았다. 값싼 암염의 수입이 시작되고 연이은 세계 대전으로 20세기 중반까지 게랑드 염전은 크게 위축되었다. 기후에 절대 의존하고, 전통적 제염방식을 고수하고 있는 게랑드의 제염업은 산업화와 근대 시기를 적막하게 보내야 했다. 다시 게랑드의 제염업이 돌파구를 찾은

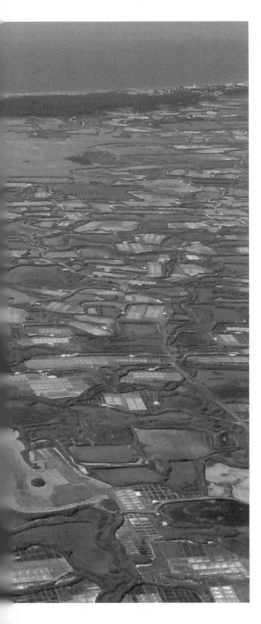

세계에서 가장 잘 알려진 천일염은 프랑스
의 게랑드 염전에서 생산된 소금이다. 게
랑드는 대서양에 접한 프랑스 브르타뉴 주
에 속한 지역이다. 이곳은 바다의 일부가
깊게 들어간 곳으로 우리나라의 제염지와
지형조건이 흡사하다.

것은 생태주의적 시민운동 때문이었다. 1970년대 중반 플로고프의 원자력 발전소 설치에 맞서 게랑드의 주민들은 강렬한 반대운동을 펼쳤고, 대규모의 휴양지 개발에도 저항하였다. 프랑스의 청년 혁명 세력인 '68세대'가 게랑드에 유입되면서 게랑드 염전은 단지 전통과 보존의 대상이 아니라 친환경의 운동 공간으로 변모하였다. 게랑드 염전이 세계적으로 유명하게 된 것은 몸에 좋은, 맛이 뛰어난 소금을 생산해서만이 아니라 이처럼 인간과 생태계의 관계에 대해서 명확한 문제의식을 지녔기 때문이었다.

우리나라에서 생산되는 천일염은 규모와 품질 면에서 게랑드 소금을 능가하고 있다. 우리나라의 천일염이 게랑드 소금보다 미네랄 함유량이 높다고 한다. 세계 5대 갯벌 중의 하나인 우리나라의 서해안은 자연생태계의 보고이다. 갯벌에는 다양한 미생물과 염생식물, 어패류 등이 서식하고 있으며, 유기물의 함량이 높아 자연 정화 능력을 갖추고 있다. 우리나라 천일염의 미네랄 함유량이 높은 것은 이처럼 갯벌의 비옥한 환경 때문이다.[17] 서해안 갯벌과 갯벌염전이 생태학적으로 중요하게 인정됨에 따라 전라남도와 신안군은 이를 보존하려는 다각적인 노력을 벌이고 있다. 2007년 신안군 증도면은 슬로시티slow city 국제연맹으로부터 아시아 최초로 슬로시티느림마을로 지정을 받았다. 신안군 증도면의 청정 갯벌에서 생산되는 천일염이 생태학적 가치를 인정받은 것이다.

하지만 우리나라 갯벌 천일염이 게랑드 소금을 뛰어넘기 위해서는 아직도 갈 길이 멀다. 우리나라의 서해안은 '친환경적 갯벌 보호'라는 구호가 무색하게도 여전히 토건·개발주의에 따라 갯벌 파괴와 매립이 공공연히 일어나고 있다. 구불구불했던 리아스식 해안은 수많은

'단지 건설'이라는 미명에 의하여 콘크리트 방파제처럼 직선으로 굳어가고 있다. 더구나 온갖 더러운 건축 폐기물들을 싣고 와서 해안 매립을 하다가 대규모 환경 재앙을 맞기도 한다. 세계적으로 보존할 가치가 있는 갯벌과 천일염전의 상당수가 이렇게 퇴장했다. 우리나라 서해안의 갯벌 천일염을 진정 세계적 소금으로 발전시키기 위해서는 퇴행적 개발 사고와 갯벌·염전 파괴부터 중단시켜야 할 것이다. 친생태주의적 이념을 확실히 견지한 채, 자연 그대로의 갯벌 천일염을 발전시키는 각종 방안을 먼저 고민해야 할 것이다.

인천은
짠물이다

인천 짠물에 대한 해명

"이번 특별전 제목은 '인천짠물에 대한 해명' 입니다." 인천시립박물
관의 직원들이 멀리 내가 근무하는 부산근대역사관까지 방문하였다.
이번에 개최하는 특별전의 전시내용과 자료에 대해 자문을 받고자 나
를 찾았다. 어떤 전시 주제인가 궁금해서 물어 보았더니 '인천 짠물에
대한 해명' 이라는 것이다. 인천 짠물에 대한 해명이라……. '해명' 이
라는 단어가 붙으니 소명자료 같다는 생각이 들면서도 '인천 짠물' 이
라는 표현이 마음에 들었다. 맞다! 인천이야말로 근대 짠물의 시작이
아니던가.

　인천의 주안은 천일염의 첫발을 내딛었던 역사적 장소이다. 나는
전통적 자염에 대한 의문으로 소금 연구를 시작했는데 엉뚱하게도 소

금에 대한 첫 논문은 인천 천일염에 대한 것을 썼다. 자염업의 변동이 심했던 우리나라의 근대시기에 관심을 가지다 보니 구한말에서 일제강점기까지 나온 엄청난 천일염의 자료를 목격하였기 때문이다. 그렇게 20세기 초반 인천 지역의 소금 생산에 대한 연구를 하면서 향후 인천에서 소금은 중요한 문화콘텐츠로 부상될 것이라 예상하였다. 인천 시립박물관에서 소금에 대한 특별전을 한다고 찾아 오니 내심 반가웠다. 그러면서도 아쉬운 마음이 오버랩되었다. 인천 주안에 있는 초라한 표석이 떠올랐기 때문이다.

산업화의 개발시대에는 우리나라가 걸어온 역사·문화의 흔적을 지우기 바빴다. 주안의 염전도 그렇게 사라졌다. 1960년대에 넓은 염전지들은 산업단지로 각광을 받았다. 가동이 거의 중단되었던 주안염전은 1968년부터 전면 매립되었고, 그 뒤에 주안 공업단지가 세워졌다. 내가 주안염전의 흔적을 찾아 나섰다가 거의 포기하고 뒤돌아설 때, 산업단지에 끼어 있었던 그 표석을 보게 되었다. 부평구 십정동 558-7번지인 건설물폐기물집하장 정문의 왼쪽에 있는 이 표석은 알아 보는 것 자체가 기적이다. 낮은 표석보다 높게 쳐 있는 울타리는 표석을 보지 못하게 막고 있었다.

발돋움을 해서 가까스로 확인한 이 표석은 주안염전이 산업화시대에 어떤 대접을 받았는지 낮게 웅크리며 내게 항변하였다. '한국 최초의 천일염전'이란 제목이 붙은 표석에는 이런 글귀가 있었다. "구한말 융희隆熙 원년(1907) 나라에서 천일제염을 계획하고 주안에 1정보町步(1정보는 약 3,000평)의 천일시험염전을 만든 것이 시초가 되어 1911년에는 99정보의 천일염전을 완성함으로써 이곳이 한국 최초의 천일염전지가 되었다." 이 글을 씁쓸히 읽으면서 표석이라도 있는 것이 다

구한말 인천의 주안염전에서 결정된 소금을 거두고 있다. 인천의 주안은 우리나라 근대식 천일염이 처음으로 생산된 곳으로 인천 짠물의 역사적 배경이 되었다.

개발의 시대에 주안염전은 매립되었고, 공업단지가 들어섰다. 이제 주안염전은 흔적조차 없이 사라진 대신 울타리에 갇힌 표석만이 남아 있다. 이 표석에는 "한국 최초의 천일염전"이란 글귀가 새겨져 있다.

행이라며 억지 위안을 삼았다.

　도시의 공간은 변화무쌍하게 바뀐다. 좁은 공간 속에서 도시인은 극도의 효율성을 보려하기 때문에 항상 변화의 메스가 가해진다. 자고 나면 도시 공간은 역사가 되므로 특별한 장소성을 부여하려면 기록화 사업을 해야 한다. 나는 표석을 뒤로 하여 발걸음을 돌리면서 인천 지역의 염전에 대한 기록 조사 사업이 빨리 시행되기를 간절히 바랐다. 간절한 마음이 통했던가. 이번에는 인천시립박물관에서 정식으로 연락이 왔다. 인천 연안의 제염업에 대해서 조사를 부탁하다는 전갈이었다. 바쁜 나날이었지만 제염업 연구자로서 이를 거절할 수 없었다. 반년에 걸친 인천 지역의 염업 조사와 연구는 이렇게 하여 진행이 되었다.

소금 굽는 연기가 물가에 비치고

주의할 점은 인천 짠물이 근대 이전에도 있었다는 사실이다. 근대 짠물 천일염이 시작된 곳임을 강조하다 보니 전근대 짠물(자염)을 잊어버리는 일은 옳지 못하다. 천일염 이전에도 자염이 존재하였음을 상기해야 한다. 인천 짠물은 이미 고려시대의 시에서도 찾아볼 수 있다. 고려 말 문인이었던 이곡李穀이 인천의 영종도를 지나면서 영감이 떠올라 지은 시가 《신증동국여지승람》에 실려 있다.

　가다가 자연도紫燕島를 지나며, 삿대를 치고 한 번 한가하게 읊조린다. 개펄은 구불구불 전자篆字같고 돛대는 종종 꽂아 비녀와 같도다. 소금 굽는 연기는 가까운 물가에 비꼈고, 바다 달은 먼 멧부리에 오른다. 내가 배 타

고 노는 흥이 있어, 다른 해에 다시 찾기를 약속한다.[1]

자연도는 현 영종도이다. 이곡은 배를 타고 영종도를 지나가다가 이곳의 해안가에서 소금을 굽는 장면을 보고 시로 전하였다. 소금 굽는 연기가 가까운 물가에 비꼈다는 것은 물가에 비스듬히 비친 모습을 형상한 표현이다. 이 시를 통하여 영종도의 구불구불한 해안가를 따라 염막이 설치되고, 이곳에서 소금 굽는 연기가 무럭무럭 올라오는 장면을 떠올릴 수 있다. 이처럼 고려시대에도 인천은 소금이 산출되는 고장이었으니 인천 짠물은 유구한 역사를 지닌 셈이다.

《세종실록》〈지리지〉의 인천군 편을 보면 인천에는 염소鹽所가 6곳이 있다고 하였다. 고려시대와 마찬가지로 조선 전기에도 자연도가 인천 제염지의 핵이었다. 이 책에서는 자연도紫燕島에 모두 30여 호의 수군水軍·목자牧子·염부鹽夫가 있으며, 삼목도三木島에도 역시 수군·목자·염부 30여 호가 있다고 하였다. 또한 용류도龍流島에는 수군·목자·염부 20여 호가 살고 있으며, 사탄도沙呑島에도 목자·염부 5, 6호가 살고 있는데, 함께 소금 굽는 것으로 살아간다고 하였다. 자연도, 삼목도, 용류도, 사탄도 등은 모두 육지에서 가까운 거리에 있는 섬으로서 말을 키우거나 소금을 생산할 목적으로 사람들이 정주했던 곳이다. 당시 인천군 내의 호수가 357호에 불과했으므로 위의 섬들에 살고 있는 90여 호는 결코 작은 숫자가 아니다. 이들이 생산한 소금은 인천군의 주요한 토산품이었다.

경기 해안 지역에서 토산품으로 가장 유명했던 소금은 남양염南陽鹽이었다. 과거의 남양군은 현 화성시에 해당되는 지역이다. 조선시대에 남양, 인천, 부평 등 경기 해안 지역에서 생산된 소금은 왕실의 식용품으로 바쳐졌다. 1423년(세종 5) 대사헌 신상申商은 조정에서 다음과 같이 아뢰었다.

경상·전라 양도와 충청도 아랫녘에서 구운 소금은 본래 나라에서 쓰는 것이 아니고, 각 소산지에서 포목과 물화物貨로 바꾸어서 제용감濟用監으로 올려 왔고, 다만 경기·황해도와 충청도 윗녘에서 구운 소금만이 국용에 사용되었으며, 또 소금의 공납은 인수人數에 따라서 거두어 들였던 것입니다.[2]

왕실에서 직접 먹는 소금은 경기 해안 지역에서 바쳐진 소금이었다. 경기, 황해도, 그리고 충청도의 위 지역에서 구워진 소금은 국용으로 사용되었고, 영호남과 충청도의 아래 지역에서 구워진 소금은 물품으로 바뀐 채 제용감(조선시대 왕실에 필요한 의복이나 식품 등을 관장한 관청)에 올려졌다. 교통과 지리적 여건으로 볼 때 중부 지역 해안가의 소금이 한양으로 유통되었던 것이다. 인천에서 생산된 자염 역시 한양으로 들어가거나 경기도 일대로 판매되었을 것으로 보인다.

조선 후기에는 인구 증가와 시장의 발달, 발효 및 염장 식품의 증가 등 여러 가지 사회경제적 변화로 인하여 소금 생산량도 증가하였다. 특히 인천을 비롯한 경기 해안가는 한양과 그 일대의 인구 증가로 인하여 소금에 대한 수요도 높아졌을 것이다. 18세기의 지리지인 《여지도서輿地圖書》에서는 "인천의 풍속은 어염魚鹽으로 이익이 나며 농상農桑에는 게을리 하여 가난한 자들이 많다"고 하였다. 또한 '염세는 봄과 가을에 나눠서 내는데 196냥兩 3전錢이다' 라고 하였다.[3] 이 책의 〈영종방영도지永宗防營圖誌〉에서는 영종도 일대는 어염으로 이익이 나며, 염부鹽釜가 31좌坐가 있다고 하였다. 이외 조선 후기의 각종 지리서에서는 인천의 토산품으로서 염鹽을 들고 있거나 소금 생산지를 표시하고 있다. 일례로 김정호가 제작한 《동여도東輿圖》를 보면 용유도龍流島의 아래쪽 해안가에 '어염魚鹽'이 표시되어 있으며, 청량산淸凉山의 남쪽 바닷가에는 '염鹽'이란 글자가 표시되었다.[4] 이 지역은 실제로 근대까지 자염이 활발히 생산되었던 곳이다.

염전 노동은 하늘과 싸우는 작업

인천 연안의 염업에 대한 조사를 의뢰받고 처음 찾아간 곳은 남동염전(인천시 남동구 고잔동 일대)이었다. 1922년에 완공된 남동염전은 인천의 대표적 천일염전이었다. 그러나 예상한 대로 남동염전은 초라한 표석조차 없었으며, 예전 염전의 위치를 추정하기 어려웠다. 1980년 이후로 남동염전은 거의 폐염전으로 변하였다. 86년 아시안게임과 88년 서울올림픽에 대비한 도시정비계획에 따라 수도권의 중소기업 이전을 위해 남동공업단지계획을 조성하였다. 인천이 대중국 수출제품의 생산기지로 부상하였으므로 남동의 폐염전은 적합한 공단터로 여겨졌다.

아쉬움을 접고 발걸음을 다시 소래염전으로 옮겼다. 소래염전도 1996년 이후로 과거 염전의 모습을 상실한 상태였지만 인천시가 남동구 논현동 일원에 소래습지 생태공원을 조성하면서 이 공원의 내부에 소래염전의 일부가 복원되었다. 소래습지 생태공원에서는 20여 년간을 대한염업주식회사의 소래지사에서 일했던 김동안 씨가 소량이지만 다시 천일염을 생산하고 있다. 칠순이 다 된 연세임에도 그는 건강

하고 활달해 보였다. "소래염전의 면적이 540정보예요. 원래 이 근방의 염전은 주안, 남동, 소래, 군자가 있었지. 주안염전은 공단이 들어서면서 초창기에 보상 처리를 했어요. 남동염전도 곧 처리를 하고, 소래와 군자가 남아 있었지. 나머지도 우루과이라운드가 생기고 나서 정부 정책에 의해서 염전을 폐업시켰어요." 그는 나에게 천일염 생산이 위축되고 염전들이 사라지게 된 경위부터 설명해 주었다.

소래염전은 1937년에 완공되었으며 남동염전보다 큰 규모였다. 소래염전은 인천시와 시흥군과 부천군이 접경한 지역에 설치되었으며 복잡한 구역으로 나뉘어져 있다. 폐업되기 전 소래염전은 총 540정보였는데, 400정보가 시흥시 관할, 140정보가 인천시의 관할로서 시흥에 속한 염전이 많았다. 일제는 해방 직전에 이 지역의 천일염전을 재제염 공장으로 바꾸기 위해 도처에 간수를 보내는 목적의 파이프를 묻었다. 하지만 일제가 패망하면서 재제염 시설은 완성되지 못하였고 해방 후 정부는 천일염전으로 그대로 사용하였다. 1950~60년대 천일염이 과잉되고 정부의 천일염 정책이 난항을 거듭하게 되자 전매청에서 운영하던 남동, 소래염전 등을 대한염업주식회사로 넘겼다. 김동안 씨는 대한염업주식회사가 소래염전을 경영할 당시에 입사를 하였다. "나는 75년부터 염전에서 일을 했죠. 그때는 직장 구하기 힘들었어요. 공단 시설도 그렇고, 정부 재정도 그렇고. 인근에 살면서 교통비가 안 들고 젊고 그러니까 노동을 하러 왔구던. 78년에 상용반장이란 제도를 만들면서 정규직으로 입사했지."

그는 1978년 대한염업주식회사에서 상용반장이라는 제도를 만들면서 정규직으로 입사를 하였다. 이러한 상용직 제도가 만들어지는 초창기에는 540정보의 염전에서 상용직은 10명도 되지 않았다고 한다.

1979년의 소래염전 모습이다. 소래염전은 1937에 완공되었으며, 1922년에 설치된 남동염전보다 규모가 컸다. 이 염전은 인천시, 시흥군, 부천군이 접경한 지역에 설립되었다.

현재의 소래염전 모습이다. 1990년대 중반에 거의 사라진 염전을 인천시가 소래습지 생태공원을 조성하면서 공원 내부에 일부 복원하였다. 이 염전에서는 소량이지만 천일 염을 생산하고 있다.

보통 염전 10정을 기준으로 약 8~10명의 염부들이 일을 하였지만 염전노동이 계절을 많이 타는 일이라 일정하지 않았다. 생산기에는 인력을 보충해서 쓰고, 비생산기에는 인력을 줄이는 등 회사에서는 인력을 탄력적으로 운영하였다. 작업반 구성은 일정한 염전을 기준으로 편성된 현장직과, 이를 전반적으로 관리하는 간부들이 있었다. 제염작업 전체를 통제하고 생산시스템을 조정하는 일은 생산과장의 몫이다. 그는 대한염업주식회사가 폐업을 할 당시에 생산과장을 지냈다고 한다.

현재 소래습지 생태공원에서 운영하는 소래염전은 크기가 약 3.9정보(저수지 포함)에 불과하다. 과거 소래염전의 규모에 비한다면 100분의 1도 안 되는 크기이다. 그래도 천일염을 생산할 수 있도록 천일염전의 기본 시설인 저수지, 제1증발지인 난치, 제2증발지인 느티, 결정지 등을 모두 복원하였다. 소래염전에서는 결정지의 발달사를 한 눈에 보여 주기 위해 토판, 옹패판, 타일판 등을 함께 설치하였다. 김동안씨는 이 작은 규모에서 소량의 천일염을 생산하는 것을 무척 아쉬워했다. 그는 수십 년간의 베테랑 염부로서 다시 활개를 치고 싶어 하는 눈치였다. 그는 직접 염전으로 나를 데리고 가서 제염시설과 도구들을 자세히 설명해 주었다.

나는 그에게 마지막으로 염전 일이 힘들지 않느냐고 물어 보았다. "운동량이 많은 일이예요. 많이 걸어야 해요. 이 배미에서 저 배미로 걸으면서 물을 내려야 하거든. 더울 때는 정말 고생스럽지. 염전은 계절적으로 일조를 많이 활용해요. 하늘하고 싸우는 작업이라." 김동안씨는 염전에서의 노동이 하늘과 싸우는 작업이라 표현했다. 그의 말은 하늘에서 주는 햇볕과 바람, 기온을 최대한 활용한다는 뜻이다. 이렇게 말하는 그의 눈동자에는 아직도 하늘과 싸우고 싶은 눈빛이 넘쳤다.

전쟁을 피해 용유도에 오다

나는 고려시대의 이곡이 시에서 읊은 영종도로 향했다. 소금 연기가 물가에 비추던 영종도는 이제 세계적 이목을 받는 인천 국제공항으로 변하였다. 인천대교와 영종대교로 부단히 움직이는 차량을 보니 영종도는 더 이상 섬이 아니었다. 공항 신도시로 옷을 갈아입은 영종도에서 예전 염전의 짠내를 맡기는 거의 불가능해 보였다.

공항이 건설되기 전까지 제염업은 영종도의 주산업이었다. 영종도에는 모두 29개 업체가 소금 제조를 하였으며, 여기 종사자 수는 모두 300인 정도로 집계되었다. 이중 10여 개 업체는 1950년대에 설립되었고, 나머지는 대부분 70~80년대에 개발되었다. 염전의 총면적은 300헥타르에 달하였다.[5] 영종도의 염전은 서남쪽 바닷가에 주로 자리를 잡았었다. 이 염전들은 인천 국제공항의 건설계획으로 인해 영종도, 신불도, 삼목도, 용유도 등 섬 사이의 간석지를 매립하면서 대부분 손실되었다. 현재는 금홍염전만이 유일하게 남아 있다. 금홍염전은 영종도 서남단의 끝자락으로서 신불도의 사이에 위치하였다. 저수지는 신불도와 바로 접경지역에 자리를 잡고 있다. 현재는 서쪽 염전은 사라지고, 동쪽 염전만이 남아 있다. 동쪽 염전도 영종수질복원 센터 시설공사가 시작되면서 저수지가 막혀 제염작업이 불가능한 상태였다.

그래서 천일염이 생산되는 모습을 보기 위해서는 용유도 안쪽까지 들어가야 했다. 영종도와 용유도는 원래 떨어진 섬이었지만 지금은 사이의 간석지가 매립이 되어 붙어 있는 형세이다. 용유도는 영종도의 서남쪽에 있는 섬으로서 이곳의 늘목염전, 왕산염전 등에서 천일염이 생산되었다. 이 염전들은 용유도의 서쪽 해안가가 깊게 만입한

인천시 용유도에 유일하게 남아있는 동양염전이다. 용유도는 해수욕장과 명승지가 많아서 대규모의 관광단지가 조성될 예정이다. 앞으로 동양염전도 곧 사라질 운명에 처해 있다. ≫

지형에 들어섰다. 그런데 왕산리에 있던 왕산염전은 해수욕장을 개발하면서 사라졌고, 현재는 동양염전이 유일하게 남아 제염작업을 하였다. 그런데 동양염전을 찾기가 쉽지 않았다. 을왕해수욕장을 지나 신설동의 삼거리에서 북쪽 길로 빠져 나가야 하는데 번번이 길을 놓쳤다.

간신히 도착한 동양염전에서는 저수지의 일부를 매립하고 그 위에 조립식 건물을 짓고 있었다. 염전에서는 전혀 사람을 찾을 수 없어 다시 삼거리 쪽으로 나왔다. '천일염 판매'라는 간판이 붙은 콘테이너 가건물로 들어가 보았다. 여기에서 근 50년간 동양염전의 염부로 일한 안경남 씨를 만났다. 안경남 씨는 한국전쟁이 일어나자 용유도로 피난을 왔다고 한다. 아홉살 때까지 황해도에서 살았던 그는 전쟁이 나자 가족들과 함께 백령도와 안면도를 거쳐 용유도까지 왔다. 안경남 씨가 용유도에 도착했을 당시에 염전의 반은 이미 축조되어 소금을 생산하였고, 나머지는 한창 만들고 있는 중이었다. 논을 개발하여 염밭을 일궜다. 염부들이 삽으로 땅을 파고, 리어카도 없이 순전히 지게·가레 등 재래식 기구를 이용하여 흙을 날랐다.

제염업이 활발할 때 동양염전은 염전회사로서 운영되었다. 염전의 소유자인 사장과 사무실에서 제반 행정업무를 책임지는 전무가 있었다. 염부장은 염판의 감독이자 현장의 실무 책임자로서 작업반을 총괄관리하였다. 하지만 제염업이 크게 위축되면서 작업반은 점차 해체

되었다. 현재 염전 소유자는 서울에 살고 있으며, 안경남 씨 등 6명이 이 동양염전을 6구역으로 나눠 위탁·운영한다. 염전을 사용하는 대가로 연간 생산량의 반을 도지로 사장에게 내고, 나머지 반을 자신들이 갖는다. 이들은 대부분 영세업자들이기에 과거처럼 염부들을 고용하여 염전을 운영하지 않고, 부부노동으로 소규모의 경영방식을 취한다. 과거에 비해 소금 생산량이 적을 뿐더러, 제염도구들이 발전되어 많은 인력이 필요하지 않았다.

안경남 씨는 염전을 위탁받은 6명 가운데 자신만이 용유도 사람이고 나머지는 전부 타지 사람들이라 하였다. 동양염전에서 오랫동안 천일제염에 종사한 염부들은 거의 사망하여 이제 동양염전을 제대로 알고 있는 사람들은 없다고 한다. 그는 동양염전도 곧 없어질 것이라고 전망하였다. 용유도는 해수욕장과 절경을 갖추고 있는 곳으로서 숙박과 위락시설 등 대규모의 관광단지가 조성될 예정이었다. 염전 소유자들도 매매 시기를 저울질 하고 있다. 이들이 염전을 갖고 있는 이유는 소금 생산을 위한 것이 아니라 부동산 시세를 관망하기 때문이다. 다음번 용유도에 왔을 때는 동양염전의 천일염을 보지 못할 것 같아 나는 귀한 소금 1포대를 사서 나왔다.

싱거운 세상에 짠물로 도전하다

'인천 짠물에 대한 해명' 특별전이 거의 막바지에 이르렀을 때 나는 어렵게 인천시립박물관으로 찾아갔다. 소금과 제염업을 주제로 한 특별전은 이번이 처음이거니와 소금 연구자로서 매우 기대가 큰 전시회였다. 전시 구성은 크게 오해와 해명 1, 해명 2, 결론의 네 분야로 나뉘어졌다. 전시의 도입부인 오해는 인터뷰 영상으로 시작되었다. 타지역 사람들이 인천 짠물을 어떻게 생각하고, 어떤 오해를 하고 있는지를 영상으로 보여 주기 위한 시도였다. 인천 짠물에 대한 오해를 가만히 듣고 있으니 나도 모르게 웃음이 흘러나왔다. 인천 짠물에 대한 오해와 생각도 정말 가지각색이었다.

해명 1은 인천 짠물이 소금 때문에 생겼다는 점을 강조하는 전시였다. 전통적인 자염의 생산, 근대 천일염전의 시작, 천일염 생산 모습의 재현, 소금창고 모형 등을 보여 주었다. 해명 1은 인천 소금의 역사적 유래에 관한 것이니 내가 생각하고 있는 해명과 큰 차이점이 없었다. 나에게는 해명 2가 눈에 도드라졌다. 해명 2는 짠물에 대해서는 적극적으로 방어하는 한편, 맹물이라는 싱거운 것에 대해서는 공격을 하였고, 짠것의 긍정적 상징성을 찾는 전시였다. 이 파트에서는 짠물이란 '야무지고 근성 있는 사람'으로 맹물이란 '싱겁고 별 볼일 없는 사람'으로 대비되었다.

일제강점기 조선인들을 탄압하는 일본인들과 부당한 착취를 일삼는 자본가들에게 꺾이지 않고 끝까지 항거했던 인천인들, 불굴의 노력과 끈기로 돈을 벌어서 사회에 환원하고 민족학교 설립에 기여했던 인천인들, 단 1점도 내주지 않도록 끝까지 최선을 다하는 플레이를 펼쳤던 인천 야구인들이 짠물의 상징으로 내세웠다. 아, 짠물을 이렇게도 해석할 수 있구나. 기왕에 짠물이라는 개념에서는 '인색하다, 쫀쫀하다' 등의 부정적 의미가 컸다. 이를 일거에 무지르고 '야무지다, 근성있다' 등의 적극적 개념을 끌어들이다니 ……참으로 해명도 인천의 짠물다웠다.

그러나 짠물에 대한 해명은 이것으로 끝나지 않았다. 나는 전시회를 나오면서 마지막 결론 파트를 보고 나서 '옳거니' 하고 무릎을 쳤다. 마지막 전시의 주제는 "인천이 짠물인 이유는 세상이 싱겁기 때문이다"였다. 정말 세상은 싱겁게 돌아가는 맹물이지 않는가. 꽉 짜인 일상의 시계 속에서 한 치 오차도 없이 빙빙 맴도는 우리들의 삶. 그 속에서는 비판적 성찰도, 적극적인 의지는 희미해지고 무기력한 삶만이 남았다. 이런 맹물 같은 삶을 기운차게 살리는 것은 인천의 야무진 짠물이 아니겠는가. 나는 박물관의 문을 나서면서 다시 한 번 인천 짠물의 탄생에 박수를 보냈다.

상노동을 하는 염부鹽夫는 누구인가?

◆ 낙동강 하구의 마지막 염부를 찾아서

2004년 봄이었다. 서울 생활을 접고 김해로 내려온 나는 낙동강 하구
인 명지동과 신호동 부근을 조사하고 있었다. 이미 우리 생활에서 '아
득한 기억'이 되어 버린 자염을 생산해 본 염부들을 찾기 위해서였다.
몇 사람을 만났지만 잊혀진 자염의 기억을 되살리는 일은 쉽지 않았
다. 다들 연로한 탓에 병환 중이거나 귀가 어두워져 말씀을 알아듣지
못했다. 옛일을 드러내는 것이 싫었는지 인터뷰를 거절하는 분들도
있었다. 그러던 어느날 반가운 소식이 들려왔다. 이 지역의 향토사학
자 한 분께서 과거에 염부로 일했던 김소종 씨를 소개시켜 주신다는
것이었다.

　김소종 씨는 명지·녹산 염전에서 거의 마지막 세대에 해당되는 염

부였다. 그는 1940년 부산시 강서구 신호동에서 4형제의 막내로 출생하였다. 그의 부모님 모두가 신호동의 염전에서 오랫동안 일을 하셨다. 부친은 범선을 타고 다니면서 땔감을 구하여 염전에 대는 일도 하셨다. 당시 섬이었던 신호동의 곳곳에 염전이 있었으므로 주민들 대부분이 소금일로 생계를 유지하였다. 훤칠한 키에 다부진 체격의 그는 젊었을 때 명지 알씨름판에 자주 출전하였다. 낙동강 하구의 모래판에서 벌어지는 씨름대회는 전국에서도 알아 주는 씨름꾼들이 모이는 곳이었다. 나는 김소종 씨의 거친 손과 굵은 주름을 살펴보면서 점차 그의 기억 속으로 빨려 들어갔다.

"우리집이 무척 가난해서 국민학교 5학년 때부터 밭 담는 일을 했죠. 학교에서도 밭 담으러 간다면 결석으로 안 잡는 기라."

밭 담는 일이란 햇볕에 한참 말린 모래를 들것으로 날라서 섯 위에 올리는 작업을 가리킨다. 밭담기 작업은 한꺼번에 많은 인력을 필요로 하기 때문에 어린 초등학생들까지 동원되었다. 그의 삶은 출발부터 신호도의 소금밭으로 향하고 있었던 것이다.

"장화가 있나 뭐가 있나. 맨발로 일하다 보면 발바닥이 아파요. 염전 위에 소금 결정이 바싹바싹 일어나서. 그 모난 소금밭을 걷다 보면 발바닥에 누렇게 두둑이 앉는 기라. 이렇게 두꺼워져서."

두둑이란 논밭 경계 지점에 두두룩하게 올라온 곳이다. 염밭에 피워난 사각 사각한 소금꽃 위를 걷다 보면 처음에는 무척 아프지만 오랫동안 견디다 보면 발에 두둑처럼 두꺼운 굳은살이 박히는 것이다. 염부로서 소금밭을 걷기 위해서는 이처럼 제 발에 두둑 정도는 심어져 있어야 했다. 그러나 등줄기에 소금꽃이 피어나고 발바닥에 두둑이 생겨라 일해도 염부의 소득은 많지 않았다.

"하루 일당으로 쌀 한 되 값을 받았습니다. 지금 돈으로 한 사천 원. 그 쌀 한 되를 받아 김칫국 시래기국으로 네 식구, 다섯 식구가 먹는 기라. 한때꺼리끼밖에 안 되는 것을. 염전 업주가 술표로 주는 것도 있습니다. 동네에 술도가가 있었는데 그 표를 가지고 가서 줄서서 바꾸는 게죠"

하루 종일 염밭에서 땀을 흘려도 가족들이 한 끼니 먹을 수 있는 쌀 한 되를 받았으니 염부의 가족은 늘 배가 고팠다. 염전 주인이 나눠 주었다는 술표는 일종의 보너스였다. 짠물 더 지고, 염전 흙을 더 지는 염부에게 덤으로 술표를 주었다. 술표를 한 장이라도 더 받기 위해서 몸이 부서져라 일을 하면, 대신 염부들은 걸쭉한 막걸리로 배를 채울 수 있었다. 그래도 김소종 씨는 신호도에서 염부 일을 하는 것이 고기잡이를 하는 것보다 훨씬 소득이 나았다고 한다.

"바닷일을 하다가 염전일을 하면 수월하고 돈이 몇 배나 들어온다 이겁니다. 우리 동네는 거의 반이 염전을 하면서 계속 천민으로 생활을 했습니다."

김소종 씨는 염업이 어업보다 돈을 더 많이 벌 수 있다고 하면서 염부 일을 하는 것이 천민으로 생활하는 것이라 말했다. 그는 스스로 염부를 천민이라, 염전일을 천역賤役이라 여겼다. 사실 김소종 씨의 이러한 생각은 개인적인 견해가 아닌 역사적·사회적으로 형성된 집단적 관념이었다. 제염업사의 초창기부터 염전에서의 노동이 워낙 힘들기 때문에 누구나 그 일을 꺼려하였고 염부의 사회적 지위는 하층에서 형성될 수밖에 없었다.

■ 석우로의 해서는 안 될 말 '염노'

석우로昔于老 장군은 신라의 제 10대왕인 내해왕奈解王의 아들이다. 그는 꽤 용맹한 장군으로서 신라가 고대국가의 기틀을 잡는 데 큰 역할을 하였다. 그는 가락국에 침입한 포상팔국의 군대를 격파하였을 뿐만 아니라 현 김천 지역에 있었던 작은 나라인 감문국甘文國과 상주 지역에 있었던 사벌국沙伐國을 정벌하였다.[1] 그런데 석우로와 왜국倭國이 벌인 복수전은 역사 속에서 찾아보기 어려울 정도로 처절한 사건이었다. 석우로는 233년 사도沙道에서 왜의 전함을 불로 대파하고, 수많은 왜구들을 물속에 빠뜨려 죽였다. 이러한 전력 때문인지 석우로는 왜구를 우습게 생각한 것으로 보인다.

253년 왜국의 사신인 갈나고葛那古가 사관使館에 와 있었는데 석우로는 사신을 희롱하면서 이렇게 말하였다. "조만간에 너희 왕을 염노鹽奴로 삼고 왕비를 밥 짓는 여인으로 삼겠다." 석우로는 외교사절 앞에서 큰 결례를 범한 것이다. 자신을 염노로 삼겠다는 말에 분노한 왜왕은 당장 군사를 이끌고 쳐들어왔다. 석우로는 왜의 침입이 자신의 말 실수 때문에 생긴 일임을 알고, 왜군을 직접 찾아가 회유하였다. "전일의 말은 희롱일 뿐이었다. 어찌 군사를 일으켜 이렇게 하는가." 그러나 왜인은 회유에 넘어가지 않고 오히려 석우로를 잡아서 땔감 위에 얹은 후에 불에 태워 죽였다.

하지만 석우로의 죽음은 더 큰 복수를 예고하고 있었다. 한순간에 남편을 잃은 석우로 아내는 복수의 칼날을 갈았다. 미추왕 시절에 왜국의 대신이 문안을 오자 석우로의 아내는 스스로 국왕에게 청하여 사신에게 음식을 대접하고 싶다고 하였다. 그녀는 왜국의 사신에게

술을 먹여 취하게 한 후에 석우로가 죽임을 당한 것과 마찬가지로 불에 태워서 죽였다. 다시 왜인이 분노하여 금성金城을 공격했지만 이기지 못하고 돌아갔다.

이처럼 석우로를 둘러싼 피의 복수는 당시 복잡한 동아시아 정세 속에서 일어났겠지만 석우로의 말 한 마디가 큰 발단이 되었다. 일국의 왕인 왜왕을 소금 노예로 삼겠다는 말은 치욕 중의 치욕으로 국가적 모독이었다. 석우로가 말한 염노란 소금을 생산하는 노예를 일컫는다. 석우로가 활동하던 3세기에 이미 소금 생산에 투입된 노예가 있었다. 고대사회에서 짠물을 만들고 불을 때서 소금을 결정하는 것은 노예가 하는 일이었던 것이다. 이러한 염노는 전쟁 포로를 동원한 것으로 추정되는데 소금 생산이 그만큼 고된 노역임을 반증하는 것이다. 염노라는 말 한 마디에 전쟁을 일으켜서 석우로를 화형에 처할 만큼, 당시 염노는 수치와 모욕의 대명사였던 것이다.

세월이 한참 지난 고려시대에는 소금 생산자를 '염호鹽戶'라고 하였다. 고려시대의 염호는 신라시대와 같이 노예 신분은 아니었으나 소금을 만드는 일이 천역으로 생각되었던 것은 마찬가지였다. 고려의 충선왕이 전매제를 실시하면서 먼저 한 시책이 염호를 뽑는 일이었다. 소금 생산자 없는 소금 전매제는 존재할 수 없었기 때문에 무엇보다 염호를 확보하는 것이 필요했다. 충선왕은 군현의 수령들에게 명하여 일부 백성들을 뽑아서 염호로 삼게 하였는데 염호로 선정된 백성들이 이를 매우 고통스럽게 여겼다고 한다.[2] 염호에 뽑힌 자들은 총 892호였다. 염호는 전문성이 요구되는 직업이었으므로 적어도 이들은 이전부터 제염업에 종사했던 백성들로 생각된다. 염호는 소금창고에 소속되어 매년 국가에서 지정한 일정량의 소금을 바쳐야 되고, 죽을 때까지 염호에서 벗어날 수 없었다. 염호에서 빠져 나올 수 있는 유일한 방법은 멀리 도망가는 일이었다.

그러나 염호의 도망은 자신의 동료에게 큰 피해를 남겨 주었다. 도망간 염호가 생기면 염호가 내었던 소금세를 줄여야 마땅한데 고려정부는 그 세금을 나머지 염호에게 부담을 시켰다. 그러므로 남아 있는 염호의 고통은 이루 말할 수 없었다. 이를 알아 챈 충숙왕은 도망간 염호와 세액을 다시 편성하라고 하면서 "근년에 와서 염호는 날로 적어졌으나 세액은 그대로 남아 있다. 중앙과 지방에서 소금을 관할하는 관원들은 실지 조사를 하지 않고 도망가 없어진 염호가 내어야 할 소금까지 남아 있는 염호에게 들씌워 징수함으로써 본래의 정액을 채우기 때문에 백성들이 심히 고통을 받고 있다"고 하였다.[3]

고려시대의 염호는 신라에서처럼 노예 신분이 아니더라도 호적에 등록된 이상, 국가적 통제 속에서 소금 생산자로서의 신역身役을 이어가야 했다. 제염 노동의 특성상 염호가 감내해야 할 소금 생산의 고역도 예전에 비하여 바뀐 것이 없었다. 염호가 염밭에서 소금꽃을 결정시키기 위해서는 그의 등줄기에 먼저 소금꽃이 피어나야 했다. 작렬하는 태양빛을 온몸으로 받으면서, 푹푹 빠지는 갯벌에서 짠물을 나르는 염호의 노동은 여전히 천역이었다.

◆ 곰소만의 여맹이는 누구일까?

2004년 6월 나는 전라북도 부안군의 진서리를 몇 차례 방문하였다. 이 지역은 부안군과 고창군 사이를 깊게 들어간 곰소만으로서 과거 전라북도에서 제일 유명한 자염의 생산지였다. 나는 곰소만의 자염법을 비롯하여 발효 음식과 소금, 천일염으로의 변화 등을 들어보고 싶었는데 우연치 않게 김귀례 씨와의 인터뷰가 성사되었다. 김귀례 씨는 1935년 전북 부안군 보안면 신복리에서 7남매의 맏딸로 태어났다. 부안군의 신복리, 유천리, 진서리 등 이 일대는 모두 벌막과 섯등을 흔히 볼 수 있는 제염지였다. 그녀의 외할버지와 아버지는 여러 개의 섯등을 가지고 있었고, 오랫동안 염부로서 일을 하였다. 김귀례 씨는 처녀 때부터 벌막의 염부들에게 참을 날랐고, 변산에서 땔감을 구해다가 벌막에다가 파는 등 곰소만의 자염업과 밀착된 삶을 살아갔다.

김귀례 씨는 아버지가 장가를 든 뒤에 처갓집으로 이사를 오면서 본격적으로 소금일을 하게 되었다고 한다. "아버지가 외갓집 동네로 이사와서 염벌을 했지. 외갓집이 염벌이 많은데 외삼촌이 돌아가셨거든. 우리집 섯등은 댓 개, 외갓집 섯등은 칠팔 개 되나봐. 아버지가 외갓집 치 소금 다 구워 드리고 그랬어." 곰소만에서는 소금을 굽는 곳을 '벌막' 이라고 하는데 '염벌' 이란 '소금 벌막' 을 줄인 말로 보인다. 그러나 '염벌을 한다' 는 것은 더욱 넓은 의미로서 소금 생산에 종사함을 상징적으로 표현하는 것이다. 김귀례 씨 외가의 젊은 외삼촌이 돌아가셨으므로 아버지가 외갓집 염벌까지 다 맡아서 일을 해야했다. 그녀는 이를 항상 안타깝게 생각하고 있었다.

김귀례 씨에게 안타까운 일은 이뿐만이 아니었다. 과거에 소금은 식생활에서 제일 귀한 조미료임에도 불구하고 소금을 만드는 사람들이 천시를 당했기 때문이다. "옛날에는 여맹이라고 안 그랬간디. 소금 만드는 사람을 여맹이라고 혔는디." 곰소만을 사이에 두고 부안군의 건너편에 있는 고창군에서도 소금을 생산하는 마을을 '여맹이 마을' 이라 불렀다. 여맹이는 소금을 굽는 자를 부르는 호칭이었지만 막상 소금 생산자나 그 가족이 듣기에 좋은 말이 아니었다. 여맹이라는 말 속에는 소금 생산자를 천시하는 뜻이 내포되어 있기 때문이다.

김귀례 씨는 자신의 삶을 비유하듯, 곰소만에서 전승되는 '여맹이 딸'의 일화를 내게 들려주었다. 내용은 이러했다. 소금 만드는 사람의 딸이 시집을 갔는데 시아버지가 자꾸 며느리를 여맹이 딸이라 불렀다. 며느리의 집안을 무시하는 거였다. 참다 못한 며느리는 시아버지에게 소금의 중요성을 깨쳐 주려고 결심하였다. 며느리는 모든 음식에 소금을 넣지 않은 채로 시아버지에게 상을 올렸다. 시아버지는 소금 없는 음식은 먹을 수 없다는 사실을 새삼 깨닫게 되었고 다시는 며느리를 여맹이 딸이라 부르지 않게 되었다는 구술담이다.

소금 생산자의 집안에서는 이처럼 '여맹이'라는 호칭이 그토록 마음에 걸렸던 것이다. 그런데 여맹이란 도대체 무슨 의미를 담고 있는 것일까? 조선시대에는 소금을 굽는 자를 '염한鹽漢'으로 불렀다. '여맹이'는 염한이 전라도식으로 음운변화를 일으켜서 생긴 명칭이다. 조선시대의 문헌에서는 소금 생산자를 염한, 염간鹽干이라 많이 썼고, 간혹 식간式干, 공간公干, 염부鹽夫 등으로 기술하기도 한다. 이들은 국가의 장적帳籍에 등재되어 의무적으로 소금을 생산하고 일정량을 국가에 바쳐야 하는 염민들이었다. 염한이 생산하는 소금은 나라에 바치는 공물貢物이며, 국가에서 생산하는 관염官鹽, 공염公鹽의 성격을 지닌다.

그런데 염한을 흔히 '신량역천身良役賤'의 대표적 계층이라 한다. '신량역천'이란 신분은 양인良人이나 천역에 종사하는 자들로서 봉수군이나 역졸, 수부水夫 등도 이러한 계층에 속하였다. 조선시대에 양인은 각종 세금과 공물, 신역을 부담하는 계층으로서 국가를 지탱하는 중간층이었다. 조선 정부는 국가의 경제적 기반이 되는 이들의 숫자를 확대하는 정책을 펼쳤기 때문에 염한과 같이 애매모호한 신분들이 생겨난 것이다. 염한은 사농공상士農工商 중에 공상의 부류에 포함되었지만 실제로 하는 일은 천역으로 여겨졌다. 신량역천의 계층은 국가의 시책상 양인으로 분류되었지만 사회적으로는 천민 대접을 받았던 것이다. 자신의 노동으로 귀한 소금을 먹는 사람들이 자신을 천시하는 사회적 시선 속에서 염한의 마음은 어떠했을까? 하얀 소금을 생산하는 그들의 마음은 새까맣게 타들어 갔을 것이다.

그러나 염한은 제염업의 전문가였다. "여맹이가 눈 똥은 개도 안 먹는다"라는 속담이 있을 정도로 그들의 노동은 고되었지만 그들이 전문적 제염기술을 보유하고 있음은 누구도 부인할 수 없었다. 또한 국가가 보기에 염한은 단지 소금 생산자를 뜻하였지만 민간에서는 제염 전문가로서 그 의미가 다양하게 분화되었다. 인천과 남양에서는 고도의 제염기술을 가진 사람을 염한이라 하고, 다른 사람보다 많은 돈을 받았다. 강원도 강릉에서는 토부 제작, 소금 굽기, 가마 손질 등 가장 중요한 일을 하는 사람을 염한이라고 불렀다.[4] 경북 영해에서는 가마에 불을 피우는 사람이 여망이며, 충청도 태안에서는 소금의 임자를 염한이라 부른다.

염한의 사회적 신분이 천시되더라도 그들이야말로 음식문화를 지탱하고 식생활을 유지시키는, 없어서는 안 될 존재였다. 시아버지를 깨닫게 한 여맹이 딸처럼 소금 생산자로서 자부심도 있었을 것이다. 인간에게 필수품인 소금을 생산한다는 자부심이 없었다면 뙤약볕 아래에서 짠물통을 지고 나르는 그 험난한 노동의 역사를 이겨 내지 못했을 것이다.

■ 왜구의 정벌에 나선 용맹한 염한들

늘 바다와 함께 생활했던 염한에게는 소금 굽는 일 외에도 여러 가지 임무가 부여되었다. 염한은 해안가의 지리와 기후에 능숙하기 때문에 조선정부는 염한의 능력을 다각도로 활용하려 하였다. 염한은 땔감을 구하기 위하여 섬 지역을 누벼야 하므로 뱃길에 있어서 탁월한 지식을 가지고 있었다. 세종 5년(1423) 병조兵曹에서는 해로를 잘 아는 염한을 병선에 태워서 뱃사공들을 인도하게 하였다.[5]

용감한 염한들은 왜구와의 전투에서도 훌륭한 성과를 올렸다. 태조 3년(1394) 왜선 10척이 영광군에 침입을 하였다. 이들과 맞서 싸운 자는 수군이 아니라 염한이었다. 염한 30명이 달려들어 왜구 3명의 목을 베었고, 놀란 왜구들이 도망을 갔다.[6] 세종 1년(1419) 조선정부는 왜구의 소굴인 대마도 정벌에 나설 때 용맹한 염한들을 참여시켰다. 충청도 감사 정진鄭津은 대마도 정벌에 나선 염한이 소금을 굽지 못하였으니 공납을 반으로 줄여 주자는 건의를 하였다.[7] 왜구 정벌에 목숨을 내건 염한의 공로를 높이 산 것이다.

"각 고을의 염한들이 대마도 정벌에 나갔으므로 소금을 굽지 못하였으니 소금의 공납을 반감하여 주십시오."

정진의 제안에 세종은 뜻밖의 답변을 하였다.

"어찌 꼭 반만 감하자 하느냐. 금년 것은 전액을 감해도 좋을 것이다."

세종의 뜻을 모르는 것은 아니지만 염한이 바치는 소금을 전부 감해 준다면 당장 국용으로 쓰이는 소금을 대체할 방법이 없었다. 대사헌 신상申商이 신하들을 대신하여 반대 의견을 피력하였고, 세종은 정벌에 출정했던 염한의 소금만 면제해 주는 선에서 결론을 내렸다.

그런데 염한의 용맹함은 어디에서 나온 것일까? 염한은 워낙 고된 노동에 단련되어 있으므로 웬만한 어려움을 잘 견뎌 냈다. 게다가 염한은 섬과 바다의 지리에 익숙하였으므로 해양의 전투에서 자신감을 가질 수 있었다. 또한 전투 성과에 따른 보상이 만만치 않았다. 왜구의 목을 베거나 포로를 잡을 경우에는 평생 소금을 구워야 하는 신역身役이 면제될 수 있으므로 염한들은 대마도 전투에서 용맹하게 싸울 수 있었던 것이다.[8]

그러나 이처럼 염한이 벌인 왜구와의 전투는 특별한 사례이며, 염한의 평소 임무는 소금을 구워서 국가에 바치는 것이다. 원래 염한은 매년 20석 이상의 소금을 공염貢鹽으로 바쳤으나 세종 9년(1427)에는 10석으로 감해졌다. 강원감사가 땔감을 구하는 염한의 고통을 언급하면서 종래의 공납액을 반으로 감해 주기를 요청했기 때문이다.[9] 조선의 권력층은 자연재해를 당한 해를 제외하고는 평년 시 10석의 공납액은 많은 것이 아니라 생각하였다. 또한 제염을 하는 염한의 생활이 다른 양인에 비하여 뒤질 게 없다고 여겼다. 세종 27년(1445) 집현전에서 근무하는 이계전李季甸은 의염법義鹽法을 반대하는 긴 상소문에서 이렇게 이야기하였다.

염한이 구울 때를 당하면 밤낮으로 쉬지 못하니, 어려움을 당하여 고생하는 것이 이와 같으나, 그 수고로움을 꺼리지 않는 것은 1년에 바치는 소금이 식간式干은 10석石이고 사간私干은 4석인데, 그 나머지는 자기 소용에 맡깁니다. 값을 가지고 사러 오는 사람이 동서에서 답지하기 때문에, 비록 농업을 일삼지 않더라도 의식이 넉넉합니다.

이계전이 염막에서 밤낮 소금을 굽는 염한의 고통을 모르는 바가 아니다. 그럼에도 불구하고 염한이 이러한 어려움을 감수하는 것은 상대적으로 넉넉한 경제적 형편 때문이라 하였다. 염한은 공납염 외에 생산한 소금을 내다 팔 수 있기 때문에 농업을 하지 않고도 비교적 괜찮은 살림을 꾸려갈 수 있었던 것이다.

그런데 이계전은 식간뿐만 아니라 사간이 바치는 소금에 대해서도 언급하고 있다. 4석의 소금을 세액으로 바치는 사간은 누구일까? 사간이 생산하는 소금이 바로 사염私鹽이며, 이들은 사염인私鹽人이라 할 수 있다. 조선은 개국 시에 고려의 전매제를 혁파하면서 사염을 허가하는 대신, 사염세를 내게 하였다. 해안가의 백성들은 소금세만 낸다면 자유롭게 소금을 구워서 팔 수 있었던 것이다. 염한은 장적에 등록되어 신역으로서 일을 하기 때문에 신분상 제약이 많은 반면에 사간은 국가에서 지정한 소금세만 낸다면 자유롭게 다른 생업 활동을 할 수 있었다.

한편, 조선시대 소금 생산을 담당했던 삼두마차를 꼽으라면 염한, 사염인과 함께 수군水軍을 들 수 있다. 조선시대의 기본 법전인 《경국대전》에서는 "각 진鎭에서는 번을 서고 있는 수군을 시켜 소금을 굽고 미역을 따게 하여 그 수를 자세히 적어 관찰사에게 보고하며 각 고을에서는 백성들을 시켜 해마다 흉년구제의 물자를 준비하게 한다"라고 하여 수군의 제염 활동을 공식적으로 인정하였다.[10] 이 법규는 비황備荒, 즉 '흉년구제에 대한 준비' 조항에 명시되어 있다. 다시 말하면, 수군을 시켜서 자염을 하는 이유는 흉년이 들었을 때를 대비하기 위함이었다. 수군은 평시에 전쟁을 대비하는 일 외에도 많은 일을 수행하였다.

그런데 이러한 잡무가 너무 과하여 주객이 전도되는 일도 많았다. 세종 21년(1439)에 병조兵曹에서 변방을 지키기 위한 방책을 올렸는데 그 가운데 선군의 사기가 떨어지고 있는 현실을 말하였다.

근래에 태평한 지가 오래 되어, 배에서의 여러 가지 일과 밭을 매어 가꾸는 일, 소금을 굽는 일 이외에, 백성들이 천하게 여기고 싫어하는 역사役事는 모조리 선군에게 맡기니, 선군이 그 역사를 이기지 못하여 여러 가지 방법으로 회피하기를 꾀합니다. 비록 씩씩하고 용맹한 자가 있다 한들, 누가 즐겨 선군이 되려고 하겠습니까.[11]

지금도 군대에 가면 전투력을 향상시키는 훈련뿐만 아니라 각종 작업을 하거나 대민봉사에도 동원되기도 한다. 하지만 아무리 평시라도 수군의 주요 임무는 해안을 지키고 훈련을 하는 것이다. 국가의 입장에서 동원하기 쉬운 자들이 수군이라 하지만 백성들이 천하게 여겨 싫어하는 역사를 모조리 선군에게 맡겨서는 곤란한 일이다. 그럼에도 소금을 구워서 생기는 이득이 많았기 때문에 각 진에서는 다투어 선군에게 제염작업을 시켰던 것이다.

이후에도 수군을 시켜 무리하게 제염을 하는 관행은 고쳐지지 않았다. 중종 18년(1523) 조정에서 병선의 제도에 대해서 의논을 할 때 남곤은 "경기도·황해도의 경우 소금을 굽고 해물海物을 수채水採하는 것을 모두 수군이 하고 있으므로 하루도 진鎭에 있을 때가 없는데, 또 경기도의 수군은 부득이 서울의 역사役事에까지 부역赴役합니다"라고 하였다. 남곤이 소금을 굽고 해조류를 채취하는 데 수군이 하루도 진에 있을 때가 없다고 하였으니 수군이 처한 현실은 세종 때와 별반 차이가 없음을 알 수 있다.[12] 조선시대의 수군은 진에서 무기를 정비하고 보초를 서는 일보다 국가와 군대가 필요로 하는 관염官鹽을 구우면서 평시를 보냈던 것이다.

◆ 1939년 광양만 천일염전의 염부鹽夫 탐방기

일제에 의하여 대단위 천일염전이 건설되면서 천일제염을 하는 염부들이 필요해졌다. 천일염전에서는 '염한' 이란 명칭은 사라졌고, 거의 '염부' 라고 많이 불렀다. 자염과 천일염의 제조는 제염기술상 상당한 차이가 있었다. 당시에 일본과 조선에서는 천일제염 기술을 보유한 염부들이 부족하므로 중국에서 이들을 데리고 와야 했다. 중국 노동자들은 주안과 광양만의 염전에서 우리나라 최초의 천일염전의 염부로서 일을 했다. 중국 염부들의 한국 염전으로의 이주는 천일제염의 역사에서 디아스포라 노동자의 탄생을 예고하는 것이었다.

1920년대까지는 중국 노동자들과 인근의 조선인들이 천일염전의 염부들로 일을 했다. 그러나 중국인 이주 노동자들로서는 거대해진 천일제염업의 인력 수급을 감당할 수 없었으며, 인근의 조선인들은 농업을 겸하고 있어 천일염전의 염부로서 완전한 전문성을 갖추지 못하였다. 이를 해결하기 위해 조선총독부가 택한 방법은 북선北鮮 개척 노동자라는 명목으로 지방의 곳곳에서 이주자를 뽑아서 천일염전의 염부로 일을 시키는 것이었다. 일례로 1937년 5월에 전라도에서 300여 명을 뽑아서 주안염전과 광양만염전으로 집단 이주시켰다. 이들은 먼 타지로 이주해 염전의 염부로서 새로운 생활을 하게 되었다.[13]

천일염전으로의 집단 이주는 사회적으로 큰 파장이 되었으며, 염부들의 떠돌이 생활은 새로운 풍속도가 되었다. 1939년 《동아일보》의 김용선金容善 기자는 광양만염전을 찾아 염부들을 직접 만나고 인터뷰하여 연재기사를 썼다. 이 기사에서는 천일염전에서의 염부의 노동과 생활, 집단 이주와 가족들의 모습 등이 생생히 기록되어 있다.[14]

김용선이 광양만을 찾은 것은 무더위가 최고로 기승을 부리는 1939년 8월경이었다. 그는 먼저 광양만의 염전에 대해서 잘 알고 있는 K감독을 찾았다. K감독을 만나러 간 광양만의 어느

염전은 마치 시루 속과 같았으나 푹푹 내려 쬐는 햇볕 속에서도 염부들은 묵묵히 일을 하고 있었다. 그는 염부들이 열대지방에서 왔을까 궁금해 하면서 K감독에게 그들의 고향을 물었다. "소수는 이 지역의 주민도 없는 것이 아닙니다만 대개는 남북에서 모여든 이민이 많습니다." 이어서 그는 이민자들의 집단염부락集團鹽部落이 귀성貴城염전에 조성되었으니 그곳을 찾아가 보라고 귀띔을 해 주었다.

다시 기차를 타고 귀성역에서 내린 김용선은 먼저 이민 사무를 처리하는 H계원을 만나서 귀성염전에 대해 개괄적으로 물었다. "본 지방 주민들은 농업을 본업으로 삼고 현금이 필요할 때 부업으로서 염전에 종사합니다. 도저히 본 지방민을 동원시켜 가지고는 소금 농사를 할 수 없습니다." 그래서 생각한 꾀가 한재 혹은 수재를 당하여 곤궁에 처한 사람들을 집단적으로 염전에 이주를 시켜 촌락을 만드는 것이었다. 이들로 하여금 염전을 개척하게 하고, 염부로서 일을 시키는 것이니 조선총독부의 입장에서는 일석이조의 효과를 보는 방법이었다. H계원은 귀성염전의 구체적 현황까지 친절히 이야기해 주었다.

"현재 귀성염전의 염부는 약 천여 명가량 되지요. 이중 염부집단부락 160호의 800명이 작업을 하고 있는 상태입니다. 13세 이상만 되면 남녀노소를 막론하고 누구나 나가서 하루의 일을 마치고 돌아

《동아일보》 1939년 8월 6일자에서는 "대자연에 도전: 광양만염전을 찾아서"라는 기사를 볼 수 있다. 이 글은 김용선 기자가 광양만염전을 찾아 염부들을 직접 만나고 인터뷰하여 쓴 연재 기사이다. 》》

옵니다." 귀성염전의 염부 천 여 명 중에 800명이 집단부락에 속한 염부들이니 귀성염전은 거의 이주민들에 의하여 돌아가고 있는 셈이다.

그는 천리 타향에서 식솔을 거느리고 남부여대男負女戴해 온 이주민들이 염부집단부락에서 과연 잘 살고 있는지 궁금해졌다. "어떻습니까? 염부들이 이 촌을 꾸준히 지키며 살아가고 있습니까?" "그렇지도 않습니다. 1개월간 보통 40호의 이동을 봅니다. 그들은 일시적 대우가 좋은 광산이나 탄광을 다시 찾아가지요. 그곳에 붙어 사는 사람, 다시 헤매는 사람 형형색색입니다." H계원은 이를 부정착성不定着性이라 표현하면서 유랑하는 염부들을 안타깝게 생각하였다. 그러나 한 번 시작된 떠돌이 생활은 끊임없는 방랑을 낳는 법이다. 왜냐하면 정착해서 살 집과 토지가 없기 때문에 이주민들은 오직 높은 임금을 찾아서 헤매게 되었다. 집도 토지도 없는 임금노동자로 추락한 염부들의 비참한 현실이다.

김용선은 염부들의 숙소로 직접 찾아가 이들의 생활을 엿보기로 마음을 먹었다. 오후 8시가 되자 염전에서 일을 마치고 돌아오는 청년과 처녀들, 부모를 마중나온 아이들로 동네는 야단법석이었다. 그는 마을을 한 번 둘러보다가 싸리문을 반쯤 열어 둔 집 안으로 그냥 들어갔다. 마침 염부의 부부가 저녁 식사 중이었다. 그는 염부의 수입부터 물었다. 염부는 무식하고 농토가 없는 사람이나 이런 생활을 한다면

서 염부의 일당에 대해서 이야기했다. "하루에 보통 염부 수입은 77전 가량입니다. 삼파두三把頭는 79전, 부파두副把頭는 82전, 대파두大把頭 는 85전, 염부장鹽夫長은 94전인데 한 달에 두 번씩 계산하여 줍니다." 천일염전에서의 임금체계는 직급별로 명확히 구분되어 있었다. 파두 는 중국어인데 실제 염전에서 '빠또'라고 부르고, 염부장 아래에서 염밭을 관리하는 책임자를 말한다. 이 파두도 세 가지 직급체계로 구 분되어 있으며, 염부가 빠또를 거쳐 염부장까지 오르는 것은 쉬운 일 이 아니었다.

1930년대 후반에 77전의 염부 수입으로는 생활을 꾸려 나가기가 무 척 어려웠다. 김용선이 만난 염부도 혼자서 일하는 것이 아니라 아들 둘이 함께 나가서 일을 한다고 했다. 일 자체는 크게 어렵지는 않으나 6, 7월에 목도질 하는 것이 제일 큰 고역이라고 하였다. 목도질은 두 명이 짝이 되어 소금을 담아 어깨에 메고 운반하는 일이었다. 염부들 에게 하나의 혜택이 있다면 집세를 안 낸다는 것이다. "물론 집세는 안 내지요. 협회비 저금을 빼면 그저 한 달에 6, 70전가량 되는데 이 수입이 적어 늘 생활 안정을 얻지 못하고 있습니다. 우리 마을에서는 12, 3세만 되면 처녀 할 것 없이 다 나가 일하기 때문에 노는 사람은 하나도 없지요. 심지어 8, 9세 된 애들도 조개잡이를 하야 돈을 척척 벌어온답니다."

염부의 집은 염전협회에서 지어 준 것이다. 그러나 이 시기 염부들 의 집은 대체로 임시 가건물로 지어진 바라크baraques에 불과하였다. 염부들을 이주시키기 위해서는 가건물이라도 제공하지 않을 수 없거 니와 염부들이 일당을 모아서 집을 마련하기는 거의 불가능하기 때문 이었다. 그래서 1930~40년대 조선총독부 전매국에서는 염전으로의 이주정책을 실시하면서 먼저 대규모의 이민주택을 건설하고자 하였다. 염부들에게는 이렇게 주택을 무상으로 준다고 달콤한 선전을 하였으나 임시 사택은 염전에서 떠날 경우에는 곧 되돌려 줘야 하는 대여품에 불과하였다. 이처럼 1930년대 염부들의 불안정한 생활 속에서 취할 수 있는 방도는 모든 식구들이 나가서 일을 하는 것이다. 열두 살이 된 아이들은 물론이요, 여덟 살 난 꼬마까지도 조개잡이로 돈을 벌어야 했다. 염부의 말을 듣고 다시 싸리문을 나가는 기자의 마음은 무겁고 깜깜한 8월의 밤과 같았다.

◆ 중노동이 아닌 상노동을 하는 염부

자본주의가 형성되면서 농민들이 토지에서 쫓겨나 임금노동자로 전락하는 것은 비단 염부만의 일이 아니다. 그러나 천일염전 염부들의 처지가 더욱 곤란스러운 것은 겨울에는 염전 노동이 모두 중단된다는 점이다. 자염을 하는 염한들은 가을에 만든 짠물을 보관해 두었다가 겨울에도 조금씩 끓여서 소금을 생산하는 경우가 있었다. 평균기온이 높은 남해안 지방은 겨울에도 염밭에서 작업을 하는 사례가 있다. 하지만 천일염전에서는 동절기에 모든 작업이 멈추므로 대부분의 염부들은 일자리를 잃게 된다. 천일염전의 염부들을 '계절형 노동자, 계절 노무원'이라 부르는 것도 이 때문이다.

일제강점기 조선총독부 전매국에서는 동절기를 이용하여 염부들에게 소금을 담는 가마니를 짜는 일을 시켰다.[15] 그러나 이러한 가마니 짜는 일도 한정적이어서 모든 염부들의 일자리를 보장할 수는 없었다. 염부들의 불안한 생계는 파업투쟁으로 이어졌다.[16] 소금이 생산되

는 제염기간에도 그들의 임금으로 생활하기가 턱없이 부족했기 때문이다. 1934년 조선염업주식회사의 염부들은 40전에서 60전의 임금으로는 도저히 생활할 수가 없다는 탄원서를 회사에 제출하였으나 회사에서는 오히려 이들을 내쫓고 대체할 염부들을 미리 확보하려 하였다. 염부들은 이러한 회사의 태도에 분노하여 파업투쟁을 벌였으나 총독부와 회사가 한편인 일제강점기에 이들의 요구가 수용되기란 요원한 것이었다. 해방 후에도 천일염전의 염부들은 힘겨운 노동조건 속에서도 삶을 이어갔다. 그들이 생산한 소금으로 우리는 현재까지 김치를 담고, 음식맛을 낸다. 하지만 이제는 천일염전의 염부들도 점차 역사 속으로 사라져 가는 형편이다.

2010년 8월 나는 천일제염업이 막을 내리고 있는 인천의 영종도를 찾았다. 이곳에서 일하는 염부들의 마지막 삶의 흔적이라도 기록으로 남겨 두고 싶어서였다. 1980년대까지만 하더라도 영종도와 용유도의 일대는 수십 개의 천일염전이 있었으며, 경기도에서는 잘나가는 천일제염지였다.

하지만 1980년대 들어 인천국제공항 부지로 선정되면서 섬 사이의 갯벌을 매립하였고, 이제는 천일염전이 거의 사라진 상태였다. 그럼에도 불구하고 영종도의 서남단 끝자락에 금홍염전이 남아 있는 것을 확인하고 염부들과 인터뷰를 할 수 있다는 생각에 찾아가 본 것이다. 폐염전이 되다시피 한 금홍염전은 저수지 위에 영종수질복원센터 건립공사가 한참 진행 중이었다.

다행히 나는 금홍염전에서 40년간 일을 한 이용찬 씨를 만날 수 있었다. 그는 금홍염전이 한국전쟁 후 피난민들에 의해 개발이 되었다고 하였다. 고향을 잃고 영종도에 온 피난민들은 마땅히 일자리가 없었다. 그들에게는 밀가루와 보리쌀로 일당을 받아서 염전 개척에 참여할 수 있다는 자체가 행운이었다. 1960년대 후반 이용찬 씨가 용인에서 살다가 금홍염전에 도착했을 때 바닥면은 미세한 모래가 깔린 토판이었다. 토판을 관리하는 일은 너무나 힘들었다. 수십 명의 염부들이 염판에 들어가서 바닥을 밟는 '발발이 작업'을 한 이후에 햇볕에 말리고, 다시 롤라로 평탄 작업을 하였다. 100킬로그램이 넘는 롤라를 밀고 다니면서 바닥면을 반듯하고 평탄하게 다지는 일이었다. 염전 관리를 위하여 꼭 필요한 일이나 염부들에게는 혹독한 노동이었다.

이용찬 씨가 염부 일을 시작하면서 고생한 것은 이렇게 힘든 노동 때문만은 아니었다. 염전작업이 겉보기에는 쉬워 보여도 노하우와 지식이 필요한 일이었다. "처음 와서 몇 년이 지나가도 몰라. 매일 똑같은 일인데 알 수가 없더라구. 농사짓는 것은 1년이 지나면 대충 알잖아. 이 일은 몰라. 내가 5~6년을 쫓아다녀도 이것은 무슨 일인지 몰랐어. 물, 도수, 바람, 일기가 복합적으로 되어 있기 때문이야." 천일염전에서 핵심적인 일은 물 관리였다. 단순한 운반 작업이야 누구든 하겠지만 이러한 물 관리는 다년간의 경륜이 필요하였다. 날씨와 염도 등을 체크하면서 물꼬를 열어 짠물을 빼고 넣어야 하는데 당시 신출내기였던 이용찬 씨가 도저히 알 수 없는 일이었다.

지금은 염전 일에 능숙해졌음에도 불구하고 이용찬 씨는 '이러한 염전 노동은 귀신도 못따라 하는 일이다'라고 강조하였다. 귀신이 다른 일은 다해도 염전 일만큼은 어려워서 못한다는 뜻이었다. 곁에 있던 이용찬 씨의 부인이 한 몫을 거들었다. "염전 일은 중노동이 아니라 상노동이야. 누구 아저씨랑 안 그러고 염부라 그래, 사람 취급을 못받은 것이지, 옛날에 하도 힘들고 그러니까." 염부 부인의 입장에서는 염부들이 돌덩어리가 달린 롤라를 끌고 소처럼 다니는 모습이 가슴 아팠던 것이다. 더구나 사람 대접 못 받는 염부 소리를 들으면 마음이 찢겨 나가는 듯 하였다. 자염전에서 천일염전으로, 염한에서 염부로 바뀌었지만 사람들에게 염전 일이 천역이란 생각은 여전히 이어졌던 것이다.

나 역시 염부의 힘겨운 삶을 회상해 보며 아득히 마음이 꺼져 가는 것을 느꼈다. 잠시 고개를 돌려 멀리 염전 위에 뭉게뭉게 일어나는 구름을 바라보았다. 갑자기 비 생각이 났다.

"염전에서 갑자기 소나기가 오면 어떻게 합니까?"

"비설거지하지."

"비설거지라니요?"

"비가 오면 비설거지를 해야 돼. 비가 오면 웅덩이(함수 구덩이)에 물을 잡아 넣어야 돼. 말로는 쉽지, 소나기가 오면 염부들이 정신없이 뛰어다니는 거야. 그래서 '비가 오면 소는 들여 메고, 염부새끼는 기어 나간다' 라는 말이 있어."

비설거지란 염전에서 갑자기 비가 와서 생기는 뒤처리 작업을 말한다. 비가 뒤섞이면 짠물의 염도가 급격기 낮아지기 때문에 지붕이 있는 함수 구덩이로 정신없이 짠물을 잡아 넣어야 했다. 염전에서의 야단법석이란 바로 비설거지였던 것이다. 오죽했으면 "비가 오면 소는 들여 메고, 염부는 기어 나간다"는 말까지 생겨났을까. 이 속담은 비가 오면 비를 피해 들어가는 가축과 비를 맞고 나가야 하는 염부들을 역설적으로 비교하면서 염부들의 고되고 슬픈 삶과 노동을 일깨워 주고 있는 것이다. 역시 소금꽃은 그냥 피는 것이 아니었다. 염부의 삶과 피땀으로 결정된 소금을 떠올리면서 나는 금홍염전의 마지막 염부에게 작별 인사를 하였다.

최대의 소금 산지,
천사의 신안군

솔섬에서 갯벌을 보다

우리나라 최대의 소금 산지인 신안군으로 출발하기 위해 여장을 꾸렸다. 제염업을 연구하는 학자라 한다면 아마도 제일 가 보고 싶은 곳이 전남의 신안군일 것이다. 그러나 내가 신안군에 가 보고 싶은 것은 단순히 연구 목적에서가 아니라 바쁜 일상을 잠시라도 중지시키고, 느리게 내 삶을 관조하고 싶어서였다. 이를 테면, 느리게 숙성되는 '천일염의 철학'을 신안군에서 배우고 싶었다.

신안군에서는 '천일염의 전성시대'가 활짝 열렸다. 우리나라에서 천일염전이 가장 많은 한편, 천일염이 가장 많이 생산되는 곳이 신안군이다. 과거에는 화염(자염)의 최대 산지로서, 지금은 천일염의 최고 산지로서 여전히 부동의 자리를 지켰다. 신안군은 천일염을 산업으로서 뿐만 아니라 신안군의 미래 성장 동력으로 여겼다. 문화체험관으로서 하의도 소금전시관과 증도소금박물관이 개관된 것도 이런 까닭이며 그 덕분에 수많은 관광객들이 소금 체험을 위해 신안군을 찾고 있다. 어제나 오늘이나 신안군을 빼놓고는 감히 소금을 논할 수 없는, 우리나라 염전의 본고장이 신안인 것이다.

조선시대의 신안 지역은 나주, 광주, 지도, 영광, 해남 등으로 갈라져 있었으며, 일제강점기에 무안군에 속해 있었다. 신안군으로 분군分郡이 된 것은 1969년도의 일이므로 최근에서야 현재의 모습을 갖춘 셈이다. 신안군의 슬로건은 '천사의 섬, 신안군'이다. 이 천사는 angel의 뜻이 아니라 숫자 1,004이다. 신안군에 분포된 유·무인도의 숫자를 합하면 정확히 1,004개이다. 신안군은 군 전체가 수많은 섬으로 오밀조밀하게 구성되어 있다. 섬이 많은 지라 해안선도 1,735평방킬로미터나 된다. 다른 지방자치단체들이 자신의 독특한 브랜드를 찾기 위해 무척 고심하는 반면, 신안군은 고민이 필요 없이 도서 지역 특성을 자신의 브랜드로 내세워야 하는 절대적 자연환경을 가졌다.

과거에 비하여 신안군의 교통사정은 크게 나아졌다. 육지에서 멀리 떨어진 남서쪽의 섬들은 아직까지도 유일한 교통수단이 배이다. 하지만 압해도와 지도—증도 방면에는 도로와 다리가 잘 닦여 있어 자동차만으로 여행이 가능하였다. 나는 소금박물관이 있는 신안군의 증도에 가기로 마음을 먹고, 무안군의 해제면을 통과하여 신안군 지도읍으로 차를 몰았다. 1975년에 무안의 해제면과 신안군의 지도읍 사이를 둑길을 놓아서 연륙시켰으므로 신안군 지도읍은 섬이란 생각이 거의 들지 않았다. 그러나 신안군의 지도읍을 통과하여 솔섬으로 나가자 전혀 다른 풍경이 눈에 들어왔다. 좌우로 펼쳐진 갯벌과 바다 사이사이

올라온 푸른 섬들, 그 속을 날아다니는 백구白鷗들을 보면서 비로소 나는 '천사의 섬 신안군'에 들어왔다는 기분에 빠져 들었다.

이 지역의 초대군수인 오횡묵吳宖默도 솔섬을 빠져 나갈 때 나와 같은 기분이었을 것이다. 지금으로부터 110여 년 전인 1897년 4월 7일, 그는 지도군 경내를 순시하기 위해 지도읍 앞바다에서 배를 타고 솔섬 쪽으로 출발하였다. 그가 남긴 정무일기인 《지도군총쇄록智島郡叢鎖錄》에서 당시의 풍경과 느낌을 이렇게 술회하였다.

순풍에 돛을 달고 송도松島 앞바다를 지나니 눈앞이 드넓게 트여 바다 위에 조그마한 산들이 빙 둘러 별처럼 바둑돌처럼 나열해 있고, 물가 둔덕진 곳곳마다엔 밝은 모래, 백로와 갈매기는 무리지어 높이 날고, 돛을 단 장삿배와 고기잡이배는 연기와 구름이 아득히 피어오르는 사이로 숨었다 나타났다 나왔다 잠겼다 한다. 이야말로 시를 모아 묶기에 정말 좋다.[1]

그는 배 위에서 아름다운 지도읍 앞바다를 지긋이 바라볼 수 있었기에 이런 훌륭한 묘사를 할 수 있었다. 하지만 나는 오횡묵의 출항을 떠올리는 순간에 이미 솔섬을 지나 지도대교를 통과하였다. 우리는 빠른 속도를 얻었지만 여유 있는 삶과 느린 만끽은 잃어 버리지 않았는가. 갑자기 나는 천천히 움직이는 달팽이의 삶과 느림보의 생활이 그리워졌다. 그나마 이 빠른 자동차 속에서 넓은 갯벌과 바다를 볼 수 있다는 것을 위안으로 삼았다. 그런데 110여 년 전의 오횡묵은 지도군의 이 넓은 갯벌 위에서 소금을 생산하는 자염전의 풍경을 보았다.

오횡묵이 기록한 지도군의 섯등

신안군의 모태가 된 것은 조선시대의 지도군이었다. 지도군이 설치된 것은 조선 말기인 1896년이다. 고려 말기 이후로 왜구의 침입이 잦아지자 우리나라는 줄곧 섬을 비우는 공도空島정책을 벌여 왔다. 이러한 정책으로 인하여 조선시대 도서 지역의 발전은 정말 생각조차 하기 어려웠다. 1896년이 되서야 고종은 '육지와 도서를 모두 평등하게 한다'는 목적으로 지도군, 완도군, 돌산군 등의 연해에 군을 처음으로 설치하도록 하였다. 오횡묵은 지도군의 창립과 함께 초대 지도군 군수로 부임한 인물이었다.

그는 조선 말기의 문신으로서 정선군수, 자인현감, 함안군수, 고성부사 등 주로 군현의 수령을 역임하였다. 지도군수로 부임했을 때, 그의 나이는 환갑이 한참 넘은 64세였다. 건강과 연령을 이유로 군수직을 사양하였지만 고종의 간곡한 부탁을 떨쳐 버리지 못하였다. 그는 막상 군수로 부임하자 예순 중반의 나이임에도 불구하고 적극적인 군정郡政을 펼쳤다. 부임 행차부터 그는 주위의 만류에 아랑곳하지 않고 편안한 육로가 아닌 거친 서해안의 해로를 택하였다. 배를 타고 다니는 섬 주민들의 불편함을 몸소 맛봐야 한다는 생각에서이다. 이후에도 그는 지도군의 곳곳을 찾아다니면서 백성들의 고통을 들어주고, 교육을 장려하였으며, 여러 저술을 남겼다.

《지도군총쇄록》은 1895년 2월부터 1897년 5월까지 그가 공무를 하면서 정무일기 형태로 쓴 책이다. 이 책에는 역사적으로 전남 제염업의 가장 생생한 내용이라 할 만한 기록이 실려 있다. 커다란 해일이 지나간 1896년 9월, 오횡묵은 해일 피해를 시찰하던 중에 장포長浦 근처의 염막에서 소금을 굽는 장면을 직접 보았던 것이다.

대체로 소금을 굽는 법은 먼저 염등鹽磴을 쌓고 나무를 옆으로 펴고, 나무 위에 솔잎을 쌓는다. 솔잎 위에는 바다 모래를 여러 번 갈아 말려 이를 덮고, 물을 부어 거르기를 잿물받는 것과 같이 한다. 그 아래를 파서 구덩이를 만드는 데 이를 염정鹽井이라고 한다. 염막鹽幕을 높고 넓게 만들고 위로 연통을 만들며, 가운데 둥근 구덩이를 한길 정도 판다. 네 모퉁이에 흙을 쌓아 기둥을 만들고 긴 나무를 그 위에 옆으로 건다. 그 위 서까래로 드문드문 펴 놓고 서까래 아래는 대나무를 조밀하게 편다. 또한 쇠갈고리로 서까래 위와 대나무 위에 걸어 둔다. 그리고 먼저 짚을 깔고 다음에 주먹같은 작은 돌을 깔며, 그 다음에 굴 껍질로 만든 회를 바르는데 이를 염부鹽釜라고 한다. 염정의 물로서 채운 후 가마 밑에 불을 지피면 반나절쯤 되어 물이 끓어서 소금이 되니, 한 가마에서 소금 4석石이 생산되며 매일 두 번씩 구워 낸다.

《지도군총쇄록》은 지도군수였던 오횡묵이 공무를 하면서 일기로 쓴 책이다. 1896년 9월 오횡묵은 해일 피해를 시찰하던 중에 염막에서 소금을 굽는 장면을 보았다. 이를 《지도군총쇄록》의 '해일 피해를 살핌' 편에서 상세히 기록하였다. 》

위 기록은 비록 짧지만 지도군의 제염 시설과 제염 과정의 요점을 깔끔하게 정리한 글이다. 굴껍질 회를 이용하여 소금가마를 만드는 방법과 쇠갈고리로 거는 모습까지 자세히 설명되어 있다. 기록 가운데 염막은 서산·태안의 염벗이나 전북 곰소만의 벌막과 같이 염부를 두고 짠물을 끓일 수 있도록 세운 건물이다.

나는 위 기록의 염등이 전라도의 섯등을 한문으로 적은 것으로 보았다. 섯등에서 짠물을 받아 내는 방식은 서해안에서 가장 보편적인 소금 생산 방법이다. 전라도의 섯등은 짠물을 만드는 여과장치로서 작은 언덕같이 생겼으며, 가운데에는 움푹 파인 구덩이가 있다. 구덩이 속에는 나무기둥을 깔고, 솔잎과 소나무 가지 등으로 덮은 뒤에 맨 위에는 갯벌을 갈아서 만든 짠흙을 올려 둔다. 여기에 바닷물을 부으면 구덩이의 홈통을 통해서 섯등 옆 웅덩이로 염도가 높은 짠물이 모인다. 이 짠물이 모여지는 웅덩이를 오횡묵은 염정이라 한 것 같다. 이 짠물을 가지고 반나절 끓이면 소금이 결정되고, 한 가마에서 약 4석의 소금이 생산되었다고 하였다. 지도군 일대에서는 이 전통적 자염을 '화염火鹽'이라 부른다. 화염이란 불로 끓여서 만든 소금이란 뜻이다.

조선시대 지도군 주민들은 이 화염을 생산하는 데 모든 힘과 열정을 쏟아 부었다. 군민들이 하는 간척사업까지도 제염업에 방해가 된다고 중단될 정도였다. 오횡묵이 바다를 막는 둑을 쌓는 작업을 하기 전에

신에게 치성을 드리려 할 때였다. 많은 사람들이 몰려와서 "본도는 소금 굽는 것으로 생업을 삼습니다. 지금 이 제언堤堰 노역으로 소금 만드는 일에 크게 방해가 되고 있습니다"라고 반대를 하였다. 오횡묵은 자신의 뜻을 모르는 백성들이 답답하고 애석하였다. 하지만 오횡묵은 여느 수령과는 달랐다. 그는 "이 일이 본디 백성을 위한 일이나 일을 잠시 그치는 것 또한 백성을 위한 것이니 내 어찌 한 가지만 고집하겠느냐"라는 결론을 내렸고 제언 작업을 즉시 파하도록 명하였다.

화염에서 천일염의 고장으로

이제 나는 지도대교를 건너서 사옥도에 도착하였다. 사옥도 섬 사이에 펼쳐진 넓은 천일염전을 통과하자마자 곧 증도대교가 펼쳐졌다. 사옥도와 증도를 연결하는 증도대교는 최근 2010년 3월에 개통되었다. 이 다리로 말미암아 무안

증도에 있는 소금박물관이다. 소금박물관은 원래 '석조 소금창고'로 사용된 건물로서 현재 근대문화유산 제361호로 지정되었다. 소금 창고는 목재로 지어진 것이 대부분인데 돌로 건립된 이 창고는 우리나라에서 찾아보기 어려운 것이다. ≫

군 해제면에서 신안군 증도까지가 완전히 연륙화되었다. 나는 증도의 갯벌을 자세히 보고 싶어 먼저 짱뚱어 다리로 갔다. 이 다리는 우전해수욕장으로 가는 갯벌 위에 설치되었는데, 조수가 나가면 이 다리 위에서 갯벌의 짱뚱어와 농게 등을 근접 거리에서 볼 수 있었다. 짱뚱어 다리에는 이미 바닷물이 물러가 넓고 시원한 갯벌이 드러났다. 그런데 갯벌 흙이 참 특이하였다. 회색 개펄 사이에 노란 모래밭들이 꽃을 피우듯이 퍼져 있었다.

점토와 모래가 적당히 섞인 지도의 간석지야말로 소금밭을 일구기

적합하였다. 신안군에서는 이런 천혜의 갯벌 면적이 374평방킬로미터나 되었다. 옛 지도군이 화염의 본고장이 될 수 있었던 것은 하늘이 내려 주신 이러한 갯벌 때문이었다. 구한말 자료인 《한국수산지》의 지도군 편에서는 "전군 제 염전 면적은 290여 정보이며, 가마 수는 300여 개로 셈한다. 일 년의 제염고는 5,500만 근에 달한다"라고 하였다.[2] 서해안의 어떤 제염지도 감히 따라올 수 없는 수량이다. 전라남도가 우리나라에서 최대의 자염 생산지가 된 배경에는 신안군에 분포된 제염지가 한 몫을 하였다. 나는 조선총독부가 발행한 《조선전매사》를 통하여 구한말 전국 도별 자염 생산량을 측정해 본 적이 있다. 전라남도의 자염 생산량이 약 104백만 근으로서 단연 1위였다. 전남의 자염은 우리나라 생산량의 37퍼센트를 차지하였다. 서해안에 집중적으로 몰려 있는 지금의 천일염전과 달리, 우리나라의 모든 해안가에 자염 생산지가 다 있었던 상황을 고려해 보면 정말 굉장한 비율이다.

증도의 짱뚱어 다리는 우전 해수욕장
으로 가는 갯벌 위에 설치되었다. 조
수가 물러가면 갯벌이 넓게 드러나
고, 다리 위에서 짱뚱어와 농게 등을
가까이에서 볼 수 있다. 이 갯벌은 점
토와 모래가 적당히 섞인 천혜의 소
금밭이다.

짱뚱어 다리에서 갯벌을 확인한 다음에는 소금을 테마로 한 전문 박물관인 '소금박물관'으로 향했다. 소금박물관은 태평소금주식회사에서 운영하는 박물관으로 2007년 증도에 개관되었다. 박물관 앞 마당에서는 박선미 큐레이터가 염전 체험교육을 떠나는 어린이들을 잠시 모아 두고 태평염전에 대해서 설명해 주고 있었다. "소금박물관 건물과 태평염전은 한국전쟁 직후에 지어졌으며, 모두 근대문화유산으로 등록이 되었어요."

근대문화유산은 근·현대의 가치 있는 문화유산 가운데서 사라질 위기에 처해 있는 것들을 선정하여 보호하는 제도이다. '신안증도태평염전'(근대문화유산 제360호)은 한국전쟁 이후 피난민 정착을 위한 목적으로 만들어졌다. 1953년 전증도와 후증도를 둑으로 연결하였고, 이 사이의 갯벌을 염전으로 조성하였다. 단일 염전으로는 우리나라에서 최대 규모를 자랑한다고 한다. 이 염전보다 흥미로운 근대문화유산은 '신안증도 석조 소금창고'(제361호)이다. 소금창고는 목재로 지어지는 것이 대부분이지만 돌로 지어진 이 소금창고는 우리나라에서는 유일한 것이다. 태평염전을 만들 때 인근의 산을 발파하여 생긴 석재를 운반하여 400여 명의 인부들이 직접 지은 건물이었다. 지금은 내부를 전시실로 리모델링하여 소금박물관으로서 활용하고 있다.

신안군 지역에 천일염전이 처음 축조된 것은 해방 이후의 일이다. 비금도 출신으로서 평안남도 광양만의 귀성염전에서 일을 했던 박삼만이 이 지역의 재력가인 손봉훈과 서로 손을 잡고 1946년에 신안군 비금도에 시험염전을 준공하였다. 시험염전이 성공을 거둔 이후에 '호남시조염전'이라 부르는 5.5정보의 구림염전 1호를 축조하였고, 차례로 구림2호 염전, 지당1호 염전을 축조하였다. 이처럼 정부가 아닌 지역의 유지들이 힘을 모아 염전 개발을 주도한 것이 신안군 천일 염업사의 특징 가운데 하나이다. 이후에는 정부가 비금초등학교에 '염전기술자양성소'를 차리고 염전기술자를 배출하였다. 이 양성소에서 교육을 받은 기술자들은 전문적인 지식과 기술을 바탕으로 천일 염전의 축조에 많은 기여를 하였다.[3]

그런데 신안군 지역에 천일염전이 급격히 보급된 시기는 다른 서해안 지역과 같이 한국전쟁 이후이다. 신안군에 천일염전이 확대되면서 과거 화염이 생산되었던 섯등의 자리에도 천일염전이 축조되었다. 1960년 무렵이 되면 섯등으로 소금을 구운 화염은 거의 사라졌다. 그리하여 신안군은 '화염의 고장'에서 '천일염의 고장'으로 완전히 명패를 갈았다. 현재 전국적으로 가동되는 천일염전의 면적이 3,750헥타르인데 그 가운데 전남이 2,979헥타르, 신안군이 2,152헥타르이다. 비율로 보면 전남이 우리나라 천일염전의 72.2퍼센트, 신안군이 57.4퍼센트를 차지하고 있다. 천일염 생산량으로 봐도 전남이 25만 8,353톤, 신안군이 19만 2,853톤으로서 각각 우리나라의 87퍼센트, 65퍼센트를 점하고 있다. 화염에서 천일염으로 바뀌었지만 신안군은 '소금의 본고장'이라는 타이틀을 여전히 유지하였다.

이제 환경과 전통의 슬로시티이다

안내를 마친 김선미 큐레이터와 간단한 인사를 나누었다. 그는 반갑게 나를 맞아주면서 《소금이 온다》라는 멋진 사진 도록을 선물로 주었다. 천일염전은 사진작가에게 끌리는 주제였다. 소금이 영글어가는 장면과 천일염전에서의 제염 노동 모습은 자연과 인간이 조화되는 사

진 풍경으로 알맞았다. 천일염전은 식문화의 산지로서뿐만 아니라 문화콘텐츠의 보고로서 발전이 가능한 것이다.

　사진의 주무대가 된 140만 평의 거대한 태평염전을 둘러보았다. 태평염전의 한쪽에 위치한 염생식물원은 마치 단풍처럼 빨갛게 물들어 가고 있었다. 붉게 물들어 가는 이 염생식물은 '함초'이다. 이것은 서남해안 지대의 개펄이나 염전 주변 등에서 자라는 1년생 초본식물이다. 함초는 여름에는 녹색이지만 8월을 지나면서 가지가 빨간색으로 변한다. 줄기에 마디가 많다고 하여 '퉁퉁마디', 90여 종의 미네랄과 인삼 속의 타우린 성분까지 포함해 '갯벌의 산삼'이란 별명이 붙여졌다. 태평염전에서도 함초와 천일염을 조합한 새로운 소금을 출시하였다. 이처럼 미래의 소금은 다른 성분과 융합된 형태로서 더욱 건강에 유익한 식품이 되어야 한다.

　어느새 땅거미가 지고 노을이 붉게 물들어 갔다. 노을은 염전 위에도

느림의 미학을 보여주는 태평염전
이다. 이 염전은 한국전쟁 이후 피
난민 정착을 위한 목적으로 만들어
졌으며, 지금은 근대문화유산 제
360호로 지정되었다. 《

뿌려져 모든 세상이 빨갛게 익어 갔다.
이제 바빴던 일상은 멈춰지고, 태평염전
은 휴식에 들어가리라. 시간이 모두 사
라진 텅 빈 염전에서 나는 '느림의 미학'
을 천천히 보았다. 태양과 바람, 그리고
바닷물이 만나서 느리게 익어가는 천일염은 이온교환기에서 급속도로
짜맞추어진 기계염과는 달랐다. 천일염은 속도에서는 밀렸지만 자연
과 건강을 살리는 착한 소금이 아니던가. 그리하여 2010년 국제 슬로시
티 시장총회를 신안군에서 열었을 때, 이탈리아 슬로시티slow city 창시
자인 파올로paolo 전 시장을 비롯한 여러 시장들이 어깨를 맞대고 이 증
도의 태평염전에서 소금을 밀어 모으는 장면을 연출했었다.

'느림의 미학'을 보여준 신안군의 증도는 한국의 슬로시티로 지정
된 곳이다. 우리나라의 6개 슬로시티 가운데 세계적 주목을 받는 곳
이 이 증도의 태평염전이었다. 슬로시티운동은 1999년 이탈리아의 몇
몇 시장들에 의하여 발의된 것으로 지금은 전 세계로 퍼져 나간 행복
한 삶을 위한 운동이다. 자연과 전통을 보존하고, 마을 공동체를 가꾸
자는 이 운동은 슬로푸드slow food 먹기와 느리게 살기 운동에서 시작
되었다.[4] 빠른 자본주의가 탄생시킨 인스턴트와 패스트푸드는 인간의
몸을 망치는 탐욕스런 음식이었다. 이런 나쁜 음식에 대항하여 느리
지만 자연 속에서 길어 낸 친환경 음식을 먹자는 것이 바로 슬로시티
운동의 알맹이다. 그리고 그 알맹이 속에 들어 있는 상징적 씨앗이
곧 증도의 천일염이다. 나는 노을이 사라져 가는 증도의 태평염전을
나오면서 이 느리고 착한 천일염전에서 빠른 자본주의를 변화시키는
새로운 희망이 결정되기를 간절히 염원했다.

세계의 소금

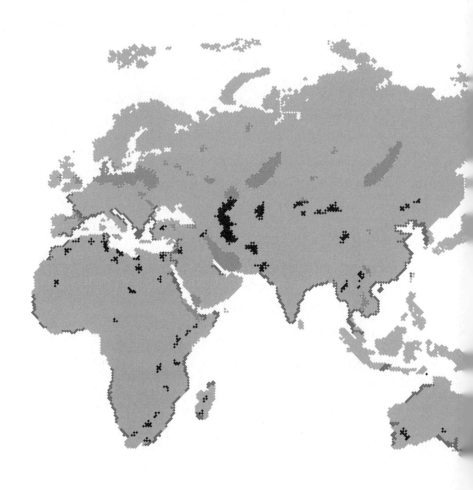

천일염
천연호수염
암염

주석

1부 짜게 본 역사

프롤로그 – 강은 최고의 소금 교통로였다

[1] 이사벨라 버드 비숍 지음 · 이인화 옮김, 1994, 《한국과 그 이웃나라들》, 살림, 90쪽.

[2] 위의 글, 107쪽.

[3] 위의 글, 114쪽.

[4] 《태종실록》 7년 7월 27일.

[5] 홍금수, 1993, 〈18 · 19세기 줄포만의 자염업〉, 고려대 석사학위 논문, 83쪽.

[6] 김재완, 1999, 〈19세기 말 낙동강 하구의 염 유통 연구〉, 서울대 박사학위 논문, 79~91쪽.

[7] 전성천, 1976, 〈낙동강 소금배〉, 《현대문학》 11월호, 현대문학사.

[8] 〈朝鮮國慶尙道巡廻報告〉, 《通商彙纂》 제19호, 1895년, 27~28쪽(新納 豊, 1989, 〈철도 개통 전후의 낙동강 선운〉, 《한국 근대 경제사 연구의 성과》, 형설출판사, 184~185쪽 재인용)

[9] 《택리지》 복거총론 생리.

[10] 김재완, 앞의 글, 123~124쪽.

[11] 최영준, 1987, 〈남한강 수운 연구〉, 《지리학》 제35호, 대한지리학회, 75쪽.

[12] 이사벨라 버드 비숍 지음 · 이인화 옮김, 앞의 책, 127~128쪽.

[13] 최영준, 앞의 글, 66~67쪽.

[14] 谷岐新五郎, 1904, 《한국산업시찰보고서》, 大阪高業會議所, 13쪽.

[15] 최성기, 1997, 〈구한말 낙동강 선운〉, 《안동개발연구》 제8집, 안동대 사회개발연구소, 19쪽.

[16] 《택리지》 팔도총론 충청도.

[17] 신경림, 2004, 《신경림》, 돌베개, 170~171쪽.

[18] 신경림, 1988, 〈남한강의 삶과 문학〉, 《진실의 말 자유의 말》, 문학세계사, 193쪽.

고려 말의 각염법은 원나라의 소금 제도를 받아들인 것일까?

[1] 《고려사》 〈세가〉 제27 원종3 임신 13년 2월.

[2] 《고려사》 권79 지 제33 식화 2 염법.

[3] 권영국, 1985, 〈14세기 각염제의 성립과 운용〉, 《한국사론》 13, 서울대 국사학과, 8쪽.

[4] 김호동 역주, 2001, 《마르코 폴로의 동방견문록》, 사계절, 343쪽.

[5] 새뮤얼 애드세드 지음 · 박영준 옮김, 2001, 《소금과 문명》, 지호, 82~83쪽.

[6] 김호동 역주, 위의 책, 366~367쪽.

[7] 앞의 책, 394~395쪽.

[8] 한영근, 1996, 〈원대 염전매제도의 성격에 관하여〉, 《동의사학》 제9 · 10 합집, 동의대 사학회, 102~110쪽.

[9] 앞의 글, 111~117쪽.

[10] 《관자》 권 22 해왕海王(김필수 외 역주, 2006, 소나무, 839~843쪽).

[11] 이를 '거교지속巨橋之粟' 이라 한다. 무왕은 은나라를 무찌른 뒤에 거교의 곡식을 확보하고 가격을 높였다. 거교는 중국의 광평군廣平郡 곡주현曲周縣에 속한 지역이었다.

[12] 《관자》 권 23 지수地數(김필수 외 역주, 위의 책, 904~913쪽).

[13] 환관 지음 · 김한규 · 이철호 옮김, 2002, 《염철론鹽鐵論》, 소명출판, 5~18쪽.

[14] 위의 책, 24~26쪽.

[15] 위의 책, 291~296쪽.

[16] 《경세유표》 권 11 지관수세 부공제도 5 염철고 하.

[17] 새뮤얼 애드세드 지음 · 박영준 옮김, 앞의 책, 144~146쪽.

[18] 《고려사절요》 권 23 충선왕.

[19] 《고려사》 권 33 〈세가〉 충선왕 1.

[20] 《고려사》 권 33 〈세가〉 충선왕 원년.

[21] 《고려사》 권 118 열전 제31 조준.

[22] 《고려사》의 염법 조에서는 "국가의 수입 원천 가운데 소금에서 나는 이익이 가장 큰 것인데 고려 초기에 이에 관계되는 법제는 역사에 기록된 것이 없어서 고증할 수가 없다" 라고 하였다(《고려사》 권 79 지 제33 식화 2 염법).

[23] 홍종필, 1985, 〈고려 후기 염업고〉, 《백산학보》 30 · 31 합집, 백산학회, 145쪽.

[24] 권영국, 앞의 글, 23~26쪽.

[25] 《고려사》 권 33 〈세가〉 충선왕 원년.

[26] 《고려사》 권 79 지 제33 식화 2 염법.

[27] 권영국, 앞의 글, 41~42쪽.

[28] 《고려사》 권 79 지 제33 식화 2 염법.

답사기 1 – 검단선사가 소금 제조법을 가르쳐 준 전북 곰소만

[1] 이중환, 《택리지》 산수조.

[2] 부안군청, 1991, 《부안향리지》, 665쪽.

[3] 김일기, 1988, 〈곰소만의 어업과 어촌연구〉, 서울대학교 박사학위논문, 125쪽.

[4] 박종오, 2008, 〈섯구덩이를 이용한 자염생산방식의 고찰–전북 고창군 심원면 검당 마을을 대상으로–〉, 《도서문화》 31집, 목포대 도서문화연구소, 102~103쪽.

[5] 《신증동국여지승람》, 전라도 무장현.

[6] 홍금수, 1993, 〈18 · 19세기 줄포만의 자염업〉, 고려대 석사학위논문, 20쪽.

[7] 사등마을과 섯구덩이 제염법에 관해서는 박종오의 앞글 및 검단소금전시관의 패널 원고를 참고.

1년도 안된 의염색義鹽色을 혁파한 세종

[1] 백기복, 2008 가을 · 겨울, 〈세종대왕의 경제정책〉, 《오늘의 동양사상》 19호, 예문동 양사상연구원, 115쪽.

[2] 《세종실록》 1년 2월 12일.

[3] 박광성, 〈조선초기의 의창제도에 대하여〉, 《사총》 7집, 고려대 역사연구소, 1962, 302~303쪽.

[4] 《세종실록》 5년 9월16일.

[5] 《세종실록》 22년 3월 23일.

[6] 《태조실록》 1년 7월 28일.

[7] 《태조실록》 7년 1월 11일.

[8] 《조선경국전》 상 부전 염법.

[9] 《세종실록》 19년 4월 20일.

[10] 《세종실록》 27년 8월 25일.

[11] 《세종실록》 27년 8월 27일.

[12] 《세종실록》 27년 8월 27일.

[13] 《세종실록》 27년 9월 8일.

[14] 《세종실록》 28년 4월 29일.

[15] 《세종실록》 19년 5월 1일.

[16] 《세종실록》 29년 9월 23일.

[17] 《세종실록》 28년 1월 15일.

[18] 《세종실록》 28년 1월 21일.

[19] 《세종실록》 28년 2월 23일.

[20] 《세종실록》 28년 5월 3일.

임진왜란이 일어나자 류성룡은 염철사를 주장했다

[1] 《백사집》 권4 유사遺事 서애의 유사.

[2] 《서애연보》 권1 선조 25년 임진 6월.

[3] 송복, 2008, 《서애 류성룡 위대한 만남》, 지식마당, 91쪽.

[4] 《서애연보》 권1 선조 26년 임진 7월.

[5] 《서애연보》 권1 선조 25년 임진 6월.

[6] 《서애연보》 권1 선조 26년 계사 1월.

[7] 《서애연보》 권1 선조 26년 계사 8월.

[8] 백승철, 2000, 《조선 후기 상업사연구》, 혜안, 86~87쪽.

[9] 《토정유고》 권상卷上 소疏 리포천시상소莅抱川時上疏.

[10] 위의 글.

[11] 박상명, 2004, 〈토정 이지함의 경세사상 연구〉, 원광대 동양학 대학원, 22~23쪽.

[12] 《토정유고》 권상卷上 소疏 리포천시상소莅抱川時上疏.

[13] 위의 글.

[14] 박상명, 2004, 〈토정 이지함의 경세사상 연구〉, 원광대 동양학 대학원, 21~22쪽.

[15] 《아계유고》 권5 차류箚類 시폐를 진달하는 차자.

[16] 위의 글.

[17] 《서애집》 권6 서장書狀 소금을 만들어 굶주린 백성을 구제하기를 청하는 서장.

[18] 이욱, 2002, 〈조선 후기 어염정책 연구〉, 고려대 박사학위논문, 34~35쪽.

[19] 《선조실록》 26년 12월 18일.

[20] 《선조실록》 27년 2월 10일.

[21] 《서애집》 권6 서장書狀 소금을 만들어 굶주린 백성을 구제하기를 청하는 서장.

[22] 《한음문고》 권8 진시무팔조계陳時務八條啓.

[23] 백승철, 앞의 글, 91~92쪽.

[24] 《한음문고》 권8 진시무팔조계陳時務八條啓.

[25] 이후에 이덕형은 남인으로 돌아섰다.

[26] 《선조실록》 28년 6월 1일.

[27] 위의 글.

[28] 이욱, 앞의 글, 37~38쪽.

답사기 2 – 나라의 경비를 마련할 수 있는 태안 소금

[1] 《비변사등록》 인조 16년 1월 28일.

[2] 《호산록湖山錄》 자염조煮鹽條(서산문화원, 2002년 발간).

[3] 태안지역 자염생산 방식은 정낙추, 2002, 《태안지방 소금생산의 역사》, 태안문화원 참조.

[4] 오석민은 조심스럽게 정염을 통조금 방식으로 해석하였다. 오석민, 2004, 〈전통자염의 고장, 마금리〉, 《반도의 역사 소금마을》, 태안문화원, 35쪽.

[5] 《비변사등록》 인조 16년 1월 28일.

[6] 《선조실록》 26년 12월 18일.

[7] 이욱, 2002, 〈조선 후기 어염정책 연구〉, 고려대 박사학위논문, 50~53쪽.

[8] 《비변사등록》 인조 2년 4월 17일.

[9] 《인조실록》 16년 1월 17일.

[10] 《인조실록》 16년 2월 17일.

[11] 이욱, 앞의 글, 61쪽.

[12] 《선조실록》 18년 4월 29일.

[13] 《비변사등록》 숙종 8년 5월 17일.

[14] 《비변사등록》 숙종 21년 1월 23일.

[15] 《인조실록》 16년 1월 17일.

[16] 농상공부 수산국, 1910, 《한국수산지》 3권, 635쪽.

[17] 정낙추, 앞의 글, 6쪽.

[18] 조선총독부, 1919, 《근세한국 50,000분의 1 지형도1》.

[19] 이민녕, 1927, 《서산군지》 권3 .

[20] 태안군은 1914년 일제의 행정구역 변경으로 인하여 서산군에 통합되었다가 1989
년에 다시 복군되었다. 1989년까지의 서산은 현재의 태안군과 서산군을 아우른 행
정구역이다.

[21] 상공부, 1964, 《염백서》, 119~120쪽.

다산 정약용, 백성을 위한 염법鹽法을 말하다

[1] 《다산시문집》 권19, 서書, 김공후金公厚에게 보냄.

[2] 《다산시문집》 권5, 시詩, 채호.

[3] 《비변사등록》, 인조 16년 8월 22일.

[4] 《다산시문집》 권5, 시詩, 채호.

[5] 《경세유표》 권14, 〈균역사목추의均役事目追議〉, 염세. 이하 각주를 별도로 밝히지 않
은 인용문은 모두 같은 글에서 따온 것이다.

[6] 《경세유표》 권14, 〈균역사목추의均役事目追議〉, 해세.

[7] 《경세유표》 권1, 〈지관호조地官戶曹〉, 교관지속教官之屬.

[8] 이욱, 2002, 《조선 후기 어염정책 연구》, 고려대 박사학위 논문, 212~219쪽.

[9] 《다산시문집》 권5, 시詩, 시랑.

[10] 《목민심서》 권3 제6부 호전 육조2 제5장 평부 하.

답사기 3 - "소금 이득이 나라 안에서 제일" 낙동강 하구 염전

[1] 《신증동국여지승람新增東國輿地勝覽》 권 32, 경상도 김해도호부.

[2] 《낙하생전집洛下生全集》 하下 〈증김치묵서贈金致默序〉.

[3] 《경세유표》 권14, 〈균역사목추의〉1 해세.

[4] 《승정원일기》 735책 영조 7년 11월 17일.

[5] 《영조실록》 8년 6월 22일.

[6] 《비변사등록》 114책 영조 21년 11월 4일 산산창절목蒜山倉節目.

[7] 이욱, 2002, 〈조선 후기 어염정책 연구〉, 고려대 박사학위 논문, 177~186쪽.

[8] 《정조실록》 4년 12월 21일.

[9] 《정조실록》 11년 4월 29일.

[10] 《비변사등록》 114책 영조 21년 11월 4일 산산창절목.

[11] 강만길, 1970, 〈조선 후기 공업 제도고 - 명지도 염장을 중심으로-〉, 《사학지》 제4 집, 단국대학교 사학회, 53~55쪽.

구한말 이완용이 인천의 주안을 찾은 까닭은

[1] 1904년 11월 12일 《대한매일신보》; 1904년 11월 26일 《대한매일신보》.

[2] 1918년 6월 29일 《매일신보》.

[3] 부산총영사관, 1895년 3월 30일, 〈명치 27년 중 부산상황釜山商況〉, 《통상휘찬》 제17호.

[4] 탁지부, 1910, 《한국염무개황》, 25~26쪽.

[5] 탁지부, 1907, 〈밀수입염상황조사〉, 《재무주보》 제36호 부록.

[6] 위의 책, 21쪽.

[7] 이윤상, 1986, 〈일제에 의한 식민지 재정의 형성과정〉, 《한국사론》 14집, 서울대, 330쪽.

[8] 《경세유표》 권14, 〈균역사목 추의〉 1, 염세.

[9] 탁지부, 1910, 《한국염무개황》, 5쪽.

[10] 1907년 7월 19일 《대한매일신보》.

[11] 조선총독부,1936, 《조선전매사》 3권, 277쪽.

[12] 小澤利雄, 2000, 《近代日本鹽業史》, 大明堂, 112~118쪽.

[13] 탁지부, 1910, 《한국염무개황》, 11쪽.

[14] 통감부, 1907, 《염업조사》, 12~13쪽.

[15] 탁지부, 1907, 〈탁지부빙용외국인성명안度支部聘傭外國人姓名案〉.

[16] 友邦協會, 1983, 《朝鮮の鹽業》, 79쪽.

[17] 專賣局 調査課, 1912, 《帝國專賣制度總覽》.

[18] 조선총독부, 앞의 글, 285~293쪽.

[19] 田中正敬, 2001, 〈近代朝鮮における鹽業需給と鹽業政策〉, 一橋大學 博士學位論文,

52~54쪽.

[20] 庵原文一, 〈韓國鹽業ヲ 官營トナスノ計劃 ニ 反對スル理由 概項〉友邦協會〉, 《朝鮮
の鹽業》, 125~126쪽.

[21] 조선총독부, 앞의 글, 294쪽.

1920년대, 서대문 소금 사기단의 출현

[1] 1910년 4월 14일 《대한매일신보》.

[2] 1910년 5월 11일 《대한매일신보》.

[3] 1910년 5월 17일 《대한매일신보》.

[4] 김희진, 1976, 〈염전 용어에 관한 연구〉, 서울대 석사학위 논문, 79쪽.

[5] 전매청, 1980, 《한국전매사》, 423쪽.

[6] 1918년 6월 30일 《매일신보》.

[7] 1911년 11월 21일 《매일신보》.

[8] 1910년 11월 19일 《매일신보》.

[9] 1911년 11월 26일 《매일신보》.

[10] 1918년 6월 30일 《매일신보》.

[11] 1923년 6월 28일 《동아일보》.

[12] 전매청, 앞의 글, 440~441쪽.

[13] 1926년 1월 16일 《매일신보》.

[14] 1933년 4월 8일 《매일신보》.

[15] 1931년 11월 9일 《매일신보》.

[16] 1925년 11월 10일 《시대일보》.

해방과 전쟁의 격동기, 소금 생산의 장려만이 살길이다

[1] 1946년 4월 16일 《자유신문》.

[2] 1946년 5월 15일 《동아일보》.

[3] 1946년 4월 16일 《자유신문》.

[4] 1946년 3월 15일 《동아일보》.

[5] 1947년 2월 28일 《동아일보》.

[6] 1946년 4월 21일 《동아일보》.

[7] 1947년 4월 25일 《자유신문》.

[8] 이봉희, 1957, 〈염업을 키운 분들을 회상하며〉, 《염전지》, 대한염업조합회, 15쪽.

[9] 1948년 3월 9일 《동아일보》.

[10] 1946년 4월 21일 《동아일보》.

[11] 이봉희, 앞의 글, 14쪽.

[12] 1952년 1월 8일 《자유신문》.

[13] 1952년 1월 25일 《자유신문》.

[14] 1950년 2월 3일 《자유신문》.

[15] 1948년 4월 27일 《자유신문》.

[16] 1951년 10월 28일 《자유신문》.

[17] 1954년 9월 4일 《자유신문》.

[18] 상공부, 1964, 《염백서》, 5쪽.

2부 간을 친 문화

프롤로그 – 짠맛에 대한 명상

[1] 클라우스 오버바일 지음 · 배명자 옮김, 2011, 《소금의 역습》, 가디언, 25쪽.

[2] 함경식 외, 2010, 《소금, 이야기》, 동아일보사, 72쪽.

[3] 식생활안전시민운동본부, 2000, 〈소금의 모든 것〉, 《한중일 국제소금세미나 자료집》.

[4] 고린 고바야시 지음 · 고두갑 · 김형모 옮김, 2008, 《게랑드의 소금 이야기》, 시그마 프레스, 104쪽.

[5] 가사협 지음 · 구자옥 · 홍기용 · 김영진 옮김, 2006, 《譯註 제민요술》, 농촌진흥청, 574~575쪽.

[6] 이서래, 1986, 《한국의 발효식품》, 이화여대 출판부, 322쪽.

[7] 서혜경, 1987, 〈우리나라 젓갈의 지역성 연구〉, 중앙대 박사학위논문, 52~54쪽.

[8] 《임원경제지》 전어지佃漁志 포세하법捕細鰕法.

[9] 문화재관리국, 1971, 《한국민속종합조사보고서》, 전라북도편, 342쪽.

[10] 마크 쿨란스키 지음 · 이창식 옮김, 2002, 《소금》, 세종서적, 143~144쪽.

[11] 김호종, 1988, 〈조선 후기 염업사 연구〉, 경북대 박사학위논문, 60~62쪽.

[12] 《동국세시기》 10월조 월내月內.

[13] 《동국이상국후집東國李相國後集》 권4 고율시古律詩 98수 가포육영家圃六詠.

[14] 이춘녕 · 조재선, 1988, 〈김치제조 및 연구사〉, 《한국음식문화연구원논총》, 한국음 식문화연구소 미원문화재단부설, 195쪽.

[15] 2006년 8월 24일 《디지틀보사의학신문》.

[16] 1986년 6월 30일 《매일경제신문》.

[17] 1910년 5월 13일 《대한매일신문》.

[18] 1918년 6월 28일 《매일신보》.

[19] 1938년 10월 9일 《동아일보》.

[20] 1938년 10월 9일 《동아일보》.

[21] 1938년 10월 27일 《동아일보》.

[22] 1969년 4월 22일 《동아일보》.

설화 속 소금장수는 과연 흉측한 정력가일까?

[1] 한국정신문화연구원, 1985, 《한국구비문학대계6-7-전남 신안군편-》. 이 책에 지문 으로 실은 소금장수 설화의 내용은 독자들이 알기 쉽게 정리한 것임을 밝혀둔다.

[2] 한국정신문화연구원, 1985, 《한국구비문학대계6-6-전남 신안군편-》.

[3] 임석재, 1991, 《한국구전설화-평안북도편 I -》, 평민사, 121쪽.

[4] 위의 책, 117~118쪽.

[5] 이종주, 2004, 〈소금장수 설화의 유형과 의미〉, 《한국문학이론과 비평》 제25집, 한국 문학이론과비평학회, 176~177쪽.

[6] 김영진, 1997, 〈한국육담개론〉, 《한국육담의 세계관》, 국학자료원, 17쪽.

[7] 임석재, 앞의 책, 123~124쪽.

[8] 로버트 단턴 지음 · 조한욱 옮김, 2008, 《고양이 대학살》, 문학과 지성사.

[9] 한국정신문화연구원, 2002, 《한국구비문학대계5-5-전북 정주시 · 정읍군 편-》.

[10] 윤온술, 2000, 〈소금장수설화연구〉, 전북대 석사학위논문, 79쪽.

[11] 이창식, 2001, 《한국의 보부상》, 밀알, 241~242쪽.

전통적 자염煮鹽은 연료가 필요해

[1] 《현종개수실록》13년 1월 21일.

[2] 《경세유표》권10, 지관수제地官修制, 부공제賦貢制 4, 염철고鹽鐵考.

[3] 위의 글.

[4] 《경세유표》권14, 〈균역사목 추의〉, 고려염법.

[5] 《세종실록》, 27년 8월 27일.

[6] 《일성록日省錄》, 정조 16년 5월 22일

[7] KBS, 2003년 2월 2일 방송, 〈설기획―잊혀진 맛의 신비 자염〉.

[8] 《경세유표》권14, 〈균역사목추의均役事目追議〉, 염세.

[9] 《비변사등록》숙종 43년 4월 11일.

[10] 岩永重華 編, 1904,《最新韓國實業指針》, 寶文館, 357쪽.

[11] 농상공부, 1908,《한국수산지》, 577쪽.

[12] 《비변사등록》정조 23년 3월 23일.

[13] 《통서일기》고종 23년 3월 23일.

자염의 생산 비법 : 쇠가마와 횟가마에 대한 변辯

[1] 《비변사등록》숙종 33년 6월 27일.

[2] 《증보문헌비고》권35 여지고 23 관방 11 해로 1 일본교빙해로.

[3] 《경세유표》권14, 〈균역사목추의〉, 염세.

[4] 새뮤얼 애드세드 지음 · 박영준 옮김, 2001,《소금과 문명》, 지호, 82쪽.

[5] 김일기, 2006, 〈조선시대 전오식 소금 생산방식〉,《조선시대 소금생산방식》,신서원, 40~47쪽.

[6] 최성기, 2006, 〈영남 · 영동지방의 염전식 자염〉,《조선시대 소금생산방식》,신서원, 235쪽.

[7] 홍금수, 2006, 〈호남지방의 자염법〉,《조선시대 소금생산방식》, 신서원, 158쪽.

[8] 《성종실록》8년 2월 26일.

[9] 《세조실록》11년 12월 12일.

[10] 홍금수는 1파를 10척, 1척을 20.81센티미터로 계산하였다. 소금가마의 크기는 이

계산법을 따랐다(홍금수, 앞의 글, 158쪽).

11 大藏省主稅局, 1905, 《鹽業ニ關スル實況調査報告》, 41~42쪽.

12 《비변사등록》 숙종 33년 6월 27일.

13 大藏省主稅局, 앞의 글, 46~48쪽.

'뿌리는 소금'의 주술적 힘

1 마크 쿨란스키 지음 · 이창식 옮김, 2002, 《소금》, 세종서적, 19~20쪽.

2 龜井千步子, 《鹽の 民俗學》, 東京書籍, 1980, 23~37쪽.

3 국립민속박물관, 2004, 《한국세시풍속사전-정월편-》, 334~335쪽.

4 함평군 문화관광 홈페이지 http://www.hampyeong.go.kr의 '문화유산'.

5 《디지털논산문화대전》 http://nonsan.grandculture.net의 '탑안이 마을의 소금단지 묻기'.

6 최덕원, 〈소금신앙〉, 《월산 임동권박사 頌壽기념논문집》, 집문당, 192~193쪽.

7 제임스 조지 프레이 지음 · 이용대 옮김, 《황금가지》, 한겨레신문사, 2001, 83~85쪽.

8 문화공보부, 《한국민속종합조사보고서》 제8권 강원도, 1977, 168쪽.

9 최덕원, 앞의 글, 192~193쪽.

10 최덕원, 위의 글, 1986, 162쪽.

11 최덕원, 위의 글, 599쪽.

12 마크 쿨란스키, 앞의 책, 19~20쪽.

13 김승찬, 〈민간의료〉, 《가덕도의 기층문화》, 한국문화연구소, 1993.

14 최덕원, 앞의 글, 195쪽.

친환경의 바람을 타고 천일염이 뜨고 있다

1 모정소반, 2011년 6월호, "모정소반의 건강한 한식 밥상 다섯 번째 이야기," 《월간 헬스 조선》, 조선일보사.

2 《선조실록》 4년 11월 29일.

3 《충암선생집》 권4, 제주풍토록.

4 김상헌, 《남사록》.

5 이형상, 《남환박물》.

6 정광중 · 강만익, 1997, 〈제주도 염전의 성립과정과 소금생산의 전개〉, 《탐라문화》

제18호, 제주대 탐라문화연구소, 363~365쪽.

[7] 고광민, 1997, 〈제주도 소금밭과 제염기술〉, 《고문화》 제50집, 한국대학박물관협회, 374~389쪽. 아래 제주도의 돌소금과 소금빌레에 관해서는 고광민과 정광중 · 강만익의 글을 참조.

[8] 대만총독부, 1923, 《대만총독부 전매사업》, 23~26쪽.

[9] 김준, 2001, 〈시장개방과 서남해안 천일염전 생산구조의 변화〉, 《농촌사회》 제11집 2호, 한국농촌사회학회, 113~114쪽,

[10] 인천시 소래염전의 사례【김동안(68세, 남), 2010년 7월 6일 현지조사】.

[11] 이봉희, 1957, 《天日製鹽工業》, 財務部 專賣局, 4~5쪽.

[12] 위의 글, 108~109쪽.

[13] 김준, 앞의 글, 117쪽.

[14] 2011년 3월 6일, "라이프 인터뷰 김막동," 《스포츠한국》.

[15] 함경식 · 정종희 · 양호철, 2010, 《우리 몸 살리는 천연 미네랄 소금, 이야기》, 동아일보사, 48~55쪽.

[16] 고린 고바야시 지음, 고두갑 · 김형모 옮김, 1997, 《게랑드의 소금 이야기》, 시그마프레스, 110~111쪽. 아래 게랑드 염전에 대해서는 고린 고바야시의 글을 참조.

[17] 함경식 · 정종희 · 양호철, 앞의 책, 157~160쪽.

답사기 4 – 인천은 짠물이다

[1] 《신증동국여지승람》 권9 인천도호부.

[2] 《세종실록》 1년 8월 2일.

[3] 《여지도서》 경기도 인천.

[4] 김정호, 《동여도東輿圖》(서울대학교 규장각 발행, 2006, 도면 23).

[5] 신공항건설공단 · 인하대박물관, 1994, 《수도권신공항건설지역 문화유적지표조사 보고서》, 126쪽.

상노동을 하는 염부鹽夫는 누구인가?

[1] 《삼국사기》 권 45 열전, 제5 석우로.

² 《고려사》 권79 지 제33 식화2 염법.

³ 《고려사》 권79 지 제33 식화2 염법.

⁴ 김일기, 1991, 〈전오염 제조방법에 관한 연구〉, 《문화역사지리》 제3호, 한국문화역
사지리학회, 6~11쪽.

⁵ 《세종실록》 5년 2월 25일.

⁶ 《태조실록》 3년 8월 22일.

⁷ 《세종실록》 1년 8월 2일.

⁸ 《세종실록》 1년 8월 2일.

⁹ 《세종실록》 9년 4월 24일.

¹⁰ 《경국대전》 호전戶典 비황備荒.

¹¹ 《세종실록》 21년 7월 20일.

¹² 《중종실록》 18년 6월 26일.

¹³ 1937년 5월 4일 《매일신보》.

¹⁴ 1939년 8월 6일 《동아일보》.

¹⁵ 1939년 12월 29일 《동아일보》.

¹⁶ 1934년 8월 30일 《조선일보》.

답사기 5 - 최대의 소금 산지, 천사의 신안군

¹ 오횡묵의 행적 및 지도군 총쇄록에 관해서는 오횡묵 지음 · 김정섭 · 김형만 옮김,
2008, 《국역 지도군총쇄록》, 신안문화원 및 오횡묵, 《지도군총쇄록》(1990, 목포대 도서
문화연구소 · 금호문화재단 刊)을 참조.

² 농상공부수산국, 1910, 《한국수산지》 3권, 321쪽.

³ 박정석, 2009, 〈비금도의 천일염전과 염부들의 구술생애사〉, 《민속학연구》 제25호,
국립민속박물관, 60~64쪽.

⁴ 손대현 · 장희정, 2010, 《슬로시티에 취하다》, 조선앤북, 16쪽.

416

작지만 큰 한국사, 소금

- ⊙ 2012년 7월 27일 초판 1쇄 발행
- ⊙ 2014년 1월 27일 초판 3쇄 발행
- ⊙ 글쓴이   유승훈
- ⊙ 발행인   박혜숙
- ⊙ 영업 · 제작   변재원
- ⊙ 인쇄   정민인쇄
- ⊙ 제본   정민문화사
- ⊙ 종이   화인페이퍼
- ⊙ 펴낸곳 도서출판 푸른역사
      우 110-040 서울시 종로구 통의동 82
      전화: 02)720-8921(편집부) 02)720-8920(영업부)
      팩스: 02)720-9887
      전자우편: 2013history@naver.com
      등록: 1997년 2월 14일 제13-483호

ⓒ 유승훈, 2012

ISBN   978-89-94079-65-3   93900